ALDEBARAN
DIE RÜCKKEHR

unserer
Ahnen

von Reiner Elmar Feistle

Erklärung

Verlag und Autor respektieren alle Menschen und Religionen und lehnen deshalb jede Form von Rassismus ab.
Verlag und Autor lehnen jede Verantwortung gegenüber Mißverständnissen, Aktionen und Anklagen ab, die durch eine unvollständige, oberflächliche Lektüre dieses Buches entstehen könnten.
Das Buch, sein gesamter Inhalt, ist urheberrechtlich geschützt. Jede Verwertung und Nutzung außerhalb des Urheberrechtes bedarf des schriftlichen Einverständnisses des Verlages. Ohne diese Erlaubnis müssen Sie mit strafrechtlichen Konsequenzen rechnen. Die Strafbarkeit bezieht sich im Besonderen auf die Übersetzung in andere Sprachen, der elektronischen Verarbeitung und Speicherung.
Das Buch ist vor der Drucklegung anwaltlich geprüft worden. Der Verlag bedauert diese Vorgehensweise, die zu beanstandenen Wörter wurden in diesem Buch geschwärzt.

Fragen und Bestellung an
All-Stern-Verlag
Wolf 8
88430 Rot/Ellwangen
FAX: 07568 /960502
e. Post: bestellung@all-stern-verlag.com
Sie finden uns im Internet unter der Adresse:
www.all-stern-verlag.com

Satz, Gestaltung und Textbearbeitung: R. Himmel
Buchumschlaggestaltung: M. Busch

 zweite erweiterte Auflage
ISBN 978-3-00-031974-7

Inhaltsverzeichnis

Widmung

Dieses Buch widme ich dem
Goldenen Zeitalter, das schon seine
Ersten Auswirkungen uns Menschen
Tief in unserer Seele erfühlen läßt.

Das Tor zu unserer Heimat, die
Unendliche räumliche Tiefe des
Universums wurde weit geöffnet.

Laßt UNS gemeinsam den Weg
Antreten, den unsere AHNEN
Schon vor Langer Zeit gegangen sind.
Den WEG zu unserem Ursprung,
An dem Alles seinen ANFANG nahm.

Der Weg ist unser Ziel, das Ziel ist
Unsere wahre Heimstätte aus der wir
Einst gekommen sind.

Danksagung

Ich danke all jenen, die zum Gelingen dieses Buches beigetragen haben, besonders auch denen, die mir indirekt Inspirationen und Erfahrungen schenkten, aus denen ich lernen konnte und die mich reifen ließen.

Ich danke auch meiner geistigen Führung, die mich zur rechten Zeit wachgerufen hat und mir den richtigen Weg aufzeigte.

Meiner lieben Frau gebührt Respekt und Hochachtung, die in den letzten Monaten von ihrem Mann nichts hatte, da ich die Wochenenden stets mit Schreiben beschäftigt war. Danke für Deine Geduld mit mir.

Einen besonderen Dank gebührt dem Fachbuchautor Jo Conrad, der ohne zu zögern bereit war, mir ein Vorwort für dieses Buch zu schreiben.

Besonders möchte ich mich bei Landor bedanken, der durch seine brillanten Analysen, dem vorliegenden Buch eine besondere Nuance verpaßt hat. Seine fachlichen wie auch militärischen Auswertungen waren, für das vorliegende Werk, von großer Bedeutung.

Mein Dank gebührt auch Patrik, für seine geistige Deutung über die Macht und Wirkung der schwarzen Sonne.

Es war mir eine Ehre und Freude von einem Meister der Armanen in die Religionen unserer Ahnen eingeführt zu werden. Einen besonderen Dank möchte ich in die Stadt Essen schicken, von wo aus mir die Abhandlung zur Verfügung gestellt wurde. Es waren wundervolle Tage die uns viele neue Erfahrungen und Erkenntnisse gebracht haben. Die beeindruckende Kraft, die von den Heidnischen Kultplätzen ausgestrahlt wird, kann man nur vor Ort erspüren.

Meinem Freund Jörg gebührt aufrichtigen Dank, denn er stand mir immer zur Seite, wenn ich wieder einmal am Rechner meine Probleme hatte. Auch danke ich für die Suche umfangreicher Informationen und für die wertvollen Quellen, mit denen er mich regelmäßig überschüttete.

Danken möchte ich auch G. Herrmann für die Gestaltung des Buchumschlages, daß er mit viel Liebe zum Detail gestaltete. Es sei im Vorfeld darauf hingewiesen, daß wir von ihm in nächster Zeit einen interessanten Roman vorgestellt bekommen, - Operation Phönix -, der uns bestimmt auch verschlüsselt Informationen liefert.

Mein Respekt und Dank gebührt auch Freiherr von Nibelungen für die Erlaubnis, seinen Erlebnisbericht aus seiner Kindheit, in diesem vorliegenden Buch, zu veröffentlichen.

Mein herzlichen Dank gebührt Brian Hancock, der mich schon beim dem Buch - Projekt-Aldebaran - unterstützte, und der mir hilfreich bei dem Verfassen verschiedener Kapitel zur Seite stand. Dieses Mal gibt er uns einen unbefangenen Blick auf historische Verfehlungen der heutigen Zeit.

Danken möchte auch auch Jophiel, dem es gelungen ist, die geschichtliche Zusammenfassung zu komplettieren, in dem er uns eine detaillierte Aufstellung präsentiert über die Erdentwicklung und den jeweiligen Wurzelspezies, Hütern der Erde.

Ganz besonders danke ich Herrn Ralf Himmel, für das Lektorieren des Buches und die hervorragenden Ergänzungen, die dem Buch nicht nur eine wissenschaftliche Note gaben. Auch die geistige Sichtweise nicht zu kurz gekommen ist. Danke lieber Ralf auch für das Vorwort, du hast es geschafft den Leser richtig einzustimmen auf die bevorstehenden, umfassenden Informationen, die im vorliegenden Buch vorgestellt werden.

Danken möchte ich auch den vielen anderen, die hier nicht namentlich erwähnt wurden, für die Unterstützung und Beratung, damit sende ich auch Dank an die Zentrale nach Übersee!

Vorwort

Jo Conrad

In einem Land, daß sich selbst nicht mehr kennt, wird dieses Buch kaum von den Massen bejubelt werden. Es sind unangenehme Themen, die wir am liebsten einfach in eine Kiste packen, in der alles Dunkle, Böse drin ist und die wir am liebsten fest verschlossen halten. Nur wenige haben den Mut, einen unbefangenen Blick in die Kiste zu werfen und noch weniger Menschen äußern sich öffentlich dazu.

Den Pranger am Marktplatz gibt es nicht mehr, heute gibt es mächtigere Werkzeuge der auferlegten Schande. Dabei hat das Thema, wie Reiner Elmar Feistle es aufzeigt, viel größere Dimensionen. Ist nicht beschränkt auf 12 Jahre Deutscher Geschichte, auf die sich für die meisten Menschen alles reduziert. Globales multikulturelles Denken funktioniert.

Und dabei gibt es den kosmischen Aspekt, die Verbindungen mit Wesen aus einer anderen Welt. Stammen wir sogar von ihnen ab? Welche Kontakte gab es in Deutschland, welche noch heute? Aber was sollen diese Wesen von uns halten, wenn sie uns betrachten?

Wir haben zugelassen, daß man uns erfolgreich von unseren Wurzeln, der Ehrerbietung vor unseren Ahnen, dem Aufrechten für sich Einstehen getrennt hat. Templer, die Herren vom schwarzen Stein, Vril-Gesellschaft haben sich mit den Aldebaranern befaßt.

Wer sind die Bösen, wer die Guten, mit wem wollen wir uns einlassen. Schwierig zu sagen, solange wir viel zu wenig Informationen darüber haben. Die Mächtigen auf diesem Planeten halten das Wissen zurück, das uns ermöglichen würde, freie Entscheidungen zu treffen.

Daß ich ein Vorwort zu diesem Buch schreibe, bedeutet nicht, daß ich mit allem überein stimme, was darin geschrieben steht. Aber Feistles Buch befaßt sich mit vielen Dingen, über die wir viel zu wenig Wissen haben und mit denen wir uns beschäftigen sollten.

Es betrifft unsere Stellung im Kosmos, unsere Freiheit, das Wohl der gesamten Menschheit. Heute gibt es Denkverbote in einem Maße, das einen verwundert. Einige Themen sind offenbar so unbequem, daß manch einer sie lieber ausspart.

Dieses Buch sollte uns dazu anregen, darüber nachzudenken, inwieweit wir unsere Wurzeln verleugnet haben, wichtige Bereiche aus Opportunismus ausblenden, und ob wir uns nicht auf unseren Geist besinnen sollten, so daß wir irgendwann unser kosmisches Erbe wieder antreten können.

Jo Conrad den 22.6.09

Vorwort

Ralf Himmel

Reiner und ich haben uns im Juli 2010 kennengelernt. Er hat Hilfe benötigt, weil doch viele bekannte deutsche Verlage zum Thema "Deutsches Reich" eher doch den Ausblick aus der zweiten Reihe genießen.

Lippenbekenntnisse JA! Mut zur Tat NEIN!

So tief ist unser Deutschtum gesunken.

Die Zeit formt den Menschen, ein Volk, und nur eine deutsche Eiche ist sehr schwer zu formen. Reiner ist eine der wenigen Eichen im deutschen Tannenwald, der von einem kleinen Sturm heimgesucht wurde und aussieht wie nach einem Orkan. Es heißt, ein Mensch kann vieles bewerkstelligen, es bedarf des Mutes, eines Gedankens und des ersten Schrittes. Mit dem Weg formt sich das Ergebnis, bekommt Konturen. Es wird an Feinheiten gearbeitet und ist nun in Ihren Händen. Der Inhalt des Buches sind Weggabelungen, wo man sich für den richtigen Weg entscheiden muß. Dieser ist zumeist der schwerere Pfad, aber man kann morgens noch in den Spiegel schauen. Es sind auch Schluchten, baut man mit Weggefährten, Freunden eine Brücke oder wagt man den Abstieg? Die andere Seite erreicht man auf jeden Fall mit einem gefestigten Charakter, neuen Erkenntnissen und auch Freunden.

Wir Deutsche, in unserem Herzen und in unserer Seele DEUTSCH geblieben, gehen durch ein preußisches Spießrutenlaufen, welches nur mit den stechenden Schmerzen Gemeinsamkeit hat, führen ein Doppelleben wie ein Aussätziger. Welche Kraft kostet uns dieser Spagat, wie muß die Seele darunter leiden, nicht ihrer Natur entsprechend zu leben. Glücklich die, die das nicht wissen!? Arm aber als Geschöpf Gottes, der in uns allen wohnt.

Die Seele unseres Volkes ist 1945 von einem dunklen Schleier verdeckt worden, einem Leichentuch gleich. Dieses Buch gibt darüber Aufschluß, warum dies geschah mit unserem Volk. Welche Anstrengung unternommen wurde nach dem ersten Weltkrieg und in der Zeit des Deutschen Reiches, der Wegbereiter zu sein für die Menschheit in das Goldene Zeitalter.

Bewundernswert der Mut, die Willenskraft und die Stärke des Glaubens weniger deutscher Familien über Jahrhunderte der Hüter unserer Religion, unseres Wissens zu sein. Hinüber zu retten in die nun anbrechende "Neue Zeit".

Erschütternd, einen wütend machen, zu wissen, wie gerade in den beiden letzten Jahrhunderten die Menschheit immer stärker von ihrem geistigen, göttlichen Ursprung entfernt wurde. Mit für die Seele unwürdigen und schmerzhaften Methoden, an denen bis heute noch Milliarden von Geldern verdient werden.

Wir sind aber nur ein Teil einer großen Aufführung, die Dualität heißt und wir müssen erkennen, wie im Buch beschrieben, daß die Bühne um einiges größer ist. Das Sonnensystem, die anderen Galaxien, unser Universum. Wir sehen auch neue Schauspieler, Sternenvölker, die in das Geschehen eingreifen auf der Erde. Die eine Seite mit Angst, die andere Seite mit freiwilliger Hilfe und in Liebe, wie wir lesen können.

Heißt es am Ende nun Abrechnung oder Aufrechnung mit der jeweils anderen Seite? Keines von beidem. Mit diesem Buch sollten wir erkennen, daß alles gesagt wurde. Wir sollten somit das Alte ausheilen und beiseite stellen, weil wir es nicht (mehr) brauchen.

Es sind neue, beängstigende Probleme hinzugekommen, die wir lösen müssen. Wir können und dürfen nicht dem Vergangenen behaften, wir brauchen einen Neuanfang. Dieser muß geistiger, menschlicher und gesundheitlicher Art sein, ausgerichtet werden. Dafür sollten wir unsere Herzen weit öffnen wie Tore, um die Energien des Goldenen Zeitalters in uns fließen zu lassen.

Ralf Himmel, den 4. August 2010

Einleitung

Starke, nachdenkliche Worte

Sehr verehrter Leser.

Wurde aus dem Mythos Aldebaran ein allumfassendes Programm entwickelt, um der Menschheit am Tag X hilfreich zur Seite zu stehen? Im nunmehr letzten Band der Aldebaran-Trilogie zeigen wir Ihnen auf, ob dieser Mythos, der seit nun fast einem Jahrhundert seine Kreise zieht, die in ihm verborgenen Wahrheiten preisgibt.

Mit diesem Buch versuche ich erneut ein wenig Licht ins Dunkel zu bringen. Ich bin noch tiefer in die Materie eingestiegen, um die Geschehnisse aufzudecken, die so unglaublich erscheinen, daß sie schon im Ansatz als zu phantastisch erscheinen, um wahr zu sein. Wir werden Ihnen nicht nur aufzeigen, welche Rolle seit Hunderten von Jahren der geheime Templerorden spielt – in dessen Funktion heute der Armanenorden getreten ist –, sondern, wir werden Ihnen auch Indizien aufzeigen, daß Zeitreisen jetzt schon möglich sind.

Das Deutsche Reich ist nie wirklich untergegangen, – eine
Dritte Macht besteht abseits der öffentlichen Wahrnehmung, die sich jetzt immer mehr zu erkennen gibt. Auf Globaler Ebene bringt Sie bereits ihre UNS weit überlegene Technologie zum Einsatz, um der Erdenmenschheit in Gefahrensituationen hilfreich zur Seite zu stehen.

Starker Tobak? Auch zu diesem Buch flossen mir brisante Informationen auf so wundersame Weise zu, daß ich es SELBST im ersten Moment nicht glauben konnte, was derzeit auf allen Ebenen vor sich geht. Mir wurde schon oft aufgetragen, daß es meine Aufgabe sei, mit meinem Wissen an die Öffentlichkeit zu treten. In den 1990zigern war es noch zu früh, die Zeit dafür noch nicht reif, wie ich bereits ausführlich im Buch – Projekt Aldebaran – dokumentiert habe.

Mit einer gewissen Leichtigkeit, aber auch mit einem weinenden Auge sehe ich, wie sich das alte System selbst zugrunde richtet.
Die Weltwirtschaftskrise ist nur der Anfang großer globaler Veränderungen, die nicht mehr aufzuhalten sind.

Genau aus diesem Grunde habe ich mich dazu entschlossen, die Trilogie zu vollenden, um den Lesern aufzuzeigen, wohin uns unsere Reise führen wird.

Ich weiß, daß das, was gerade mit unserer Weltwirtschaft passiert, nicht zufällig geschieht, sondern, daß ganz bewußt von höherer Ebene aus nachgeholfen und eingegriffen wird. Alles läuft nach einem, vor langer Zeit, angelegten Plan ab.

Die wesentliche Frage, die sich uns noch stellt: Sind diese höheren unsichtbaren Kräfte, die hier zu wirken scheinen, uns Menschen positiv oder negativ gesinnt?

Auch darauf werde ich versuchen Antworten zu geben.

Dieses Mal werde ich die uns allen bekannten Tatsachen nicht mehr umschreiben, es wird mit klaren Worten hier im Buch stehen. Nach 60 Jahren schleichender Amerikanisierung und Identitätsvernichtung der europäischen Völker seitens der Siegermächte sind genug, die Wahrheit bahnt sich ihren Weg durch das uns aufgezwungene Konstrukt. Das liegt unter anderem daran, daß sich das **Goldene Zeitalter** nicht mehr aufhalten läßt, auch wenn das so manche Zeitgenossen, die sich selbst als „Erleuchtete" bezeichnen, niemals zugeben würden.

Alte Strukturen brechen zusammen, doch unerschrocken nimmt das neue Bewußtsein seinen Lauf, und die MÄCHTIGEN dieser Erde werden anhand ihrer eigenen Selbstsucht zugrunde gehen. Denn die Reise führt uns in unbekannte Dimensionen, in denen klare, reine Energiestrukturen herrschen.

Dort ist kein Platz für Menschen mit ausgeprägtem Ego, welches sich nur auf eigene Bedürfnisse beschränkt.

Zurück - schauen nach vorne

So unglaublich es für Sie auch scheint, ich werde mit Ihnen zusammen eine Zeitreise in unsere Vergangenheit vornehmen. Für mich besteht nicht der geringste Zweifel, daß es das deutsche Volk war, welches den Kontakt zu der höheren Welt herstellte. Anfänglich glaubte man, daß man mit dem Jenseitigen in Kontakt steht. Später stellte man erstaunt fest, daß man mit einem Sternenvolk aus einem anderen Sonnensystem Verbindung aufgenommen hatte - dem ALDEBARAN.

Die Geburtsstunde dieser gänzlich verrückten Ideen dazu dürfte wohl 1917, im Kaffee Schopenhauer, in Wien, seinen Anfang genommen haben. In der Wiener Oberschicht war das mystisch-okkulte Element längst gesellschaftsfähig und weckte großes Interesse bei den Menschen. Man kann sagen, daß alles, was Rang und Namen hatte, sich seinerzeit in Wien traf, um Erfahrungen und Erkenntnisse auszutauschen. Eine Handvoll gut ausgebildeter Medien der Vril-Gesellschaft haben den Grundstein dafür gelegt, unter der Führung von Maria Ortisch.

Auch wenn der 2. Weltkrieg dazwischen kam und nach 1945 die Vril-Gesellschaft nach außen hin offiziell aufgelöst wurde scheint mir, daß die geheimnisvolle Kraft, die die Vril-Gesellschaft umgab, nie wirklich verschwunden war. Daran hat sich bis heute nichts geändert, nur die Namen der Gesellschaften, die daran beteiligt sind.

Auf die Vril-Gesellschaft und die Verknüpfungen zu der politisch ausgerichteten Thulegesellschaft werde ich im nachfolgenden Kapitel noch näher eingehen, um uns einen besseren Überblick zu verschaffen.

Ein Buch möchte ich hier an dieser Stelle kurz erwähnen, – **Verschwiegene Existenz Leben der Maria Ortisch** – (1) von Sven Peters. In diesem Buch wird in Romanform das mysteriöse Leben der Maria Ortisch auf beeindruckende Art erzählt. Im Kapitel 13 werde ich näher auf dieses Buch eingehen, da ich auch hier sehr interessante Verknüpfungen entdecken konnte.
In diesem Zusammenhang ist es wichtig, zwei Personen näher zu betrachten. Denn es scheint, daß gerade Rudolf von Sebottendorf, wie auch Karl Haushofer, eine zentrale Schlüsselposition spielten. Schauen wir uns Karl Haushofer und Rudolf von Sebottendorf mal genauer an:

Karl Haushofer wurde 1869 geboren. Haushofer war eine jener Gestalten, die zu den wesentlichen Bindegliedern, zwischen den okkult-esoterischen Bewegungen der Jahrhundertwende und dem Deutschen Reich, gehörten. Als Geograph unternahm er um die Jahrhundertwende zahlreiche Reisen nach Indien und in den Fernen Osten. Spätestens 1903 muß er zu dem Kreis um den aus Kleinasien stammenden Magier und Esoteriker Georg Iwanowitsch Gurdjieff gestoßen sein. Mit ihm soll Haushofer, Berichten zufolge, mehrere Jahre (1903, 1905, 1906) in Tibet und zwischen 1907 und 1908 in Japan gewesen sein. In Japan lernte Haushofer die Landessprache und trat einer der bedeutesten buddhistischen Geheimsekten bei, bei der es sich vermutlich um die Gelbmützen (dGe-lugs-pa) gehandelt haben könnte. Man sprach überdies Haushofer geistige Fähigkeiten und andere außergewöhnliche Begabungen zu. Während des Ersten Weltkrieges soll er, verschiedenen Berichten nach als Hellseher aufgefallen sein, der feindliche Angriffe, Unwetter und andere Ereignisse auf die Minute genau vorherzusagen verstand.

Rudolf von Sebottendorf verließ im April 1898 Deutschland. Zwischen 1900 und 1913 hat sich Sebottendorf in Ägypten und der Türkei aufgehalten, wo er in Kontakt mit den einflußreichen Orden der Bektaschi-Derwische kam. Von ihnen wurde Sebottendorf in okkulte Lehren eingeführt. Viele seiner Lebensjahre liegen immer noch im Dunkeln. Er hieß Rudolf Glauer, bevor er in der Türkei von dem Rosenkreuzer und Baron Freiherrn Heinrich von Sebottendorf, kurz vor seinem erneuten Auftauchen in Deutschland adoptiert und mit beträchtlichen Geldmitteln versehen wurde.

Irgendwann im Jahre 1916 kam er als türkischer Staatsangehöriger nach Deutschland zurück.

Um deutschem Recht zu genügen, wurde die Adoption 1914 in Wiesbaden von einem Siegmund von Sebottendorf von der Rose wiederholt.

Rudolf von Sebottendorf reiste 1916, auf der Suche nach verschiedenen weiteren Weltheitslehren, nach Zagreb. Als er dort ankam, machte er sich sogleich auf den Weg in die Stadtbibliothek, um sich dort um zuschauen. In der Stadtbibliothek lernte er Maria Ortisch kennen. Sie war sofort von Rudolf von Sebottendorf angetan, sein allumfassendes Wissen über die orientalische Mystik beeindruckte Maria Ortisch sehr. Es folgten noch mehrere Treffen in Zagreb, Rudolf von Sebottendorf erkannte sehr schnell, welch großes Potenzial in Maria Ortisch schlummerte.

Hier ein kurzer Auszug aus dem Buch – **Verschwiegene Existenz** – von dem letzten Treffen in Zagreb zwischen Maria Ortisch und Rudolf von Sebottendorf:

"Der Kontakt mit Sebottendorf führte zum entscheidenden Durchbruch, davon ahnte Maria aber noch nichts.

Maria wirkte überrascht, er hatte alles organisiert, wollte sie ihm doch eigentlich die Stadt zeigen. Sie traute sich nicht zu fragen und stieg mit ihm in die schwarze Kutsche vor dem Domplatz.

„Ich habe noch viel über sie nachgedacht. Sie wissen viel und ich habe immer nach jemanden gesucht der mir vielleicht meine Fragen beantworten kann.“ Maria wirkte erstaunlich ruhig und offen, vielleicht weil sie in Sebottendorf einen vertrauten Menschen sah, eine Art Seelenverwandtschaft. „Welche Fragen haben Sie denn?“ „Nun, wie ist es in Wien“ Ich bin dort in einem Internat gewesen, die Stadt hat mich fasziniert. Leider bin ich seit dem nicht mehr wieder hingekommen. Wie ist dort das Leben, welche Erfahrungen machen Sie als Mystiker und Forscher!“

Sebottendorf fing leicht zu lachen an. „Fräulein Ortisch, Wien ist die Hochburg aller esoterischen Lehren. Hier finden sie alles, was Ihrem Wissen gerecht wird. Ich habe dort interessante Kontakte, sie sollten mich mal besuchen kommen. Ich bin sicher, daß einige Leute sie gerne mal kennenlernen würden. „Echt, ich wußte nicht, daß Wien mystisch so stark unterwandert ist!“

„Sicher doch, hier lebt die Mystik und wir befinden uns gerade erst am Anfang. Seit neuestem gibt es sogar Menschen, die Kontakte mit Toten aufnehmen und Stimmen aus einer anderen Welt wahrnehmen.“

Maria zuckte zusammen, ihr Herz fing an zu pochen. Wieder einmal hatte es Sebottendorf geschafft ein Thema anzuschneiden, welches sie krampfhaft vermeiden wollte. Sie glaubte innerlich, daß Sebottendorf genau spürte, wer neben ihm sitzt.

„Fräulein Ortisch haben sie auch schon mal solche Stimmen empfangen“? Sie konnte nicht sprechen, es fiel ihr schwer, endlich über ihre Visionen frei zu erzählen. „Fräulein Ortisch, ich weiß doch, daß ihnen etwas auf dem Herzen liegt.“ Maria faßte allen Mut zusammen und suchte nach dem passenden Einstieg.

„Herr Sebottendorf, ich weiß nicht ob meine Vermutungen richtig sind, aber ich werde das Gefühl nicht los, als wüßten sie mehr über mich, als sie mir erzählen. Auch ich empfange diese Stimmen aus dem Jenseits, schon als Kind konnte ich nachts nicht einschlafen oder wurde mitten im Schlaf von diesen Stimmen geweckt. Sie verfolgten mich später auch am Tag. Es war schrecklich, ich hatte so furchtbare Angst. Bis mir eine Spiritistin erzählte, daß ich die Stimmen akzeptieren sollte. Das tat ich dann auch und ich empfing immer wieder die gleiche Stimme von einer heiligen Mutter. Die Visionen wurden immer intensiver und sagten mir sogar den Tod meiner Mutter voraus.“ Maria versuchte, nicht zu weinen, das ganze löste emotionale Gefühle bei ihr aus. Sebottendorf hielt Marias Hand ganz fest und schwieg.

„Fräulein Ortisch, mir wird jetzt einiges klar und ich glaube, ich habe gefunden, was ich gesucht habe...!" (1)

Dieses Gespräch war wohl der Anfang einer abenteuerlichen Reise, deren Fortsetzung in Wien erfolgen sollte. Maria Ortisch nahm das Angebot von Rudolf von Sebottendorf an, reiste mit ihm nach Wien, und wurde dort in die Wiener Kreise der Okkultisten eingeführt. Damit nahm alles seinen Lauf, und eines der größten Geheimnisse unserer Geschichte wurde erschaffen. Man sprengte förmlich die Geistesgrenzen, die in diesem Ausmaß so unglaublich waren, daß sie schon vom Hörensagen unglaubwürdig erscheinen.

Die Geburtsstunde des Unternehmens Aldebaran nahm nach dem ersten Treffen, 1917 im Kaffee Schoppenhauer, immer konkretere Formen an.

Wir haben auch festgestellt, daß wir, das deutsche Volk als Nachfahren ario-germanischer Stämme, Nachfahren eines Sternenvolkes sind, die vor etwa 250000 Jahren aus dem Sonnensystem ALDEBARAN kommend, sich im Bereich Mesopotamiens als Kolonisten niedergelassen haben und die Herrscherkaste der Sumerer, die als helle, weiße Gottmenschen bezeichnet wurden, gebildet haben. Sie gründeten später die Reiche der Babylonier, Assyrer, Atlanter und Karthager.

All das fanden Maria Ortisch und die anderen telepathisch veranlagten Frauen des Vril-Ordens in den Jahren 1920 bis 1945 heraus, durch telepathische Durchsagen aus dem Sonnensystem Aldebaran, die maßgeblich zum Bau der Flugscheiben und des Antigravitationsantriebes beigetragen haben.

Die Sternenmenschen von Aldebaran wollten den Deutschen helfen bei dem beschleunigten Herbeiführen des **Goldenen Zeitalters** – des **Tausendjährigen Friedensreichs** – auf der Erde. Doch die Dunkelmächte waren 1945 noch zu stark; sie konnten das beschleunigte Herbeiführen des **Goldenen Zeitalters** mit militärischer Gewalt und politischem Kalkül verhindern. Am 8. Mai 1945 kapitulierten die drei Wehrmachtsteile, aufgrund einer nicht zu beschreibenden Häufung von Verrat, vor der vermeintlichen Übermacht der Feinde - doch damit war und ist noch nicht alles vorbei gewesen!

Das Raumschiff Vril-Odin flog, kurz vor dem 8. Mai, mit den maßgeblichen Personen des Vril-Ordens, nach Aldebaran.

Zudem gab es noch ein zweites Weltraumunternehmen, aus dieser Zeit des Deutschen Reiches, in der zweiten Aprilhälfte 1945. Das im Durchmesser 71m große Raumschiff „THOR", des Typs Haunebu III, flog zum Mars, von wo aus die Vorbereitungen für den Aufbau eines Stützpunkts getroffen wurden, um die Ankunft unserer Ahnen zu ermöglichen.

Heute ist dieser Stützpunkt längst fertiggestellt und von den Aldebaranern, wie auch den Neudeutschen, seit Mitte der 1990er voll eingerichtet und zu 100% einsatzbereit. Was ich hier klar zum Ausdruck bringen möchte ist der Sachverhalt, daß die aldebaranischen und neudeutschen Kampfverbände – die Achsenmächte – seit gut einem Jahrzehnt Stellung bezogen haben in unserem Sonnensystem. Sie können an jedem beliebigen Ort auf unserer Erde eingreifen, wenn die oberste Führung grünes Licht dafür gibt.

Ausführliche Beschreibungen des Stützpunktes auf dem Mars können Sie im Buch – Projekt-Aldebaran – nachlesen.

Die Thule-Gesellschaft bzw. das Ahnenerbe hat, mit Unterstützung der Deutschen Kriegsmarine und der Deutschen Luftwaffe, noch vor der Kapitulation der Wehrmacht wichtige Personen und Erfindungen – dazu gehören auch die Flugscheibenentwicklungen – noch rechtzeitig in Geheimstützpunkte auf der ganzen Welt ausgelagert.
Diese entgingen somit dem Diebstahl durch die Alliierten und der Sowjetunion. Man denke an die Dritte Macht, die neudeutsche Macht, die bis heute im Verborgenen existiert.

Zum Vrilorden gehörte auch der Prälat Gernot von der Erbengemeinschaft des Templerordens.

Durch ihn kamen Vril- und Thule-Orden in den Besitz von Offenbarungstexten, die seit Jahrhunderten im Besitz des Templerordens waren: Offenbarungen aus Babylon und Karthago. (z.B. das ILU ISHTAR, von der Göttin ISHTAR).

Darüber hinaus hatten deutsche Templerritter der Komturei auf dem Ettenberg, am Fuße des Untersberg, im Jahre 1238 Erscheinungen der göttlichen Botin ISAIS, die ihnen wichtige Offenbarungstexte betreffend der Vergangenheit und Zukunft der Menschheit übergab, besonders auch in Bezug auf die jetzige Übergangszeit.
Die Ritter vom Ettenberg/Untersberg nannten sich aufgrund des Schwarzen Kristalls (des Garil), den sie von Isais erhielten, die
Herren von Schwarzem Stein.

Die aldebaranisch-sumerischen Offenbarungstexte scheinen eng verwandt mit der Sprache unserer Edda zu sein. Die Vril-Telepathen des 20. Jahrhunderts kamen zu der Erkenntnis, daß das Sumerische nicht nur mit der Sprache der Aldebaraner identisch ist, sondern auch, daß das Aldebaranisch-Sumerische wie ein unverständliches Deutsch klingt, ja, sogar die Sprachfrequenz des Deutschen und des Sumerischen sich gleicht.

Sie haben gerade die Einleitung gelesen und bevor die nächsten Kapitel auf Sie warten, möchte ich Sie bitten, folgendes Zitat in Ruhe auf sich wirken zu lassen. Lassen Sie sich gefühlsmäßig darauf ein, bevor wir uns dem Thema Aldebaran, den Religionen und den Templern, dem heutigen Armanenorden zuwenden werden. Bleiben Sie offen mit Ihrem Verstand, denken Sie mit Ihrem Herzen, und fühlen Sie mit Ihrem Verstand.

Noch einmal für Menschen, die nicht mit dem Thema vertraut sind: Sie werden hier Informationen erhalten, die SIE in heftige Unruhe versetzen! Bedenken Sie aber, daß dieser innere Aufschrei womöglich aus der Tiefe Ihrer Seele stammt, und sich Ihr programmierter Verstand dagegen auflehnt, diese innere Erschütterung anzunehmen. Bedenken Sie auch, daß sich 60 Jahre der Gastfreundschaft der Siegermächte, von unserer Seite aus, tief in unser Bewußtsein eingebrannt haben und verankert sind.

Dieses Buch wird Ihnen einen Weg aufzeigen, mit dem wir gemeinsam Bedeutendes und ewig Bestehendes erschaffen können. Wir müssen dabei lediglich unsere eigene Größe erkennen und annehmen, dann steht die Welt nicht mehr unter der Herrschaft von Tyrannen, sondern wird von beseelten Menschen bewohnt die sich dann selbst führen - geführt werden, die in Einheit mit sich SELBST sind:

In Einheit mit Mutter Erde, in Einheit mit dem Kosmos und mit den Sternenbrüdern - unseren AHNEN!

Aldebaran – Urheimat der Germanen ??

Blicken wir nachts auf zum Sternenhimmel,
so erfaßt uns eine namenlose, anscheinend
Unerklärliche Sehnsucht.
Wir sehen die Gestirne des Himmels –
und empfinden sie nicht wie Sterne am Firmament,
sondern als eine räumliche Tiefe,
von der eine unwiderstehliche Anziehungskraft
auf uns ausgeht,
es ist wie ein Sog der Sehnsucht,
ein körperliches Empfinden:
Heimweh! Zurück in die Ferne,
zur Welt unseres Ursprungs !
Dies ist ein Stück unserer Seele:
Die stillen Weiten des Weltalls,
aus denen unsere Ahnen womöglich einst kamen,
aus einer reineren, klareren, besseren Welt.
Vor Jahrhunderttausenden
mag es gewesen sein, zu Zeiten, deren
. kein Irdischer sich mehr
wirklich erinnert. Und doch ist es geblieben –
verschlüsselt im
germanischen Blute: das Ahnen,
das Wissen um die ursprüngliche Heimat.
In stillen Sternennächten besinnen wir uns, lauschen wir
schweigend den Ruf uralten Blutes.
Und plötzlich wissen wir ganz genau:
unsere Heimat liegt dort, irgendwo in der Unfaßbarkeit,
fremdes und doch so vertrautes Vaterland!
Ein Jeder von uns verspürt diesen Ruf in traumstillen
Augenblicken, ein Jeder der germanischen Wesen ist.

Zusammengefaßt nach R.v.Sebottendorf, "Voranfang"

Kapitel 1

Die Vril-Gesellschaft – ihr geheimnisvolles Umfeld

Um uns einen besseren Überblick über die Thematik zu verschaffen, müssen wir uns zu Beginn dieses Buches die Vril-Gesellschaft näher ansehen.

Während die Thulegesellschaft mehr und mehr den politischen Weg des kommenden Deutschlands mitbestimmte, ging der immer eigenständiger werdende Zweig der Vril-Gesellschaft andere Wege. VRIL, das leitet sich vom akkadischen Vri-IL (Vri = „gleichend“, Il = „die Gottheit“) ab, bedeutet also ungefähr so viel wie „gottgleich“. Und darum ging es im Kern des Anliegens wohl auch, die Gottheit zu ergründen und mit gottgleichen bzw. gottgefälligen Mitteln eine neue Welt in einem neuen Zeitalter zu gestalten.

Die Vril-Philosophie oder Vril-Theologie (von einer Ideologie zu sprechen wäre falsch) unterschied sich von der Thule - und der damaligen - Weltanschauung in vielerlei Hinsicht. Der Unterschied kann auf einen einfachen Nenner gebracht werden:
Die Vril-Gesellschaft war im Wesentlichen jenseitig orientiert.

Aber es blieben doch zahlreiche Anknüpfungspunkte zwischen
Vril- und Thulegesellschaft. Beide bemühten sich um die Geheimnisse der fernen Vergangenheit:

Atlantis, Thule, die "Insel der Seligen" des Gilgamesch-Epos, deren Überreste sie in den Felsen von Helgoland erkannten. Dann die Urverbindung zwischen Germanien und Mesopotamien. Aber auch alte Heiligtümer wie die Externsteine oder der Hausberg von Stronegg waren Themen gemeinsamer Forschung. Auf die Externsteine werde ich in einem späteren Kapitel noch näher eingehen!

Bald kam auch Hanns Hörbigers Welteislehre hinzu. Kurz: Es entstand ein Sammelbecken für unkonventionelle Ideen und Auffassungen verschiedenster Art. Und so braucht es nicht zu verwundern, wenn eine der phantastischsten Ideen, die jemals von Menschen erdacht wurden, im Kreise der Vril-Gesellschaft auf fruchtbaren Boden fiel:
Prof. Schumanns Idee einer Jenseitsmaschine nahm immer konkretere Formen an. Nicht nur das, es wurde sogar ernsthaft in Erwägung gezogen, den direkten Flug zu unseren Ahnen nach Aldebaran zu wagen.

Um die Weihnachtszeit 1943 fand in der Ostseestadt Kolberg ein wichtiges Treffen der Vril-Gesellschaft statt. Es ging dabei um das Aldebaran-Unternehmen.

Die Medien Maria Ortisch und Sigrun hatten genaue Angaben über die bewohnten Planeten und die Sonne Aldebaran bekommen und man begann eine Reise dorthin auszuarbeiten.
Unter dem als Vril-Projekt bezeichneten Unternehmen, wollte man mit dem Raumschiff Vril-Odin durch einen lichtgeschwindigkeitsunabhängigen Dimensionskanal nach Aldebaran vordringen.

Doch bevor es soweit war, fand ein weiteres Treffen der höchsten Vril-Leute in Wolfsberg statt, wobei auch der deutschen Führung darüber berichtet und die Ernsthaftigkeit des Unternehmens nochmals dargelegt wurde. Dort wurde folgender Vortrag (aus dem STM-Archiv) von Prof. Dr. Schumann gehalten.

Vortrag zum Geheimnis des Sternenflugs (2)

"Liebe Kameradinnen und Kameraden, liebe Gäste, die ihr euch heute hier beim 23. Wolfsberger Treffen eingefunden habt. Besonders danke ich auch Dir, lieber.... daß Du eigens für diesen Tag zu uns gekommen bist, und Dir, lieber Freund Dornberger, der Du für diese Stunden den weiten Weg vom Nordosten des Reiches zurückgelegt hast, um anzuhören, was diejenigen über den Flug zu den Sternen zu sagen wissen, deren Geräte nicht unter Antriebsdonner feuergeschweift in den Himmel steigen, sondern mit für manche unheimlichem Schweigen. Jetzt habe ich eben die Entfernung von Peenemünde bis Wolfsberg im Kärntnerland einen weiten Weg genannt. Die Verhältnismäßigkeit des Begriffs der Entfernung hat sich darin schon gezeigt.
Im vorigen Jahr hat unser Gastvortragender Dipl-Ing. Brützel die Ränder des eigenen Sonnensystems als das höchste der Gefühle, was menschliche Erreichbarkeit hinsichtlich Entfernungsüberbrückung sich ausmalen könne, bezeichnet. Als mögliche, tatsächlich innerhalb der nächsten zwei Jahrzehnte erreichbare Ziele im All, nannte er den Mond und vielleicht noch den Mars. Das sind nun in der Tat erhebliche Entfernungen, von denen da die Rede war.
Aber wir sprechen von Entfernungen ganz anderer Ausmaße. Die Entfernungen, von denen wir sprechen, verhalten sich zur Entfernung Mond -Mars ungefähr so, wie die Entfernung Peenemünde –Wolfsberg zu dieser. Wir sprechen von anderen Sonnensystemen, ja womöglich von anderen Milchstraßen.
Stehen wir damit noch auf vernünftigen Grundlagen? Sind wir damit mehr als "Hellseher", wie Freund Engel vor vier Jahren noch meinte? Oder sind wir damit die "Speerspitze einer neuen Weltgeneration?", wie Freund Stegmaier gegenüber dem [redacted] sich äußerte? Wir sind, nach eigenem Urteil, Diener einer göttlichen Kraft, deren Gaben zu

nutzen uns Mission und Auftrag ist. Denn betrachten wir die Errungenschaften menschlicher Technik, so stellen wir fest: Den größten Anteil an allem hat die göttliche Fügung der Dinge. Ein Beispiel dafür soll genügen: Könnte es eine Rundfunksendung geben, ohne die göttlich gefügten Naturvoraussetzungen? Und so meinen wir es in allem zu erkennen: Es gibt so etwas wie "göttliche Vorarbeit" in allem, die rund 90% ausmachen. Nur die zur Nutzung nötigen, ergänzenden 10% leistet der Mensch.

Unsere Denkgrundlage ist daher die, nach solchen "göttlichen Vorleistungen" Ausschau zu halten, um sie für das Menschentum greifbar zu machen. So fanden und ergriffen wir die Kräfte des Vril!

In der Altgeschichte arischer Erinnerung ist von solchen Kräften schon berichtet. Etwa in der Ramayana über die Vimana-Flugzeuge. Bei der Durcharbeitung alter babylonischer Schriftzeugnisse stieß Delitzsch auf weitere Spuren solch gotthaften Wissens. Die Weisen der Alten gingen den Weg, den wir abermals zu gehen bemüht sind: Der Weg der Suche nach Anknüpfungsstellen an "göttliche Vorarbeit".

Die stille, tiefgreifende Weisheit des alten Orients faßte im Mittelalter in Deutschland Fuß. Das war ein Ereignis, dessen Bedeutsamkeit bisher nur wenige voll erfaßten. In Deutschland wurde der reine Tatmensch Europas, der allein das Vordergründige sieht, zum erkennenden Weisen, zum "Gottigen", wie Weiland die Alten in Babel, Ägypten und Indien waren und wohl auch unsere frühen germanischen Urväter. Das "Transzendentale" fand eine neue Heimstätte in deutschen Landen. Das geschah in der ersten Hälfte des dreizehnten Jahrhunderts am Untersberg mit dem Erscheinen der Isais, jenes sonderbaren göttlichen Wesens, dem so viel zu danken ist. Die Spitzen des [redacted] *Geistes haben das verstanden, der* [redacted] *ist damit vertraut. Sein Erkennen bedeutet damit auch die Wegbereitung zum Sternenflug.*

Damit kommen wir nun in den Mittelpunkt dieser Betrachtung: Das Geheimnis des Sternenflugs

Dem Sternenflug, dem wahren, in weite Fernen reichenden, scheinen die Naturgesetze entgegenzustehen. Namentlich scheint die Lichtgeschwindigkeitsbegrenzung zugleich den Sternenflug zu begrenzen. Wir aber sagen: Es gibt diese Begrenzung nicht! Es gibt keinerlei Begrenzung von Bewegungsgeschwindigkeit! Vieles ist schneller als das Licht! Weil es nicht allein die "physikalische Welt" gibt, sondern auch, und viel bedeutsamer, die "geistige"!

Schon in den Veden der Alten steht die Lösung:

"Das schnellste von allem Fliegenden ist der Gedanke!"

Hier kommen wir auf eine Grundlage der neuen, der deutschen Wissenschaft. Wir sprengen die Grenzen und befreien den Geist von der Enge. Wir überwinden die [redacted] Fesseln der Begrenzung, die es in Wahrheit nicht gibt. Zu lange haben wir uns durch die Naturgesetze der Begrenzung anketten lassen. Es kommt aus der [redacted] Religion, die kein Jenseits kennt, vielmehr ganz diesseitsbezogen ist, daß alle Folgerungen nur diesseitig physikalisch ausfielen. Die diesseitigen Naturgesetze sind zu den alleinigen erklärt worden. Es gibt aber ein Jenseits! Und es gibt folglich Naturgesetze des Jenseits, die über den diesseitigen stehen!

Wenn wir diesen Blick auf alles verstehen, muß klar werden, daß wir es mit einem großen diesseitig-jenseitigen Gesamtgefüge zu tun haben, in dem diesseitige und jenseitige Naturgesetze zusammenkommen, ineinander verschachtelt und verwoben. Allein wer die Naturgesetze des Jenseits erkennt, kennt das große Ganze!

Unsere neuzeitlichen Raketen leisten Erstaunliches. Doch vermögen sie nicht, die diesseitigen Schwingungsnetze zu verlassen. Deshalb ist ihre Entfernungsreichweite begrenzt. Das Geheimnis des fernen Sternenflugs liegt im Verlassen der diesseitigen Schwingungsnetze und im Wechsel des Flugkörpers in jenseitige Schwingungsnetze. Mit dem Wechsel in das Jenseits unterliegt unser Fluggerät nicht mehr den diesseitigen Naturgesetzen, sondern den Naturgesetzen des Jenseits! Dort gibt es aber eine andere Zeit! Dort ist das Schnellste was fliegt, keineswegs das Licht, sondern der Gedanke! Der Geist!

Ist das nun, wie manche vielleicht meinen Okkultismus? Keineswegs! Das Jenseits besteht ebenso wirklich und wahrhaftig wie das Diesseits. Es ist sogar die größere, stärkere Ebene, in welcher unser All bloß als ein verhältnismäßig kleines Gebilde eingebettet zu sehen ist.

Der Flug durch das Jenseits, der Flug durch den "Interkosmos", wie Rudolf von Sebottendorf dies nannte, ist eine ebenso streng wissenschaftliche Technik, wie die Raketen oder jede andere. Sie folgt nicht minder exakten Gesetzen, bloß, daß diese Gesetze von einer höheren Art sind, weil sich in ihnen physikalische und spirituelle Gesetzmäßigkeiten verbinden. Alles beruht auf Schwingungen.

So wie, um ein schon benutztes Beispiel nochmals zu verwenden, die Rundfunkwellen. Der Drehkondensator bestimmt die Wellenlänge und so den Sender. Die Umformung der einen Frequenz zur anderen bewirkt den Wechsel. Im Höheren ist es nicht viel anders, grundsätzlich gesehen. Es gibt diesseitige und jenseitige Schwingungsnetzte und Schwingungsebenen. Wenn es gelingt, eine bestimmte Schwingung hervorzurufen, so setzt der Magnetismus des Affinitätsgesetzes (Resonanzgesetzes) ein.

In der obersten Stufe kommt es dabei zu einer völligen Umformung:

Der Transmutation!

Und das ist der technische Hintergrund unserer Vril-Geräte. Sie erheben sich diesseits in die Luft und verlassen darüber hinaus den unmittelbaren Erdeinflußraum. Dann setzt die Transmutation ein. Das Vril-Flugzeug hört auf, ein diesseitiger Körper zu sein. Es verschwindet dabei auch für das außerhalb des Vril-Flugzeugs schauende Auge. Das Vril-Flugzeug wird zum interkosmischen Weltallschiff. Es hat mit der diesseitigen Sphäre vorübergehend nichts mehr zu tun und durcheilt gewaltige Entfernungen in kürzester Zeit, um beim Ziel wieder in das diesseitige All zurück zu mutieren!

Auf diese Weise wird unser Vril 7 (Odin) das Sonnensystem von Aldebaran erreichen. Und ich zweifle nicht daran, daß spätere deutsche Weltall-Vril-Schiffe auch bis Andromeda gelangen werden und bis in die entlegensten Gebiete des Alls. Es ist uns klar, daß diese Technik wahrscheinlich nicht unmittelbar als waffentauglich bezeichnet werden kann. Es ist eine Technik für mögliche Schlachten im Weltall. Möge es solche nie geben! Für den akuten Fronteinsatz heutzutage ist der Wert der Vril-Technik noch gering. Aber auch da besteht vielleicht noch manches, was sich noch erst zeigen muß. Was können uns ferne Sternenflüge bringen? Noch wissen wir es nicht. Die Verbindung und Bündnis mit Kulturen anderer Welten?

Wenn die transmedialen Verbindungen bisher nicht täuschen, besteht eine verwandte Kultur im System der Sonne Aldebaran. Vielleicht wird von dort Unterstützung kommen, ein Ausgleich gegen die anzahlmäßige Übermacht des Feindes auf der Erde. Das klingt wie aus einem utopischen Roman, aber es hat sehr greifbare Hintergründe. In der transmedialen Tätigkeit lag der Anfang des Vril-Schaffens und der Schlüssel zu den Erfolgen, die bisher stattfanden.

Aus den Untersberg-Offenbarungstexten des dreizehnten Jahrhunderts ging hervor, wie zu verfahren ist. Darüber ist aber jetzt noch nicht die Stunde, ausführlich zu sprechen. Die bevorstehende Zeit, schon die nächsten Monate, dürften in eindrucksvoller Weise bestätigen, was die Vril-Technik in ihren verschiedenen Möglichkeiten leisten kann.

Das Geheimnis des Sternenfluges liegt also in der Erkenntnis der Verwobenheit von Diesseits und Jenseits, im Erfassen der unterschiedlichen, aber einander zu klingenden diesseitigen und jenseitigen Gottes- und Naturgesetzen. Wir stehen dicht vor dem Aufbruch in ein vollkommen neues Zeitalter, in dem ein neuer Geist sich durchsetzen wird. Es ist unser Geist, der Geist des [redacted]!" (2)

Diesem Vortrag zufolge, war man also vollen Ernstes bereit, dieses Unternehmen durchzuführen. Über den genauen Start liegen leider keine Unterlagen vor. Es gibt aber auf der medialen Ebene übertragende Botschaften, von Bord des Vril-Odin. (Zur Besatzung gehörten neben Technikern und Wissenschaftlern auch einige andere medial begabte Frauen wie Maria und Sigrun.) Laut dieser Durchsagen hat Vril-Odin tatsächlich sein Ziel erreicht. Diese medial begabten Frauen, neben der schon erwähnten Maria Ortisch und Sigrun v. E. waren oder sind es: Traute A., Gudrun R., Heide L., Gertrud (Gerti) Vogts, Erika B.; von den weiteren Frauen sind nur die Vornamen bekannt: Paula, Veronika, Angelika und Margarete. Es gab aber noch eine oder zwei unbekannte Frauen.

Meines Erachtens sind sie **wiedergeborene Walküren.** Sie haben uns durch ihre besonderen Fähigkeiten die „Verbindung zum Himmel" geschaffen, um uns den Aufstieg zu ermöglichen.

Zu Prof. Schumann ist noch folgendes zu sagen:

Dank ihm gelang es der Vril-Gesellschaft, den Bau der Großraum-Flugscheiben zu realisieren. Er lehrte an der TH München zum Thema Mathematik und Physik und stellte dabei recht eigentümliche Theorien zum Thema Schwerkraft auf. Durch die medialen Botschaften und der Unterstützung Viktor Schaubergers gelang ihm der Bau der sog. "Jenseitsflugmaschine".

In diesem Zusammenhang sei interessanterweise hier auch erwähnt, daß ich persönlich seit kurzer Zeit einen älteren Herrn kenne, der an der TH München in den 50zigern sein Studium absolvierte und Prof. Schumann noch persönlich kennenlernte.

Seine Eindrücke seien hier kurz von Herrn Dieter B. persönlich wiedergegeben:

„Zu W.o. Schumann

Ich habe Prof. W.O. Schumann 1958 an der T.H. München als Lehrer in Mathematik kennengelernt. Er war damals schon über 70 und bereits emeritiert und schien noch Spaß daran zu haben, seine Vorlesungen zu halten. Er war einer der Wenigen, die völlig ohne ein vorliegendes Konzept auskam und in der Tat als ein souveräner Geist aus dem Vollen schöpfte. Er hatte keine Macken wie manch andere Professoren, sondern er schien mir bescheiden, dabei großzügig denkend und humorvoll.

Ich habe keine Schwierigkeit damit, ihn zu den größten Geistern Deutschlands zu zählen.“

Die Mitglieder der Vril-Gesellschaft

Betrachten wir die Damen (Walküren) und noch weitere Personen des Vrilkreises näher, schauen wir uns noch einmal als erstes den führenden Kopf der Vril-Gesellschaft an,

Maria Ortisch:

Schon seit ihrer Kindheit hatte Maria Ortisch die Begabung, in die Zukunft schauen zu können. Diese geistigen Fähigkeiten wurden ihr in die Wiege gelegt, schon ihre Großmutter hatte diese Anlage. Ihre Mutter hatte diese Fähigkeit nicht oder wollte sie zumindest nicht wahrhaben. Die Botschaften und Verbindungen mit Aldebaran erfolgten später, anfänglich fürchtete Maria sich vor den geistigen Stimmen im Kopf. Rudolf von Sebottendorf erkannte Marias besondere Begabung und forderte sie auf, nach Wien zu ziehen. Er führte sie in die wichtigsten Kreise der Wiener Okkultistenszene ein. Fasziniert von den vielen Begegnungen verspürte sie den Drang, selbst eine Gemeinschaft aufzubauen. Noch vor 1921 bekam sie dann die wichtigen Mitteilungen aus dem Planetensystem Aldebaran. Die Galaktische Föderation (?) wählte Maria aus, um mit ihr den Weg ins **„Goldene Zeitalter“** oder **„Wasserkrug Zeitalter“** zu gehen.

Marias Erscheinungsbild war geradezu dafür geschaffen, um den Kontakt mit dieser außerirdischen Intelligenz aufzubauen. Sie hatte langes und dichtes Haar, daß sie zur Kontaktaufnahme benötigte, eine wiedergeborene Walküre? Maria hielt die Botschaften anfänglich für Mitteilungen aus dem Jenseits, schon sehr bald stellte sich heraus, daß es sich um eine Intelligenz, außerhalb unseres Sternensystems, handelte. Die Aldebaraner erklärten ihr die Aufgabe, die sie zum Beschleunigen des kommenden Zeitalters übernehmen sollte. Anfänglich sträubte sie sich noch, nur Sebottendorf erkannte durch ihre Erzählung die Möglichkeit, etwas Einmaliges zu erreichen. Wie muß man sich die Durchgaben vorstellen?

Der Mythos „Vril“ hat eine Wahrheit, eine Wahrheit, die jahrelang verschwiegen wurde.[3]

Bei der Durchsicht der Originalschriften stellte sich heraus, daß es sich um die geheime Templersektionsschrift handelte. Maria empfing die Botschaften auf zweifache Art, anfänglich erhielt sie die Information telepathisch, und so stellte es für sie kein Problem dar, den Inhalt der verschlüsselten Texte zu verstehen.

Erst bei der Übermittlung zum Bau der Jenseitsflugmaschine verstummte die telepathische Stimme. Maria verzweifelte, ihrem Ziel näher zu kommen, scheiterte an der Durchgabe der verschlüsselten Texte.

Dank der guten Beziehung mit Sebottendorf, knüpfte Maria Kontakt zu Peter Jensen. Jensen war ein Neutempler und konnte sehr wohl diese wirren Zeichen entziffern. Zur Überraschung aller entpuppten sich die Texte als Bauplan der geheimnisvollen Jenseitsflugmaschine. Warum aber waren die Texte verschlüsselt, was wollten die Aldebaraner verhindern? Die Chroniken der Sumerer geben uns eine Antwort darauf. Aldebaran wählte seine erdansässigen Bewohner sehr gezielt aus, ihre Mitteilungen waren dem menschlichen Wissen weit voraus. Maria hatte schon während dieser Durchgaben viele Kontakte zu hochrangigen Gelehrten verschiedener Geheimgesellschaften.

Um aber zu verhindern, daß ihre Mitteilungen doch in die falschen Hände gelangten, ließ man alle Texte in einer panbabylonischen Geheimschrift übermitteln, nur so konnte man sicher sein, daß die Inhalte nur im engsten Kreise blieben (Maria erhielt die Botschaften telepathisch und kannte den Inhalt der Geheimtexte).

Bei den Plänen der Jenseitsflugmaschine beschloß der "**Hohe Rat der Aldebaraner**", die Mitteilungen mit äußerster Vorsicht zu behandeln und verzichtete ganz auf einen telepathischen Kontakt. Die übermittelten Schriften beinhalteten genaue Anweisungen zur Aufhebung der Gravitation. Doch nicht nur Maria Ortisch selbst war ein wichtiges Glied dieser Kette, mit vielen anderen Persönlichkeiten ihres Kreises wollte sie das **Goldene Zeitalter** magisch empfangen. Schauen wir uns nun ein paar bekannte Vril-Mitglieder genauer an.

Traute A.:

beste Freundin und Vril-Medium

Geboren in Südtirol, lernte Traute A. Maria schon recht früh in einem Internat kennen. Später lebte sie in Norddeutschland, zog dann aber wieder nach Wien. In jener Zeit empfing sie ebenfalls Botschaften vom Aldebaran und erhielt die Anweisung, Maria wieder zu kontaktieren. Schnell begriffen Maria und Traute, daß sie ein gemeinsames Ziel haben; den Weg ins **Goldene Zeitalter**.
Im Jahre 1919 führte Maria Ortisch Traute in die einschlägigen Verbindungen der Thule-Gesellschaft ein. Traute und Maria bemühten sich nun selbst um die Gründung eines Ordens, der sagenumwobenen Vril-Gesellschaft. Schon bald gewannen beide Frauen viele neue Mitglieder, dabei handelte es sich hauptsächliche um junge, medial begabte Frauen.

Im Laufe der Zeit, der Vril-Gesellschaft, entwickelte Traute A. (ihr Nachname ist bekannt) erstaunliche mediale Fähigkeiten. Maria selbst sträubte sich gegen die Mitteilungen vom Aldebaran und übertrug Traute von nun an die gesamte mediale Kommunikation.

Trautes Botschaften waren überraschend genau, neben vielen Texten über den Aufbau des Galaxisimperiums Aldebaran zeichnete sie auch Sternenkarten und Skizzen der Raumschiffe. Traute diente als sogenanntes Lichtmedium und wurde auch in den Thule-Kreisen hoch gelobt. Zur finanziellen Absicherung der Vril-Gesellschaft gründete Maria die Firma **„Antriebstechnische Werkstätten“**.
Das Unternehmen stellte im weitesten Sinne Antriebe zur Verbesserung von Auto- und Flugzeugmotoren her. Das Unternehmen wuchs schnell in seiner Bedeutung, Traute übernahm die Rolle als stellvertretende Geschäftsführerin.
Die Vril o.H.G. entwickelte sich zu einem profitablen Unternehmen, die Gelder wurden dann überwiegend in die Flugscheibenforschung investiert. Traute arbeitete als Prokuristin bis zum entscheidenden **Vril-Odin-Flug nach Aldebaran.**

Über ihre Aktivitäten in diesem Zusammenhang ranken sich mehrere Mythen und Rätsel: Ob Traute an Bord der Vril Odin war und mit nach Aldebaran geflogen ist, konnte nicht bestätigt werden. Später zog sie mit ihrem Lebenspartner nach Norwegen.

Sigrun von E.:

vom Flugzeugpilot zum Kapitän der Vril-Flugscheibe

Sigrun von E. (Nachname bekannt) gehörte dem ostdeutschen Landadel an. Geboren in Masuren, lebte sie bis zu ihrem 14. Lebensjahr bei ihren Eltern. Danach verschlug es Sigrun nach Berlin, später zog sie dann endgültig zu ihrem Bruder nach Magdeburg. Ihr Bruder, Mitglied der Thule-Gesellschaft, führte Sigrun in die mystischen Kreise Deutschlands ein. Sigrun war eine hervorragende Pilotin, bis Frühjahr 1945 flog sie regelmäßig als Abfangjäger eine Fw-190-D.
Auf Empfehlung von Admiral Canaris wurde Sigrun Mitglied der Vril-Gesellschaft.

Auch sie hatte die Begabung, mit Aldebaran zu kommunizieren, befaßte sich aber mehr mit den technischen Details der Flugscheiben. Dank ihrer empfangenen Botschaften konnten noch größere Flugscheiben gebaut werden. Sigrun strahlte eine innere und äußere Schönheit aus, die auf alle Menschen unwiderstehlich wirkte. Mit dem Flug Vril Odin ernannte Maria O. Sigrun von E. zum Kapitän des Luftschiffes.

Mit Sigrun von E. gelang der erfolgreiche Flug zum Galaxisimperium Aldebaran.

Gudrun R.:

ein Vril-Medium der ersten Generation

Oft finden wir in der Vril-Literatur die Vermischung von Gudrun R. und Sigrun von E., dabei hatten die Charaktere beider Personen wenig gemein. Gudrun wurde 1901 in Oberbayern geboren und lebte später in München. Gudrun baute schon sehr früh mediale Verbindungen zum Planetensystem Aldebaran auf. Ein Münchener Medium, welches mit Gudrun Kontakt hatte, konnte zwischen der neu gegründeten Vril-Gesellschaft und Gudrun vermitteln. Gudrun besuchte regelmäßig das Medium, um endlich eine Antwort auf ihre rätselhaften Botschaften zu erhalten. Die Aufnahme in die Vril-Gesellschaft nutze Gudrun, um eine eigene Theorie über die Botschaften zu verbreiten. Sie ging davon aus, daß die Botschaften aus dem Jenseits stammen und mit den Flugscheiben ein Dimensionssprung möglich sei.

Maria hielt ihre Meinung für abstrus, billigte aber diese Theorie, da auch Maria nicht sicher war, was hinter Aldebaran stand.

Heide L.:

„die Schöne"

Heide L. gehörte ebenfalls zu dem Kreis der sieben wichtigsten Vril-Frauen. Von ihr existieren in der Vril-Gesellschaft vor 1945 Aufzeichnungen Schumanns im Zusammenhang mit der Vril-Gesellschaft. Auf die wir nicht zugreifen können.

Der **wissenschaftliche Forscher Schappeler**

Weniger bekannt sind die wissenschaftlichen Forschungen über Schappeler, erst sehr spät holte ihn Maria O. in die Forschungsabteilung der Vril o.H.G. Nach dem ersten Fehlversuch des Vril-Odin-Flugs, gelang es, dank Schappelers Forschungen, die Außenverkleidung der Flugscheiben noch strahlenundurchlässiger zu machen, so daß der Dimensionsflug danach erfolgreich gelang. Außerdem entwickelte er einen Raumanzug für die Marsbegehung und eine Zeitschaltuhr.
Seine Schriften blieben lange Zeit verschollen, nur ein paar Forschungsergebnisse liegen heute wieder vor. Aus Altersgründen stieg Schappeler jedoch sehr früh aus dem Vril-Projekt aus.

Flugscheibenpilot Lothar Waiz

Erstmals aufmerksam wurde Maria auf Lothar Waiz bei dem Treffen im Café Schopenhauer. Zwar hielt sich der junge Pilot bei den intensiven Gesprächen zurück, trotzdem war Maria von Lothar Waiz beeindruckt. Sehr schnell umwarb sie den jungen Piloten als ersten Flugscheibenpiloten. Der erste Jungfernflug endete aber beinahe in einer Katastrophe.

Beim Start der RFZ 1 bemerkte Waiz, daß die Steuerung schnell versagte und die Flugscheibe anfing zu trudeln. Trotzdem gelang es ihm, die Maschine sicher zu landen, bis sich die RFZ wie ein schneller Kreisel in den Erdboden wühlte. Die Maschine drohte zu überhitzen und letztendlich zu explodieren. In Sekundenschnelle sprang Waiz aus der Pilotenkanzel und rettete sein Leben. Die späteren Flüge mit der neuen RFZ brachten auch Waiz zum Staunen, wesentlich leichter ließ sich das Nachfolgemodell steuern.

Mit der zunehmenden Größe der Flugscheibe, wurde Waiz einer der besten Flugscheibenpiloten jener Zeit, nur noch vergleichbar mit Sigrun von E.

Außerdem bemühte sich Schumann um die Gespräche mit
Adolf Hitler zur Finanzierung der Flugscheibenprojekte. Hitler hielt es bis kurz vor Kriegsende für eine tollkühne Idee und wollte wenig davon wissen, zum Schluß soll er einem Augenzeugenbericht nach getobt haben, als er vor einer der Thule-Flugscheiben stand.

Wer oder was versteckte sich noch dahinter?

Der anfängliche Frauengeheimbund entwickelte sich rasch in ein lukratives Unternehmen. Die Vril-Gesellschaft war ein durchdachtes Konzept und Maria eine sehr kluge Geschäftsfrau, die sich immer für die absolute **politische Neutralität** aussprach. Um diese auch während der Zeit des Nationalsozialismus zu halten, gründete Maria eine zweite Gesellschaft, die **„Kampfmagische Vereinigung“**, eine Zweitgesellschaft, die aus den Vril-Kreisen hervorgegangen ist.

Die Aufgabe bestand darin, durch gezielte Kontaktaufnahme, mit hochrangigen Politikern, Gelder zur Realisierung der Großflugscheiben zu bekommen. Wie der Name dieser Gesellschaft schon betont, war diese, im Vergleich zur Vril-Firma, politisch orientiert. Als Fürsprecherin wurde Erika B. ausgewählt, die ihre Aufgabe pflichtbewußt erfüllte. Sehr gute Beziehungen wurden mit Heinrich Himmler aufgebaut. Paula, Veronika, Angelika und Margarete hielten sich mehr im Hintergrund und hatten ihr Augenmerk mehr auf die Kontakte zu Aldebaran Sumi gerichtet.

Kapitel 2

WAS WISSEN WIR ÜBER "SUMI" (Aldebaran) ?

Im folgenden Kapitel werde ich Sie mitnehmen in jene Welt, fernab unserer Heimat, eine Welt, welche die Vril-Gesellschaft nicht nur erfassen konnte, sondern es auch geschafft hat, den ersten Kontakt herzustellen. Ich entführe Sie in eine Welt, die nicht von Tyrannen geprägt wird und in der unser germanischer Ursprung zu suchen und auch zu finden ist, in eine räumlich weit von uns entfernte Galaxis, im Sternbild des Stiers. Für uns heute eine unüberbrückbare Distanz von 68 Lichtjahren, der keiner der irdischen Technologien offiziell gewachsen ist, und doch haben wir Wege und Mittel gefunden, mit unseren Ahnen in Kontakt zu treten; zunächst in Form der medialen Kontaktaufnahme, um später den physischen Kontakt zum Aldebaran herzustellen.

Lassen Sie sich auf eine Reise ein, die Sie in diese andere Welt führt, deren Entstehungsgeschichte mindestens ein bis zwei Millionen Jahre vor der heute uns bekannten Menschheitsgeschichte unserer Erde begann. Wir können von den Alten, wie sie in der germanischen Mythologie genannt werden, viel lernen, und ihre Erfahrungen dazu nutzen, die Fortentwicklung der Menschheit zu ermöglichen.
Dazu müssen wir aber die Bereitschaft aufbringen, völlig neue Wege einzuschlagen.

Wir müssen und werden uns unserer Wurzeln bewußt werden und in Betracht ziehen, daß uns Menschen ein kosmisches Erbe anhaftet, und daß die Entstehungsgeschichte des heutigen modernen Menschen gänzlich neu geschrieben werden muß.

Sie werden feststellen, daß selbst eine uns überlegende Zivilisation. wie die der Aldebaraner auch heute noch dazu gezwungen ist, Kriege gegen andere Zivilisationen zu führen. Was ich damit zum Ausdruck bringen möchte ist, daß selbst bei hochentwickelten Zivilisationen nicht alles aus Licht und Liebe besteht. Selbst wenn es ihnen gelungen ist, den kritischen Punkt in ihrer Entwicklung heil zu überstehen, ohne sich selbst zu zerstören.

In diesem Kapitel wollen wir Ihnen aufzeigen, wie das Sternenreich Aldebaran aufgebaut ist. Sie erfahren auch, wie die aldebaranische Gesellschaft aufgestellt ist, wie sie lebt und mit welchen anderen Welten das aldebaranische Reich seit langer Zeit im Krieg steht. Der nun folgende Bericht ist schon älteren Datums, aber in seinen Aussagen nach wie vor aktuell.
Vorliegender Text wurde wegen einer möglichen Zensur umgeschrieben, ohne dabei Kernaussagen zu verfälschen.

WAS WISSEN WIR ÜBER SUMI ?

In einer Zusammenfassung der medialen Übermittlungen der mittelalterlichen Templergeheimsektion vom Schwarzen Stein einerseits und der neuzeitlichen Vril-Gesellschaft andererseits, kann – soweit wir über deren Niederschriften verfügen bzw. Einblicke erhielten – über die Welt Sumi und das Reich Sumeran/Aldebaran folgendes berichtet werden :

Aldebaran, wie das Hauptgestirn des Sternbilds Stier bei uns genannt wird, ist ein Sonnensystem, mit einer unbekannten Anzahl von Planeten, von denen zwei bewohnbar und auch bewohnt sind. Die Aldebaraner selbst nennen ihre Sonne Sumi und die beiden bewohnten Planeten Sumi-Er und Sumi-An. Das aldebaranische Reich nennen sie Sumeran oder auch Sumi. Die Selbstbezeichnung der einst die Erde besuchenden Sumerer, keilschriftlich ebenfalls Sumi, wird dadurch besonders verständlich.

Die sumerischen Königstafeln beginnen mit den Worten: „Als die königliche Macht vom Himmel herabkam." Also nicht etwa Götter kamen vom Himmel, sondern die königliche Macht!

Sprich Menschen – eben die Sumeraner/Aldebaraner. Eine deutliche Spur dessen finden wir in dem alten mesopotamischen Symbol des geflügelten Stiers, ein Symbol, das sich auch bei kulturverwandten Völkern der Sumerer oft findet. In der deutschen Isais-Offenbarung des 13. Jahrhunderts wird es ganz klar ausgesprochen:

Isais-Offenbarung 4.15 :
Spähet durch die Sternenwelt,
aufschaut zum Haupte des Stiers,
des geflügelten Recken.
Die Lanze er bringt.

Isais-Offenbarung 6.3 :
Aus dem Haupte des Stiers
Hilfe euch kommt
In Drangsal und Not,
der Artgleichen Waffe.

Aus dem Haupte des Stiers kommt Beistand – also vom Hauptgestirn des Sternbilds Stier – dem Aldebaran. In der [redacted] Bibel wird der geflügelte Stier, das Sinnbild Aldebarans bzw. Sumis, dann zum bösen Moloch abgewandelt.

Doch zurück zu unserer Kenntnis über Sumi/Aldebaran, zurück zu den medialen Übermittlungen des medialen Kreises der Vril-Gesellschaft, unter der Führung von Maria Ortisch, und verknüpft mit den Möglichkeiten, die uns irdische Naturwissenschaft zur Ergänzung bietet. Setzen wir als Arbeitshypothese voraus, daß die Sonne Sumi (Aldebaran), vor ihrer Expansion zum Roten Riesen, die selbige Anzahl von Planeten hatte wie unsere Sonne heute, dann könnte das Planetensystem von Sumi derzeit aus ca. acht Planeten bestehen. Von diesen acht Planeten sind zwei erdähnlich und umkreisen die Sonne Sumi in einer Entfernung von ungefähr 2,5 Milliarden Kilometern auf der gleichen Umlaufbahn in Opposition zueinander. Setzen wir weiter voraus, daß die natürlichen Planetenbahnen, auch bei anderen Sonnensystemen, im Prinzip denen unseres Sonnen–Planeten-Systems entsprechen, so könnten die sich genau gegenüberliegenden Orbits mit technischer Unterstützung künstlich herbeigeführt worden sein.

Für unsere irdische Wissenschaft mag das an der Grenze zur Unvorstellbarkeit liegen. Für eine weitaus höherentwickelte Kultur zählen solche Aktionen möglicherweise zum Tagesgeschäft. Ziehen wir zum Vergleich mit dem Planetensystem Sumi wieder unser Sonnensystem heran, dann umkreisen die beiden, von ihren Bewohnern Sumi-Er und Sumi-An Planeten genannt, bei einer ungefähren Sonnenentfernung von 2,5 Milliarden Kilometern ihre Sonne Sumi, in einer Zeitspanne von rund 80 Erdenjahren.
Ein Jahr auf Aldebaran würde demzufolge etwa 80 Jahren auf der Erde entsprechen.

Nach den medialen Übermittlungen, über die wir sprechen, ist die sumi-aldebaranische Gesellschaft in weitgehend ununterbrochener Entwicklungslinie mehrere Millionen Jahre alt. Nur bleibt dabei ungeklärt, ob von aldebaranischen Jahren die Rede war oder, für die irdischen Empfänger der Botschaften, bereits in Erdenjahren umgerechnet wurde. Fest steht jedoch, daß wir es bei der Sumi-Aldebaran-Gesellschaft mit einer um ein Vielfaches älteren und fortgeschritteneren Gesellschaft, als der unseren, zu tun haben. Wenn wir uns der technischen Fortschritte auf Erden allein während der vergangenen 70 Jahre bewußt machen, wird uns klar, was das, in Bezug auf eine seit Millionen von Jahren ununterbrochen bestehenden Hochkultur, bedeuten muß! Und von einer solchen Super-Zivilisation müssen wir, hinsichtlich Sumi-Aldebaran, ausgehen.

Nach den medial übermittelten Informationen lebt die Bevölkerung, des Sumi-Aldebaran-Systems, seit langer Zeit nach Arten (sofern diese Bezeichnung hier richtig ist) getrennt. Das Herrschaftsvolk - die Gottmenschen - lebt auf dem Planeten Sumi-Er.
Diese "Alpha-Aldebaraner" sind die alleinigen Herren des Reiches. Alle anderen Spezies und Völker leben auf dem Planeten Sumi-An und haben zu Sumi-Er keine Zutrittsmöglichkeit.

Entstanden sind diese Völker des Aldebaransystems infolge negativer Einflüsse; und zwar zu einer Zeit, als die Sonne Sumi-Aldebaran noch lange nicht zu einer rötlichen Riesensonne expandiert war, sondern noch eine stabile hellgelbe Sonne vom Spektraltyp F6 war, eine etwas hellere Hauptreihen- und Zwergsonne, in etwa vergleichbar mit der unseres Sonnensystems. Bei einem erneuten Vergleich mit unserem eigenen Sonnensystem verfügte Sumi-Aldebaran damals, vielleicht über vier oder gar fünf mehr oder weniger erdähnliche Planeten, innerhalb der für Menschen, unserer Art, bewohnbaren Raumzone. Die von etwa 150 bis 650 Millionen Kilometer Sonnenabstand gereicht haben mag, um eine entsprechende Sonne, .

Vermutlich stammten die Urahnen der Aldebaraner, die späteren Gottmenschen, vom letzten oder vorletzten der äußeren erdähnlichen Planeten des Sumi-Aldebaran-Systems. Von dort aus dürften sie nach Entwicklung der Raumfahrttechnik, die anderen drei oder vier sonnennäheren, erdähnlichen Planeten des Sumi-Aldebaran-Systems besiedelt haben. Im Laufe der folgenden Jahrmillionen könnten dann die Kolonisten, nach und nach, je nach den klimatischen Verhältnissen, zu verschiedenartiger anderer geistiger Stufe als die Gottmenschen geworden sein. Diese sind dadurch bedingt jedoch generell verschieden untereinander und auch zu den Gottmenschen, der "Alpha-Aldebaraner".

Kam es zwischen den Völkern der Kolonien zu mehreren Kriegen, die möglicherweise mit Kernwaffen oder Waffen mit ähnlich schädigender Wirkung ausgetragen wurden? Dadurch veränderte sich ein Teil der Bevölkerung der Siedlungen zu einer Art, die man bei uns als Affenmensch bezeichnen würde, ähnlich den irdischen prähistorischen Vormenschen.

An dieser Stelle ist interessant zu bemerken, daß altorientalische Schriftfragmente den Glauben wiedergeben, der Sintbrand sei ein fürchterlicher Großkrieg gewesen. Am Ende dieser Auseinandersetzung war die Erde verwüstet und die Menschheit stürzte ins Chaos.

Die Sintflut ist nach dieser Denk- und Glaubensrichtung von den überlebenden Gottmenschen künstlich hervorgerufen worden, um die Bestien, die alles Leben zerstörten, zu ertränken.

Ein Blick in das Gilgamesch-Epos zeigt uns beispielsweise Schilderungen, die stark an Schreckensvisionen eines Atomkrieges erinnern. Je mehr die Vermischung der einfachen Kolonisten des Sumi-Aldebaran-Systems voranschritt, umso mehr veränderten sich die Eigenschaften der Kolonisten.

Als dann vor rund 500 Millionen Jahren Erdenzeit die Sonne von Sumi-Aldebaran zu expandieren begann, verfügten die einfachen Kolonisten der Planeten inzwischen nicht mehr über die Fähigkeit ihre Planeten zu verlassen.

Sie waren intellektuell nicht mehr imstande, die Raumfahrttechnik ihrer Vorfahren zu pflegen und zu nutzen. Diese Völker waren jetzt völlig darauf angewiesen, daß die Gottmenschen sie vor dem drohenden Untergang bewahren würden; entweder durch Evakuierung auf andere bewohnbare oder bewohnbar gemachte Planeten innerhalb des Sumi-Aldebaran-Systems oder durch Ansiedlung auf einem geeigneten Planeten eines anderen Sonnensystems.

Nachdem die Sonne Sumi-Aldebaran zu einem Roten Riesen expandiert war, gab es innerhalb dieses Sonnensystems nur noch zwei bewohnbare Planeten, nämlich Sumi-Er und Sumi-An. Vermutlich wurde den zu rettenden Kolonisten der Planet Sumi-An zur Verfügung gestellt und die notwendige Evakuierung durch die Alpha-Aldebaraner durchgeführt. Es wird ferner berichtet, daß das Reich Sumi bzw. Sumeran-Aldebaran seit längerer Zeit im Krieg mit den Reichen der Sonnensysteme Capella und Regulus steht. Capella ist der Hauptstern des Sternbilds Fuhrmann, Regulus ist das Hauptgestirn des Sternbilds Löwe. Möglicherweise sind die dort beheimateten Völker ursprünglich Kolonisten von Sumi-Aldebaran gewesen, die unter den Lebensumständen in den Systemen Capella und Regulus zu Völkern mit stark aggressiven Wesensmerkmalen mutierten.
Es ist nicht bekannt, ob es sich bei diesen Wesen um wirklich Fremde, in Bezug auf Aldebaran handelt, eventuell sogar um nichtmenschliche Lebensformen.[(4)]

Anmerkung des Autors:

„Könnte es sich bei den Völkern von Capella und Regulus um diejenigen Außerirdischen handeln, mit denen die Amerikaner in den 1950ern einen Handel eingegangen sind?

Wenn diese Vermutung zutrifft, macht die Aussage von Paul Hellyer, ehemaliger Verteidigungsminister von Kanada, durchaus einen Sinn.

Zitat von P. Hellyer:

„Die Vereinigten Staaten sind mit der Vorbereitung einer Waffengattung befaßt, die gegen andere eingesetzt werden könnte, damit könnten sie uns ohne jegliche Vorwarnung in einen intergalaktischen Krieg verwickeln. Ich bin derart besorgt darüber, was das für Konsequenzen haben könnte, wenn wir einen intergalaktischen Krieg anzetteln". Hellyer stellte weiterhin folgendes fest und kritisierte dabei den damaligen amerikanischen Präsidenten:

„Die Bush-Administration hat dem Militär schließich genehmigt, einen Außenposten als Militärbasis auf dem Mond zu errichten, um in einer besseren Position, zur Beobachtung des Kommens und Gehens der Besucher aus dem Weltraum, zu sein und auf sie zu schießen, wenn so entschieden wird.“ (5)

Mehr hierzu wird am Ende des Kapitels von Landor erklärt, für den Moment wenden wir uns wieder den Aldebaranern zu."

Der Krieg zwischen Sumi-Aldebaran und seinen Feinden von Capella und Regulus scheint seit sehr langer Zeit geführt zu werden, ohne daß eine Seite die andere entscheidend besiegen könnte. Auf Seiten der Aldebaraner steht eine höherentwickelte Kultur und eine weit fortschrittlichere Technik; auf der Seite Capellas und Regulus liegt der Vorteil bei der größeren Menge an Kriegsgeräten.

Es ist also ein Krieg der Qualität gegen Quantität. Berichtet wird, daß es den Feinden von Aldebaran noch nie gelungen sei, in das System Sumi-Aldebaran einzudringen, während andererseits schon aldebaranische Teileroberungen feindlicher Räume stattgefunden haben. Eine wirkliche Entscheidung scheint aber auf absehbare Zeit nicht in Sicht zu sein.

Jedenfalls bedrängen diese Kampfhandlungen das Reich Sumeran-Aldebaran nicht so sehr, daß von einer ständigen Kriegsstimmung die Rede sein könnte. Es scheint vielmehr so zu sein, daß aldebaranische Raumflotten diese Kämpfe weitgehend selbständig führen und von einer unmittelbaren Bedrohung für die Heimat nie gesprochen werden kann. Es mag aber sein, daß in den 1940ern und 1950ern irdischer Zeitrechnung eine Entscheidungsschlacht stattgefunden hat und Sumeran-Aldebaran inzwischen den Rücken frei hat.

Eine Annahme ist schließlich, daß nicht allein Sumeraner-Aldebaraner vor sehr langer Zeit die Erde besuchten, sondern womöglich auch Capellaner und Regulaner. Dadurch bedingt wäre die Menschheit möglicherweise zu verschiedenen Zeiten unterschiedlichen Einflüssen ausgesetzt gewesen.

Mit allerletzter Sicherheit läßt sich das aber nicht behaupten.

Über die inneren Verhältnisse des Reichs Sumeran-Aldebaran sind wir recht gut unterrichtet. Auf Sumi-Er leben die Gottmenschen seit jeher unter sich. Jede Vermischung mit anderen Spezies ist ihnen erspart geblieben und daher auch jede andersartige Ausrichtung der Zivilisation.

Der Beta-Planet Sumi-An hingegen ist ausschließlich von Nicht-Alpha-Menschen bewohnt, für die der Planet Sumi-Er unerreichbar ist. Zugleich blieb Sumi-An aber auch gänzlich unbehelligt von Sumi-Er, wird also nicht ausgebeutet oder anderweitig mißbraucht.

Ob ein Teil der Bevölkerung von Sumi-An in den aldebaranischen Streitkräften auf freiwilliger Basis dient, ist nicht bekannt, könnte jedoch im Rahmen des Vorstellbaren liegen. Schließlich sorgt das Reich Sumi-Er für Sumi-An mit, und daher wäre es denkbar, daß Sumi-Aner, von den Sumi-Erern, zur Reichsverteidigung mit herangezogen werden. Gewiß ist, daß keinerlei Mißverhältnis zwischen den Alpha-Aldebaranern von Sumi-Er und den Beta-Aldebaranern von Sumi-An herrscht, sondern vielmehr einem jeden in seiner Weise im wörtlichen Sinne gerecht geworden wird.

Es handelt sich gewissermaßen um eine Interessensgemeinschaft auf natürlich gewachsener Grundlage.

Das Reich Sumeran-Aldebaran kann politisch als Theokratie bezeichnet werden. Oberhaupt des Reiches ist eine Herrscherin, gewissermaßen eine Kaiserin, die zugleich auch als eine Art Hohepriesterin geistliches Oberhaupt des Staates ist, vielleicht ein wenig vergleichbar mit dem Papst im Mittelalter. Dieses Reichs- und Religionsoberhaupt ist immer weiblich, ihr untersteht als oberstes ausführendes Organ der Reichsführer. Dieser ist immer männlich, er ist Chef der Raumflotte und aller Streitkräfte und bestimmt die Entscheidungsträger der Wirtschaft und aller anderer Bereiche.

Über alledem steht –Die Gottheit–, greifbar durch den Paracomputer Malock, von dem noch gesprochen werden wird. In Urzeiten der aldebaranischen Geschichte muß jedoch eine andere Ordnung geherrscht haben. So ist die Reichshauptstadt auf Sumi-Er nach einem "berühmten König aus frühester Zeit" namens Derger benannt, was inzwischen jedoch Dargor ausgesprochen wird. Möglicherweise lebte dieser König Derger noch vor der Expansion der Sonne Sumi-Aldebaran zum Roten Riesen und war wesentlich für die rettende Neugestaltung des heimischen Sonnensystems verantwortlich.

Der urzeitliche König Derger, der Sumi-Gottmenschen, ließ, vor einer Zeit, die so lange zurückliegt, daß wohl auch kein Sumeraner mehr genaues darüber weiß, ein für unsere Begriffe unbeschreiblich weit fortgeschrittenes Elektronengehirn mit der Bezeichnung Malock schaffen.

Dieser Name geht auf den aldebaranischen Hauptgott Molok zurück. Hier sollten wir uns kurz daran erinnern, daß der Name des babylonischen Hauptgottes Marduk war, der Gott der Phönizier und Philister den Namen Moloch trug, die Karthager den Gott Malok verehrten; was zufälligerweise eine gewisse Ähnlichkeit mit dem aldebaranischen Gott Molok hat. Alle diese Götter waren durchaus positiv besetzt.

Erst in der alten Bibel wurden sie möglicherweise negativ dargestellt. Der Irrtum, dem Moloch seien Kinder geopfert worden, geht darauf zurück, weil die Formulierung „Kinder dem Moloch durch das Feuer gehen lassen“ als Verbrennung gedeutet wurde, während es in Wirklichkeit eine symbolische Feuertaufe war, ähnlich wie das Springen über das in unserem Raum bekannte Sonnenwendfeuer.

Der Paracomputer Malock ist, auf Anweisung des Königs Derger, mit den Gesetzen des Gottes Molok programmiert worden mit Gesetzen„ die der Gott Molok den Aldebaranern offenbart hatte. Ob es sich dabei um ein und dieselbe Gottheit handeln mag, die in der deutschen Isais-Offenbarung als Malok genannt ist?!

Der Paracomputer Malock, der womöglich sogar eine Diesseits–Jenseits-Kommunikation zwischen den Aldebaranern und ihrem Hauptgott Molok ermöglicht, ist in einem heiligen Berg untergebracht. Er wird von einer besonders eingeschworenen Elitetruppe, der Heiligen Streitschar, bewacht. Diese Elitetruppe, die dem Gott Molok geweiht ist, verfügt wahrscheinlich über in den heiligen Berg hinein gebaute Niederlassungen. Sie allein führt die Befehle von Malock aus und kann als eine Kombination von Religionspolizei, Ordensrittern und Tempelwächtern betrachtet werden. Die Heilige Streitschar überwacht auch die Einhaltung der Gesetze, was im Falle von Übertretungen womöglich in sehr drastischer Weise durchgesetzt wird.

Interessanterweise gehören zu den schwersten Verbrechen nach aldebaranischem Gesetz:

Eigennutz und Egoismus oder auch Blutmischung. Dies sei angemerkt, um zu zeigen, welche Umwälzungen die sogenannte westliche Wertegemeinschaft möglicherweise erfahren würde, kämen auf diese oder jene Weise aldebaranische Wertmaßstäbe auf Erden zur Anwendung.

Der Paracomputer Malock, und seine dem Gott Molok geweihten Elitetruppen, haben über Äonen die Gesellschaft von Sumi-Er vor allen Verfallserscheinungen bewahrt. Wer weiß, ob der Arm Molocks nicht auch einmal bis zur Erde reichen wird.

Zusammenfassend können wir sagen, daß das aldebaranische Reich von einer dreigeteilten Staatsführung geleitet wird:

1. **Die Kaiserin** mit ihren Priesterinnen und Priestern. Die Nachfolge wird wahrscheinlich auf dem Wahlweg aus den Priesterinnen bestimmt.
2. **Der Reichsführer**, der von der Kaiserin in Absprache mit den wirtschaftlichen und den militärischen Führungskreisen bestimmt wird.
3. **Der allüberwachende Gott -Paracomputer Malock** - mit seinen Heiligen Streitscharen des Gottes Molok.

Offenbar hat sich diese Ordnung über Jahrmillionen bestens bewährt. In ihr verbinden sich die unterschiedlichen **Wesensqualitäten von Weiblich, Männlich und Göttlich** zu einem harmonisch wirkenden Ganzen.

Noch manches mehr ließe sich über Sumi-Aldebaran sagen, wäre es derzeit möglich, alle noch vorhandenen Unterlagen der Thule- und Vril-Gesellschaft auszuwerten.

Als gewiß können wir annehmen, daß die sumeranisch-aldebaranische Gesellschaft sich von Gesellschaftsformen auf der Erde wesentlich unterscheidet. So ist ein bekanntes Faktum die Verwobenheit dieser aldebaranischen Gesellschaft mit der Natur, ein besonderes Verhältnis zu Tieren und Pflanzen und zu den Jenseitssphären.

Sicherlich dürfen wir uns nicht vorstellen, die Aldebaraner gingen ähnlichen Vergnügungen nach wie wir Menschen der Erde; es gibt auf Sumi-Er ganz sicher keine Discotheken oder dergleichen, die Kultur ist dort über solche Dinge erhaben. Vermutlich leben die Sumi-Erer nicht einmal in Luxus nach irdischen Maßstäben. Hingegen kann von starker Naturverbundenheit ausgegangen werden und sicher von einer Gesellschaftsordnung, die auf ziemlich strengen Sitten beruht.

Die Gesetze des Gottes Molok können mit hoher Wahrscheinlichkeit recht gut nachempfunden werden, wenn wir beispielsweise die Isais-Offenbarung und die Isais-Gebote heranziehen und ferner ganz einfach beachten, welcher irdischen Ordnung und welchem irdischen Reich sich die Aldebaraner zugewandt haben: nämlich den Germanen.

Ob der aldebaranische Molok dem Malok aus der Isais-Offenbarung und dem Malok aus dem Karthager-Buch definitiv gleichgesetzt werden kann bzw. muß, können wir laut derzeitigem Wissensstand nicht hundertprozentig genau sagen. Aus alten geistigen Aufzeichnungen kann aber der Schluß gezogen werden, daß dies zumindest grundsätzlich der Fall ist.

Aus dem Haupte des Stiers

Der Geflügelte Stier von Babylon wurde zumeist mit menschlichem Gesicht dargestellt. Was die Ankunft der "königlichen Macht vom Himmel" anbetrifft, so sprechen die sumerischen Königstafeln vom Jahre 210.200 der Sintflut, welche wiederum, nach akkadischer Rechnung 36.000 Jahre vor Sargon 1 stattfand. Über die Lebenszeit Sargon 1 ist sich die Wissenschaft zum derzeitigen Zeitpunkt noch um mehr als tausend Jahre uneinig, sie wird zwischen etwa 2800 und 3950 vor Christus vermutet.
Die eventuelle Ankunft der Aldebaraner-Sumerer kann also vor rund einer Viertelmillion Jahren angenommen werden. [(4)]

Landor ist einer meiner Informanten, der über gute Kontakte zum Militär verfügt und mich hier bei diesem Buchprojekt unterstützt. Machen wir uns nun mit Landors Aussagen vertraut.

Der Aldebaran-Bezug bis in die irdische Gegenwart

Historisch belegbar liefern allein die Urtexte der Bibel und zahllose Quellen der heutigen anerkannten Wissenschaft wertvolle Hinweise als Indiz für nicht konventionell erklärbare Vorgänge in den letzten 1,5 Millionen Jahren, welche sowohl aufbauenden als auch zerstörerischen Einfluß auf die Erdbevölkerung genommen haben.

Angefangen bei den Apokryphen als Urtextquelle des Alten Testaments und den Papyrusrollen von Qumram oder in den zahllosen Epen, allen voran dem Gilgamesh-Epos, aber auch in den alten Veden, im Sanskrit selbst und in den Relikten zahlloser südamerikanischer Kulturen, vor allem jenen der Inkas und Mayas, finden sich eindeutige Hinweise.

Die bekannten kontroversen Fakten und Theorien über die Ägypter als die mutmaßlichen Erbauer der großen Pyramiden, in den Überlieferungen der Katharger oder allein in der berühmt gewordenen philosophischen Äußerung Platos zu Atlantis und dessen Untergang bis hin zu den Mythen über Lemuria, denen sich auch die Scientologen ausführlich widmeten, überall da finden sich deutliche und nicht zufällige Spuren, welche auf unwiderlegbare Weise den Einfluß äußerer Faktoren, also außerirdisch geprägte Ereignisse und Besucher mit unterschiedlichen Absichten auf die Erde und ihre Bewohner ausübten und welche bis heute nachwirken. Diese Schleifspuren der Geschichte finden sich vielfach parallel auf den unterschiedlichsten Kontinenten und erstrecken sich über mehrere hunderttausende von Jahren unserer Vergangenheit.

Die Bewohner der Erde sind nicht zwingend allein irdischen Ursprungs, sondern es finden sich auch andere lebensverändernde Eingriffe, ohne deren Herkunft in eine bestimmte Richtung zu deuten.

Wenn all diese in den Überlieferungen genannten Geschehnisse in einer logischen Reihenfolge betrachtet werden, kann von allem die Rede sein, aber nicht von einem simplen Zufall. Nach allen Regeln der Wahrscheinlichkeit, nach klaren mathematischen und somit logischen Grundsätzen ist auszuschließen, daß sich alle Mythen, alle Chronisten, alle Legenden und Epen, alle religiösen Urtexte weltweit in den verschiedensten Epochen gleichzeitig geirrt haben! Über einen Zeitraum von weit über einer Million Jahre hinweg kann sich auch das blindeste Huhn nicht immer nur irren, und findet mindestens ein Korn der berühmten Wahrheit.

Somit wird das Prinzip des Umkehrschlusses jedoch eindeutig widerlegt, denn wenn auch nur in mindestens einem einzigen Fall die Spur von außerirdischem Leben in der Vergangenheit nicht widerlegt werden kann, ist dieser eine Fall folgerichtig wahr und mit an Sicherheit grenzender Wahrscheinlichkeit kein Einzelfall.

Daraus läßt sich eindeutig ableiten:

1. Es gab und gibt weiterhin außerirdische Einflüsse.
2. Es gibt mehrere Parteien, Gruppen mit verschiedenster Herkunft, die in kriegerischen Konflikten zueinander standen oder sich noch in diesen befinden.
3. Diese Konflikte wurden in mehreren Abschnitten auch auf der Erde ausgetragen in aktiven Kampfhandlungen.
4. Die Menschen wurden mehrfach für die Ziele bestimmter Kriegsparteien benutzt und in ihrer DNA biologisch verändert. Der Grundsatz der Gleichheit der Menschheit ist somit möglicherweise faktisch auch geschichtlich widerlegt, ohne die Achtung vor dem Leben selbst in Frage zu stellen.
5. Erste Besucher aus dem Aldebaran-System(Sumi-Er) trafen erstmals vor rund 250.000 Jahren auf der Erde ein. Zu dieser Zeit haben die Sumi-Er und Sumi-An vermutlich noch keine gemeinsame Achse gebildet. (siehe 6.)
6. In den letzten 250.000 Jahren kam es zu einem Angriff auf Sumi-Er/Sumi-An, geführt von anderen Völkern aus anderen Systemen. Im Reich Sumeran war die gesamte Struktur jedoch nicht auf die Kriegsführung ausgerichtet, denn das Reich führte keine Kriege, denn dort wurde erkannt, daß jede Rüstungsanstrengung für einen Krieg zu einem Verlust an Lebensqualität führen muß.

In der akuten Bedrohung war Sumeran allerdings gezwungen worden, in den nun unvermeidlichen Krieg zu ziehen. Allem voran hatte die Verteidigung zu erfolgen. Dazu verbündete sich das Reich Sumeran mit einer mächtigen und in der Kriegsführung erfahrenen Kaste, den Suscharen, zu einer Achsenmacht und konnte, bis zum Bau eigener Kriegsschiffe, mit den verfügbaren Suscharenkreuzern die ersten Angriffe ebenso erfolgreich, wie auch leider verlustreich, abwehren.

7. Wieder und wieder wurden die Achsenmächte in die Defensive zurück gezwungen; die gegnerische Allianz konnte sich damals durch neue Verbündete verstärken.

8. Nach den Kampfhandlungen, welche sich über viele Jahrtausende erstreckt haben müssen, konnte Sumeran die
Aldebaranische Achse – verstärkt in die Offensive gehen und die Gegner auch an ihren Heimatfronten stellen.
Die Spuren mehrfacher Schlachten, in unmittelbarer Erdnähe werden in zahlreichen Sanskritabschnitten klar beschrieben. Sie erwähnen auch Krishnas Flug zu den „Göttern" und beschreiben Städte im All ebenso, wie eine Waffentechnologie, die vergleichbar ist mit heutigen Boden-Luft - und Luft-Luft Raketen mit Mehrfachsprengköpfen!

9. Die ersten Nachkommen der Aldebaranischen Achsenmächte sind spätestens seit diesen ersten erdnahen Konflikten auf der Erde und fristen ein Dasein im Verborgenen. Ständig bedroht, von den feindlichen Spionen, und den fremdgesteuerten Menschen, konnten sie lange Zeit nicht direkt, ohne Gefahr um Ihr Leben, eingreifen.
Die Asen, Hyperboreer, die Atlanter, Arier und Polarier, die Vrilo; welche Namen sie in der Geschichte des Erinnern alle tragen, sie alle müssen in strenger Verborgenheit verbleiben, bis die Wende erreicht sein wird.

10. Während dieser Schlachten im All, den interkosmischen Kriegen, welche sich in der Zwischenzeit in fernen Systemen und Sektoren ereigneten, konnte die Allianz ihre Dominanz auf der Erde ausbauen, mußte jedoch ebenfalls empfindliche Verluste hinnehmen. Der größte Widersacher der Alliierten sind die aldebaranische Achsenmacht. Auf der Erde und auf nahe gelegenen Planeten und deren Monden wurden zahlreiche Festungen, Stützpunkte der Alliierten erbaut und um das Gedächtnis in der Menschheitskultur zu Ungunsten der Achsenmacht zu verändern, wurde zudem versucht, sämtliche Hinweise auf einer Aldebaranische Achse, bzw. deren Absichten, zu tilgen.

11. Kaiser, Reich und Heidentum sind als böse gebrandmarkt, den "falschen Göttern" darf nicht gedient werden!

12. Die der Allianz dienenden Anunnaki wurden überall dort, anstelle der Getreuen der Aldebaran-Achse, erwähnt, welche auch nur den geringsten Hinweis auf die Existenz Sumerans beinhalten würde. Die kulturellen Wesensmerkmale Aldebarans wurden ausgetauscht. Il Anu mutiert so fälschlicherweise zum Annunaki, dessen Sohn Marduk sein soll. Die Ähnlichkeit mit dem aldebaranischen Malock oder Molok sind fatal, denn nicht selten verkommen Marduk, Malok oder Molok zum bösen Moloch, der als Inbegriff des satanischen Kultes des Bohemian Grove fürchterliche Huldigungen und kindliche Menschenopfer erfährt!

Der Austausch der Begrifflichkeiten oder ihrer Bedeutung ins Gegenteil, ist eine der gefährlichen Spielarten des Gegners, welche bis heute nahezu uneingeschränkt anhalten.

13. Der Krieg zwischen den Achsenmächten und der feindlichen Allianz dauert bis zum heutigen Tage an und erreicht erneut die Erde. Dieser große Krieg im All, findet im Kleinen sein Abbild in der Geschichte des 20. Jahrhunderts, in den beiden Weltkriegen, welche nur eine Unterhandlung des großen interkosmischen Weltenkampfes reflektieren. Besonders auffällig wird dies an der Tatsache, daß das Deutsche Reich zusammen mit seinen Verbündeten als Achsenmacht im Krieg gegen die Alliierten, also gegen die feindliche Allianz, bezeichnet wird und bis heute als Reich, als Deutsches Reich, welche nicht mit dem Konstrukt der Alliierten identisch ist, im tatsächlichen Kriegszustand liegt. Selbst der Waffenstillstand wurde längst gebrochen von Seiten der Alliierten.

Solche Parallelen verwundern keineswegs, wenn man bedenkt, wie Paul Hellyer schon schlußfolgerte, daß in der Tat die Amerikaner die Hilfe der Achse ablehnten (und das kurz nach Ende des 2. Weltkrieges) und sich in Folge dessen dem schlechten Einfluß der außerirdischen Allianzkräfte nicht entziehen konnten oder wollten. So schlossen sie einen Vertrag ab für außerirdische Technologie, wenn sie sich dem Willen der Allianz beugten.

An der Aufrichtigkeit der Ziele einer „Eine-Welt-Regierung“ bestehen berechtigte Zweifel. Capellaner, Regulaner und Kondrashkin sind die wahren Brandstifter des Universums und gieren nach dem von ihnen nicht bekannten Abgrund der Sucht nach Materie, in dessen niedrigstem Aggregatzustand.

Die Vorherrschaft über andere Spezies auszuüben, um diese selbst für die Interessen der Allianz zu versklaven, muß zur Katastrophe führen.

Der Achsenmacht war dies bewußt und das letzte Gefecht, in diesem Weltenkampf, tobt in direkter Nähe der Erde und auf unserem Planeten selbst.

Die Allianz steht inzwischen militärisch gesehen mit dem Rücken zur Wand und vermag derzeit nur noch in heimtückischer Weise überraschende Terrorakte im Schilde führen.
Heimische Achsen-Verbände müssen täglich aufs Neue ihr Leben für die Sicherheit der gesamten Erde und Menschheit riskieren.

Die Allianz hat indes leider immer nur die Vernichtung vorgesehen.

Wir erinnern uns an den Bombenterror auf deutsche Städte, das militärisch grundlose Vernichten der Elbflorenz Dresden, einer ausgewiesenen Lazarettstadt und den Einsatz von atomaren Waffen auf zivile Orte in Japan. Diese barbarische Vorgehensweise, in einem Krieg, ist die Methode der Allianz, nicht der Achsenmacht!

Kapitel 3

Geschichtliche Zusammenfassung

Machtblöcke oben, wie auch unten

Durch mehrere Quellen, die mir vorliegen, werde ich versuchen ihnen den roten Faden in die Hand zu geben, ab welchem möglichen Zeitfenster die **Aldebaraner und andere Außerirdische** in die Erdgeschichte eingriffen haben. In welcher Art und Weise am Erdbewohner manipuliert wurde, und welche Kräfte der Lichtseite zuzuordnen sind. Welche Rolle bei dem Spiel um die Machtverhältnisse auf ERDEN den **Anunnaki, der Anchara-Allianz**, zuzuschreiben ist, und welche Rolle unsere Ahnen, die Aldebaraner, dabei einnehmen.

Um das Wirken von Außerirdischen auf unserem Planeten besser verstehen zu können, müssen wir erst einmal erklären, welche Seite sie hier bisher vertreten haben und immer noch einnehmen. Wir leben in einem Spiel, in einer Zeit des **Erfahrens der Dualität**. Zu diesem Spiel gehören die Lichtseite und die Dunkle Seite. Die Wesen, die der Lichtseite angehören, versuchen unsere geistige Entwicklung mit Liebe zu begleiten und zu fördern.

Die Wesen der dunklen Seite führen uns dagegen in Versuchungen, wollen uns manipulieren, arbeiten ohne Liebe und sind vor allem an Macht über uns interessiert. Diese Dualität setzt sich bis in die höheren Dimensionen fort. Beide Seiten handeln im Auftrag der Schöpfung und sollen jeweils auf ihre Art und Weise, unser Unterscheidungsvermögen fördern, den Charakter reifen lassen zum Höheren und unsere Entwicklung beschleunigen.

Letztendlich sollen wir am Ende des Spiels wieder ganz in unsere inneren Liebe und Einheit zurückfinden, die Dualität überwinden. Außerirdische beider Seiten besuchten im Laufe der Erdgeschichte immer wieder unseren Planeten.
Es waren Wesen höherer Dimensionen, die sich entweder mit Raumschiffen oder nur mit Hilfe des Geistes hierher begaben. Dabei gab es zwischen beiden Seiten, in früheren Zeiten, schon verheerende, langanhaltende Kriege, in denen das ganze Sonnensystem und darüber hinaus verwickelt war.

Die **Anchara Allianz** ist ein Bündnis von Sternenvölkern, welche unter der Leitung von **Luzifer gegen die Kräfte des Lichtes** kämpfen. Sie wurde vor ca. 5 Mio. Jahren gegründet. Den Vorsitz hatten Dinoiden und Reptoiden aus der Orion-Liga. Der Anchara-Allianz gehörten unter anderem auch die ehemaligen Anunnaki an.

Ein Zweig von Nachkommen der Anunnakis, die einen eigenständigen Weg einschlugen, dürften die Aldebaraner, Plejadier und Antarianer sein. Sie sind eine humanoide Art (Mensch-Reptil-Hybriden), wie die Erdenmenschheit übrigens auch.

Die Anunnaki sind die Schöpfer der Menschen. Sie schufen die verschiedensten Menschen, um auf der Erde ein dienendes Volk für ihre Art zu haben. Sie haben ebenfalls die meisten Religionen gegründet und sich als Götter (Gott) feiern lassen. Die sumerischen, ägyptischen und babylonischen, griechischen und römischen, germanischen und nordischen, ebenso wie die indischen Götter waren alle Anunnakis. In der Bibel werden sie als Nefilim bezeichnet.

Auf der Lichtseite kämpfen die Sirianer, Plejadier, Antarianer, Aldebaraner und viele andere, während die dunkle Seite u.a. von Drachen und Anunnaki vertreten war. Die Dunkle Seite, die Anchara Allianz, versuchte immer wieder, unser gesamtes Sonnensystem in ihren Machtbereich zu übernehmen, was die Lichtseite aber immer verhindern konnte. Eine Invasion der dunklen Seite vor ca. 250000 Jahren konnte die Lichtseite allerdings nicht mehr vollständig zurückschlagen, so daß wir seitdem unter dem Einfluß der Drachen und Anunnaki stehen. Das bedeutet nicht, daß die Lichtseite nun in den letzten 250000 Jahren überhaupt keinen Zugang mehr zu uns hatte, aber sie kamen zunehmend immer schwerer zu uns durch.

Das hing auch von uns Menschen ab, denn im Laufe der Zeit wurden wir innerlich immer empfänglicher für die Versuchungen der Dunklen Seite und verloren immer mehr unserer Liebe.

Wir glitten in eine Art Schlaf hinein, in dem wir uns an unsere einstige Liebe und unsere **Herkunft aus höheren Dimensionen** nicht mehr erinnern konnten. In diesem Zustand befinden wir uns immer noch. Die Vril-Gesellschaft hatte das Zeitfenster zu unseren Ahnen weit geöffnet. Doch die Anchara Allianz unterdrückte dieses Wissen nach dem zweiten Weltkrieg wieder, durch gezielte Manipulation und schleichende Vergiftung der Menschheit und im besonderen unseres Volkes. Der Zugang war dadurch nur noch sehr wenigen Menschen in erlesenen, verborgenen Kreisen möglich.

Erst in den letzten Jahren hat sich für uns, durch die Schwingungserhöhung auf der Erde, auf Grund des bevorstehenden Aufstiegs, das Zeitfenster auf natürliche Art geöffnet. Wodurch wir wieder mehr Licht - Liebe - erhalten und immer mehr Menschen dadurch bedingt aufwachen. Dieses Aufwachen zeigt sich mehr und mehr darin, daß immer mehr Menschen sich ihrer Herkunft, ihrer Abstammung bewußt werden.

Die Seelenfamilien werden sozusagen wieder zusammengeführt.

Selbst die heutigen Wissenschaftler erkennen die kosmischen Veränderungen, die sich im Moment vollziehen und immer stärker werden. Dieses Mal steigt nicht ein Volk auf, ein Planet, es ist das gesamte Universum, welches in eine höhere Dimension hinüber geht. Daher ist verständlich, daß mit aller Macht der Aufstieg von der Dunklen Seite verhindert werden soll.

Als die Dunkle Seite sich vor etwa 250.000 Jahren auf der Erde niederließ, teilte sie sich die Erde untereinander auf. Die Drachen bekamen z.B. Mittel- und Südamerika, China, Tibet und andere Teile Asiens, während die Anunnaki u.a. Arabien, Afrika, Indien und den Mittelmeerraum erhielten, mit Hauptsitz im heutigen Irak (Sumer/Babylon).

Im Folgenden wollen wir die zwei Gruppen etwas näher beschreiben.

Die Anunnaki[(6)]

Die Heimat der Anunnaki liegt im Sternbild des Großen Bären. Sie sind Wesen der 7. Dimension und können ihre Form beliebig verändern oder anpassen. Den Menschen zeigten sie sich häufig in sehr großer menschlicher Gestalt, aber auch als Tiere etc. Wir finden sie in vielen Mythologien als Götter beschrieben, z.B. in den Griechischen Sagen (Zeus, Poseidon, Aphrodite etc.).

In alten Bibeln werden sie unter dem Namen Nefilim erwähnt. So steht z.B. in der Bibel (1. Mose 6):

"Zu der Zeit und auch später noch, als die Gottessöhne zu den Töchtern der Menschen eingingen und sie ihnen Kinder gebaren, wurden daraus die Riesen auf Erden".

Die Anunnaki besaßen den Erdbewohnern gegenüber eine überlegene Technologie und wußten sich auch entsprechend zu präsentieren. Es verwundert also nicht, daß es ihnen gelang, von den Erdbewohnern als Götter angesehen zu werden.

Dabei bekamen sie in den einzelnen Kulturen jeweils andere Namen. Das ändert aber nichts daran, daß z.B. Enlil, Zeus und Seth jeweils die gleiche Person ist. Die Anunnaki bestehen aus einer Großfamilie, d.h. sie sind alle irgendwie miteinander verwandt. Dabei geht es miteinander teilweise auch recht deftig zu, so daß sie sich manchmal sehr grobe „Scherze" untereinander leisten. Teilweise sind sie auch miteinander zerstritten und bekriegen sich.

Die Mythologien sind voll von Geschichten dieser Großfamilie, die jeden Schreiber von Seifenopern vor Neid erblassen lassen würde. Sie wußten auch von der Bedeutung der Zahl 12 (siehe: "Heilige Geometrie") und bestimmten jeweils immer zwölf von Ihnen als Hauptgötter.

Sie rissen die Macht an sich, die den Erdenhütern zusteht, denn die Erdenhüterfunktion und die Repräsentation der Erde in der Galaxis sollten eigentlich durch jeweils 12 Vertreter aller Erdreiche erfolgen.

Jeder einzelnen Zahl, von 1 bis 12, in der Blume des Lebens (Schöpfungsmatrix unserer Dimension) sind jeweils spezifische Eigenschaften und Aufgaben zugeordnet.
Die Anunnaki besetzten die entsprechenden Positionen einfach und erklärten sich selbst zu den Repräsentanten der Erde. Der Umgang mit den Menschen veränderte sich mit der Zeit. Manchmal unterstützten sie die Menschen mit Technologie (z.B. bei medizinischen Operationen), zu anderen Zeiten versuchten sie aber auch die Menschheit auszurotten, insbesondere als die Menschen begannen sich stark zu vermehren und die Anunnaki dadurch einen Machtverlust befürchteten.

Dazu beeinflußten sie u.a. das Wetter, so daß Dürre oder Überschwemmungen die Ernten vernichteten. Sie verursachten auch mindestens eine der Sintfluten. Allerdings überlebte dies ein Teil der Menschheit, so daß ihre Ausrottungsversuche nie völlig gelangen.

Die Anunnaki kamen eigentlich zur Erde, um Gold abzubauen. Die Umwelt ihrer Heimat war durch ihre schlechte Lebensweise sehr verschmutzt (ähnlich wie bei uns auf der Erde) und ihre Planeten fast unbewohnbar geworden. Das Gold benötigten sie, um damit die Atmosphäre ihrer Heimatplaneten zu reinigen (wie eine Filteranlage) und außerdem gleicht Gold ihre Elemente aus, so daß auch ihr Denken und Fühlen damit ausgeglichener wurde.

Zum Abbau des Goldes verwendeten sie eigene Arbeiter. Eines Tages streikten diese aber und so kamen die Anunnakiführer auf die Idee, aus Primaten der Erde, mittels Genmanipulation, geeignete „Arbeitstiere“ zu schaffen, die Neandertaler. Es fanden aber noch andere genetische Experimente statt, die als Folge dann zur **Schaffung des heutigen Menschen mit einer zweisträngigen-DNS führten.**
Als die Anunnaki zur Erde kamen, besaßen alle Lebewesen hier eine zwölfsträngige DNS.

Da die Anunnaki selbst nur eine zehnsträngige DNS hatten, wollten sie herausfinden, wozu die übrigen zwei Stränge da waren.
Sie experimentierten herum und erschufen Wesen mit nur zwei DNS-Strängen. Diese Wesen vermischten sich dann ungeplant mit anderen Wesen, die noch zwölf DNS–Stränge hatten. Im Laufe der Zeit gab es dann bald nur noch Wesen mit zwei DNS- Strängen.

Problematisch daran ist, daß die verlorenen zehn DNS-Stränge viele Funktionen und Fähigkeiten beinhalteten, die für die Menschheit wichtig sind (z.B. Telepathie, Teleportation, Hellsehen).

Außerdem können wir nur mit einer zwölfsträngigen-DNS physisch in eine höhere Dimension aufsteigen.

Desweiteren machten die Anunnaki auch Experimente mit Radioaktivität. Sie wollten mehr darüber herausfinden, da man mit Radioaktivität viele Dinge bewirken kann, die wir heute noch nicht einmal im Ansatz verstehen. Außerdem beeinflußt Radioaktivität auch unseren Emotionalkörper und die Annunaki konnten uns damit leichter kontrollieren. Die Auswirkungen der Experimente sind bis heute verheerend. Die Menschen kamen irgendwann in den Besitz des Wissens und experimentierten damit selbst herum.

Die Atombomben verursachen z.B. Schäden, die weit über unser heutiges Vorstellungsvermögen hinausgehen. Neben der Vernichtung von biologischem Leben, führen sie u.a. auch zu Rissen in Dimensionen (bis hin zu deren Zerstörung) und Rissen in Zeitlinien.

Biologisch betrachtet verhindert eine zu **niedrige Radioaktivität**, beim Menschen, den Aufbau von Verbindungen von Wasserstoffbrücken im Gehirn und führt zu einer **Intelligenzminderung**. Eine zu hohe Radioaktivität wiederum verändert unsere DNS und führt zu Erbschäden. Außerdem kann sie Verbrennungen, bis hin zum Tod bewirken. Das Ausmaß an Radioaktivität war früher einmal, von der Schöpfung, genau an unsere physischen Bedürfnisse angepaßt.

Wir sollten nicht damit herumspielen, insbesondere, weil wir noch so wenig darüber wissen! Eine weitere „negative" Handlung der Anunnaki bestand darin, daß sie den 2. Mond der Erde zerstörten. Damit wollten sie ihre Macht über die Menschen weiter ausbauen. Das führte u.a. dann dazu, daß wir nun seit ca. 60000 Jahren nicht mehr in der galaktischen Zeit leben.

Wir haben uns so wieder ein weiteres Stück von unserer wahren Natur entfremdet und sind leichter manipulierbar geworden. Um den **Aufstieg 2012 zu schaffen, müssen die Schäden der Anunnaki wieder korrigiert** werden. Wir brauchen einen 2. Mond zurück, müssen wieder eine zwölfsträngige DNS bekommen und die Radioaktivität muß ebenfalls unbedingt kontrolliert werden. Die Anunnaki sind dabei, als einstige Verursacher der Probleme, von höchster geistiger Ebene zur Mithilfe verpflichtet worden. Einige von ihnen sind inzwischen auch schon dazu bereit, aber viele versuchen uns auch weiterhin zu behindern.

Anmerkung des Autors:

„Die Aldebaraner sind eine eigenständige Linie aus dem Stammbaum der Anunnakis, deren Hoher Rat sich dazu entschlossen hat, uns Menschen hilfreich zur Seite zu stehen."

Die Drachen

Die Drachen kommen aus dem Sternbild des Drachen. Ihr äußeres Erscheinungsbild entspricht dem eines Drachen, aber auch sie können ihre Form verändern. Sie werden oft in Mythologien und Märchen erwähnt. Nicht umsonst wurde dort immer vor den bösen Drachen gewarnt. Sie scheinen militärisch organisiert zu sein, wobei ihre „Bosse" vermutlich auf den Heimatplaneten verblieben und von dort aus alles lenkten.

Während die Anunnaki die Menschen gern mit Machtdemonstrationen einschüchterten, um sie so kontrollieren zu können, versuchten es die Drachen mehr mit „sanften" Mitteln. Sie schlichen sich in das Vertrauen der Menschen ein, u.a. in dem sie sich als Freunde und Wohltäter präsentierten und verschleierten dadurch ihre feindseligen Absichten. Wenn man sich aber einmal mit ihnen eingelassen hatte, konnten sie auch sehr brutale Züge annehmen.

So folterten sie z.B. Feinde häufig bis zum Tod. Uns wurde gesagt, daß sie sich von Erdöl und von „niederer" Energie ernähren (z.B. Haß, Angst) und deshalb gern Kriege, Konflikte zwischen den Menschen verursachen. Im Rahmen unserer Gruppenarbeit müssen wir häufig erst einmal mit unseren Lichtschwertern die Verbindungen der Drachen, zu den Mächtigen aus Wirtschaft, Politik usw. durchtrennen, bevor wir unsere eigentliche Arbeit beginnen können.

Nach dem Aufstieg 2012, wird die Menschheit wieder sehr eng mit der Lichtseite zusammenarbeiten.
Es gibt eine sirianisch-plejadische Allianz, die u.a. Raumfahrt betreibt und die Menschheit gern in ihre Reihen aufnehmen möchte. Um das Spiel der Dualität wieder zu beenden, werden wir aber auch einen neuen Umgang mit der dunklen Seite in und außerhalb von uns lernen müssen. Damit unser Universum wieder heil (eins) wird, werden wir uns in der Zukunft hoffentlich mit allen ihren Bewohnern nach und nach aussöhnen und eine neue Zusammenarbeit lernen.(6)

Welche Schlußfolgerungen lassen sich daraus ziehen, wenn wir uns nachfolgenden vorliegenden Bericht näher betrachten.. Halten wir zunächst einmal fest, daß es vor ca. 250000 – 300000 Jahren einen Krieg gab, in dem verschiedene Außerirdische um die Vormachtstellung auf der Erde kämpften. In diesen Krieg war unser Sonnensystem und Andere darüber hinaus verwickelt.

Auf der Lichtseite kämpften und kämpfen die Sirianer, Plejadier, Antarianer, Aldebaraner und viele andere, während die Dunkle Seite u.a. von Drachen und Anunnaki vertreten war.

Folgerichtig wäre also die Annahme nicht verkehrt, daß wir im übertragenen Sinne selbige Machtstrukturen heute noch, an den zentralen Stellen der Macht, auf der Erde vorfinden.
Interessant ist auch die Feststellung, egal wo man in der Geschichte nachforscht, das man seitenweise Informationen zu den Anunnaki nachlesen kann, aber nirgendwo ein Hinweis auf unsere Ahnen, den Aldebaranern zu finden ist. Warum ist das so? Gab es auch hier einen Eingriff in die Geschichtsschreibung? Um von einer ACHSE, einer Linie die uns hilfreich zur Seite steht, abzulenken oder gar zu täuschen?
Anbei wollen wir uns eine Ausarbeitung von verschiedenen Autoren betrachten und uns daraus einen geschichtlichen Überblick verschaffen auf die irdische Entwicklungsgeschichte in Bezug zu den Außerirdischen.

Geschichtlicher Überblick

Ausgearbeitet und verfaßt von Landor:

Eingriffe von verschiedenen Außerirdischen Spezies in die menschliche Evolution:
Anunnaki, die Meinung von Stichin & Co.(7) Anfänge einer Spurensuche und Analyse nach Auswertung mehrerer Quellen. Noch keine endgültige Version, da Parallelabhandlungen noch unbeachtet der genaueren Prüfung in den "Fahrplan" aufgenommen wurden.

1.500.000 bis 1.000.000 Jahre Diluvium: Nebeneinander entwickeln sich Archanthropinen, Paläanthropinen und Neanthropinen. Letztere entwickeln sich zum Homo Sapiens. Die beiden anderen Zweige sterben als Primitivere aus.

1.4 Millionen Jahre: altes Lagerfeuer in Kenia, Steinwerkzeuge der Heidelberger und verwandter Kulturen erweisen tertiäre Werkzeugtechnik, Sammler-und Wildbeuterstufe. Peking-Mensch kennt Feuerbenutzung.(8)

540.000 Jahre: Archanthropinen aus China, Peking (Sinanthropus), Java (Pithecanthropus) und Heidelberg (Mauer) mit 800-1000 ccm Gehirnvolumen. Oldoway-Mensch am Kilimandscharo (archanthropiner Vertreter afrikanischer Faustkeilkultur)(8)

450.000 Jahre: Auf dem Nibiru, einem fernen Planeten unseres Sonnensystems, droht das Leben zu erlöschen, weil sich seine Atmosphäre zersetzt. Von Anu entthront, entkommt der Herrscher Alalu in einem Raumschiff, findet Zuflucht auf der Erde. Hier entdeckt er Gold, das zum Schutz der Atmosphäre benötigt wird.[(9) S.417]

445.000 Jahre: Angeführt von Enki, einem Sohn Anus, landen die Anunnaki (biblischer Name: Nefilim) auf der Erde und errichten Eridu, die erste Erdstation, um aus dem Gewässer des Persischen Golfs Gold zu gewinnen.[(9) S.417]

Die Nefilim, angeführt von Enki, kommen, vom zwölften Planeten, auf die Erde. Eridu - Erdstation 1 - wird in Südmesopotamien gegründet. ((10) S. 411)

Die Sumerer betrachten Nibiru als den zwölften Planeten unseres Sonnensystems, bestehend aus Sonne, Mond, den neun Planeten die wir heute kennen, sowie einem größeren Planeten, dessen Umlauf 3600 Erdenjahre beträgt.[(9) S.97]

430.000 Jahre: Das Klima der Erde wird milder. Immer mehr Anunnaki kommen auf die Erde, darunter Enkis heilkundige Halbschwester Ninharsag.[(9) S.417]

Die großen Eisdecken beginnen zu weichen. Im Nahen Osten herrscht ein ausgesprochen angenehmes Klima.[(10) S.411]

416.000 Jahre: Da die Goldproduktion nachläßt, kommt Anu mit dem Thronerben Enlil auf die Erde. Es wird beschlossen, das lebenswichtige Gold durch Bergbau in Südafrika zu gewinnen. Das Los bestimmt Enlil zum Befehlshaber der Erdmission; Enki wird nach Afrika verwiesen. Beim Verlassen der Erde wird Anu durch Alalus Enkelsohn herausgefordert.[(9) S.417]

415.000 Jahre: Enki zieht landeinwärts und gründet Larsa.[(10), S.411]

400.000 Jahre: In Südmesopotamien sind folgende Anlagen entstanden: ein Raumschiffflughafen (Sippar), ein Kontrollzentrum (Nippur), ein metallurgisches Zentrum (Badtibira), ein medizinisches Institut (Schuruppak). Das Gold wird in Afrika veredelt, verschifft und von den Igigi, welche die Erde umkreisen, auf die Raumschiffe verladen, die von Nibiru kommen. [(9), S.417]

Die Interglaziale (Zwischenwarmzeit) breitet sich weltweit aus. Enlil kommt auf die Erde und gründet Nippur als Missionskontrollzentrum, Enki setzt Seewege nach Südafrika fest und organisiert die Ausbeutung von Goldminen.[(10), S.411]

380.000 Jahre: Mit Unterstützung der Igigi versucht Alalus Enkel, die Macht über die Erde zu gewinnen. Die Enliliten siegen im Krieg der alten Götter [(9) S.418]

360.000 Jahre: Die Nefilim gründen Badtibira als ihr metallurgisches Zentrum zum Schmelzen und Raffinieren der Metalle.[(10) S.411]

300.000 Jahre: Die Anunnaki, die in den Goldminen arbeiten, meutern. Enki und Ninharsag erschaffen, durch genetische Manipulation der Erdbewohner, die primitiven Arbeiter, welche die Schwerstarbeit der Anunnaki übernehmen. Enlil überfällt die Minen und verschleppt diese Arbeiter nach Mesopotamien. Sie erhalten die Fähigkeit, sich fortzupflanzen, und der Homo Sapiens beginnt sich zu vermehren.[(9) S.418]

Im Epos von der Erschaffung des Menschen, in anderen diesbezüglichen Texten und in flüchtigen Erwähnungen, beschreiben die Sumerer den Menschen einerseits als willentlich hervorgebrachtes Geschöpf der Götter und andererseits als ein Glied der Entwicklungskette, die mit den Himmelsereignissen begonnen hat, welche das "Epos der Schöpfung" schildert.[(10) S.337]

In der biblischen Geschichte, die alle Leistungen einer einzigen Gottheit zuschreibt, wird an dieser Stelle die Mehrzahl benutzt, nämlich Elohim (Gottheiten): "Und Elohim sprach: Lasset uns Menschen machen nach unserem Bilde und uns ähnlich ..." Genesis 1: Im Anfang schuf Gott den Himmel und die Erde. Die Erde war wüst und leer, Finsternis lag über der Urflut, und der Geist Gottes schwebte über den Wassern.[(11)] In der Rotherham Bibelübersetzung heißt es:

"Jetzt war die Erde wüst und leer geworden".[(12)]

Sitchin belegt anhand sumerischer Texte, daß die (Götter) Anunnaki die verschiedensten Menschen aus Homo erectus genetisch herangezogen haben. Nach einigen Fehlversuchen befruchteten sie die Eizelle eines weiblichen Homo erectus unter klinischen Bedingungen in der Retorte mit eigenem Samen, entnahmen das befruchtete Ei und ließen dieses Ei von einer der ihren austragen.

Die in der Bibel erwähnte Erkenntnis war der Moment, als der Mensch die Zeugungsfähigkeit erhielt. Im Alten Testament wird das Wort "erkennen" für Geschlechtsverkehr gebraucht, meist zwischen Mann und Frau zwecks Fortpflanzung. Die ersten "Geschöpfe" waren Hybriden und nicht zeugungsfähig, vergleichbar mit dem Maultier, welches sich als Kreuzung zwischen Pferd und Esel ebenfalls nicht paart. Sitchin erklärt den Streit, um diese Erkenntnis, zwischen Gott und Schlange, als einen Streit zwischen Enlil, dem Befehls-haber und Enki, der mit der Aufsicht über die Bergwerksarbeiten beauftragt war.[((10) Kapitel 12 und 13)]

250.000 Jahre: Der frühe Homo Sapiens vermehrt sich und verbreitet sich auf andere Erdteile.[((10) S.411)]

200.000 Jahre: Die Entwicklung auf der Erde stagniert während einer neuen Eiszeit.[((9) S.418)]

120.000 bis 60.000 Jahre: Prä-Neandertaler (Funde von Ehringsdorf, aus Palästina u.a.), Neandertaler und Rhodesia-Mensch.
Etwa gleichzeitig leben der primitivere Ngandong-Mensch und Präsapiens-Typen[(8)]

100.000 Jahre: Das Klima erwärmt sich wieder. Die Anunnaki (die biblischen Nefilim) vermählen sich trotz Enlils Unwillen mit den Töchtern der Menschen.[((9) S.418)]

77.000 Jahre: Ubartutu/Lamech, ein Halbgott, übernimmt unter Ninhursags Gönnerschaft die Herrschaft in Schuruppak.[((10), S.411)]

75.000 Jahre: Die Verfluchung der Erde - eine neue Eiszeit - beginnt.
Ein regressiver Menschenschlag streift auf der Erde umher. [((10) S.411)]Ein neues Eiszeitalter beginnt. Regressive Menschentypen entstehen. Der Cromagnongattung überlebt.[((9) S.418)]

60.000 bis ca. 40.000 Jahre: Homo-Sapiens: Aurignac-Brünn-Mensch (ähnlich den heutigen Ureinwohnern Australiens; Gehirnvolumen ca. 1000 ccm) verdrängt von Osten kommend den Neandertaler, der ausstirbt. Übergang der primitiveren zur höheren Jägerstufe: Mammutjagd, Wurfspeer, Pfeil und Bogen, Freiland und Grottenwohnungen, teilweise schon hüttenartige Wohnbauten für Sippen. Cro-Magnon-Mensch (hohe Stirn, Kinn, große eckige Augenhöhlen, ca. 1200 ccm Gehirnvolumen), Ausbildung der heutigen Hauptgattungen.[(8)]

49.000 Jahre: Enki und Ninharsag erlauben den Anunnaki-Menschen, in Schuruppak zu herrschen. in seiner Wut plant Enlil das Vernichten der Menschheit.[(9) S.418)] Ziusudra (Noah), ein treuer Diener Enkis, übernimmt die Herrschaft.[(10) S.412)]

45.000 Jahre: Die Grauen besuchen die Erde seit 45.000 Jahren. Sie behaupten, die Menschheit durch eine Kreuzung mit den primitiven Primaten geschaffen zu haben.

Das Ergebnis sei der Cro-Magnon-Mensch gewesen, der vor rund 40.000 Jahren in Nordspanien und Südwest-Frankreich aufgetaucht sei (Höhlenmalereien etc.). Sie hätten die Religionen als Mittel zum Beeinflussen der Evolution des Menschen geschaffen und als moralische Instanz. Sie selbst stammen aus einem Doppel-Sternsystem, wie das von Ceta Reticuli. Ihr Planet ist ein Wüstenplanet, dessen Sonne zu sterben drohe und sie hausen ähnlich wie die Pueblo-Indianer.[(13) S.161)]

38.000 Jahre: Bedingt durch die rauen klimatischen Verhältnisse der sieben Durchgänge, vermindert sich die Zahl der Menschen immer mehr. Der europäische Neandertaler verschwindet, nur der aus dem Nahen Osten stammende Cromagnongattung überlebt die schlimme Zeit. Enlil versucht die Menschheit, die ihn enttäuscht hat, auszurotten.[(10) S.412)]

32.400 Jahre: Die erste Zivilisation, welche die Außerirdischen auf der Erde begründeten, sei die Kultur von AKSU im Tarimbecken, nördlich von Tibet gewesen. Diese Zivilisation zerstörte sich selbst. Ihre Überlebenden gründeten die Zivilisation von Atlantis. Nach deren Zerstörung hätten seine Überlebenden die Kulturen von Ägypten, Ur und China begründet.[(14)]

Die nordische Gruppe stamme von der Zivilisation von Ashand ab, während die andere Gruppe die ursprünglichen Bewohner dieses Planeten sind.[(15) S. 161)]

Ab ca. 25.000 - 13.900 Jahre: So lange sollen die Götter über Ägypten geherrscht haben, und die darauffolgenden Halbgötter zusammen nochmals 11.000 Jahre.

Die Götter, so Manetho (Manetho wird bei dem Historiker Plutarch als Zeitgenosse des ersten ptolemäischen Königs (304 -282 v. Chr. erwähnt), hätten verschiedene Wesen entstehen lassen, Monstren und

Mischkreaturen aller Art. Genau dies bestätigt der Kirchenfürst Eusebius (Historiker, gestorben 339 n. Chr.):

> *"Und es waren daselbst gewisse andere Untiere, von denen ein Teil selbsterzeugte waren, und mit lebenserzeugenden Formen ausgestattete; und sie hätten erzeugt Menschen, doppelbeflügelte; dazu auch andere mit vier Flügeln und zwei Gesichtern und einem Leib und zwei Köpfen, Frauen und Männer, und zwei Naturen, männliche und weibliche; weiter noch andere Menschen, mit Schenkeln von Ziegen und Hörnern am Kopfe: noch andere, pferdefußige; und andere von Pferdegestalt an der Hinterseite und Menschengestalt an der Vorderseite, welche der Hippokentauren Formen haben, erzeugt hätten sie auch Stiere, menschenköpfige, und Hunde, vierleibige, deren Schweife nach Art der Fischschwänze rückseits aus den Hinterteilen hervor liefen; auch Pferde mit Hundeköpfen; und Menschen sowie noch andere Ungeheuer; pferdeköpfige und menschenleibige und nach Art der Fische beschwänzte; dazu weiter auch allerlei drachenförmige Unwesen; und Fische und Reptilien und Schlangen und eine Menge von Wunderwesen, mannigfaltig gearteten und untereinander verschieden geformten, deren Bilder sie im Tempel des Belos eins neben dem anderen dargestellt aufbewahrten."*

(siehe auch Kapitel "Dulce Base", Aussage über gegenwärtige Gen-Experimente)

Im Louvre kann jedermann drei kleine, nur zehn Zentimeter hohe Figürchen von menschenköpfigen Stieren bestaunen. Sie werden um 2200 v. Chr. datiert. Ebenfalls im Louvre steht der dreiundzwanzig Zentimeter hohe "Becher des Gudea", entstanden um etwa 2200 v. Chr. Die Gravur auf dem Becher zeigt ein Mischwesen ganz besonderer Art:

Vogelklauen an den Beinen, Schlangenkörper, Menschenhände, Flügel und den Kopf eines Drachens. Sogar im fernen Zentral- und Südamerika fehlen die Mischkreaturen auf künstlerischen Darstellungen nicht.

Ob Olmeken, Maya oder Azteken, immer wieder tauchen tiermenschliche Schauergestalten auf Tempelwänden und auf Kodizes auf.

Herodot schildert, die Priester in Theben hätten ihm höchstpersönlich 341 Statuen gezeigt, deren jede eine hohepriesterliche Generation seit 11.340 Jahren angebe.

Menschen dieser Art waren von den Göttern sehr verschieden. Vor diesen Männern hätten die Götter in Ägypten geherrscht und bei den Menschen gewohnt.[16]

In einem anderen Bericht wird von einem Zeitraum, "seit 25.000 Jahren besuchen sie die Erde", gesprochen. Sie, die Grauen, verfügen über unterirdische Basen in verschiedenen Ländern der Erde.[(15) S.81]

20.000 Jahre: Israel sei der Ort, wo die Wesen von Hoova vor 20.000 Jahre zum 1. Mal gelandet seien, zu Abrahams Zeit in Mamre.[17]
"Wir griffen vor 20.000 Jahren das erste Mal in die Geschicke der Menschheit ein. Wir kamen in einer geplanten Mission von unserem eigenen Sonnensystem und unsere erste Landung fand in Israel statt, wo Abraham uns begegnete. Wir fanden jedoch schon Spuren früherer Besucher aus dem Weltraum, die schon Millionen Jahre früher auf die Erde gekommen waren. Seitdem geben wir der Menschheit einmal alle 6000 Jahre eine Unterweisung. Das letzte Mal in Ägypten."[(17) S. 158]

Diese Notiz dürfte besonders interessant sein:

15.000 bis 12.000 Jahre: In dem Buch "Die Chronik von Akakor"[18] wird von einem südamerikanischen Stamm berichtet, dessen Chronik besagt, daß die Götter vor 15.000 Jahren auf die Erde kamen und vor 12.000 Jahren wieder verschwanden. Sie hätten eine Flugscheibe in der 4-5 km durchmessenden Stadt unter Akakor zurückgelassen.[19]

Anmerkung des Autors:

„Aus medialen (und/oder transkommunikativen) Übermittlungen der mittelalterlichen Templer-Geheimsektion vom Schwarzen Stein einerseits und der neuzeitlichen Vril-Gesellschaft andererseits, bzw., soweit wir über deren Niederschriften verfügen oder Einblick erhielten, haben wir verschiedene Quellen herangezogen. Die erste Ankunft der Aldebaraner muß auf der Erde zu einen Zeitpunkt sein, der bei ca. 250.000 Jahren liegt."

Kurz vor dem Fertigstellen des Buches, bin ich auf Jophiel[20]aufmerksam gemacht worden, der sich auch mit der Geschichte der Erde und der Menschheit auseinandergesetzt hat. Seine wichtigsten Ergänzungen und auch seine zum Teil abweichende Meinung, möchte ich hier einfügen.

Wir erhalten damit möglicher Weise ein tieferes Verständnis über unsere Erde und über die Menschheitsgeschichte. Auch wird hier der Zusammenhang zwischen den Aussagen der Bibel und den Geschehnissen auf Erden durch den Außerirdischen zum Teil klar aufgezeigt. Für Menschen, die bisher nur die wissenschaftliche Erklärung der Entstehung der Erde kennen, wird der nachfolgende Inhalt eher eine Phantasie darstellen. Gerade aus diesem Grund habe ich Sie mit in das Buch aufgenommen, um zu vergleichen und anzuregen, sich selbst zu informieren und nicht alles als gegeben hinzunehmen. Sie werden aber bemerken müssen, daß ihnen zum Bseispiel der bekannte Begriff „Firmament“ - "über der Erde befestigter Himmel" - auf einmal einen begreifbaren Inhalt erhält.

Ausgearbeitet und verfaßt von Jophiel:

50.000.000.000 (50 Mrd.) Jahren: Es begann die 6. Schöpfung. Zu dieser Zeit nahm die Erde die Form als physischer Planet an. Sie ist ein eigenständiges Lebewesen! Sie sollte ein Schulungs- und Repräsentationsplanet werden, der eine übernormale Vielfalt an Flora und Fauna hat. Es sollte eine lebendige Bibliothek (Akasha Chronik) unserer Galaxis (Milchstraße) werden. Außerirdische Völker brachten "Gaben" (Geninformationen von Pflanzen und Tieren) aus ihrer Welt zur Erde.

So ist unsere Welt (Erde) ein Sammelsurium unserer Galaxis. So wurden z. Bsp. die Kakteen, Echsen und Salamander von einem sehr heißen Planeten "gespendet". Die Nadelbäume (-hölzer) kamen von einem anderen Planeten. Die Vögel kamen von einem Planeten, dessen Bewohner sehr feingliedrig, fast zerbrechlich waren. Ein anderes galaktisches Volk, welches sehr massive Körper hatte, aber trotzdem sehr gutmütig war, "stiftete" die Elefanten und Flußpferde. Und so weiter. Alle diese "Spenden" wurden in energetischer Form an die Erde übertragen.

Gaia selbst hat daraus erst ihre eigene Oberfläche, die Pflanzenwelt und dann auch die Tierwelt geschaffen. Zu der Zeit gab es keine Dualität in unserem Universum. Das Universum war damals noch durch und durch androgyn.

40-35.000.000 Jahre: Die Rebellion der dunklen Kraft über (nur) unsere Galaxie breitete sich aus. – „aus Sirius-Botschaft vom 09.09.2003“

35.000.000 Jahre: Polarier siedelten als erste Zivilisation, als **erste Wurzelspezies** auf der Erde am heutigen Südpol. Es war das Volk der Polarier, welches eine Schutzfunktion für die Erde und das ganze Sonnensystem inne haben sollte. Die Polarier waren eine androgyne Lebensform. Durch die damals noch existierenden Firmamente (2x2 Hohlspiegel aus Eis im Orbit über den Polen) waren die Pole der Erde eisfrei, warm und bewohnbar. Die Errichtung der Firmamente wird in der Bibel im 2. Schöpfungstag (1. Mose ~ Genesis) beschrieben.

26.000.000 Jahre: Eine alliierte Invasion, bestehend aus Dinoiden aus dem Bellatrix-System in der Orion-Konstellation und Reptoiden aus dem Sagittarius-System, zerstörte diese erste irdische Zivilisation, ließ sich anschließend auf der Erde nieder und wurden mit der Zeit aber friedlich. Sie wurden zu jener Zeit Hüter der Erde.

18.000.000 Jahre: Cetacäen siedelten sich auf der Erde an, die Ackerbauern waren. Sie waren sehr hochentwickelte 1,50-1,80 m große pelzbehaarte Landlebewesen aus dem Cetussystem. Die Cetacäen wurden im heutigen Osteuropa ansässig. Die Dinoiden und Reptoiden kooperierten friedlich mit ihnen.

10.000.000 Jahre: Die Repto-Dino-Allianz (Anchara-Allianz) aus dem Orionsystem begann ihre Kolonisten auf der Erde zu drängen, die Kultur der Prä-Cetacäen zu vernichten. Diese waren inzwischen viel zu friedlich geworden und es dauerte 2.000.000 Jahre, bis sie wieder die aggressive Politik ihrer Ahnen vertraten.

8.000.000 Jahre: Deshalb startete die Anchara-Allianz einen Vernichtungsangriff. Doch die Prä-Cetacäen kamen diesen zuvor und rotteten gemeinsam mit Mutter Erde die angreifenden Dinoiden und Reptoiden weitgehend aus. Die überlebenden Dinoiden/Reptoiden retteten sich verzweifelt auf den Planeten Maltek und bauten diesen im Laufe der Jahrhunderte als Anchara-Hauptquartier in unserem Sonnensystem aus.

Maltek war der 5. Planet in unserem Sonnensystem (heute Asteroidengürtel). In diesem Krieg sprengten die Prä-Cetacäen ihre mächtigen

elektrischen Fusionsgeneratoren im Gebiet des heutigen Ural-Gebirges. Diese Aktion, die mit Mutter Erde und der Geistigen Hierarchie abgesprochen war, löste eine weltweite Katastrophe aus und machte dadurch die Erdoberfläche für 200 Jahre für große Lebewesen unbewohnbar.
(Die Wissenschaft spricht hier vom plötzlichen Massensterben der Dinosaurier.)

4.500.000 Jahre: Die Galaktische Föderation des Lichts wird durch die Sternennationen aus den Systemen Lyra, Sirius, Krebs und Zwillinge gegründet.

2.000.000 Jahre: Die Galaktische Föderation schickt eine große Gruppe galaktische Hüter (Sirianer) zur Erde und begründet damit die hyborneische bzw. hyperboräische Kultur (**2. Wurzelspezies**) auf der Erde. Die Erde brauchte wieder Landhüter. Sie lebten ebenfalls am heutigen Südpol.

1.000.000 Jahre: Die Hyperboräische Kultur wurde ebenfalls von der dunklen Anchara-Allianz, dinoide und reptoide Dunkelmächte aus dem Orion-System, zerstört. Im Verlauf dieses 3. interplanetaren Krieges in unserem Sonnensystem zerstörten die Anchara-Schiffe die physischen Lebensbedingungen auf der Mars- und der Venusoberfläche und ebenso auch die beiden Erd-Monde.
Die Schiffe der Galaktischen Föderation des Lichts hingegen zerschmetterten den Hauptsitz der Anchara-Allianz auf dem Planeten Maldek (ehemaliger 5. Planet in unserem Sonnensystem) mit Hilfe eines "Kampfsterns".

900.000 Jahre: Die Sirius-Kultur gründete zusammen mit den Plejadiern und den Bewohnern unserer Venus das geistig orientierte Reich Lemuria, auf dem einst über dem Wasser liegenden Schwellenarmen der basalten Gebirgszüge im Pazifik. Mit den Lemurieanern (Sirianer = **3. Wurzelspezies**) entstand eine neue Zivilisation auf der Erde. Es waren vollbewußte humanoide Wesen.

500.000 Jahre: entstand aus einer erneuten sirianischen und plejadischen Besiedlung eine lemurische Tochterkultur im Atlantik, auf dem einst über Wasser liegenden basalten Massiven im Bereich der heutigen Karibik. Sie waren die **4. Wurzelspezies** auf die Erde. Das waren die Anfänge von Atlantis.

48.700 Jahre: Die ersten Anunnaki (heute Annanuki) landen auf der Erde. Sie beuteten die Erde rücksichtslos aus und hinterließen gigantische wüste Flächen von Nordafrika über den Sinai, Arabien bis nach Indien und weiter zur Mongolei, angefangen von der Sahara in Afrika bin hin zur Wüste Gobi.

„Diese (für euch 'neue') Geschichte enthält Einzelheiten über den gänzlich anderen Ursprung der Menschheit, der euch als Außerirdische identifiziert – wie eure Genetiker sehr wohl wissen! Ihr könnt als einzigartige und in der Tat 'anormale' Erdprimaten beschrieben werden! Denn ihr paßt einfach nicht ins (bisher offiziell verkündete) Bild. Genetisch seid ihr den Cetacäen (Delfinen und Walen) näher als den Schimpansen oder Orang-Utans. Wenn ihr mehr über euren Ursprung wißt, wird all dies für euch eine Menge Sinn machen. – aus der Sirius-Botschaft vom 14.04.2009."

30.000 Jahre: Die Anunnaki verließen die verwüstete Erde wieder und überließen ihre Schöpfung Lulu amelu (Homo sapiens, der unintelligente Mensch) ihrem Schicksal. Und so lebten von da an Homo errectus und Homo sapiens friedlich neben einander.

Die ca. 300 Anunnaki, die vorher auf dem Mars ansässig waren (von den Anunnaki Igigi genannt), gingen wegen Streitigkeiten mit den "Erd-Anunnaki" nicht wieder zurück zum Nibiru. Sie siedelten sich auf der Erde in Atlantis an. Dieser anunnakische Einfluß machte sich bald in Atlantis bemerkbar.

30.000 Jahre: Die **5. Wurzelspezies**, die Arianni (Sirianer, Plejadier und ein drittes unbekanntes Volk aus den Weiten des Alls) bevölkerte die Erde. Sie lebten anfangs am Nordkap von Grönland (das sagenhafte Königreich Thule) und zogen sich später (nach der Zerschlagung von Atlantis vor 13.000 Jahren) in die innere Erde zurück, wo sie heute noch leben.

26.000 Jahre: Die Führer von Atlantis versetzten den verschont gebliebenen Mond von Maldek mit Hilfe von Traktorstrahlen in eine Umlaufbahn um die Erde. Von Machtgedanken geleitet, waren sie Lemuria feindlich gesinnt. Durch die Anwesenheit der Anunnaki und der nach Atlantis übersiedelten Anunnaki vom Mars, den Igigi, ermutigt, führten die ethisch verkommenen Atlanter von diesem neuen Trabanten aus einen mörderischen Vernichtungsschlag gegen das Hüterreich Lemuria und dieses versank in den Fluten des Pazifik. (Reste des lemurischen Reiches sind z. B. Indonesien, Polynesien, Australien, die heutigen Fidshi-Inseln, auch Hawaii und der Südwesten der USA).

13.000 Jahre: Einige Arianni kamen für kurze Zeit auf die äußere Erde zurück und mischten sich mit den Menschen im heutigen Mittel-Europa. Deren Nachkommen bildeten, als **genetisch veränderte Menschen, die 6. Wurzelspezies,** die Meruvianer, auf der Erde. Sie lebten unter den dort lebenden Menschen und vermischten sich weiter mit ihnen und verbreiteten damit die genetische Veränderung. So trugen sie zum hohen Wissen, der europäischen Völker u.a. bei. Daher sind und werden Erfindungen auch von Deutschen gemacht. Die Nachkommen der Meruvianer leben auch heute noch unter uns.

Anmerkung von Jophiel:
„Ich distanziere mich hiermit ausdrücklich von jeder Art von Gewalt und Herrschaftsanspruch! Aber diese Information ist der Hintergrund zum hohen Wissen in Mitteleuropa, im deutschsprachigem Raum und der Deutschen selbst; und ihrer wirtschaftlichen Größe trotz der beiden Weltkriege. Wir Deutschen bekamen das Wissen, um anderen zu dienen (zu helfen)."

13.000 Jahre: Das geistig-ethisch abgewirtschaftete atlantische Reich ging, durch eine globale Katastrophe, unter. (Die Insel Kuba gehört zu dem ehemaligen atlantischen Territorium.) Grund war der Einschlag eines Asteroiden in den Atlantik. Dieser Vernichtungsschlag, ging vermutlich auf das Konto der mit den Igigi zerstrittenen Anunnaki von Nibiru, die dabei viele Millionen opferten. Dabei wurden die schon beschädigten Firmamente restlos zerstört. Damals begann das Kali-Yuga, das dunkle Zeitalter, die Finsternis. Der Anunnaki Tahuti, der Bruder von Marduk/Ra, konstruierte und baute in Ägypten die Pyramiden von Gizeh, um die negativen Energien, die bei der Vernichtung von Atlantis entstanden, aufzuhalten.

7.000 Jahre: Erneut landete eine Gruppe Anunnaki im südlichen Zweistromland (Mesopotamien/Sumer) an Euphrat und Tigris. Sie bildeten hier ihre erste Kolonie E.DIN (Eden) um die Stadt Eridu (EN.KIs Stadt ~ Kontroll- und Raumfahrtzentrum); später auch Laarsa (EN.LILs Stadt), Lagasch (EN.LILs Stadt), Schurubak (Ninmahs Stadt ~ Zentrum des Gesundheitswesens der Anunnaki), Bad Tibira (Ninurtas Stadt), Urim/Ur (Nannars Stadt), Nippur/Nibru-Ki (EN.LILs Stadt), Unug-Ki/Uruk (bibl. Erech ~ ANUs Stadt ~ die Stadt von König Gilgamesch), Sippar (Baalbeck ~ Utus Stadt),Babili (Babylon, bibl. Babel ~ EN.KIs Stadt); später auch in Afrika (besonders Ägypten) und auf dem indischen Subkontinent entlang auf dem 30. Breitengrad.

Zu der Zeit wurde der Homo sapiens sapiens, der intelligente Mensch geschaffen. Durch diese erneute "Genaufbesserung" entstand der moderne Mensch. Als aber ihre menschlichen Nachkommen zu intelligent waren, manipulierten die Anunnaki diese gentechnisch. Dabei zerstörten bzw. **blockierten sie zehn von zwölf DNS-Strängen** und bauten auch eine **„Schnittstelle" im Gehirn ein**, über die wir Menschen sehr leicht **beeinflußbar** sind. Damit waren wir Menschen leichter manipulierbar. Der Zeitpunkt dieser DNS-Zerstörung ist der, der in der Bibel als Zerstörung des Turms von Babel (Babylon) beschrieben wird.

Nach dieser DNS-Reduzierung war es den Menschen nicht mehr möglich, medial zu kommunizieren und sie mußten verbale Sprachen benutzen.

Die Anunnaki arbeiteten nun auch mit jenen Reptoiden (auch Reptiloiden oder Chitaui genannt) zusammen, die seit Urzeiten (seit 8 Mio. Jahren) in den unterirdischen Höhlen hausten und von hier aus ihren Einfluß geltend machten. Überall dort, wo Schlangen oder Drachen als Symbol benutzt werden (zum Beispiel: verborgene Bruderschaften), wirkte der Einfluß dieser Reptoiden. Ebenso arbeiteten die Anunnaki auch mit den unterirdisch lebenden Santinern zusammen, die schon immer mit der Reptoiden eine Allianz bildeten. Die Anunnaki und ihre Verbündeten Reptoiden und Santiner wurden wie Götter verehrt.

4.000 Jahre: Die **Anunnaki trennen das Männliche und Weibliche** im Menschen. Nach dieser Trennung unterdrückten sie das Weibliche und erschufen damit die Patriarchie.

Durch die Abspaltung des Weiblichen wurden die Menschen machtloser und damit noch leichter manipulierbar.

Der patriarche Gedanke wurde vor 2.300 Jahren beim Umgestalten der Bibel mit „eingewebt", um zu verhindern, daß sich in der Religion das Männliche und Weibliche im Menschen wieder verbindet und die Menschheit damit ihre Stärke zurückgewinnt.

In den letzten Jahrhunderten des 2. Jahrtausends unterwanderten die illuminatischen Reptoiden den europäischen Adel, die führenden Geldleute in den USA und auch die religiösen Führer diese Welt.

Im Jahre 1917 starteten die unterirdisch lebenden Reptoiden einen zweiten Versuch,um die alleinige Herrschaft der Anunnaki und ihrer (adligen) Lakaien zu brechen. Dabei führten sie nicht nur die russischen Menschen zur Revolution gegen den Adel und siegten diesmal. Nicht nur in Rußland, sondern weltweit, wurde die Vorherrschaft des Adels gebrochen und die Herrschaft der Monarchen abgeschafft. Nun war endlich Platz für von Illuminaten geführte Regierungen, die am Ende in einer Weltregierung unter reptoider Führung vereinigt werden soll(t)en.

2004 - 12. Oktober, Bild-Zeitung (Leipzig) Seite 17

Die Zeit der Geheimhaltung der Existenz der reptoiden Illuminaten ist vorbei. Der Anthropologe James McKenna hat ein Höhlensystem im US-Staat Idaho erforscht. In 1 km Tiefe fand er Skelette, die menschlichen ähnelten. Die Expedition aber mußte abgebrochen werden: Schwefeldämpfe gefährdeten die Forscher. Diese Funde werden auch in dem Interview mit einer Reptoidin erwähnt.

Englische Bergleute berichten von „seltsamen, mechanischen Geräuschen" unter ihren tiefsten Schächten. Amerikaner finden auf der untersten Sohle eines Bergwerkes plötzlich eine in Stein gehauene Treppe, die an einer Felsplatte endete.

Die „Prawda“ (Moskau) schreibt jetzt:

„Einige Forscher glauben durchaus an von Aliens besiedelte ‚Unterwelten'. Die Fremdlinge waren auf der Erde gelandet, aber von den Kriegen und Grausamkeiten so angewidert, daß sie sich Erdlöcher suchten – und darin verschwanden.“

»*Bild 2 am Ende des Buches, im Bildabschnitt - Seite II*

Anmerkung von Jophiel:

„Auch wenn die unterirdisch lebenden reptoiden Illuminaten andere Gründe haben, weshalb sie in tiefen Höhlen leben, so ist es doch bemerkenswert, daß diese Information veröffentlicht wurde.“

Nach diesen neuen geschichtlichen Daten der beiden Autoren, bis in die heutige Zeit, die, wie es mir scheint, die fehlenden Lücken, Widersprüche der Wissenschaft schließen, ist so vieles leichter zu verstehen, macht vieles erst einen Sinn. Wenn wir uns folgende Funde im Ural-Gebirge näher betrachten, steht außer Frage, daß die Menschheit seit Bestehen der Erde immer wieder von Außerirdischen Völkern besucht wurde. Alle heute lebenden Menschen sind Nachkommen und Abkömmlinge von verschiedenen Außerirdischen Spezies sind. Durch die höhere kosmische Strahlung, die zusehends immer stärker auf die Erde trifft, erwacht mehr und mehr unsere UR-ERINNERUNG. Diese läßt uns wieder gewahr werden, welcher Abstammung wir uns zuordnen müssen. Gehen wir von dem Indiz aus, daß die Aldebaraner vor ca. 250 000 Jahren das erste Mal die Erde besuchten, dann dürften sie sehr schnell festgestellt haben, das schon andere außerirdische Spezies, wie die Anunnaki, ihre Machtansprüche um die Vorherrschaft der Erde ausgeübt haben.

Was wir aus vorher genannten Quellen erfahren haben, was uns unzählige Chroniken und Mythen überliefern, ist, daß es zu einer kriegerischen Auseinandersetzung zwischen den raumfahrenden Völkern gekommen sein muß.

Wenn wir uns verinnerlichen, wie schwierig es sich bereits darstellt, ein ehrliches Aufarbeiten unserer eigenen Geschichte der letzten 70 bis 80 Jahre in Erfahrung zu bringen, dürfte es vermessen sein, geschichtliche Abläufe vor 250000 Jahren hundertprozentig richtig zu rekonstruieren. Gehen wir dennoch von der Tatsache aus, daß in diesem Zeitraum ein intergalaktischer Krieg, um die Vorherrschaft in unserem Sonnensystem, auch auf der Erde stattgefunden hat, dann stellen die Funde im Ural-Gebirge die Menschheitsgeschichte in ein völlig neues Licht. Sind diese Fundstücke möglicherweise ein Beweis dafür?

Ist möglicherweise der jetzt stattfindende Krieg, das Fortsetzen der Auseinandersetzung, welche der Erde vor 250.000 Jahren oder auch früher widerfahren ist?

Der gleiche Konflikt um die Vorherrschaft der Erde oder um die Menschheit zu befreien? Der Kampf unserer kosmischen Brüder, den Aldebaranern, für Ihre Brüder?

Sensationelle Funde im Ural-Gebirge[21]

In den 90ziger-Jahren wurden im Ural-Gebirge, in Rußland, fremdartige Objekte - sogenannte "Spiralen" - gefunden.
Die Untersuchungen ergaben, daß diese Fundstücke technisch genutzt wurden, und das vor etwa 300.000 Jahren! Das ist eine wissenschaftliche Sensation mit weitreichenden Folgen:

Die Geschichtsbücher müssen umgeschrieben werden

Im Einzugsgebiet des Flüßchen Narda fanden Goldsucher sonderbare Gegenstände. Die Größe der Teile variieren von fast 3 Zentimeter bis 0,003 Millimeter. In den Jahren darauf, wurden auch in weiteren Gebieten, wie zum Beispiel an den Flüssen Kozhim und Balbanju, diese Artefakte entdeckt. Die Untersuchungsergebnisse ergaben u. a., daß ein Teil der Spiralen aus Wolfram besteht, mit spiegelglatter Oberfläche, mit Spuren von Löchern, mit Kernen aus Wolfram oder Molybdenium und aus Draht, der zu Spiralen gewickelt war. Man hatte auch Kupferspiralen gefunden, die größer als die Wolframspiralen waren. Messungen zeigten, daß die Proportionen der Spiralen den "Goldenen Schnitt" aufweisen. Die Artefakte wurden technisch genutzt!

Dr. Valerie Ouvarov nimmt an, daß die Möglichkeit bestehe, daß die vorzeitliche Anlage bei einem "Krieg der Sterne" aus dem Weltall zerstört wurde. Oder ist die Aussage von Jophiel richtig, der von diesen Fund vorher nichts gewußt hat?

Die Spiralen wurden in verschiedenen Laboren untersucht und bestätigen eine wissenschaftliche Sensation. Der Redaktion der UFO-Nachrichten liegt beispielsweise eine Ausfertigung des kompletten Untersuchungsberichtes, des Institutes für Geologische Forschung, der Bund-und Edelmetalle in Moskau vor. Das Institut datiert die mikrotechnischen Fundstücke auf ein Alter von mindestens 100.000 Jahren; aufgrund des hohen Alters könne eine außerirdische Herkunft nicht ausgeschlossen werden!

»Bild 3, über die technischen Fundstücke, am Ende des Buches, im Bildabschnitt - Seite II

Kapitel 4

Der Aldebaranbrief

Hier möchte ich nochmals kurz auf jenen „Aldebaranerbrief" eingehen, der vor mehreren Jahren bereits in CN (Causa Nostra) veröffentlicht und behandelt wurde.

Der Grund dafür liegt in gleich zwei e. Post-Anfragen, die uns zu diesem Thema erreichten. Einer definitiven Beurteilung möchten wir uns vorenthalten, da eine solche nicht objektiv möglich ist. Wir möchten es dabei belassen, die Dinge für sich selbst sprechen zu lassen, soweit sie dazu in der Lage sind.

Im Frühling des Jahres 1998 traf, der seitdem schon mehrfach an die Öffentlichkeit gelangte Brief, bei einer Dame in Wien ein, die im Zuge der Entwicklungsarbeiten, zu unseren Film, zum Themenkreis "UFO", in Lateinamerika recherchiert hatte. Der Brief kam ohne Absenderadresse aus Mexiko; der Poststempel Mexiko-Stadt ist jedoch deutlich zu erkennen. Angeblich - und wohl auch tatsächlich - stammt der Brief von einer jungen Dame, welche die Empfängerin in Wien, rund 15 Jahre zuvor auf ein paar Stunden kennen gelernt hatte. Ob dabei mehr Phantasie als Realität im Spiele ist, wollen wir nicht beurteilen. Der Inhalt des Brief's wird nachstehend wiedergegeben ((eingefügte Erläuterungen sind in Doppelklammern gesetzt)).

Der Brief:

Vril Odin ((das Aldebaran-Raumschiff Vril)) flog. Viele glauben zu wissen, oder es zu erahnen, was sich damals zugetragen hat. Manche schreiben Bücher darüber, in denen sie so tun, als seien sie dabei gewesen oder kennten Quellen aus erster oder zweiter Hand. Doch die Wirklichkeit hat ein anderes, ein fremdes Gesicht. Niemand kann es verstehen, der es nicht anschaute.

In jener Stunde des 21. April im Jahr 1945, um 4 Uhr 15, noch vor Morgengrauen, da hat das große Abenteuer seinen Anfang genommen, ja, tatsächlich. Das SO-((Selbstopfer))-Kommando ist ausgeführt worden. Wie es war: Ein Augenblick zwischen den Gefühlen von alles verlieren oder alles gewinnen für Deutschland, für die Erdenheimat.

Aber was aus alledem geworden ist, und aus denen, die das SO-Kommando übernahmen, das weiß kein Außenstehender. Dies ist nicht in allen Äußerlichkeiten gemeint. Es sind wirklich Menschen dort, denn wir haben ja denselben Ursprung. Es stimmt, wie Herr Ratthofer schreibt, in diesem Punkt ((der Wiener Fachautor Norbert Jürgen Ratthofer ist maßgeblich an der Arbeit für den Film beteiligt gewesen und daher namentlich bekannt)).

So sehen sie uns auch ähnlich. Doch das ist nur äußerlich, denn ihrem Wesen nach sind sie völlig anders. Sie vermögen Dinge, von Geburt an, die wir bloß aus Märchen kennen, in denen von Zauberern und Feen erzählt wird. Sie können reden, ohne zu sprechen ((Telepathie)), können Dinge bewegen, ohne einen Finger zu rühren ((Telekinese)), sie leben sehr lange und wirken dabei ewiglich jung. Auf der Hauptwelt des Sternenreichs ist alles ganz anders, als Dichter utopischer Romane es sich vorstellen. Es gibt kaum sichtbare Technik, keine lauten Metropolen, stattdessen überall Natur. Ein idyllisches Leben frei von allem Niedrigen, ohne jede Grobheit und Rohheit. Ihr Volkstum ist rein, unvermischt, es besteht nur aus einem einzigen Volk. Diese ist dem europäischen ähnlich, und doch auch ganz anders, sie steht auf einer unendlich viel höheren Entwicklungsstufe als die Völker auf der Erde. Diesem gegenüber würden sie kein Verstehen erübrigen. Sie haben vor unermeßlichen Zeiten getan, was wir in Deutschland wollten, nämlich die Höherentwicklung unseres Volkes. Darum wurden wir freundlich empfangen, denn wir vertraten das einzige Volk der Erde, das Reinheit und Höherentwicklung anstrebte. Unsere Feinde aber gewannen den Krieg, die, die das Niedrige wollen und tun. Für das Sternenreich wären diese Erdenbewohner nicht mehr, als ein Ameisenhaufen für einen Menschen ist. Besonders die sittenlosen Länder der Westmächte fänden, vor den Augen der Sternenmacht, keine Gnade.

Wir einzelnen Deutschen, die wir inzwischen dem Sternenreich angehören, verbleiben dort. Es ist aber ein Leichtes, hin und wieder einen Blick auf die Erde zu tun. Für uns gibt es keine Entfernung. So schnell wie ein Gedanke durcheilen wir mit unseren Sphärenschiffen den Zwischenraum. Niemand sieht uns von der Erde aus kommen, denn dazu taugen kein Fernrohr und kein Funkmeßgerät ((Radar)), keiner bemerkt uns.

Wir kommen aus der Unsichtbarkeit für die Augen und die Geräte der Erdenbewohner, und durch die Unsichtbarkeit kehren wir zu den fernen Sternen zurück.

Viermal bin ich zwischendurch auf der Erde gewesen. Da ist es nicht besser, sondern schlimmer geworden. Sitten und Moral sind noch tiefer gesunken. Und in der Technik haben die Feindmächte auch nichts gelernt. Früher dachten wir, wir hätten vielleicht zehn Jahre Vorsprung oder 20, aber es sind Jahrhunderte, die die deutsche Technik dem Feind überlegen ist, und jetzt, dank des Sternenreichs, natürlich noch mehr. Auf der Erde fehlt jetzt alles, um den höheren Weg zu begreifen. Das Fenster zum höheren Geist, das wir aufgestoßen hatten, wurde im Mai 1945 wieder verschlossen. Die Verbindung zur Erde bleibt darum aufgehoben, weil unser Geist, in dessen Namen wir die weite Reise unternahmen, dort ohne Kraft ist.

Wenn dieser Geist wiedererwacht, wenn das wahre Deutschland sich erhebt, so daß es vor dem Sternenreich bestehen kann, erst dann kann sich unser Auftrag erfüllen. In der Zwischenzeit unterhalten wir nur mit den wenigen auf Erden Verbindung, die zu uns gehören und alles verstehen. In dieser Zeit sind wir nichts auf der Erde, doch uns gehören die fernen Sterne.... Ende.(22)

In der Einleitung habe ich bereits Andeutungen gemacht, daß Zeitreisen möglich sind. Die Flugscheiben, man nannte sie anfänglich auch Jenseitsmaschinen, hatten den Nebeneffekt, durch die Zeit reisen zu können. Als wir uns in unserem Diskussionsforum über obigen Aldebaranbrief austauschten, erreichte mich kurze Zeit später ein Text, dessen Verfasser mir unbekannt ist.

"Hallo lieber Reiner
Vimaanas (Walküren) als materielle Vorstufe der Mani sind in der Lage ein hier mal einem postulierten Zeitgewebe zu folgen. Nicht es zu durchbrechen, sondern sich in ihm in beliebiger horizontaler und vertikaler zweidimensionaler Achsenrichtung zu bewegen. Querverweis zum allseits bekannten ***Philadelphia Experiment*** *und* ***Montauk****. Eine Vimaanas erzeugt um sich ein Hüllfeld, welches in beiden Sphären wirkt, die konkurrierenden Zeitgewebe innen und außen harmonisiert und dabei vom gewählten Vektor gesteuert wird.*
Wählt man den Vektor entlang des Raumgewebes, wobei ich hier Raum mit Dimensionalität gleichsetze, erfolgt eine Vektorisierung entlang dieser Achse, und die Vimaana fungiert als Raumüberwindungsmittel. Entfernungen spielen dabei eine untergeordnete Rolle. Wird der Vektor entlang des Zeitgewebes gesetzt, hat man eine "Zeitmaschine".
Der Hinweis auf Sphärenschiffe in dem Aldebaranerbrief deutet genau in diese Richtung. Ein vielbefürchtetes Eingreifen in Zeitebenen, ist nach aller Erfahrung, aufgrund von noch verborgenenNaturgesetzen, nicht möglich, da sich getätigte Änderungen nicht in der Schaffung paralleler Realitäten äußern, sondern im Verlauf des Zeitgewebes, durch die unendlich vielen Realitätschancen einfach auflösen, und in einem harmonischen Endzustand, genannt Gegenwart, übergehen.
Somit ist auch das Großvaterparadoxon widerlegt, denn der Zeitreisende, der in die Vergangenheit reist und seinen Großvater tötet, reist zwar in die Vergangenheit, aber eben in eine von unendlich vielen möglichen. Darum auch der Begriff Zeitgewebe. Wie will der Zeitreisende genau den passenden Kreuzungspunkt ermitteln?
Denn genau dieser Kreuzungspunkt ist das, was wir Realität und Gegenwart nennen.

Die Vergangenheit, auf die ein jeder von uns zurückblickt, ist doch nur ein Faden eines dichten Gewebes, daß als Gespinst aller Fäden, einer Masse, die man Homo Sapiens nennt, genau einen einzigen singulären Zeitfaden ergeben, von unendlich vielen, die wiederum Kreuzungspunkte und damit auch Realitäten bilden.

Und genau hier setzt das Hüllfeld einer Vimaanas ein. Es steuert den genauen Verbleib auf einer definierten Zeitachse, reist zu einem definierten Kreuzungspunkt, verbleibt dort für Strecke X auf dieser Zeitachse, ankert die ursprüngliche, während dieser Phase, und steuert zur Rückkehr genau den geankerten Ausgangskreuzungspunkt an.

Vielleicht kannst du dir ausmalen, welcher datentechnische Aufwand notwendig ist, um so etwas zu vollbringen. Mit dualen Rechnern ist so etwas überhaupt nicht machbar, nicht einmal in Ansätzen. Dazu muß der Rechner selbst dem Medium angehören, für das er rechnen soll. Sprich so ein Rechenknecht muß per jenseits in der Dimensionalität angesiedelt sein. Er muß das temporale Gewebe selbst als Rechenmedium nutzen.

Mit Materie läßt sich so etwas nicht machen. Auch energetische Strukturen versagen hier. Wenn man es banal und flapsig formuliert, benötigt man strukturiertes Chaos, um diese Leistung zu erbringen. Stichwort Quantenschaum, diracsches Teilchenmeer. Diese Schlagworte führen im Ansatz in die richtige Richtung.

Doch für solche Gedanken sind unsere Bewußtseins noch zu grobstofflich orientiert, doch fähig dazu sehr wohl ... Ende!"

Inwieweit dieser Brief authentisch ist, läßt sich nach nunmehr elf Jahren nicht mehr nachvollziehen. Aber betrachten wir einige Passagen des Textes genauer, so sind durchaus Parallelen festzustellen, die ich selbst erleben durfte. In mehreren Trancesitzungen wurde mir immer wieder bestätigt, daß die Aldebaraner, wie auch ihre Verbündeten, die Neudeutschen über eine Technologie verfügen, die es ihnen ermöglicht, ihre Schiffe unsichtbar zu machen. Das betrifft nicht nur das physische Sehen, auch irdisches Radar kann diese Schiffe nicht orten, wenn diese ihre Tarnvorrichtung aktiviert haben.

Betrachten wir nochmals folgenden Satz aus dem Aldebaranerbrief:

„Das Fenster zum höheren Geist, daß wir aufgestoßen hatten, wurde im Mai 1945 wieder verschlossen."

Was war mit dem Fenster zum höheren Geist wohl gemeint und was wurde wieder geschlossen?

Meiner Einschätzung nach dürfte es sich um die Volksseele der Deutschen und anderer Nationen gehandelt haben.

Diese Nationen haben schon zu Anfang des 20. Jahrhunderts erkannt, daß sich das neue Goldene Zeitalter bereits ankündigt und der Erdenmenschheit die Türen zum Kosmos öffnen wird. Leider kam der schreckliche Krieg dazwischen, und die kühnen Pläne mußten nach dem Kriegsende erst einmal zurückgestellt werden.

Durch den, von der Anchara Allianz, auf uns ausgeübten Druck nach 1945, war es uns nicht mehr möglich, mit unserem geistigen Potenzial zu leben, es zu nutzen, ohne dabei mit harten Strafen belegt zu werden.

So kam, was unvermeidbar war – unsere Volkseele ging mehr und mehr verloren, wir wurden wieder getrennt von unserem Ursprung und unseren Wurzeln, da die Möglichkeit unseres hohen Geistes, der Drang in uns, Großes zu schaffen zum Wohle aller Menschen, bewußt von unseren Feinden niedergedrückt wurde.

So haben wir, nach dem Waffenstillstand des Zweiten Weltkrieges, mehr und mehr den Zugang zu den höheren Welten verloren, das Fenster, das geöffnet wurde, wurde wieder geschlossen.

Die Allianz der Siegermächte hatte den entscheidenden Punkt aber nicht berücksichtigt! Nämlich den, daß die Evolution immer Wege findet, um der Menschheit die nächsthöhere Entwicklungsstufe zu ermöglichen. Das Licht wird am Ende immer der Sieger sein. Der Homo Sapiens wird dem Homo Kosmos, um der nächsten Evolutionsstufe einen Namen zu geben, weichen müssen. Das sind reine naturgesetzliche Abläufe in zyklischen Abständen, die nichts mit Wunschdenken zu tun haben, sondern einen Aufstieg der Menschheit, quasi in die nächsthöhere Schulklasse, bedeutet. Auch hier wird auf natürliche Weise selektiert und nur die **geistig-seelisch gereiften Menschen werden dauerhaft überleben.** Warum ich da mir so sicher bin? Im nächsten Kapitel werden sie Antworten erhalten.

Kapitel 5

Das goldene Zeitalter

Wir stehen vor großen globalen transformativen Veränderungen, von denen schon die damaligen Esoteriker und Okkultisten aus dem Deutschen Reich berichteten. Einer Zeitepoche, über das Stillschweigen herrscht, und Niemand mehr gerne reden möchte, da sie eines unserer dunkelsten Geschichtsdramen beinhaltet?

Aber genau in dieser Epoche war das Licht der Erkenntnis in vielen Menschen wieder stärker in den Vordergrund gerückt. Man erkannte die großen kosmischen Zusammenhänge und fand Mittel und Wege, die Menschheit auf das neue goldene Zeitalter vorzubereiten. Blicken wir nun heute in das Jahr 2010, scheinen mir die Visionen, die Maria Ortisch ihr ganzen Leben lang begleitet hat, sich nun zu erfüllen. Der Weg war von der VRIL-Gesellschaft vorbereitet, und es liegt an uns Allen diesen Weg weiter zu führen. Lesen sie dazu einige kurze Auszüge aus dem hochaktuellen Interview das Dr. Dieter Broers „Hör zu“ gab.

Kleiner Hinweis von mir – Dr. Dieter Broers schrieb schon mehre Sachbücher unter dem Pseudonym Morpheus.

Die Thesen des Biophysikers Dr. Dieter Broers klingen atemberaubend.

Er stellt unser Fühlen und Handeln in Zusammenhang mit der Sonnenaktivität – und sagt der **Menschheit einen elementaren Bewußtseinssprung voraus.**

Interview mit Dr. Dieter Broers

Hörzu: *Was können Sie sagen über die Veränderungen, die uns bevorstehen?*

Dr. Broers: *Das mittelamerikanische Volk der Maya, hinterließ uns hierzu die Information, daß diese "letzte Epoche" der Zeitlichkeit", durch "die kosmische Absicht" gelenkt würde. Ein sogenannter Synchronisationsstrahl würde, vom Zentrum unserer Milchstraße ausgehend, unsere Erde und damit uns Menschen neu ausrichten.*

Die Mayas waren durch ihr außerordentlich hoch stehendes, astronomisches Wissen in der Lage, nahezu sämtliche Großereignisse zeitlich zu bestimmen. Ihre im Tzolkin, dem Maya-Kalender, verewigten Berechnungen ergeben für 2012 einen letzten, fundamentalen Veränderungsprozeß.

Die Mayas beschreiben dies als "**Aufstieg in die 5. Dimension**".

Betrachten wir unsere gegenwärtige, krisenhafte Weltlage und ihren Verlauf, der auf ein großes Finale hinzuweisen scheint, so könnten ihre Prophezeiungen stimmen.
Wir werden nicht nur vom Magnetfeld der Erde und elektromagnetischer Sonnenstrahlung beeinflußt, sondern noch von einer weiteren Stellgröße?
Hörzu: *Ja.*
Dr. Broers: *Diese Strahlen sind erst seit rund 15 Jahren meßbar.*
Die NASA berichtet von sensationellen Ereignissen, die nahezu identisch mit den Berichten der Maya zu sein scheinen. Den Synchronisationsstrahl, von dem die Maya sprachen, haben die Astrophysiker nun wohl nachgewiesen.
Sie berichten, daß vom Zentrum unserer Galaxis ein, bisher nicht für möglich gehaltener, Energiestrahl, "wie ein Scheinwerfer, aus den tiefsten Bezirken des Alls", auf die Erde gerichtet aufscheint. Innerhalb der letzten Jahre haben sich diese **Strahlen um mehrere 100 % erhöht**.
Nachdem ich mich nahezu 30 Jahre in diesem Themenbereich bewege, kann ich sagen: Da vollzieht sich gerade ein unvorstellbarer Wandel, von dem primär unser Bewußtsein betroffen ist.
Hörzu: *Was sagt die Astrophysik zu diesem merkwürdigen Strahl?*
Dr. Broers: *Sie steht vor einem großen Rätsel, da kommt wieder der Maya-Kalender ins Spiel. Der sagt relativ konkret, was in der Endzeit kurz* **vor 2012** *alles passieren wird, nämlich relativ* **viel Chaos** *auf unserem Planeten.*
Wie bereits erwähnt, wird durch den Synchronisationsstrahl, so sagen die Maya, eine Neuaufstellung des Universums vollzogen. Da stellt sich die Frage nach der Herkunft des Maya-Kalenders.
Waren die Maya vor tausenden von Jahren schon so gute Astronomen, daß sie ihn sich selber erarbeitet haben können oder hat etwa eine außerirdische Intelligenz, ihnen den Kalender an die Hand gegeben – wie manche Leute vermuten?
Fest steht, daß die Mayas sich selbst immer auch als Zeitreisende bezeichnet haben.
Die Zeit, wie wir sie kennen, ist nur eine Dimension innerhalb eines 12-dimensionalen Weltbildes. Heute erkennen wir, durch die Quantenphysik, daß es auch der unseren Zeitrichtung gegenläufige Zeitrichtungen gibt.
Hörzu: *Könnten die Maya nicht Zeitreisende gewesen sein, die in der Lage waren, über mehrere Bewußtseinszustände, in verschiedene Zeitebenen hineinzuschauen? Könnten sie sich und uns diesen Kalender nicht aus ihrer Zukunft geholt und überlassen haben?*

Dr. Broers: *Diese Theorien gibt es, so unglaublich das auch erscheinen mag. Die Archäologie hat den Maya-Kalender immer bloß als gegeben angesehen?*

Ja, es gab immer nur eine rein phänomenologische Beschreibung des Kalenders. Die war aber so frappierend, daß die Forschung auch in diesem Falle, bis heute, vor einem Rätsel steht.

Die Maya hingegen waren sich sicher, daß wir bis 2012 schon gelebt haben. Es ist, ihrer Überlieferung nach, quasi alles schon geschehen. Würde das stimmen, ließen sich sämtliche Vorhersagen des Maya-Kalenders mit all ihren Volltreffern erklären. So gut manche Hellseher sind: Es ist merkwürdigerweise noch keinem gelungen, ***über das Jahr 2012 hinauszuschauen****.*

Hörzu: *Wie meinen Sie das?*

Dr. Broers: *Ich meine das professionelle Sehen. In Rußland praktizieren so genannte Extrasensitive, professionelle Seher, die Zukunftsschau betreiben. Keiner kann, so konnte ich mich überzeugen, die 2012-Barriere durchdringen.*

Hörzu: *Demnach wären wir ab 2012 in einem vollständig jungfräulichen Bereich, und können erstmalig mit allen Freiheitsgraden unsere Zukunft gestalten. Wie wird sich nun 2012 dieser Wandel äußern?*

Dr. Broers: *Wir werden sicher keine größeren Köpfe haben oder einen anderen Körperbau. Nach meinen Überlegungen wird sich ein Bewußtseinssprung vollziehen, quasi vom Menschen zum Übermenschen.*

"Anmerkung des Autors:
Vom Homo Sapiens zum Homo Kosmos!"

Hörzu: *Wie bemerken wir diesen Prozeß?*

Dr. Broers: *Pathetisch gesagt, werden wir an unser kosmisches Erbe erinnert. Uns wird die Möglichkeit gegeben, aus dem starren Muster auszubrechen, uns weiterzuentwickeln. Uns zu verabschieden von Handlungsmustern, die unsere Erde und unsere Gesellschaften zerstört haben, nämlich von Ego getriebener Gier.*

Auf Eines möchte ich jedoch besonders hinweisen:

Die kommenden Ereignisse, gleich welcher Art, werden uns von der Illusion befreien, daß wir unmündige Wesen sind. Wir selbst haben es in der Hand, unsere naturgegebene Göttlichkeit anzuerkennen und anzunehmen. Kein Guru, kein Meister wird uns da wirklich helfen können, nur wir selbst, in der Anerkenntnis, das wir als Individuum eingebunden sind in einem harmonischen Ganzen.

Mag unsere Suche im Außen uns wertvolle Erfahrungen bescheren, so liegt die Glückseligkeit in unserem Inneren.
Wenn wir dieses wahrnehmen, dann werden wir erkennen, daß die meisten unserer bisherigen Wünsche nur kompensatorischer Natur waren.(23)
Interview: Martin Häusler

Das eben Gelesene hört sich fantastisch an, ist aber dennoch nachvollziehbar, wenn man sich vor Augen hält, wozu Strahlungen und Frequenzen aller Art in der Lage sind – erst recht, wenn man sich nicht einmal 100 Jahre in die Vergangenheit begibt und sich mit dem weiten Gebiet der Ätherphysik ernsthaft auseinandersetzt. Doch auch aus unseren Kreisen, der Zentrale, wurden sowohl Broers, als auch meine Gedanken auf eindrucksvolle Weise bestätigt:

Antwort von der Zentrale

"Lieber Reiner,
Erinnerst du Dich an die Ausführungen des Biophysikers Dieter Broers?
Er sagte vor allem einen weltweiten Bewußtseinssprung voraus. So und nicht anders kommt es, selbst wenn es bei zombinierten Biorobotern nicht mehr auf die ausreichende Resonanz stoßen wird. Jene haben sich selbst aussortiert. Ein Eingriff, den Tag X betreffend folgt, allerdings vollkommen auf andere Weise, als von den Esoterik- und Sektengurus erwartet. In „Wir kommen" hast Du das Wesentliche erhalten, aber natürlich keinen Zeitpunkt.
Die Zeit ist in der vierdimensionalen Vorstellung nur ein Hilfskonstrukt und löst sich in den Interaktionsebenen der fünften bis achten Dimension vollkommen auf und mündet schlußendlich in die vier höchsten Ebenen des zwölfdimensionalen Universums, deren Vorstellung Einsteins Erben erblassen lassen würden. Der Sündenfall der Physik heißt Einstein!
So und nicht anders erklärt sich das geisteskranke Verhalten einer großen maßgeblichen Anzahl von scheinbar führenden Wissenschaftlern, welche einem Hirngespinst nachjagen und verzweifelt an scheinbar fester Materie festzuhalten versuchen. Jene werden sodann auch bitter zur Kenntnis nehmen müssen, daß sie sich in Nichts auflösen, so wie es in Eurer Mundartsprache wohl heißt: „Das letzte Hemd hat keine Taschen!"
Aber wer des Bewußtseins in der Tat bewußt ist oder noch wird, kann sich besser vorstellen, daß eine Wiederkehr, eine Inkarnation durchaus möglich und nachvollziehbar wird, oft sogar notwendig, um seine Bestimmung finden zu dürfen.

Die einzige Religion ist das Erkennen der ursächlichsten Grundgesetze des Kosmos, unserer übergeordneten Welten und Sphären, des allumfassenden, in der Weite der Unendlichkeit niemals aufzuhaltenden Weiterentwicklung unseres Seins.
Die positiven Ladungskräfte bedingen der negativen und führen in Kombination zur Trinität durch die Verzahnung und resonatorischen Rückkopplung mit der Gravitation, welche auf Basis der Skalarwellenanteile stets Allumfassend ist. Diese, bereits in der biblischen Vorstellung oft fehlinterpretierte Trinität, ist die Grundlage Allen Seins, da diese Dreieinigkeit aus der Tiefe der Urkraft Unerschöpfliches zu leisten und zu Erschaffen imstande ist.
Dies zu Deiner Information. Eine „lichte" Hilfe strahlt, sprichwörtlich auf das Land, aus dem System unserer aller Herkunft, welche Du im Buche richtig erwähnst. Die Ahnen sind nicht nur zurückgekehrt; sie sind teilweise längst schon da und im Verbund wird versucht, die Schwingungsanhebung so verträglich als möglich durchzuführen. Hinter diesem Wort verbirgt sich das Bereinigen von Irrtümern und das gnadenlose Aussortieren jener, welche unvermeidlich oft auch mit entsprechenden Methoden und angepasster Technologie bitter ausgefochten werden muß und einher mit positiven Signalen geht, welche nur bestimmte Geister wahrnehmen und bewußt damit umgehen lernen.
Der Vater des Gedankens ist bereits das gefällte Urteil seines eigenen Geistes und führt ihn direkt in das Spektrum der absolut negativen Ladungskräfte. Im Zellkern einer einzigen menschlichen Zelle laufen nach Eurer Zeit pro Sekunde über 100.000 Ladungs- und Entladungsprozesse ab. Dies sind keine Stoffwechselvorgänge oder chemische Reaktionen, nein, es ist die Kraft des Lebens, es sind im einfachsten Ansatz elektrische Ladungs- und Entladungsvorgänge, welche vor sich gehen, ohne das elektrische, (bio-)chemische oder anderweitige Energie zugeführt werden muß, wie es derzeit in Eurer offiziellen Wissenschaft aufgefaßt wird!
An die Möglichkeit einer „Auf-Licht-Übertragung" denkt ihr nicht einmal im Ansatz! Dabei wißt ihr bereits um die Vorgänge der Photosynthese, welche aber nicht die Herkunft und das „freudige" Wirken, für das Wachstum selbst, notwendige Energie annähernd zufriedenstellend erklärt. Der nach dem menschlichen Transformationsprozeß, welchen die Menschheit als Tod kennt, bereits mit den vorhandenen Methoden festgestellte Masseverlust, zum Zeitpunkt der „Fahrzeugwechsel", gibt bis heute große Rätsel auf, ist aber die Grundlage für das einfachste Verständnis, mit welchem dann eine neue Sphäre mit Einsetzen des neuen Äons beginnen kann."

Gegendarstellung G. Herrmann

Im Folgenden sei auch noch einmal die Stellungnahme des Autors G. Herrmann und seine eigenen Gedanken und Eindrücke zu diesem Thema wiedergegeben:

... *Die Tage kam ich in den Genuß, mir den Dokumentarfilm „(R)EVOLUTION 2012“ von Dieter Broers anschauen zu dürfen und frage an dieser Stelle einfach einmal in die Runde, ob diesen Film schon jemand von Euch gesehen und welchen Eindruck er hinterlassen hat. An dieser Stelle möchte ich einmal meine eigenen Eindrücke hierzu schildern.*

Ich, der sich immer gerne an wissenschaftlichen, harten und nachvollziehbaren Fakten orientiert, empfand den Film ausgesprochen erfrischend und vieles, was hier zur Sprache kam, deckte sich mit meinen eigenen Erfahrungen, wodurch ich den Kern für authentisch halte. Eine der Kernaussagen ist die, daß die Aktivität der Sonne einen direkten Einfluß auf unseren Geist (nicht nur unser Gehirn) hat. In diesem Zusammenhang möchte ich auf das letzte solare Maximum2003/2004 verweisen. Überlegt mal, was gerade 2003 alles passiert ist und wie viele Menschen da „aufgewacht“ sind. Wie viele von denen sind dann, auf einmal in der Zeit des solaren (Rekord)Minimums, welches derzeit noch andauert, wieder in einen regelrechten Tiefschlaf versunken...

Es ist richtig, daß aktuell mehrere Sonnenzyklen, bekannt sind hier der 11-Jahres- und der 89-Jahres-Zyklus, zeitgleich ein Minimum durchlaufen. Bei alleine nur den beiden bekannten Zyklen passiert dies rechnerisch alle 997 Jahre.

Kommen noch andere Zyklen dazu, dann verlängert sich der Zeitraum, wo diese sich entsprechend synchronisieren. Es ist zu erwarten, daß nach dieser sehr langen und extrem ruhigen Phase der Sonnenaktivität, eine gleichermaßen heftige Phase eintreten wird, welche gegen Ende 2012 ihren Höhepunkt erreichen wird. Rechnerisch dürfte dieser Zeitraum als korrekt zu bewerten sein.

Ich möchte an dieser Stelle zudem den Zeitraum Oktober/November 2003 in Erinnerung rufen, wo die Sonne nicht nur mehrere gewaltige Masseneruptionen in Richtung Erde geschleudert hat, sondern auch mehrere Gamma-Flares, welche die bestehende (logarithmische) Skala (A, B, C, M, X) schlichtweg gesprengt haben. Selbige führten zu Polarlichtern, die bis nach Italien mit bloßem Auge sichtbar waren.

Das uns schützende Erdmagnetfeld, welches sich normalerweise etliche tausende Kilometer ins All ausdehnt wurde, hier bis auf gut

100 Kilometer an die Erde heran gepreßt, so daß verschiedene Satteliten Schaden nahmen und es auch vereinzelte Probleme mit elektrischen Anlagen, hier auf der Erde, gab.

Später sprach ich das Thema einmal mit einem Astronomen durch und was der mir zu sagen hatte, klang nicht besonders erfreulich. So rechnete man seinerzeit in diesen Kreisen noch mit weitaus heftigen Flares, welche die inzwischen um Y erweitere Skala erneut hätten sprengen können. Darauf angesprochen, was bei so einem „Z-Flare" passieren würde, meinte er zu mir (sinngemäß): „Nach einem Z1 oder Z2 leben wir wieder in Höhlen. Nach einem Z5 oder höher, dürfte das Problem der Überbevölkerung, auf einer Hälfte der Erdkugel, nachhaltig gelöst sein."

Das war beim letzten solaren Maximum und das nächste dürfte um einiges heftiger werden. Einen Grund zur Angst sehe ich in diesem Zusammenhang aber nicht, ist dies doch ein periodischer Vorgang, den das Leben auf der Erde bereits X-Fach überlebt hat. Das aber nur am Rande, denn die eigentliche Essenz daraus ist viel interessanter, betrachtet man in diesem Zusammenhang den Gesichtspunkt, daß eine erhöhte Sonnenaktivität auch den Geist belebt. Broers, auch das finde ich interessant, stellt hier deutlich heraus, daß unser Gehirn nicht gleich unserem Geist ist, sondern dieses nur eine Art „Vorrechner" oder Schnittstelle zwischen dem Geist und der materiellen Welt.

Die Aufgabe unseres Gehirns beläuft sich hier, auch das bestätige ich aus eigenen Erfahrungen heraus, auf das Sammeln, Filtern und Verarbeiten von Informationen. Das heißt, daß wir mit unseren Sinnen allerlei Eindrücke aufnehmen, von denen unser Gehirn die „für uns relevanten" Informationen, welche in etwa 10-20% aller Eindrücke betragen, herausfiltert und dann verarbeitet.

Dieser Filter ist dabei der Knackpunkt, denn zum einen ist dieser für uns lebenswichtig, denn ohne ihn würden wir von all den Sinneseindrücken regelrecht überflutet werden, so daß unser Gehirn nicht mehr richtig arbeiten kann. Hier setzen im übrigen auch „geisterweiternde Substanzen" an, welche diesen Filter für eine Weile schlichtweg außer Funktion setzen. Das Problem bei diesem Filter ist indessen seine „Konfiguration", welche ab dem Zeitpunkt unserer Geburt im Rahmen des Lernprozesses bis zum Lebensende hin andauert. Als kleines Kind nimmt man noch sehr viel mehr an Eindrücken wahr, als man es als Erwachsener tut.

Neben den natürlichen Einstellungen, die sinnvoll sind, bekommen wir nämlich innerhalb dieses Lernprozesses, der inzwischen einer gezielten Manipulation gewichen ist, einen ganzen Haufen Müll in diesen Filter hinein programmiert, welcher auch die Wahrnehmung von Eindrücken verhindert, welche uns in unserer seelischen und geistigen Entwicklung weiterbringen würden.

Was bringt uns also 2012? Gehen wir einmal davon aus, daß nicht gerade die halbe Erde, durch einen großen Z-Flare, gegrillt wird, sondern daß es eine ganze Reihe sehr starker (Y und kleine Z) geben wird. Diese würden unser Erdmagnetfeld derbe durchschütteln und möglicherweise sogar eine Verschiebung der magnetischen Pole bewirken. Die Menschen auf der Erde würden hier extremen magnetischen Kräften ausgesetzt sein, welche nach Broers, eben genau diese Filtermechanismen in den Hirnen der Menschen, und das auf globaler Ebene, außer Kraft setzen würde. Diese Menschen würden nun mit einem Schlag von Eindrücken überflutet werden, welche sie bis dahin nicht wahrgenommen haben.
Die Frage ist, was dann mit den Menschen passieren wird.
Ich vermute, daß es einige wenige geben wird, die dann bereits in der Lage sind, selber zu filtern und selber zu bestimmen, welche Eindrücke sie an sich heran lassen und welche nicht. Das Gros der Masse wird hierzu nicht in der Lage sein und ich befürchte, daß die Mehrzahl dieser Menschen wohl dem Wahnsinn verfallen wird. Was dann passiert... Na, ja...
Broers sieht das da wohl wesentlich optimistischer, als ich dies tue, doch in einem hat er Recht:
Das Gros der Menschheit „danach" wird über eine wesentlich erweiterte Wahrnehmung verfügen und Dinge und Zusammenhänge sehen, wie sie sich für uns heute noch der Vorstellungskraft entziehen.

Welche Botschaft mögen uns wohl diese Strahlen bringen? Vielleicht hat Dr. Dieter Broers in diesem Interview nicht nur unsere physische sichtbare Sonne damit gemeint, sondern uns einen dezenten Hinweis auf die Schwarze Sonne gegeben. Dieser Schwarzen Schönheit wollen wir uns mal im nachfolgenden Kapitel näher betrachten.

»Bild 4, über den Strahlungseinfluß beim Meinschen, am Ende des Buches, im Bildabschnitt - Seite II

Kapitel 6

Die schwarze Sonne

Wollen wir uns nun mit der Schwarzen Sonne eingehend auseinandersetzen, und ihre Einflüsse auf das kommende
Goldene Zeitalter betrachten, sowie ihre Auswirkungen auf unser Leben. Ich bin zu der Überzeugung gekommen, daß wir beide Sonnen, brauchen, die physische goldene Sonne die uns unsere Lebenskraft schenkt, und die schwarze unsichtbare (Schönheit) Sonne, die unser geistiges Wachstum ermöglicht. So das beide Sonnen miteinander agieren und das polare Gleichgewicht herstellen. Lesen sie nun eine spirituelle Abhandlung über die schwarze Sonne, die mir von Patrick zur Veröffentlichung überreicht wurde.

Von Patrick:

Geistige Abhandlung über die Schwarze Sonne

Es folgt schon mal eine kleine geistige Deutung über die Macht, der Wirkung der schwarzen Sonne und dem Wesen der einen besonderen Rune und dem Raunen seiner Rune. Ich schreibe das vorerst in der Ich-Form, da ich mir mein Bewußtsein hierzu autodidaktisch vermittelt habe und es für andere so leichter verständlich ist, daß es mir auf eine Überlagerung der erberinnerten Weisheit und der Schwingungserhöhung ankommt.

Ich war etwa 8 Jahre alt, als mein Vater mir seine präastronautischen Bücher vermachte, darin war immer wieder die Rede von alten versunkenen Hochkulturen, reinblütigen elitären Wesenheiten welche aus dem All herniederstiegen mit einer uns weit überlegenen Ethik, einer Hoch-Technologie und verschiedenen Weltzeitaltern. Ich habe diese Bücher alle gelesen und träumte mich täglich in diese Zeiten hinein, so wie List in seine grünen Flure mit Burgen, Schlössern und heidnischer Folklore.

Ich habe 14 Jahre meines Lebens hierfür bereits hergegeben. Für mich sind diese Bilder keine Phantasie, nichts irrationales, denn die Art und Weise wie ich sie gesehen habe, hat mehr etwas von einer (Erb)Erinnerung gehabt.

Bilder deren Wirkung man eher als Melodie, als längst vergessene Hymnen und Loblieder einstiger Größe durch den Fluß der Zeit zu verstehen hat. Es ist für mich eine wissenschaftliche Tatsache, daß es diese Zivilisationen gab! Ich schau(t)e mir unsere heutige Gegenwart an (heute weiß ich, daß es so etwas wie eine Gegenwart nicht gibt, es ist alles im Fluß) und merkte wie sehr sich alles verändert hatte.

Wie würde sich der Großkönig des einstigen Atlantis heute fühlen? Die erhabenen Megalithkolosse des Nordens, die technischen Zeugnisse in der Kammer unter dem Tempel von Dendera, die Architektur der alten Hochzivilisationen in Ägypten, Persien sowie Angkor Vat usw. erinnern noch heute an den Glanz der vergangenen Zeitalter, auch wenn selbst, die heute noch sichtbaren Zeugnisse, nur noch einen Hauch der Erinnerung widerspiegeln, denn ihre Gründer haben diese Gestade verlassen. Wenn man jedoch genau hinsieht, vielleicht ein Auge mit der Hand verdeckt, sieht man ihr Erbe jedoch noch in den Volksseelen der germanischen Völker.

An der speziellen ART ihrer Bräuche sehr schön zu sehen, welche noch an das Zeitalter des Lichts erinnern, an der metaphorisch anmutenden Vorstellung der Wiederkehr des Lichtgottes Balder, nach der Winterzeit im Laufe des kommenden Jahres gen Sommer, aber auch an der Shinto-Religion Japans, welcher ich intuitiv den gleichen geistigen Ursprung zuordne.

Die verborgene Überlieferung der schwarzen Sonne ist eine uralte Überlieferung, die in fernste Zeiten zurückreicht, als noch wahrhaftige Lichtgestalten auf Erden weilten, am ehesten vergleichbar mit den romantisierten Elben. In ihrer Zeit war sie noch aktiv.

Es gibt mehrere Ansätze, manche sagen schlicht, sie sei eine Gegensonne zu unserer goldenen Sonne, manche eine Bewußtseins- und Kulturschöpfende Zentralsonne im All oder das innere Licht Ils, daß in Zyklen immer wieder neu geboren wird.

Karl Maria Willigut sagte hierzu näherungsweise:
Die Schwarze Sonne ist ein Himmelskörper, der die Erde außerhalb der Ekliptik umkreist. Sie ist der passive Gegenpol zur aktiven goldenen Sonne, welche zusammen ein urähnliches dualistisches System bilden, bei dem jeweils die aktive Sonne, sogenannte "Artharteilchen" aussendet und die passive Sonne diese Energie absorbiert. Sobald die aktive Sonne keine Energie mehr hat, kommt es zur Umpolung. Die passive Sonne wird zur aktiven und umgekehrt. Vor Millionen von Jahren soll die Schwarze Sonne einmal die aktive Sonne und damit das Zentrum des Sonnensystems gewesen sein. Vor 1,5 Millionen Jahren soll es zur Umpolung gekommen sein, bei der die Goldene Sonne die Schwarze Sonne als aktive Sonne "ablöste". Dabei sei es zu einem Stillstand der Massen und einer Verwirbelung des Sonnensystems gekommen. Der gesamte Vorgang habe 800.000 Jahre gedauert.

Die Folgen waren geistige und körperliche Degenerationserscheinungen!

Welchen Ansatz man auch für sich in Anspruch nimmt, es führt zum gleichen Ergebnis:
Das Wasserman(krug)-Zeitalter erhält seine geistige Erneuerung durch, den im Forum oft genannten "Blitz", der aus ihrem Quell auf die Erde trifft, dessen Quell 75 Trillionen Schwingungseinheiten/Sek. aufweist (ultraviolettes Licht) und die derzeitigen niederen 15 Trillionen Schwingungseinheiten/Sek (infrarot) ablöst.

Die spannende Frage lautet nun, wie sich diese zyklische Wiederkehr der Macht der Schwarzen Sonne auswirkt, meine Antwort hierzu:

Die Erinnerung in eurem Blut wird euch den Weg zeigen, denn in ihr lebt die Erinnerung an ein letztes, anderes Goldenes Zeitalter. Welche Facetten empfindet ihr, wenn ihr euch in Versenkung begebt und die alten "heidnischen" Religionen emotional anpeilt und euch in Gedanken vorstellt, wie ihr die Urreligion seht.
Aus dem ist all dies hervorgegangen, was für ein Gefühl gibt Euch der alleinige Anblick der Runen und sumerischer Schriftzeichen, die Abbilder des Universums auf Erden in Form verschiedener alter Tempel, wenn ihr alte traditionelle Musik aus unseren Landen hört. Dies praktiziere ich seit vielen Jahren und muß nun gesellschaftskonform in die Moderne Einzug halten. Stellt euch die Gesellschaftsform vor, die Ethik, die Reinheit ihrer Gedanken, was löst es aus,
UND WIE ZWEIGT IHR AUS DIESEN SPHÄREN AB, WENN IHR EUREN GEIST ZURÜCK IN DIE GEGENWART HOLT.

Darauf beruht, meiner Meinung nach, die geistige Entwicklung, sich der Zeit bewußt gewordener Sonnensöhne, die Bewußtseinsstufen und die Qualität der Wahrnehmung. Es sind Bilder, welche in den archaischen Schichten des Unterbewußtseins liegen, die erlebte Wirklichkeit war zu einer Zeit, als das Fischezeitalter noch nicht Realität war (in diesem Zyklus). Denn auch nach unserem kommenden Neuen Zeitalter wird wieder die Dunkelheit über die Erdenwelt kommen und der Kampf beginnt von neuem.

Das ist die große dunkle Stunde, in der wir uns befinden, und diese kann nur in einem erberinnert, magisch und sanftmütig, ohne allzu viel Arroganz und Hochmut geschulten Geist in seiner ganzen Tragweite erfaßt und wieder aufgelöst werden. Welcher die reine Weisheit ohne Unterschiede propagiert, denn Haß und Liebe liegen eng beieinander und können rasch umschlagen. Wir sind nach Isais ein anderes Volk, ein mittlerweile sterbender und in den letzten Zügen liegender germanischer Volkskörper, der einen Kompromiß zwischen geistiger Befreiung und den geistigen Verkrampfungen unserer Brüder finden muß.

Dessen Eliten der Morgenröte, Ynglingen gleich, die anerzogenen Reizreaktionsmechanismen die nur das Wort Okkultismus, Aldebaran, Armanismus, Heidentum usw. hervorruft, liebevoll aus den Herzen der Gerechten fegen muß.

Die Gesundung wird durch die Schwingungserhöhung in Kombination mit einer letzten Ritterschaft, sich an die Zeitflüsse erinnernder Eliten, erfolgen. Der Funke der zur Welle wird, das Anzapfen der archaischen Bewußtseinsschichten des jungen heranwachsenden Bürgertums ist der Schlüssel zum Sieg der Verheißungen der Schwarzen Sonne.

Geist, Seele und Körper – in Einheit bringen!

Der Mythos der schwarzen Sonne geht auf Sumer zurück. Die Magische Sonne ist, gemäß gängiger Interpretationen, die Strahlungsquelle des göttlichen Lichts (Ilu) im Diesseits. Bei den Babyloniern hieß sie Bab Chomet, auf Deutsch 'Tor zum Lichtstrahl'. Für das irdische Auge ist sie nicht sichtbar, genau wie die Strahlen, die von ihr ausgehen. Sie soll sich nach manchen Aussagen in der Mitte des Sternbilds 'Crater' (Krug) befinden, von wo das göttliche Licht über den Stern Venus zur Erde geleitet wird. Nach dem Prinzip der Affinität von Schwingungen soll es vom erreichten Lichtgrad der Menschheit abhängen, wieviel dieser ILU-Strahlung aus dem Quell göttlichen Lichts zur Erde gezogen wird.

Die zweite, schwarze Sonne ist, nach meinen Informationen ja längst da. Sie entsteht nicht während der Wende der Zeitalter, sondern gibt ihr das, vom menschlichen Geist faßbare göttliche Licht in diesem Moment einfach am intensivsten ab, mit all den positiven Wirkungen. Das ist abhängig von der Bewußtseinsstufe des Menschen und seiner inneren Moral, seinem durch Weisheit und Wissen erworbenen "seelisch-immanenten" inneren Licht, welches Erkenntnis verleiht. Sie wird dieses verstärken.

Allein in der Zeit von 1900 bis 2000 haben mehr und drastischere Veränderungen und Umwälzungen stattgefunden als in den 500 Jahren davor. Die Welt befindet sich schon jetzt mitten in diesem Transformationsprozeß.

Nur Menschen mit lichten und reinen Geist vermögen schon heute ihr Wirken zu erfühlen. Letztendlich ist das alles eine zutiefst geistige Einstellung und ein Glaube, welcher viel mit der Suche nach der alten Urreligion zu tun hat. Die Verifikation der Quellen aus denen ich schöpf(t)e ist nicht gerade leicht, da sich viele Originale in Geheimarchiven befinden.

Die Schwarze Sonne sehe ich nicht als einfaches objektives Symbol für das neue Zeitalter an, sondern als aktiver Teil des sich schon im Ablauf befindlichen Transformationsprozesses.

So wurde diese Stele ausgegraben:
»*Bild 5 am Ende des Buches, im Bildabschnitt - Seite III*

„*Wie unser Sonnenjahr entsprechend der 12 Mondumläufe in 12 Monate unterteilt ist, also gleichsam die 12 Tierkreise in der Astrologie, so ist auch der Umlauf um die große Zentralsonne unserer Milchstraße in 12 Tierkreisabschnitte unterteilt (vgl. auch die 12 [redacted]-Runen im Symbol der schwarzen Sonne). Im Zusammenwirken mit der Präzession, also der kegelförmigen Eigenbewegung der Erde, aufgrund der Erdachsenneigung, bestimmt dieser Vorgang die unterschiedlichen Weltzeitalter. Ein 'kosmischer Monat' dauert 2155 Jahre – demgemäß das 'kosmische' Jahr etwa 25860 Jahre."*

Aus uralter mesopotamischer Weisheit wissen wir um die Bewegung der 'Schritte Marduks' von je 28 Jahren, bzw. 56 Jahre bei jedem Doppelschritt. Drei Doppelschritte Marduks währt die Umformungsphase vom alten in das neue Zeitalter - also insgesamt 168 Jahre. Es heißt, daß im Mittelpunkt dieser Phase das Erstauftreffen des ILU-Strahls bzw. das Auftreffen des Alphastrahls göttlichen Lichts zu erwarten ist.

Die drei Doppelschritte Marduks ergeben folgende Rechnung: 3x56 = 168 Jahre. Die Hälfte davon = 84 Jahre. Ausgehend vom 5.2. 1962 (Beginn des WM-Zeitalters, siehe Abschnitt unten) minus 84 Jahre erhalten wir das Jahr 1878. Interessanterweise erscheinen ca. ab diesem Zeitpunkt auch die ersten wirklich aktiven Vorkämpfer des neuen Äons (Guido v. List, Liebenfels's Neutempler Orden, Germanenorden etc.) Vom 4. auf den 5. Februar 1962 gab es eine sehr seltsame Planetenkonstellation, die in alten Prophezeiungen als Zeichen der Zeitenwende angekündigt wird. Am 13. August 1959 war der Durchgang des Sterns al-Fische durch die 30° – Linie unseres Tierkreissektors Fische – daher ging der Frühlingspunkt durch die 0°–Linie hinüber in den Wassermann-Sektor.

Aufgrund der relativ nahen Planeten-Konstellation und einer Sonnenfinsternis wird der Beginn des Wassermann(krug)zeitalters daher oft auf den 5.2. 1962 (Null Uhr Weltzeit) postuliert.

Es treffen analog Wendepunkte zweier verschiedener Zeitalterrechnungen zusammen: Einmal die Wende vom astrologischen Fischezeitalter zum Wassermannzeitalter und zum anderen vom indoarischen Kali-Yuga zum Kriya-Yuga, zum **Goldenen Zeitalter**.

Die Schwarze Sonne ist dementsprechend vergleichbar mit der Kraft Here Heimdalls als Personifizierung göttlicher Eigenschaften (Weiterentwicklung, Astronomie, Gott der Weltraumfahrt etc.) entsprechend Here Baldurs für die weiße (goldene) Sonne.

Here Heimdall ist also der Sonnengott auf einer höheren Ebene.

Interessant ist darüber hinaus folgende Vorstellung der Bedeutung der **Walküren**: Sie sind weibliche **Wesenheiten, die zwischen Himmel und Erde schweben** und den Menschen in den Himmel (Walvaters Halle) helfen. Unter anderem ist sogar die kirchliche Vorstellung der Engel ihnen nachgebildet. Sie haben also überirdische Fähigkeiten, denn sie konnten, ohne zu sterben, zwischen der diesseitigen materiellen und der jenseitig-geistigen Welt wandeln. Die Walküren gelten auch als die weiblichen Beschützerinnen der HEIMDALL–WASSERMANNZEIT.

Es spricht vieles dafür daß es sich bei ihnen um irdische (menschliche) Frauen gehandelt hat und dies wird umso faszinierender, wenn wir von medial begabten Frauen wie z.B. **Maria Ortisch, Sigrun und Traute** hören, welche auf einmal sehr walkürenhaft anmuten. In der transmedialen Tätigkeit lag der Anfang des Vril-Schaffens und der Schlüssel zu den Erfolgen, die seither stattfanden. Solch geistige Frauen sollen auch an Bord der sagenhaften Vril-Odin gewesen sein, welches auf die wichtige Verwobenheit von Diesseits und Jenseits hinweist.

Das Geheimnis des Sternenflugs liegt im Verlassen der diesseitigen Schwingungsnetze und im Wechsel des Flugkörpers in jenseitige Schwingungsnetze. Dort ist das Schnellste, was fliegt, nicht das Licht, sondern der Gedanke (vergleich Rig Veda). Transmediale Fähigkeiten bedienen sich genau dieser Kräfte. Der eine oder andere hat sicher schon einmal von Makaara-Magie gehört, derer sich gewisse Damen bedienen, die interessanterweise lange Haare haben und ins jenseitige Grünland zu reisen vermögen.

Alles beruht auf Schwingungen. Wenn es gelingt, eine bestimmte Schwingung hervorzurufen, so setzt der Magnetismus des Resonanzgesetzes ein. In der obersten Stufe kommt es dann zu einer völligen Umformung: der Transmutation.
Das ist dann der technische Hintergrund unserer Vril-Geräte, der Übergang in das jenseitige Schwingungsnetz. So führt eine Erkenntnis zur anderen und uns erschließen sich die Bedeutungen vieler Begriffe was das Verständnis ungemein erleichtert.

Wir sehen also wieder die Verwobenheit von Mythen (hier die Walküren) und Gegenwart.
Das Zeitalter des Wasserkruges wird durch die Macht der Schwarzen Sonne, der Schwingungserhöhung und dem damit zusammenhängenden Bewußtseinswandel mit absoluter Sicherheit auch eben jene Fähigkeiten sowohl geistig, als auch in der technischen Umsetzung weiterhin begünstigen.

Doch was können uns diejenigen sagen, die einen weit umfangreicheren Zugang zu den alten Texten haben? Lassen wir doch einfach mal einen Meister des Armanenordens zu Wort kommen:

In alten Rollsiegeln und Steintafeln aus Sumer und Babylon, ist uns der Begriff und die Form der Schwarzen Sonne, mit Hilfe des Templer-Ordens überliefert. Aus ihren Schriften wissen wir von der Schwarzen Sonne.

Doch was ist die Schwarze Sonne?

Die Erde befindet sich heute, in der Wendezeit, auch wenn es noch nicht für jeden Menschen ersichtlich ist. Doch die bereits eingetretenen Wetterveränderungen, Überschwemmungen, die zahlreiche Erdbeben, der Niedergang der Weltwirtschaft und die zahlreichen kriegerischen Auseinandersetzungen, mit immer verheerenderen Waffensystemen, sind ein beredetes Zeichen. Es signalisiert eindeutig die bevorstehende Umwandlung und den Aufstieg der Erde in eine höhere Dimension.

Diese Wendezeit ist die Zeit göttlicher Intervention.

Diese geistige Ansicht widerspricht dem materialistisch-wissenschaftlichen Weltbild, doch auch dieses wird durch die bevorstehenden Umbrüche einen grundlegenden Wandel erfahren. Diese Umbrüche werden viel tiefgreifender sein, als diejenigen vor rund 2000 Jahren, ja sie werden alles geschichtlich Bekannte in den Schatten stellen. Dies hat metaphysische und kosmologische Gründe.

Das Sonnensystem ist einer bestimmten Zentralsonne zugeordnet und umkreist diese auf einer elliptischen Bahn, so wie die Planeten die Sonne. Deshalb ist die Einstrahlung der Zentralsonne auf das Sonnensystem unterschiedlich. Mit dem Übergang in das Sternbild des Wassermanns gelangt das Sonnensystem in eine ganz besondere Strahlung der Zentralsonne, nämlich in ihren konzentrierten Strahlengürtel, der sich ring- oder scheibenförmig um die Zentralsonne ausbreitet, ähnlich wie der Saturn von einem Ring umgeben ist.

Dieser Strahlengürtel, oft auch "Photonenring" genannt, und die Umlaufbahn unseres Sonnensystems stehen in einem rechten Winkel zueinander. Das heißt, unser Sonnensystem durchläuft diesen Ring zweimal, und zwar an den gegenüberliegenden Enden seiner Umlaufbahn um die Zentralsonne.

Vor rund 10.000 Jahren hat unser Sonnensystem, im Zeichen des "Löwen", diesen Strahlungsbereich zum letzten Mal verlassen und steht nun vor dem Wiedereintritt.

Dies bedeutet auch das Ende eines großen kosmischen Jahres, eines galaktischen Zyklus von rund 26.000 Jahren, und somit einen Neubeginn auf höherer Ebene!

Damit ist die Besonderheit der heutigen Zeitphase aber noch nicht erschöpfend beschrieben. Gemäß vedischem (also indo-arischem) Kalender nähern wir uns nämlich dem zentralen Abschnitt innerhalb des Bestehens unseres Sonnensystems (dem Mittag eines Brahma-Tages). Womit nochmals andere, zusätzliche Faktoren verbunden sind. So sind in der Vergangenheit göttliche Inkarnationen erschienen, die nur einmal am "Tag Brahmas" auf Erden erscheinen, eben genau in diesem zentralen Abschnitt.

Es ist also nicht überraschend, daß bereits seit Jahrtausenden Vorbereitungen eingeleitet worden sind, da umwälzende Veränderungen, sowohl im materiellen, als auch im geistigen Bereich bevorstehen. Beginn einer neuen Sternbildphase, einer neuen Lichtring-Durchwanderung, eines neuen galaktischen Jahres, Zenit eines Brahma-Tages und gleichzeitig auch, gemäß vedischer Kosmologie, Hälfte von Brahmas-Leben, d.h. Wendepunkt im **expandierenden Universum von "Explosion" zur "Implosion"** - dies alles kommt in der gegenwärtigen Wendezeit zusammen und macht sie zu einem einzigartigen Ereignis.

Anmerkung des Autors:

„Deshalb bin ich mir auch sicher, daß sich in naher Zukunft die neuartige Technik, die auf Implosion basiert, durchsetzen wird."

Neben den Veränderungen im Äußeren, die viele Menschen als Katastrophe und Bedrohung erfahren werden, ereignet sich in einem größeren Zusammenhang eine erhebende Wandlung, die weit über die Erde hinaus geht. Vereinzelte Prophezeiungen erwähnen deshalb auch besonders den Einfluß dieser neuen Strahlung aus dem Kosmos, wobei auffällt, daß die meisten Prophezeiungen, die dieses galaktische Ereignis ankündigen, nicht irdische, sondern "außerirdische" Absender als Quellen angeben. Dies ist nur natürlich, denn für Weltraumwesen sind diese Dimensionen All-Tag, weshalb sie auch gegenwärtig da sind, um der Menschheit und dem Planeten Erde, begleitend zur Seite zu stehen.

Anmerkung des Autors:

„Erinnern sie sich noch, was uns im vorhergehenden Kapitel
Dr. Dieter Broers über die Strahlen geschildert hat, er sprach von einem **Synchronisationsstrahl**."

Liebe Freunde

Diese Lichtringstrahlen, sind meines Erachtens nach, die Strahlen der **Schwarzen Sonne** und damit auch die Strahlen der besonderen Rune Here Heimdalls.

Dank Guido v. List` kennen wir Armanen das Entwicklungsgesetz:

1. **Stufe (Werde-Stufe)= Entwicklung,-Weiterentwicklung**
2. **Stufe (Sein-Stufe)= Höchstentwicklung, -Sieg-Höhe erreicht**
3. **Stufe (Vergehens-Stufe)=Siechtum, versiegen, -Tod (und Neuentstehung zur Werde-Stufe)**

Die Dunkelmächte (in der Polarität) seit ca. 2000 Jahren, befinden sich nun in der 3. Stufe. Ihren Höhepunkt haben sie nun naturgesetzlich überschritten. Diesen Umstand sollten wir erkennen und durch verstärkte Arbeit mit der besonderen Rune unterstützen und vielleicht sogar beschleunigen.

"Altüberliefert, doch ewiglich jung,
Hohen Geschlechts aufragender Geist.
Die Ahnen blicken von drüben.
Altvordere wußten, ritzten die Runen, gaben wohl kund,
kenntnisreich überbringend von vielem was war,
was gewesen vor langer Zeit:
Drei Völkerstämme zu dem Volke sich einten:
Landgebor`ne, Seegeboer`ne, Luftgebor`ne da waren.
Die ersten dem alten Boden entsprossen,
die Zweiten von ferne gesegelt über das Meer,
die Dritten aus dem Sonnland gekommen,
vom hohen Turm nahe den Wolken.
Alle sie einte in früher Zeit schon Thale (Thule), die
heilige Insel.
Des sich besinnend, sie vereinen sich neu – allvatergeführt.
Viele vergaßen`s, manche durchschauten es nicht.
Ein Volk war es immer gewesen. Seit uralter Zeit ...."
"Auseinander sie gingen – wieder sie sich gefunden.
Gesandt war zu ihnen – auf Allvaters geheiß – Ischtara,
wieder zu einen, neu zu bilden Mitternachts Volk,
die Urherren der heiligen Insel.
Weil Wasserkrugs Licht braucht tragende Stärke,
so unsichtbar sich ergießt über die Menschengeschlechter.
Da sollen die Bestimmten wieder vereint sein
In goldener Zeit – tausendjährig –
Umzuwandeln Wasserkrugs Licht in innerlich Gold.
Ischtara und Isais Drum geheißen zu zweit aus
Allvaters Wort,
ein jede in ihrer Weise, den Helden leitend zu dienen ..."

Ischtara ist möglicherweise identisch mit unserer germanischen Göttin Ostara oder Idun und Isais mit Freya, beide, Isais sowie Freya werden mit Katzen in Verbindung gebracht. Der Illu-Glaube in den Offenbarungen ist möglicherweise eine Vermischung von Asenglauben (aldebaranisch?) mit templerischem Christentum?

Eine gute Richtschnur für das tägliche Verhalten, die Tanit-Baal-Gesetzestafeln:

1. Ein jeder empfange einen jeden gerade so, wie er selbst wünschte empfangen zu werden.
2. Ein jeder gebe einem jeden, was er selbst von diesem zu empfangen wünschte.
3. Ein jeder hüte sich vor dem eigenen Zorn, wie vor dem eines jeden anderen er behütet zu sein wünschte.
4. Alles naturgegebene Wirken und Sein gebe dem Menschen Maß: Das Blühen und Fruchttragen der Pflanzen; das Werden, Wachsen und Vergehen; das Auf und das Nieder der Wellen des Meeres; das Licht des Tages und das Dunkel der Nacht. All dies und noch vieles gelte als göttliches Beispiel.
5. Keiner zerstöre. Gotthaften Ursprungs ist alles; ist das Tier und die Pflanze, ist die See und das Land, sind das Licht und die Wolken. Deshalb zerstöre keiner was da lebt und erschaffen ist.
6. Keiner sei des anderen Knecht, keiner diene, der nicht dienen mag.
7. Ein jeder sorge für geraden Wuchs und gerechtes Gedeihen seiner Kinder.
8. Ein jeder ehre das Alter.
9. Ein jeder wisse, was des Mannes und was des Weibes ist und handele gewißlich danach.
10. Ein jeder, der viel hat, gebe auch jenem, der wenig hat; denn wer durch die Götter beschenkt wird, soll es so danken.
11. Ein jeder heilige das Vaterland.
12. Ein jeder rüste sich allzeit, für die Heimat zu kämpfen, als ein Tapferer und sei auch als Held zu sterben bereit; ein jeder Mann wolle den Streitkräften dienen auf Zeit.
13. Ein jeder achte die Gottheit.
14. Keiner vergesse das Erbe der Ahnen.

Aus dem "Codex Templi Major"

Kapitel 7

Wir Kommen

Diese mediale Mitteilung bekam ich von der Zentrale zugesandt, mit dem Hinweis, daß dieser Kanal Informationen anzapfte, die der derzeitigen Weltsituation sehr nahe kommt. Einen abschließenden Kommentar hierzu am Ende des Kapitels von Landor.

Wir Kommen mediale Mitteilung von Bren Ton

vom Andromeda durch Mark Kimmel, 20. Nov. 2008

„Das Erscheinen unserer großen Sternenschiffe wird ein Schock für nahezu Jeden auf eurem Planeten sein. Es wird das erste Mal für die meisten Menschen sein, ein vollständig materialisiertes Raumschiff von einem anderen Planeten zu sehen. Vor dem waren viele Erscheinungen holographische Abbilder, die von unseren im Orbit kreisenden Raumschiffen übertragen wurden. Unsere Ankunft wird einen großen Umschwung in euren bisher gehegten Überzeugungen verursachen.

Unser aktueller Plan ist, an einer Reihe von Orten gleichzeitig zu erscheinen. Dies wird den Wert unseres Debüts erhöhen! Wie wir schon sagten, werden viele eurer Systeme und Institutionen bei unserer Ankunft schockiert sein. Und viele Menschen werden noch weiterhin die Realität dessen leugnen wollen, was sie da mit ihren eigenen Augen sehen. Viele werden sich fürchten.

Und deshalb wird dies nicht nur ein vorübergehendes Erscheinen sein – nein: wir werden eine Weile bleiben!

Es wird einigen Informations-Austausch von unseren Raumschiffen aus über eure Radio-und Fernseh-Kanäle geben. Und wir werden uns auch auf telepathischem Wege bemerkbar machen.

Wir sind auf Bitten Vieler auf eurem Planeten hier. Wir kommen in Frieden. Wir haben nicht die Absicht, euch zu "überwältigen" oder als "Überlegene" behandelt zu werden. Es ist unsere Technologie, die uns von euch unterscheidet.

Dies ist für die Bevölkerung dieses Planeten das Ende einer Ära! Die Finsternis, die euch viele Jahrtausende lang überwältigt hat, ist gelichtet. So könnt ihr euch nun als die bewundernswerten Wesen sehen, die ihr eigentlich seid. Ihr seid unsere Schwestern und Brüder. Willkommen daheim in unserer Familie!

Wir möchten euch helfen, eure Gegenwart auf eurem Planeten zu korrigieren, damit ihr die Erde nicht länger verletzt. Wir möchten euch helfen, in Frieden miteinander und mit eurer Heimatwelt zu leben.

Zu diesem Zweck werden wir euch helfen, die Technologie zu entwickeln, die euch in die Lage versetzt, dies zu tun. Und wir werden gewisse Anpassungen am Planeten vornehmen, um ihn wieder voll funktionsfähig zu machen. Die Erde ist eine wundervolle Himmelskugel, die in diesen vielen Jahren "in Fesseln" lag.
Es wird eine Übergangsperiode ins Neue geben. Wir werden daran arbeiten, die Auswirkungen auf euch alle auf ein Minimum zu begrenzen. Bitte schließt euch uns an im Geist der Freundschaft und des gegenseitigen Beistands! Dies ist eine Vorschau auf die Botschaft, die ihr erhalten werdet, wenn wir erscheinen. Bitte verbreitet sie, damit möglichst viele Bescheid wissen.
Die Zustände auf eurem Planeten sind sehr gebrechlich, und zwar in weitaus höherem Maße, als man euch glauben machen möchte. Eure Wirtschaft und eure Regierungen sind gestreßt. Eure Umwelt ist bis an ihr Limit strapaziert. Ihr könnt diesen Weg nicht weitergehen! Da sind weit reichende Änderungen erforderlich!

- Seid ihr bereit, diese Veränderungen in Angriff zu nehmen?
- Seid ihr bereit, euch 'aufzuraffen' und zu Bürgern des Kosmos zu werden?
- **Seid ihr bereit, eure Bestimmung zu erfüllen?!**

Die nahe gelegenste Gruppe, die gezwungen sein wird, unsere Existenz öffentlich anzuerkennen, ist euer Militär. Sie werden einsehen müssen, daß für sie kein Platz mehr ist in einer friedlichen Interaktion zwischen Zivilisationen unterschiedlicher Planeten. Ausgeklügelte Waffen eures Militärs wurden unter Assistenz jener Wesen entworfen, die unter dem Einfluß finsterer Energien hierher kamen. Wir wünschen, daß sie funktionsunfähig gemacht werden, bevor wir erscheinen, damit es keine Verletzungen gibt, weder für euch noch für unsere Raumschiffe.
Als Nächstes sind da die Regierungen, die gezwungen sein werden, zuzugeben, daß sie Bestandteil einer viel größeren Welt sind. Sie werden Gesandte schicken, die sich mit uns treffen werden, um für die Bevölkerung zu sprechen. Aber unsere Mission ist es, mit der Bevölkerung direkt zu sprechen, und das werden wir tun! Und Viele werden uns "hören", wenn wir direkt zu den Menschen sprechen. Das wird Alle aufschrecken. Wer erwacht ist, wird uns als Brüder und Schwestern akzeptieren. Und wer noch nicht in dem Maße erwacht ist, wird bestürzt sein; aber auch solche Menschen werden erkennen, daß wir keine Bedrohung darstellen, – falls sie ihre Perspektive ändern.
Und ja: Viele werden sich fürchten und uns ablehnen. Wer sich noch weiter an religiöse Vorstellungen klammert, wird sich am meisten fürchten. Die religiösen Führungspersonen könnten viel dafür tun, solche Ängste bei denen zu beruhigen, die zu ihnen aufschauen.

Werden sie es auch tun? Wir werden sehen.

Die Wissenschaftler werden ihre Ansichten ändern hinsichtlich dessen, was möglich ist und was nicht. Einiges an ihrer Physik wird überholt sein. Und noch einmal: auch hier werden einige sich sträuben. Aber wir erwarten, daß die Meisten uns eifrig akzeptieren werden.

Diejenigen, die sich mit der Umwelt befassen, werden uns als Weg sehen, die Erde zu reinigen. Und das werden wir auch tun, und wir werden eure Einstellung gegenüber eurem Planeten ändern. Viele unserer Informationssendungen werden ausgestrahlt werden, um der Bevölkerung zu helfen, die Erde als lebendigen Organismus zu begreifen.

Alle Institutionen, die von den Agenten der dunklen Energie eingerichtet wurden, werden unserem Einfluß nicht entgehen. Wir werden euch unsere Methoden nicht aufnötigen; aber wir werden euch einfach zeigen, daß auch andere Wege möglich sind. Und wenn wir uns euch zeigen, wird euch dies allein schon helfen, eure Prioritäten zu überdenken.

Wir kommen nicht hierher, um die Erde oder deren Bevölkerung zu zerstören, sondern wir möchten die Menschheit mit der Erkenntnis wachrütteln, daß es noch mehr gibt, als ein egozentrisches Leben zu führen. Nur wer darin noch gefangen ist, wird uns nicht akzeptieren können. Eure Transportmethoden werden als veraltet erkannt werden. Dies wird zur Forderung nach einem radikalen Wandel führen. Wir werden euch den Weg dahin zeigen; aber ihr selbst müßt diesen Wandel in die Tat umsetzen.

Auch die Kommunikationswege werden sich ändern, wenn ihr feststellt, daß ihr auch ohne elektronische Hilfen kommunizieren könnt. Das wird eure Telekommunikationsformen verändern.

Wir haben bereits über die Energiequellen gesprochen, die wir installiert haben. Sie werden die Belastungen für euch während dieser Übergangszeit erleichtern.

Ja, die Auswirkungen der Tatsache, daß wir uns in dieser Raumdichte zeigen, werden überwältigend sein, besonders für diejenigen, die sich noch an alte Vorstellungen klammern. Das mag ein paar Wochen schmerzlicher Anpassungen für sie bedeuten. Macht euch auf eine Verlagerung des Konventionellen gefaßt.

Erst nachdem wir uns euch bekannt gemacht haben, werden wir gewisse Anpassungen an eurem Planeten vornehmen. Darüber sprachen wir schon. Auch sie werden eine vorübergehende Zeit der Gewöhnung nach sich ziehen. Seid darauf vorbereitet und helft denen, die das alles noch nicht so richtig begreifen. Die Erde kehrt in ihren ursprünglichen wunderschönen Zustand zurück. Und die Menschheit kehrt in jenen Zustand zurück, in dem sie sich befand, bevor die

dunkle Energie euren Planeten überfiel und euch veränderte. Einige werden dies als Aufstieg betrachten: in Wirklichkeit ist es eine Rückkehr und eine neue 'Erdung'. Von da an werdet ihr in der Weise aufsteigen, daß ihr ein 'Planet des Kosmos' seid.
Alle Facetten eurer bisherigen Sinnzusammenhänge werden beeinflußt sein. Betrachtet einander als in Vorbereitung auf unser Kommen. Untersucht für euch selbst, wie dies euer Leben beeinflussen wird. Macht ein bißchen 'Hausarbeit' in Vorahnung unserer Ankunft. Diskutiert mit Anderen.“(24)

Kommentar und Analyse von Landor:

Im Gegensatz zu anderen "geistigen Übermittellungen" und gleichbedeutendem Gesülze, wird hier kein Datum genannt und nicht die Glückseligkeit und die unbefleckte Empfängnis verkündet. Der Ablauf wurde bekannt gemacht, allerdings würde doch selbst ein lebensmüder Stratege niemals den geplanten Tag des Beginns einer Operation wie dieser nennen?

Entscheidend sind folgende Punkte:

1.) Schilderung einer Ereigniskette, kein bloßer prophetischer Erguß.

2.) Man hat lange darüber nachgedacht, wie man auf die öffentliche Bühne treten könnte, ob dies denn überhaupt etwas ausrichten würde.

3.) Kolleratalschäden sollen so gering wie möglich gehalten werden.

4.) Vorangegangen Sonderoperationen, welche das Ausschalten bestimmter Waffensysteme und feindlicher OP-Punkte erfolgreich voraussetzen. (Dieser Punkt ist derzeit in Erfüllung, keine weiteren Details hierzu!)

Fazit:

Dieser geistige Übertragungs-Beitrag war geplant und soll die OP vorbereiten helfen. Auch diese Art von OP-Planung muß in einer Mindesttiefe erfolgreich verlaufen sein, bevor die nächsten Punkte kommen können.

Dies wäre im Prinzip Punkt 4a!

Vermutlich war diese mediale Übertragung von diesem Herrn ein "Einzelfall", der ihm wohl so selbst nicht bewußt war bzw. unklar, wie nah er an der Wahrheit liegt, im Gegensatz zum ganzen anderen Müll, der die Mehrheit nur zum Warten auf Godot verdonnert.

Das Wenige, was der Einzelne tun kann, wird auch erwartet, sonst wird es nix!

Allerdings könnte Phase 4a niemals eintreten, wenn zuvor höhere prioritätische Operationen notwendig geworden sind.

Diese wären: Versagen bei Punkt 4.), sowie bei überraschenden gegnerischen Aktionen von allerhöchster Brisanz.

5.) Kein kurzes Flackern, das an ein aus dem Busch hüpfenden Känguru erinnert und kein unscharfer Fleck, den man nicht deuten kann, wird zu sehen sein, sondern nur eine ganz bestimmte Klasse, von diesen der Mehrheit, noch etwas unbekannten Fahrzeugen. Diese sind genau spezifiziert und rund um den Erdball über einen längeren Zeitraum (nicht Stunden, sondern mindestens Tage) aus der PV herausgetreten und stehen sichtbar für alle Kameras.

Hier dürfte allen monotheistischen Religionen die gesamte Grundlage entzogen sein, wie den aktuellen Sklaventreibern bei uns.

6.) Medienkontrolle aufgrund technischer Signalüberlagerung beim Rundfunk, welche es ermöglicht, bei Bedarf den Menschen direkt den Stand der Dinge unzensiert zu vermitteln.

7.) Gleichwohl wird die klare Intension genannt: Nicht mit den "Delegierten" reden, sondern direkt mit der Bevölkerung.

Hierzu ist u.a. 6.) Grundbedingung.

Es wird gehalten, wie dies Putin hält. Dieser hat sein Ohr wenigstens bei seinen Bürgern und nicht bei den "Seelenverarbeitern". Mit ähnlicher Konsequenz wird dies auch uns zu Teil werden dürfen.

8.) Eine unabdingbar zu erzielende Lösung für die globalen Probleme bei Gesellschaft, Sozialideologie, Rohstoffwirtschaft, Makroökonomie und deren in Einklang mit den kosmischen Gesetzmäßigkeiten zu bringenden Einstellung der Menschheit zwingt einen Eingriff, bevor die irdische Dissonanz auf andere Bereiche überzugreifen droht. Dies wird im Miteinander versucht und nicht mit denselben Verbrechern der Vergangenheit geschehen.

9.) Noch ist der Tag nicht gekommen, es ist heute möglich, morgen, in zwei Wochen, in zwei Monaten oder auch in zwei Jahren oder mehr. Dies ist und wird nicht in Diskussion stehen, sondern sich nur dann erfüllen, wenn es wohl für die meisten am wenigsten erwartet wird.

Es ist ein wenig so, wie bei der Reaktion auf die Finanzkrise:

Je länger mit dem Ausschütten des Füllhorns wartet, desto größer die stündlich anwachsende, belastende Ungewißheit der Richtigkeit von Entscheidungen für Unternehmen, egal wem diese Firmen gehören.

Das System greift in jeder aufbauenden Phase ineinander, wie ein Zahnrad in ein anderes. Wenn auch nur die kleinste Störung auftritt, ist eine Neubewertung die Folge! Geschieht recht oft, erklärt auch, warum SIE ewig warten werden. Denn jene sind es nicht, die dann das Sagen haben werden. Es ist eher das Unscheinbare, Ehrliche, das zuvor meist nie Beachtung fand. **Neue Wege, neue Zeit, neues Äon**.

Ohne Hokuspokus und falscher Prophetie. Denn diese Dinge sind ebenso zuverlässig, wie die Prognosen der superschlauen Experten, die die Ihrige wohl aus der Glaskugel, sprich, aus dem mit reinem Ethanol gefüllten Erlenmeyerkolben abgelesen haben.

Ich möchte daran erinnern: Am 18.11.2008 sind in der Region des nördlichen Magnetpols binnen 36 Stunden 9 nukleare Explosionen geschehen und auch seismisch registriert worden, deren dramatischen Auswirkungen plötzlich dann ausblieben.

Dies zeigt, daß nicht nur am "Kuschduhin" gearbeitet wird. Er ist wahrer, als viele sich vorstellen können. Wurde mir vor einigen Stunden persönlich bestätigt. War nicht geplant, der Kommentar. Offenbar wurde bei mir halt ein wenig nachgeholfen.

Fazit: Seit 01.01.08 befinden wir uns faktisch im Kriegszustand.

Das Jährchen 2008 war also zum Warmlaufen. Wir sollten uns aber trotzdem warm anziehen, das Ganze wird kein Spaziergang und es muß erreicht werden, daß die Menschen, wohlbemerkt Menschen, keine Androiden oder manipulierte Seelenlose oder Nichtmenschen, so zusammenhalten, daß sie auch bei bürgerkriegsähnlichen Zuständen sich vor den brandschatzenden und raubenden Horden schützen können. Was hilft ein Krisenvorrat, wenn der Mob diesen dann zu 100% Rabatt bei den Eigentümern abholt? Wohl an, so läuft es im kleinen auf eine blockwartähnliche Struktur hinaus, die Familienbande darüber hinaus die Verbindungen zu den einzelnen Zellen darstellt. Auch möge man sich Major v. Dach, der die Partisanenkriegsführung brillant analysierte eingehend zur Vorbereitung studieren.

Anmerkung des Autors:

„Wenn wir diese mediale Mitteilung vor unserem geistigen Auge ablaufen lassen, werden wir feststellen, daß dieses sich deutlich von den amerikanischen Durchsagen abhebt. Es werden auch keine Zahlen und Daten genannt, was für mich persönlich, die Botschaft umso wertvoller macht. Landor hat hier einige wichtige Passagen sehr gut analysiert.“

In einem späteren Kapitel werde ich ihnen einen Bericht vorlegen, der ein mögliches Szenario vorstellt, was passieren könnte, wenn der Tag X zur Realität wird. Nun wollen wir uns zunächst mit den Religionen unserer Ahnen beschäftigen, um ein vollständiges Bild unserer derzeitigen Situation zu erhalten. Dazu müssen wir die Vergangenheit in die Gegenwart holen, um die Zukunft richtig zu erfassen und deuten zu können. Ich lade sie herzlich dazu ein, diese Reise mit mir zu unternehmen, wobei diese mit "Startschwierigkeiten" begann.

Kapitel 8

Die Religion unserer Ahnen

Fahrt mit Hindernissen

Im April 2009 bekam ich von einem Meister der Armanen eine Einladung in die Stadt Essen. Wir hatten von vornherein drei Tage dafür eingeplant, da er mit seiner Einladung, uns auch historische Kultplätze zeigen wollte. Am 8 April war es dann soweit! Nachdem wir unsere Hunde bei unserer Tochter untergebracht hatten, machten wir uns guter Dinge und aufgeregt, was uns nun erwartet, auf den Weg. Kurz vor Würzburg legten wir eine Pause ein, um frisch gestärkt die Reise fortzusetzen.

Als wir wieder auf der Autobahn waren, hörten wir plötzlich ein fürchterliches Geräusch aus dem Motorraum. Ich fuhr in dem Moment mit etwa 170 km/h und reagierte instinktiv richtig, indem ich den Wagen ausrollen ließ. Ratlos erreichten wir den nächsten Parkplatz. Ich rief sofort den Pannendienst an, der nach einer Stunde ankam. Der Mann war sehr freundlich und vermutete nach kurzer Fehlersuche einen Bruch der Nockenwelle.

Er sah meine Frau und mich an, und meinte, wenn seine Vermutung sich als richtig heraus stellen sollte, dann hätten wir sehr gute, wachsame Schutzengel an unserer Seite, denn ein Bruch der Nockenwelle, sowie die zwangsläufig auftretenden Folgeschäden können bei hoher Drehzahl zum Blockieren des Motors und dem Ausbrechen des Fahrzeugs führen. Er schleppte unser Auto nach Würzburg, in die nächste Werkstatt. Enttäuscht und niedergeschlagen sagte ich zu meiner Frau, daß wir das Treffen dann vergessen können...

Der freundliche Herr vom ADAC schaute uns an und munterte uns immer wieder auf. Er meinte, es handelt sich nur um einen materiellen Schaden, der zwar auch schmerzhaft ist, aber ansonsten seien wir bei guter Gesundheit und es sei nicht zu einem Unfall gekommen. Er machte mich freundlicherweise darauf aufmerksam, daß wir Anspruch auf einen kostenlosen Leihwagen hätten, und so konnten wir unseren Kurzurlaub fortsetzen. Hin und wieder werden einem auch irdische Schutzengel zugeführt, so wie der nette gelbe Engel. Er unterstützte uns in unserer hilflosen Situation beim Erledigen des Papierkrams, so daß binnen kurzer Zeit der Leihwagen zur Verfügung stand. Wir konnten, mit nur drei Stunden Verzögerung, unsere Fahrt in Richtung Essen fortsetzen. Gegen 20.00 Uhr erreichten wir endlich unser Reiseziel, und wurden sehr freundlich empfangen.

Am darauffolgenden Tag rief ich in der Werkstatt an, um nachzufragen, was mit meinem Auto los sei.
Der Werkstattmeister bestätigte den Nockenwellenbruch – und das bei gerade mal bei 86.000 km auf dem Tacho!

Das Auto ein wirtschaftlicher Totalschaden, und zu allem Elend mußten wir am Samstag, auf der Rückfahrt, in kürzester Zeit einen weitestgehend neuen, gebrauchten Wagen kaufen. Es schien mir, daß uns eine unbekannte destruktive Kraft daran hindern wollte, heil am Reiseziel anzukommen. Wiederum ein klares Zeichen für mich, das man versucht, mich auszubremsen, was meine Nachforschungen angeht. Doch glückerweise umgeben uns auch die ausgleichenden positiven Kräfte, um größeren Schaden von uns fern zu halten.

Während des Verlaufs des Treffens besichtigten wir die Externsteine, sowie das Hermannsdenkmal, und die Wewelsburg. Außerdem besuchten wir auch die Villa Hügel, ein historisches Gebäude von Alfred Krupp von der Bohlen- und Halbach-Stiftung. Die Villa war gigantisch in ihrer Größe und der Architektur. Sie hatte vor allem auf meine Frau eine besondere Ausstrahlung, die die altertümlichen Wandmalereien, die wunderschöne Einrichtung und die alten Bücher bewunderte. Nach dem Verlassen des Gebäudes wurde ihr schwindlig. Es schien ihr, als sei sie in dieser Villa schon einmal in einem früheren Leben gewesen, alles schien ihr sehr vertraut.

Nach einem längeren, intensiven Gespräch mit unserem Gastgeber, kamen wir auf das Thema Aldebaran zu sprechen. Ich erzählte ihm, daß ich gerade ein neues Buchprojekt in Arbeit hätte. Er sah mich fragend an, und wollte wissen, um welche Themen es inhaltlich in dem neuen Buch ging. Als ich ihm eine grobe inhaltliche Beschreibung des Buches gab, fragte er mich, ob ich interessiert daran wäre, mehr über die Religionen unserer Ahnen zu erfahren.

Als ich das Angebot vernahm, mußte ich erst einmal tief durchatmen. Plötzlich wurde mir wieder in Erinnerung gerufen, was ich in der Einleitung geschrieben hatte, daß ich dieses Mal Informationen aus erster Hand zum Veröffentlichen bereit gestellt bekomme.

Es ist beeindruckend, wie schnell das Resonanzgesetz seine Wirkung zeigt, wenn man auf seine geistige Führung vertraut. Da steht ein mir unbekannter Mensch gegenüber, lädt meine Frau und mich privat zu sich ein, und bietet mir geheimes Wissen an, das über Generationen weiter gegeben wurde. Es war ein inneres Verlangen von mir, eine Verbindung zwischen der Religion unserer Ahnen und dem Erbe aus dem Sternbild des Stiers – Aldebaran – herzustellen, und nun saß ich dort und führte intensive Gespräche mit einem Mitglied eines geheimen Ordens.

Diese Begegnung war wohl kein Zufall und hatte seine tiefere Bedeutung. Es vergingen keine zwei Wochen und ich bekam eine Abhandlung über die Religion unserer Ahnen zugesandt. Das Leben ist so einfach und gar nicht kompliziert, wenn man verstanden hat, Vertrauen zu haben. Dann finden für das Leben, manche Zeitgenossen nennen es auch Schicksal, auf wundersame Weise Begegnungen statt, die man innerlich längst still erhofft hat, und die sich dann in der Realität manifestieren. Man bekommt, erlebt genau das, womit man sich beschäftigt, das ist das kosmische Gesetz der Resonanz.

Aber lassen Sie mich nun zusammenfassen, was wir bei unserem Gastgeber in Erfahrung bringen konnten:

Die Religion unserer Ahnen

Es ist nun bereits über tausend Jahre her, daß Karl der Große, Sachsenschlächter (Sklatenaere), mit Feuer und Schwert begann, aus rein machtpolitischem Kalkül, die Lehre von Christus zwangsweise einzuführen.

Eine Lehre, die in ihrem Gehalt, sowie in ihrer Dogmatik den ganzen sklavischen Geist der verfallenen Völker Vorderasiens und des untergehenden Roms auf sich geladen hatte. Aus diesem vermoderten Geist Vorderasiens entstand der klägliche Ruf nach "Erlösung von dem Übel". Diese Erlösung glaubte man nun in Christus gefunden zu haben und der Apostel Paulus verband die vorderasiatische niedergegangene Welt, mit dem christlichen Erlösungsgedanken. Mit dieser "Heilslehre", für völlig degenerierte Völkerschaften, brach Karl mit seinen römisch umerzogenen und geistig entwurzelten Franken in Germanien ein, in ein Volkstum, das in gesundester Volkskraft stand und daher keine Schuldkomplexe haben konnte und keine Erbsünde in sich fühlte.

Um die ganze Dramatik dieses Geschehens zu verstehen, müssen wir uns mit der Geisteswelt des Germanentums der damaligen Epoche und im Allgemeinen befassen. Die Christianisierung traf in Germanien zunächst auf die germanische Religion, die wir mit dem Sammelbegriff "Wotanismus" bezeichnen wollen.

Der Wotanismus war eine Religion, die weit davon entfernt ist, eine Götzendienerei, ein Kult mit eingebildeten Figuren und Erscheinungen zu sein. Vielmehr war der Wotanismus eine Symbolreligion. Sie war geschaffen worden, um dem einfachen Volk Stütze und Hilfe zu sein, um hierdurch nach und nach vom Götterglauben zur Gotteserkenntnis zu gelangen, zu der wahren und vollkommenen Erkenntnis des göttlichen Universums, die als höchste Geistesleistung, von den Ariern allein schon vor Jahrtausenden erreicht werden konnte.

Diese höchste Gotteserkenntnis und welteinzige "Religion des Wissens" wurde nun von der geistigen Elite aller germanischen Stämme als

"Geheimreligion" oder "Esoterik" seit Urtagen gepflegt.

Diese Geheimreligion ist die Religion des tiefst inneren intuitiven Wissens, ist die volle und unbegrenzte Erkenntnis des Göttlichen, das höchste Geheimnis allen Lebens, des Universums. Für diese Erkenntnisse ist nicht allein ein hoher Verstand notwendig, sondern vor allem die tiefste innere Naturverbundenheit, die unseren arischen Vorfahren eigen war und die wir in unserer Zeit der Materie und Verstandes so sehr vermissen. Diese fehlende Naturempfindsamkeit ist auch der Grund, warum die großen Geister und Gottsucher des Mittelalters, der Aufklärung und der Neuzeit nicht wieder zu diesen Erkenntnissen kommen konnten.

Nur dieses tiefe Verinnerlichen der Natur, in Verbindung mit einem hohen Geiste, vermag das große Geheimnis des Göttlichen zu erkennen. Unsere Erkenntnisfähigkeit ist durchaus nicht begrenzt, wie uns dogmatische Konfessionen und Menschen weismachen wollen, aus Angst vor höherer Erkenntnis und Enthüllung der Unrichtigkeit der eigenen Sache.

Das germanische Religionssystem ist also ein Zweifaches

Die geheime Wissensreligion (Esoterik) und die profane Glaubensreligion - Exoterik

In dieser symbolischen Exoterik sind alle Göttergestalten nur Personifizierungen der einzelnen erkannten göttlichen Kräfte oder Naturgesetze.

Damit sind sie Teile (Aspekte) eines einzigen, aber unpersönlichen Gottesbegriffes. Nach diesem Religionssystem sind alle Religionen der germanisch-nordisch begründeten alten Kulturen entstanden (Indien, Persien/Iran, Ägyptens, Griechenland, Rom, usw.).

Die Geheimreligion war naturgemäß stets die Selbige. Sie ist der unsterbliche Geist, während die Profanreligion als Körper gedacht war und damit vergänglich und wandelbar, in verschiedener Form gestaltet wurde. Erst beim Aussterben der Wissenden der Geheimreligion, verdunkelte und verrohte der Kult, da er ja nur noch ein toter Körper war und dem Verfall preisgegeben.
Jedoch auch zur Lebenszeit der Wissenden mußte der äußere Kult nach einer gewissen Zeitspanne erneuert werden, weil eben alles Starre den urewigen Gesetzen von Entstehen, Werden und Vergehen zum Neuentstehen, unterworfen ist.

Eine solche Zeit des Vergehens des Kultes, die heute als „Götterdämmerung“ symbolisiert wird, war auch schon eine kurze Zeit vor Karl dem Franken in Germanien angebrochen, so daß die Wissenden nach einer Neugestaltung der äußeren Form der Geheimreligion suchten.

Als die Missionare Roms kamen, fand man, daß die Gestalt Christi als Gottmensch betrachtet, gut mit der eigenen Religion in Verbindung zu bringen sei; der Begriff des Gottmenschen oder Halbgottes war ja in den alten Kulturen auch lebendig gewesen. (Homer berichtete z.B. darüber) Aus dem Beginn einer Verbindung der Christusgestalt als Gottmensch, ohne alt - und neutestamen-tarischen Ballast, entstand dann eine Religionsform, der "Arianismus", der aber von der römischen Kirche nur als Vorstufe geduldet und später wütend verfolgt wurde.

In dieser Zeit des kultisch-symbolischen Neugestaltens, die eigentliche Religion blieb selbstverständlich völlig unberührt, brachen die Franken in Germanien ein und der römische Klerus begann, unter Karls Macht, die Bekämpfung der arischen Religion. Sie trafen jedoch nur den äußeren Teil, da sie den dahinterstehenden Geist nur erahnten. Wo aber Andeutungen darüber bekannt wurden, suchten sie ihn sofort mit allen Mitteln zu vernichten. Die Geheimreligion wurde "Armanismus" genannt.

Im Gegensatz zur äußeren Religion die mit "Wotanismus" (soweit dieser Kult verbreitet war) bezeichnet wurde, WAR und IST das Fundament und der Kopf der germanischen Geisteskultur, die damit als unsere ureigenste Wesensreligion erkennbar wird.

Der Armanismus ist naturgemäß auf das gesamte Leben und alle Lebensbereiche des Menschen gerichtet.

Dieses hohe göttliche Wissen verbindet Religion, Wissenschaft und Recht zu einer untrennbaren Einheit!

Alle Bereiche dieses einen Wissens wurden von der Volksaristokratie, dem eigentlichen Adel, gepflegt. Dieser Adel war die sogenannte „Armanenschaft".

Sie war jedoch keine Klasse für sich, sondern war mit dem Volk in jeder Gemeinschaft verbunden. Sie walteten als Sippenvorstand, Gemeinde-, Bezirks- oder Gauleiter, als Lehrer, Richter und Volksberater. Sie lenkten unser Volk nach dem Geheimwissen und verdienten sich damit das wohlbegründete Vertrauen des Volkes.

Als die Verfolgungen Roms begannen, wurden natürlich zunächst die Armanen verfolgt. Sie mußten häufig in wilde Wald- und Heidegegenden flüchten und wurden daher " Heiden " genannt.

Die von Karl hingerichteten 6000 Sachsen waren ebenfalls Armanen (Blutbad bei Verden a.d. Aller).
Zu diesen Zeiten bildeten die Armanen eine Reihe von Geheimbünden um ihr Wissen weitertragen zu können. Diese Bünde wurden christlich getarnt.

Sie nannten sich "Kalander" (kalen = drehen od. wenden, Kaländer usw.) ander = die Anderen, zus. die " gewendeten Anderen ", also die christlich getarnten Armanen, Kalander-Brüderschaften.

Als größte und wichtigste Vereinigung ging hieraus die Ritterschaft hervor. (Ritter bedeutet nicht Reiter sondern: " Ritaer= Rita= Name des altgermanischen Gesetzbuches (Riten und Gebräuche) also RITAER" .

Der nach germanischem Recht und Wissen, Lebende.

Im Wappenwesen wurden die alten Geheimsymbole des Armanentums unerkannt weitergetragen - bis heute!

Als weiterer Geheimbund tritt die heilige " Feme " auf, die das germanische Sonnenrecht, gegenüber dem römischen (Un)Recht vertrat. Die weibliche Armanenschaft bestand ebenfalls geheim weiter und führte ihre nächtlichen Kultfeiern fort, die meist unter der Leitung eines Armanen stattfanden.

Dies blieb der Kirche nicht verborgen und führte zu den bekannten Hexenverfolgungen. (Hexe von "Hechsa oder Hagedise" dem 2. Einweihungsgrad der Armaninnen.) Diese Hexenverfolgungen waren der wütendste, aber auch gemeinste Schlag der römischen Kirche gegenüber der hoch geistig und innerlich veranlagten germanischen Frau, der das göttliche Wissen durch diese Veranlagung lebendig aus dem eigenen Inneren sprach.
Die Minnesänger-Orden als verhehlte Armanenschaft, versuchten das Ansehen der Frau, die von der asketisch eingestellten Kirche immer als Trägerin des Bösen betrachtet wurde und wird, zu heben. Die Frau genoß in vorchristlicher Zeit bei den Germanen eine fast göttliche Verehrung!

Mehrere große, scheinbar rein katholische Ritterorden wie die Tempelherren, Deutschherren und Johanniterorden, waren getarnte Armanenorden.
Diese Orden unterschieden sich schon rein äußerlich in ihren Titeln, Zeichen und Gebräuchen von anderen Mönchsorden. Nicht "Abt" hieß es hier, sondern "Hoch- oder Großmeister", oberster Grad der alt-armanischen 3-fach Grade: Lehrling, Geselle, Meister, an deren Spitze der Großmeister stand.

Der Tempelherren-Orden (Templer) wurde 1312 wegen "Ketzerei" u.a., wegen Verehren des "Baphomets", eines alt-germanischen Geheimsymbols (göttliche Darstellung in der weiblich-männlichen Dualität, Kopf mit den zwei Gesichtern, das Maltheser- bzw. Dornenkreuz) aufgelöst und auf dem Scheiterhaufen vernichtet.

Der Maltheser- oder Johanniterorden wurde später von der Kirche auch "gründlich gesäubert".

Das Bürgertum hatte in seinen Zünften viele Meister des Weistums, besonders in der "Deutschen Bauhütte", die ihr Wissen dann auch in Form von zahlreichen Symbolen an die Dome, Münster und Rathäuser als "Ornamente" und "Maßwerke" anbrachten.

Als nun der kirchlich-dogmatische Druck auf den freien germanischen Geist in Europa immer unerträglicher wurde und kirchenfeindliche, aber christliche Gruppen als Unwissende, wohl aber als germanisch-freiheitliche Geister auftraten (Waldenser, Hugenotten usw.), wurde der germanische Seelenwiderstand durch Luther`s Thesen endlich so weit gebracht, daß im furchtbaren Ringen des 30-jährigen Krieges, schließlich der Kampf der Freiheit des germanischen Geistes gegen den römisch-katholischen Sklavengeist zum Ausbruch kam.

Die Armanen waren aber leider zu unserem Unglück zu sehr geschwächt worden, um die Reformation in die eigentlichen germanischen Bahnen lenken zu können und so kämpften die restlichen Armanen auf Seiten der damals noch völlig undogmatischen Protestanten, für das "kleinere Übel".

In den Wirren dieses Krieges, der uns Zweidrittel! unserer Volkskraft in Deutschland kostete, gingen die meisten armanischen Geheimbünde unter, nachdem das Wissen in vielen früher rein armanischen Einrichtungen schon vorher durch inneren und äußeren Druck immer mehr geschwunden war. (Rittertum, Bauhütten) Nach dem 30-jährigen Kriege wußten nur noch wenige Familien von der Geheimlehre.

Jedoch wurde sie in diesen Kreisen getreu weiter gepflegt und konnte lückenlos, und mit Stolz sei es gesagt, trotz aller kirchlichen Verfolgung, bis heute erhalten werden, um es einer erneuten Wiedergeburt zuzuführen.

Eine Reihe esoterischer Bünde brachten nur noch Reste mit, die jedoch durch fremden Einfluß ihrer arischen Herkunft und Bedeutung beraubt wurden, und durch falsche orientalische Lehren, wie der unheilvollen Verachtung alles Materiellen, der unorganischen Alliebe (Weltbürgertum und Humanitas, verfälscht wurden, Heute verschiedene Rosenkreuz`ler, Gralssekte u.a.m.) Die Freimaurer, die aus der deutschen Bauhütte hervorgingen, in anderen Ländern aus ähnlichen Verbänden, brachten fast nur die Symbolik mit und wurden etwa Mitte des 18. Jahrhunderts allmählich "umgedreht". Als feste Redewendung gibt es bei ihnen das "große Geheimnis", von dem sie selbst aber nichts mehr wissen. Es ist eben das verlorene Geheimwissen.

Wer die geistige Entwicklung etwas verfolgt, wird bemerken, daß der christlich-orientalische Geist von uns abzubröckeln beginnt und alt und morsch wird, wie jede naturfremde Dogmatik.

Die Götterdämmerung, das Nachtdunkel unserer germanischen Religion, beginnt dem Lichte der Wahrheit sich entgegen zu streben!

Seit über tausend Jahren hat das germanische Volk Widerstand geleistet gegen das Fremdbeeinflussen und Versklaven seines Geistes. Arg zerschunden wird unser kranker Volkskörper aus fiebrigem Traum erwachen. Es wird unsere Aufgabe sein, die Mattigkeit, den Nihilismus des Siechen, zu überwinden. Weil unsere Religion der germanischen Seele unauslöschlich eingegraben ist, bedarf sie nur der Erweckung, um im alten Glanz zu erstrahlen.

Erkenne Dich selbst, und Du erkennst alles!

Jeder der nach der Wahrheit und dem Lichte sucht, kann beides nur durch die Erkenntnis seiner eigenen Seele und damit aus der Seele des Volkes, in dem er geboren wurde, finden; denn alles Göttliche ist organisch gewachsen.

Haupterkenntnisse der Armanischen Geheimreligion

Wer etwas tiefer in die Geschichte eingedrungen ist, wird oft staunend vor der ungeheuren Größe alter Kulturen gestanden haben. Vor der Erhabenheit zyklopischer Bauten, deren Ausstrahlungskraft auf das kleinbürgerliche Gemüt erdrückend wirkt, den großen Geist aber empor hebt zu dem Bewußtsein eines gewaltigen Weltbildes. Emporhebt zum Jubel der erkannten eigenen göttlichen Geistesmacht, die die weniger entwickelten Menschen und Völker zwangsläufig noch entbehren müssen.

Wen die Kraft, der alten ario-germanischen Kulturen von Ägypten bis Rom, über den grauen Alltag hinauf zur ersehnten Höhe erhebt, wird sich fragen, welches Weltbild, welche Religion, welches Bewußtsein diese Geistestitanen wohl zu solchen Leistungen geführt hat.

Die "scholastische Gelehrsamkeit" und die intellektualisierten Wissenschaftler werden seinen Wissensdurst nur sehr unvollkommen stillen können und manchen hat die graue Wüste des Massenmenschen und sein Alltag das Nachsinnen über den geistigen Mittelpunkt der großen, heroischen Vergangenheit wieder vergessen lassen.

Es ist eben das große, schreiende Unrecht, daß den wirklichen Geistesheroen und Edlen, denen die Leitung des Volkes als wirklicher Adel anvertraut sein müßte, heute um des schnöden Mammons und damit ihrer Existenz willen nichts anderes übrig bleibt, als sich die sklavischen Lebensregeln der Asphalt- und Krämergeistmassen, der Spießer und Stumpfsinnigen auferlegen zu lassen. Es wird unsere vornehmste Aufgabe sein, den **wirklichen Edelingen** des Volkes wieder den ihnen **gebührenden Platz einzuräumen**.

Der tiefer Denkende wird verstehen, daß solche Kulturen als Zeugnisse eines erhabenen Geistes nicht von dem Bewußtsein der Erbsünde, einer Unterwerfungs-und Demutslehre erbaut werden konnten, nicht von dem Bewußtsein eines gespaltenen Universums in Gott und Teufel, Himmel, Hölle und Erde.

Vielmehr wird man erkennen, daß nur ein dynamisches Weltbild, die Einheit des Universums und die Einheit des Menschen, Voraussetzung zu solcher inneren und äußeren Machtentfaltung sein muß.

Nur das Wissen um die urewige Gesetzmäßigkeit, mit der all das Geistige und Körperliche im Universum geschieht, bringt uns den Geist der Ahnen und den Geist der Zukunft näher.

Wer den gesamten Kosmos als Einheit sieht, als Offenbarung des Göttlichen, in dem jedes einzelne Naturgesetz eine Idee der Gottheit ist, wer erkennt, daß die Gottheit mit dem Universum EINS ist, untrennbar verbunden, daß Gott nicht ein alter Mann ist, der außerhalb der Welt in einem Himmel wohnt, sondern mit jedem Teilchen untrennbar verbunden ist und sich in jeder Pflanze, in jedem Tier und am stärksten im Menschen, eben in der ganzen Natur als Lebenskraft offenbart, der ist der alt-arischen Gotteserkenntnis, dem "ARMANISMUS" schon sehr nahe gekommen.

Hat man das Vorgenannte erst einmal voll erkannt, so ist das Dornengestrüpp, daß naturfeindliche dogmatische Kirchensuggestion über den klaren Weg der Erkenntnis wachsen ließ, durchbrochen.

Jedem forschenden ario-germanischem Geist wird, nach Zertrümmerung der kirchlichen Dogmatik aller Konfessionen, nach und nach wird das tiefliegende Geheimnis, das Mysterium der wahren und uralten Gotteserkenntnis aus dem Erberinnern aufsteigen. Aus der Dunkelheit unsicheren Tastens und den Nebeln halber Erkenntnisse wird er in das strahlende Licht der vollen Wahrheit, der "ARHEIT", oder dem "AR" dessen Symbol der Adler ist, aufsteigen. Ist die Spur erst gefunden, so nähert man sich Schritt um Schritt dem Wissensquell, dem mythischen Urbrunnen, Mimes Urquell.

Zuckt der Blitz der Erkenntnis erhellend durch den Geist des Suchenden, so wird sich ihm, gleich einem schweren Gewitter im Kampf mit dem schwülen Gedünst, die erstickende Lüge und Verdunkelung durch platten sophistischen Materialismus, offenbaren. Ist er stark genug, so wird Blitz um Blitz (Thors/Donars-Hammer) das falsche Lehrgebäude zertrümmern, und die Dunkelheit weicht dem Licht der wichtigsten Erkenntnis, den die armanische Gotteserkenntnis bereits in Urzeiten erkannt hatte:

ALLE MATERIE IST VERDICHTETER GÖTTLICHER GEIST!

Damit ist gesagt, daß das **Universum Gott** selbst ist, in **verschiedenen Dichtigkeitsgraden**. Diese Dichtigkeitsgrade des göttlichen Geistes werden von der armanischen Kosmologie (Vorstellung der Beschaffenheit des Weltalls), als "Elemente" bezeichnet. Diese Elemente sind in der Reihenfolge ihres Entstehens, in ihren Dichtigkeitsgraden:

– Äther, – Feuer, – Licht/Luft, – Wasser, – Erde.

Unter "Element" ist also ein bestimmter „Aggregatzustand“ der Materie zu verstehen. Bevor das Universum war, existierte die Gottheit als "reiner Geist" einem Zustand der Gottheit, der vor Zeit, Raum und Form war.

Dann regte sich in der Gottheit der Wille zur Verdichtung als Schöpfung und Offenbarung.

Durch Zusammenziehung (symbolisch: das **Einatmen der Gottheit**) entstand die **Anziehungskraft** oder der positive Magnetismus und damit gleichzeitig das aktiv-adeptische männliche Prinzip in der Natur. (Die Theorie)

Mit dieser Handlung entstand zugleich **die Zeit**, denn Zeit ist Ablauf irgendwelchen Geschehens. Dieser Zustand der Gottheit ist der **erste Verdichtungsgrad** im Element des Äthers, der **mythologisch als "UR"** (Exoterik), denn Zeit ist "U(h)r" bezeichnet wird.

Durch Ausdehnung (Symbolisch: das **Ausatmen der Gottheit**) entstand die **Fliehkraft** oder der negative Magnetismus und damit gleichzeitig das passiv-mediumistische-weibliche Prinzip in der Natur (Dämonium).

Mit dieser Handlung entstand zugleich **der Raum**; denn Raum ist Ausdehnung. Dieser Zustand der Gottheit ist der **zweite Verdichtungsgrad** im Element des Äthers, **mythologisch "Ginnungagap"** (Exoterik).

Durch die **Vereinigung der Anziehungskraft und der Fliehkraft** entstand nun die **Schwung - oder Ballungskraft oder die Elektrizität**, und damit gleichzeitig die Vereinigung des aktiv-adeptischen männlichen Prinzips mit dem passiv-mediumistischen-weiblichen Prinzip, und damit die **Vereinigung von Zeit und Raum**. Dieser Zustand ist der **dritte Verdichtungsgrad** im Element des Äthers, **mythologisch "Niflheim"** (Exoterik).

Diesen **drei Äthergraden**, mythologisch die **Dreifaltigkeit der Gottheit**, folgt nun die physische Ebene, in der sich die Gottheit innerhalb von Zeit und Raum über das Element des Feuers, der Licht/Luft und des Wassers, im Element der Erde manifestiert und damit formt.

Durch die Schwungkraft oder die Elektrizität entsteht Hitze und damit Feuer. Durch das Feuer im All bilden sich danach die ersten gasförmigen (Licht/Luft-Element) dann flüssigen (Wasser-Element) Massen, die schließlich zu **festen Himmelskörpern** im Raum werden (Erde-Element).
Dieser Zustand der Gottheit ist der **vierte Verdichtungsgrad**, das **Element des Feuers, mythologisch "Muspilheim"**. (Exoterik).

Diesem Dichtigkeitsgrad der Gottheit als Feuer (der mythologische Weltenbrand) folgt der **fünfte Verdichtungsgrad** als **Element der Licht/Luft**. Das Feuer strahlt Lichtwellen und Gase aus. Die Verdichtung führt zur Gasförmigkeit des göttlichen Geistes. Dieser Dichtigkeitsgrad im Element der Licht/Luft wird **mythologisch mit "Asgard"** bezeichnet. (Exoterik).

Dem fünften Dichtigkeitsgrad folgt der **sechste Dichtigkeitsgrad** im Element **des Wassers**. Die gasförmige Massa wird flüssig (Lava). Dieser Dichtigkeitsgrad des Wassers wird **mythologisch mit "Wanaheim"** bezeichnet. (Exoterik).

Der Vorgang der Verdichtung des reinen Geistes zur Materie bedeutet grundsätzlich ein stetes Abkühlen des ursprünglichen Hitzegrades. Der **göttliche Geist ist in der Materie also nur "vereist"** oder abgekühlt. Um dies bestätigt zu finden, bedarf es nur eines Versuches mit einem Objekt des Mineralreiches. Erhitzt man z.B. einen Stein, so wird er schließlich schmelzen, also flüssig werden. Bei weiterer Erhitzung beginnt die flüssige Masse des Steines zu vergasen, und falls das Gas weiter erhitzt wird, entzündet es sich und wird zu Feuer, um den nächsten Wandlungen bei entsprechender Weitererhitzung zu Elektrizität und schließlich über den negativen - und positiven Magnetismus zum göttlichen Urzustand zurückzukehren. Ebenso ist es mit Metallen und jeder Materie an sich.

In der **Verdichtung des göttlichen Geistes zur Materie**, haben wir die **Schöpfung** erkannt, die von dem eindimensionalen Leben des Mineralreiches ihre Vollendung über das zweidimensionale Leben des Pflanzen- und Tierreiches, im dreidimensionalen Leben des Menschen findet. Ist die Schöpfung durch alle Stufen des Pflanzen- und Tierreiches, sowie durch die Menschheit ihrer Vollendung entgegengeführt ist, dann beginnt der geschilderte Verlauf der Verdichtung sich rückläufig, als Entdichtung, zum Urzustand zurück zu entwickeln. (**mythologisch: Ragnarök**, die Götterdämmerung).

Es ist jedoch zu bedenken, daß die Götterdämmerung ebenso symbolisch für die zahlreichen Verdunkelungszeiten der esoterischen Gotteserkenntnis zu verstehen ist.

Verfolgen wir nun, was dieser Schöpfungsablauf wesentlich im Einzelnen bedeutet. Die Zweieinheit, wie Geist und Körper, Kraft und Stoff, bildet den Grundton oder den Aufbau des Alls. Der Geist oder die Kraft durchdringt sowohl das All, wie das Kleinste, nicht mehr wahrnehmbare Atom, jedes Ding an sich, sei es wahrnehmbar belebt oder scheinbar unbelebt!

Es ist somit in dem für menschliche Sinnesorgane nicht mehr wahrnehmbaren Kleinsten, wie in dem ebenfalls nicht mehr wahrnehmbaren Größten, der Geist mit dem Körper, die Kraft mit dem Stoff, untrennbar verbunden. Das Materielle, das Körperliche, der **Stoff, ist nur bis zur körperlichen Dichtigkeit verdichteter Geist** (und damit Kraft), der in dieser Form "vereist" oder "schlafend" erscheint, aber in der steten Veränderlichkeit der Form, die ihm innewohnende geistige Energie zeigt, wodurch sich eben die Zweieinheit begründet. Darum ist alles Leben, (Vergehen und Entstehen) Sterben oder Geburt keine erneute Verbindung oder Trennung von Geist und Körper, sondern lediglich eine Wandlung in der Erscheinungsform der Zweieinheit Geist und Körper, Kraft und Stoff. Auf den Menschen angewandt, ist **jede Ichheit gleichaltrig mit dem All, ohne Anfang und ohne Ende, unzerstörbar als Geist-Körper**.

Jede Ichheit ändert lediglich ihre Erscheinungsform nach den sinnlich wahrnehmbaren Entwicklungsstufen: Geburt, -Wachsen, -Sterben, - Wiederverkörperung. Darum ist die Geburt nicht der Lebensbeginn der Ichheit, sondern nur der Lebensbeginn einer körperlichen Erscheinungsform der ewigen Ichheit. Ebenso ist der Tod nicht das Lebensende der Ichheit, sondern nur das Lebensende der momentanen Erscheinungsform!

Der entleibte Mensch im sogenannten Tode ist deshalb kein körperloser Geist. Der Mensch hat vielmehr außer seinem grobstofflichen, noch einen feinstofflichen Körper, in den sein Geist gekleidet ist und mit dem er nach seinem Tode in einem feineren Dichtigkeitsgrad des Planeten, auf dem er lebt, weilt, bis zur erneuten Wiederverkörperung (vielleicht diesmal auf einem anderen Planeten) in einem wieder grobstofflicheren (seinem gewonnenem Bewußtsein entsprechenden) Leib.

Aber auch die Leiche ist nicht entgeistigt, sondern ihre Atome, die alle ihrerseits wieder Geist-Körper sind, gehen lediglich in andere Erscheinungsformen über, (als Aufbaustoffe in Pflanzen z.B.) nachdem der sie zeitweilig bindende und leitende Geist, sich von ihnen trennte. Da der Tod nicht eine Vernichtung der Ichheit ist, sondern nur eine Verwandlungsphase im ewigen Gesamtleben der Ichheit, so ist der Zustand der Ichheit in dieser Phase, des sog. Todes, die Vorbereitung zur nächsten Wiedergeburt.

Diese Vorbereitung vollzieht sich nach der vom Menschen während seines letzten Erdenlebens erlangten geistigen-intuitiven (nicht intellektuellen) Erkenntnishöhe. Nach der Bemühung und Leistung der erlangten intuitiven Erkenntnis, ist nun ein Steigen oder Sinken der einzelnen Ichheiten (bis zu einer bestimmten Grenze) möglich.

Auch entsprechend ihrer positiven (aufbauenden) oder negativen (zersetzenden) Lebensbetätigung. Jede Ichheit gestaltet sich damit, bewußt oder unbewußt, selbst ihr Schicksal, ganz nach den Folgen selbst geschaffener Ursachen im Leben. (Kausalitätskettengesetz, Garma/Karma). Alles Denken und Handeln im All schafft Ursachen, die dementsprechende gesetzmäßige Folgen auslösen. Es gibt somit weder Lohn noch Strafe, sondern nur naturgesetzliche Folgen eigener Handlungen.

Der Höchst - oder Endzustand jeder Ichheit, wie der gesamten kosmischen Höherentwicklung, ist die Entdichtung der Materie zum Urzustand des reinen Geistes, oder bildlich gesprochen, der Vereinigung mit Gott, als reinen Geist, denn im Jetztzustand ist ja ohnehin jeder Mensch Träger des göttlichen Geistes. Jeder Mensch ist ein Teil oder ein Funken Gottes. Er trägt alle göttlichen Eigenschaften in sich und ist somit das genaue Ebenbild Gottes (Makrokosmos) und damit des Universums, im Kleinen. (Mikrokosmos).

Die einzelnen Wiedergeburten/Inkarnationen dienen also der Vervollkommnung und Erweckung des mehr oder weniger latenten, oder bildlich gesprochenen, "schlafenden" göttlichen Geistes im Menschen. Das All besteht aus unendlich Viel-ein-heiten im unausdenkbar Kleinsten wie im in ausdenkbar Größten, die eben alle das All bilden.

Jede dieser Vieleinheiten ist für sich wieder eine Zweieinheit, nämlich ein Geist-Körper. Jede dieser Zweieinheiten, die ihrerseits unendlich viele Vieleinheiten beinhalten, sind ihrerseits Teil einer größeren Vieleinheit, die ihrerseits wiederum einer höheren Zweieinheit untergeordnet ist, – und sofort – Wie im kleinsten so im Größten!

Die Zweieinheit Mensch ist solch eine Vieleinheit. Der menschliche Körper besteht aus Myriaden von Molekülen. Jedes Molekül wiederum aus Atomen, und jedes Atom abermals aus myriaden kleinerer Bestandteile usf. ins Unendliche. Alle diese Partikelchen sind jedes für sich, ein Geist-Körper, eine Zweieinheit ein Universum für sich, dessen körperlicher Teil wieder eine Vieleinheit ist.

Umgekehrt, um beim Menschen zu bleiben, ist die Zweieinheit und Vieleinheit Mensch mit der Gesamtmenschheit zusammengenommen, die Zweieinheit und Vieleinheit Menschheit.

Diese vereinigt sich mit anderen Zweieinheiten und Vieleinheiten der verschiedenen Gruppen des Tier-, Pflanzen- und Mineralreiches zur Zweieinheit und Vieleinheit Erde. Diese vereinigt sich ihrerseits wieder mit ihren gleichartigen Erscheinungsformen, den Planeten, Planetoiden, Monden und Kometen, zur Zweieinheit und Vieleinheit des Sonnensystems, das sich seinerseits wieder mit all den anderen Sonnensystemen zur Zweieinheit und Vieleinheit des Spiralnebels oder Galaxie ausgestaltet, usw. ins Unendliche, Unausdenkbare.

Grenzen in dem Kleinsten, wie in dem Größten, sind nicht vorhanden. Sie bestehen nur für unsere Sinneswahrnehmungen, die mit technischen Hilfsmitteln zwar hinausrücken, aber niemals auch nur im geringsten in den Ausmaßen des Makro- oder Mikrokosmos erfaßt werden können.

Jedes einzelne Atom ist, wie schon gesagt, eine Zweieinheit, wie eine Vieleinheit, nämlich eine Welt für sich, aber der nächst höheren Vieleinheit und Zweieinheit des es einverleibt und von der es Bestandteil ist, untergeordnet. Daher kann es nicht aus dem System, in dem es eingeordnet ist, heraus und ist demselben bis zu dessen Auflösung verbunden.

So ist jede einzelne Ichheit als Geist-Körper um – wieder zum Menschen zurück zu kehren, – jenem Geistesringe angeschlossen, in dessen Ebene sie sich befindet und in steter innerer Fühlung mit demselben, der ihr Tun beeinflußt und höher lenkt.

Diese Geistesringe vereinigen sich organisch zu weiteren Kreisen, des Gruppengeistes, dem der Menschheitsgeist folgt, und der wieder dem Erdgeiste untergeordnet ist. Ihm folgt der Sonnengeist usf. in steter Giebelung bis zum Weltengeist, der Gottheit.

Dementsprechend ist dieser Weltengeist eins mit all den anderen kleineren und kleinsten Geistern, ist eins mit jeder Ichheit, so daß jeder selbst Teil des Weltgeistes oder der Gottheit ist, da all diese Geistesringe nur durch den Schöpfungsvorgang, innerhalb dieser Ordnung, vom universellen reinen Geist abgespalten sind.

Die Vergangenheit und die Zukunft sind die eigentlichen Erscheinungen des Zeitablaufs, in deren Mitte das "Jetzt" erscheint; die Spalte in der Zeit, die kaum feststellbar gering ist, denn der verflossene Teil einer Sekunde ist schon Vergangenheit und der kommende Teil derselben Sekunde ist noch Zukunft. Es gibt daher eigentlich keine Gegenwart, weil es keinen Stillstand, nichts Beständiges geben kann. Es ist danach richtiger, die Gegenwart als das Werdende zu bezeichnen.

Die Armanen nannten daher auch die zweite Norne (Schicksalsweberin) "Werdandi", die Werdende.

Aus der Erkenntnis der Dreiheit, die sich im organischen Werden aller Erscheinungs-formen des Lebens offenbart, erkannten die Armanen die organische Bestimmung allen Lebens und folglich auch die des Menschen, die in steter Vervollkommnung besteht. Sie bedeutet einen ununterbrochenen Fortschritt ohne Stillstand.

Weil unsere arischen Vorfahren erkannt hatten, daß es keine Trennung zwischen Geist und Körper, als einer Zweieinheit geben könne, so wußten sie auch, daß alle Lebensbetätigung und alles organisch Fortschreitende, weder geistig noch körperlich allein, sondern nur geist-körperlich sein durfte, als unbedingte Voraussetzung jeder Harmonie. Sie erzogen daher seit Urtagen das ario-germanische Volk zum geist-körperlichen Heldentum, sich eins fühlend mit dem Allwillen, um diesen in sich selbst zu verkörpern. Dieses unbedingte Wissen, daß von keinem stupiden Glauben abhängig war, dieses Wissen wiedergeboren zu werden, dem Bewußtsein eigener Göttlichkeit und Unsterblichkeit, führte zu einem Vertrauen zur eigenen Macht und Stärke, daß naturgemäß unüberwindlich war.

Das Wissen des eigenen Schaffen des Schicksals, im Guten wie im Schlechten, führte zu der bekannten hohen Sittlichkeit, der Treue und dem Ehrbewußtsein, daß wir rückschauend staunend bewundern müssen. Dieses hohe Bewußtsein wurde durch die zwangsweise Christianisierung unseres Volkes immer weiter zurückgedrängt in finstere Unwissenheit, in das Gefühl der Unfähigkeit, der Sündenbeladenheit, der Höllenfurcht, und damit zu all den unglücklichen Folgen, durch mehr als ein Jahrtausend, worunter wir alle heute noch leiden, und die wir heute zu bekämpfen haben.

Wenn uns jedoch diese Erkenntnisse, das herrliche Erbe, der Nibelungenschatz unserer Ahnen, wiedergegeben ist, so werden wir auch unsere alte Größe, geistig und körperlich, sittlich und politisch, wiedererlangen. Die armanische Religion ist der metaphysische Kern des Ariertums und nur in diesem Mittelpunkt wird sich das ario-germanische Volk in seinen heute tausendfältig gespaltenen Ideen wieder einigen lassen.

(Woldan)

***Wie die Augen der Nachtvögel versagen
gegenüber dem klaren Tageslicht, so
versagt auch die Erkenntnis
der meisten Menschen gegenüber
den Dingen, die von Natur aus
die allerklarsten sind.***

(Aristoteles)

Nachbetrachtung

Jeder, der sich heute noch ein vorurteilsloses Denken, ein reines natürliches Empfinden bewahrt hat, muß bemerken, daß ein tiefer Widerspruch und ein verborgener Krieg herrscht zwischen Wissenschaft und Glauben, zwischen Staat und Religion und auch in der Familie. Die Geschichte der Völker ist nicht wahrheitsgemäß wiedergegeben und das überträgt sich in die heutige Zeit, in unsere Gesellschaft, bis hinein in die Weltanschauung und der Moral des Menschen. Er empfindet die Gegenwart mit ihren materiellen Reichtümern und äußeren Errungenschaften als eine traurige Wüste. Er erkennt die Lenker der Zeit als ungläubige, materiell gesteuerte Menschen, die ohne die kleinste göttliche Anbindung sich frei ausrichten lassen.

Mit Schmerz empfindet der tiefer Denkende, daß die ewigen Horizonte schönerer Epochen vergessen scheinen, daß kein ideales Blut mehr in den Adern der Zeitgenossen fließt. Überall begegnet man einem jammervollen Materialismus, der friedlose, disharmonische Generationen ohne Ideal, ohne Licht schafft. Seele und Geist systematisch verneint und alles Faulende stetig ernährt und gefällig ausmalt.

In seinem Sehnen das lebendig Waltende zu erfassen und sich davon durchdringen zu lassen, an Stelle dünner Begriffe und allgemeinen nichtssagenden Gerede, findet er auch kein Befriedigen bei dem, was heute als "Religion" auftritt und ein starres Dogma, als nicht diskutierbares und absolutes oberstes Gebot, der Vernunft entgegensteht. Er findet eine Christuslehre, die alles pulsierende Leben lahm legt und den Menschen weit abführt von seinem Ziele und seiner eigentlichen Bestimmung.
Eine Religion ohne Beweise, eine Wissenschaft ohne Hoffnung, zwischen ihnen eine vielspaltige und ohnmächtige Philosophie, woher kann die Befreiung kommen?

Vielleicht sind Sie einer der ideal Denkenden, die sich das gesunde Gefühl nicht völlig haben erdrücken lassen? Sicher lebt auch in Ihnen die untrügliche Gewißheit, daß es eine zentrale Wahrheit, ein lebendiges Feuer, eine ewige Realität gibt, in deren Licht Menschen und Wesenheiten zu begreifen sind. Wenn Sie die Quellen unseres Lebens suchen, dann sind Sie in unseren Reihen am rechten Platz.

Mit Armanengruß, ALAF SAL FENA!

Kapitel 9

UNSERE RELIGION - UNSER ERBE

Im fünfzehnten Jahrhundert wurde der Name „Clancamroun" in der Sprache der Schotten geschrieben. Dies gibt uns einen wertvollen Anhaltspunkt für die phonetische Bedeutung des Namens, der auch als „Clancamroun" oder „Clan-cam-rune" übertragen werden kann.

Dies bedeutet buchstäblich, Familie der geheimen Rune. „Cam" bezieht sich auf ein geheimes Gewölbe, wovon das Wort „Camera" abstammt. Rune bezieht sich auf die geheiligten Schriftzeichen der nördlichen Regionen, die meistens der alten teutonischen Gruppe zugeschrieben werden.

Wir haben auch die Wewelsburg besucht, welche im Deutschen Reich wieder aufgebaut worden ist. Dort hat sich im Geheimen die damalige Führung des Deutschen Reiches getroffen, da an diesem Ort, möglicherweise, eine scheinbar besondere Mystik vorhanden ist.

»*Bilder 5 und 6 von der Wewelsburg, im Bildabschnitt - Seite III*

Die Externsteine – Unser Erbe

Ein heiliger Ort, sowohl für die Heiden, als auch für die frühen Christen, ist diese aus der Natur emporgehobene Felsformation mit ihren im Berg vorzufindenden Passagen und Höhlen. Viele Eingänge können von außerhalb der Felsen gesehen werden. Laut örtlichen Legenden wurden während des II. Weltkriegs, in oder in der Nähe dieser Felsen, Schätze vergraben.

Es war kein Zufall, daß die Führung des Deutschen Reiches die Externsteine als Heimat für seine Festung auserwählte. Dieses Land war das Heiligste der alten teutonischen Kultur und war ein Ort für Pilger aus ganz Europa, einschließlich der Kelten. Obwohl von den Externsteinen erzählt wird, daß sie die Heimat von vielen alten nordischen und anderen germanischen Mythen sind, werden sie von den Historikern schnell abgehandelt und den meisten Menschen ist ihre Existenz nicht bekannt. Diese gigantische Felsformation läßt Stonehenge im Vergleich dazu erblassen.

Die nomadischen Rentierjäger der frühen Geschichte betrachteten diesen Ort als ihr Heiligtum. Die Externsteine waren, bis zum achten Jahrhundert, auch ein Zentrum für heidnische Rituale. Diese Rituale konzentrierten sich um den großen Baum des Lebens, genannt Irmensul. Dieser Baum war einmal ein richtiger Baum, wurde aber schließlich von den Christen gefällt. Sie zelebrierten diesen Vorgang, indem sie den Baum in einer Steinmetzarbeit, auf einem der Felsen wiedergaben.

Der Fels gibt den ursprünglichen Baum als den Stuhl wieder, mit dessen Hilfe Nicodemus, den Körper von Jesus, vom Kreuz herunterhob.

In anderen Worten, der Baum war im Vergleich mit Christus minimiert worden und war nur ein Trittstein für das große Werk der Christenheit. Die Felsen der Externsteine sind so groß, daß einer sogar auf der Spitze eine kleine „Kapelle“ beherbergt. Im Jahre 1823 bemerkte ein Mann namens Bennigsen, ein rundes Fenster in der Kapelle.

»*Bild 8 und 9 hierzu am Ende des Buches, im Bildabschnitt - Seite III*

Dieses Fenster rahmt die Ansicht des Mondes ein, wenn es, von der gegenüberliegenden Wand, während der nördlichsten Extreme des Mondes beobachtet wird. Diese Öffnung läßt auch das Licht der Sonne, während der Sommersonnenwende, herein.

Im Jahre 1920 befaßte sich ein deutscher Gelehrter namens
Wilhelm Teudt mit dieser Information und erkannte in diesen Felsen ein altes astronomisches Observatorium. Er wollte das geistige Bewußtsein der Deutschen erwecken, indem er sie an ihre alte Kultur, ihrer Vorfahren, erinnerte.

Vor Teudt hatte man allgemein geglaubt, daß diese Kapelle ein gänzlich christliches Bauwerk sei. Er bewies jenseits des geringsten Zweifels, daß es ein altes und akkurates Observatorium war, welches andere geheiligte Orte in ganz Deutschland miteinander verbindet. Von den Akademikern der damaligen Zeit wurde er nicht im verdienten Maße gewürdigt. Die Führung des Deutschen Reiches erkannte den hohen Stellenwert seiner Arbeit, für die deutsche Geschichte, und würdigte Sie, in dem seine Arbeit für die Erneuerung von alten Bräuchen herangezogen wurde.

Er wird von einigen Gelehrten bis heute mehr wie gemieden, da seine Sprache sehr ausdrucksstark war und da er versuchte, den Deutschen zu zeigen, daß sie aufgrund ihrer alten Abstammung in jedem Aspekt anders waren. Dies schloß die Behauptung mit ein, daß die alte germanische Kultur die Pyramiden in Ägypten gebaut hatte.

Anmerkung des Autors:

„Für „Für die Theorie von Teudt spricht möglicherweise, daß nur auf germanischen Boden höhere Seelen inkarnieren können, wegen der hier vorhandenen höheren Schwingung. Ist dies, vielleicht ein Indiz dafür, daß die Aldebaraner als Götter von Sirus Einfluß auf die

damalige Kultur nahmen, und die Germanen tatsächlich die Erbauer der Pyramiden waren? Mehr dazu erfahren Sie in einem späteren Kapitel!“

Teudts Zusammenarbeit, mit dem damaligen Deutschen Reich, hat es den Gelehrten der etablierten Gesellschaft erschwert, seine eigentliche wissenschaftliche Arbeit ins rechte Licht zu stellen und anzuerkennen. Ironischer Weise, wurden seine Ansichten vom englischen Gelehrten Albert Watkins bestärkt, der unabhängig, in seinen eigenen Forschungen, zu den gleichen Schlußfolgerungen kam. Die Aussagen Teudts, der Überlegenheit teilte er nicht.
Watkins mußte keine proarische Axt schleifen, aber seine Entdeckung, bezüglich der alten teutonischen Menschen, bleibt auch unerwähnt.

Nach dem Krieg stellten die Externsteine, für die Autoritäten dieser Zeit, ein Problem dar.
Sie waren aufgrund ihrer verworrenen Labyrinthe und ihrer Geschichte eine faszinierende Touristenattraktion. Nach dem Jahre 1945 hat die „Natur- und Kulturbewegung" an diesem Ort gewirkt und somit ging möglicherweise ein großer Teil ihres Mysteriums verloren. Viele der mystischen Wahrheiten wurden aus den touristischen Führern gelöscht.

Die Vorstellung, daß die alten Germanen die große Pyramide gebaut haben, mag für die meisten Gelehrten und gewöhnlichen, einfachen Menschen absurd erscheinen. Es widerspricht zu sehr der heutigen Vorstellung, dem, was man uns gelehrt hat. Die Ironie von all dem wird aber erstaunlich klar, wenn wir die Etymologie des Wortes Teuton oder teutonisch untersuchen, die beide von dem Ausgangswort teuta (gesprochen te-u-ta) abstammen. Dies ist präzise mit der ägyptischen Schreibweise der Götter Tahuti, gleichgesetzt, der bei den Griechen als Thoth bekannt ist. Tahuti ist in der ägyptischen Mythologie und Geschichte als der Erbauer der großen Pyramide bekannt. Zumindest ist er derjenige, der den Aufbau der Struktur arrangierte oder inspirierte. Der Name des deutschen Gelehrten Teudt wundert einen, wer die Schreibweise seines Namens inspirierte. Die damaligen Verantwortlichen stellten Teudt, für einige Zeit, am Kulturzentrum der Externsteine an. Seine Macht wurde später von einigen Offizieren aufgehoben, die weitergehende politische Interessen hatten.

Das reiche Vermächtnis, des deutschen Volkes, kann sehr gut in ihrer alten Schrift, allgemein bekannt als Runen, erkannt werden. Zahlreiche Bücher geben verschiedene Bedeutungen für diese Symbole an und ebenso konkurrierende Techniken der Weissagung. Welcher Version man auch immer folgt, das Wissen über sie ist mysteriös und geheimnisvoll. Nach den Traditionen der nordischen Völker wurden diese Runen der Menschheit von Odin übergeben, dem König der Götter.

Odin konnte dieses Wissen nur erhalten, indem er ein Auge dagegen eintauschte.Künstlerische Wiedergaben Odins zeigen ihn mit einem fehlenden Auge. Das oben aufgeführte Vermächtnis zeigt eine bemerkenswerte Wechselbeziehung zu dem Ägyptens.

Während der Begriff Hieroglyphe sich auf die geheiligten ägyptischen Schriften oder geheimen Ziffern bezieht, bedeutet das Wort Rune geheim. In dem ägyptischen Pantheon ist Tahuti der Lieferant dieser niedergeschriebenen Weisheit in seiner Rolle als Gott des Wissens und als Schriftgelehrter der Götter. Er war auch als Chirurg des Auges von Horus bekannt. Somit gerät seine Position nicht mit der Odins in Konflikt. Dieser Tausch des Auges für Weisheit durch Odin war natürlich symbolisch für das dritte Auge. Odin suchte das Wissen des Auges von Horus, bei dem Tahuti der Chirurg gewesen war. Es war dieses geheime Wissen, das Odin das Kommando über die anderen Götter gab und symbolisiert die Herrschaft über das morphogenetische Netz. Odin gab dann dieses Wissen über die Runen an die Menschheit weiter, damit sie selbst die archetypischen Mächte in Schach halten konnten.

Die Könige und Grafen des alten teutonischen Reiches wurden immer von einem Gefolge loyaler Krieger unterstützt, die immer die Kriegsbeute der Sieger bekamen. Die persönlichen Loyalitäten, die durch diese Beziehungen erzeugt wurden, waren extrem stark. Es ist in der Tat eines der grundsätzlichen Themen in der germanischen und nordischen Literatur, in einer Schlacht neben seinem Herrn zu sterben. Wenn die Deutschen über den [redacted] redeten und über ihre Ergebenheit ihm gegenüber, dann folgten sie nur den alten heidnischen Wegen ihrer Vorfahren.

Diese Gefühle waren in der deutschen Seele für eine sehr lange Zeit verdrängt. Die damalige Regierung hat das Deutsche Volk wieder auf seinen alten, möglicherweise vorbestimmten Weg geführt. Der Begriff der Nibelungentreue drückt diese unumstößliche aber auch blinde Treue, eine Treue bis in den Tod, am vortrefflichsten aus. Die Unterdrückung der heidnischen Psyche wurde ursprünglich vom herrschenden Klerus eingeführt. Sie ist bis heute unterdrückt. Nochmals, dies ist wichtig, damit wir den Aufbau des deutschen Charakters verstehen und nicht versuchen ihn umzukehren oder vorgeben, daß er nicht existiert. Wenn wir dies ignorieren und die Rechte der Heiden verleugnen, ihren wahren Glauben auszudrücken,dann bekommen wir brennende Kreuze.

Der Geist des Kriegers wird in unserer Gesellschaft nicht mit hoher Wertschätzung angesehen. Stattdessen haben wir Gerichtsprozesse, wie sie die Geschichte noch nie gesehen hat.

Wir sollten Erkennen und Würdigen den „Krieger“, das bedeutet aber nicht, daß wir uns an Kämpfen oder einem Bürgerkrieg beteiligen sollen.

Wenn aber diese Energien richtig erkannt werden, dann können sie für eine höhere Ebene der Errungenschaft genutzt werden.

Ich habe diese Sichtweise wiedergegeben, damit Sie etwas Gefühl, Verständnis für das geheiligte Vermächtnis des deutschen Volkes, für sich erkennen, nachvollziehen können. In dieser Beziehung ist ihr natürlicher Glaube genauso geheiligt, wie der der Ureinwohner Amerikas und anderer indiogener Völker.(25)

Jetzt möchte ich Sie aber nicht mehr länger mit unserer Vergangenheit konfrontieren. Die letzten Kapitel dienten dazu, Ihnen einen kurzen Einblick in die Geschichte zu vermitteln, wie auch einen tieferen Blick in unsere germanische Seele. Bei einigen Lesern wird beim Lesen einiger Passagen, ein inneres Gefühl der wahren Größe unserer Ahnen sich gezeigt haben. Das wiederum ist ein deutlicher Hinweis, daß es mir gelungen ist, Ihre Seele zu berühren, ohne dabei in einen Fanatismus zu verfallen, sondern ihnen bewußt zu machen, daß in unserer Seele, mehr schlummert, als man uns möglicherweise zugesteht.

Um zu verstehen, welche zukünftigen Ereignisse in einer festgelegten Folge geschehen werden, ist es wichtig, die Vergangenheit zu studieren. Somit ist man vorbereitet auf die kommenden globalen einschneidenden Veränderungen, die bereits ihre Wirkungen gezeigt haben und auch sichtbar Spuren hinterließen. Warum hat das Sternenvolk von Aldebaran mit dem Deutschen Reich Kontakt aufgenommen?
Hier wirkte die Volksseele, die ihres gleichen angezogen hat, nach dem Prinzip des Resonanzgesetzes von Ursache und Wirkung. Das aufgeklärte, vorwärts drängende Wesen unsere Volksseele entzog sich nach 1945 unserem Volkskörper, so daß es möglicherweise nur eine Frage der Zeit war, daß wir das für unser Volk bestimmte, unser damals gesetztes Ziel für die Menschheit, der Wegbereiter zu sein für das Goldene Zeitalter, aus den Augen verloren haben.

Dieses Wesen, unsere Volkseele, wie ich es an dieser Stelle formulieren möchte, ist jedoch gerade wieder dabei zurückzukehren, Stück für Stück wird sie unsere germanische Seele wieder berühren, und unsere Urbestimmung in aller Klarheit vom Nebel enthüllen.

Daß dieser nicht umkehrbare, transformative Prozeß vielen Zeitgenossen, aus Angst, ihrer Erziehung, ihrem Glauben und wegen dem Festhalten an alten Werten, arges Kopfzerbrechen bereitet, brauche ich an dieser Stelle nicht näher zu erläutern.

Kapitel 10

DER TRAUM VOM IMPERIUM NOVUM

Von Landor verfaßt:

Universelle Liebe als die stärkste Kraft des Alls bedeutet nicht, die Augen zu verschließen und Unrecht einfach geschehen lassen. Es ist harte Arbeit, die Ordnung in einem Chaos, die Ordnung in uns selbst aufrecht zu erhalten. Das Herz am rechten Fleck zu tragen, bedeutet oftmals tiefste Schmerzempfindung, wo erkannt wird, daß die offenen Worte, die lichten Gedanken nicht erhört oder erkannt werden möchten und von Dritter Seite sogar mißbraucht werden, um noch mehr Schaden der Menschheit, der Natur, der Schöpfung selbst anheim fallen zu lassen, da muß sich wahre Stärke erst zeigen lernen, die in der Erkenntnis selbst liegt!

Jesus von Nazareth? Nein, es müßte, wenn schon, heißen: Christus! Da von kristallklarem Bewußtsein, welcher sich der Geometrie, seines oktaederförmigen energetischen Gebildes bewußt war und ist.

Dieses Ziel wieder als Teil zum Ganzen, als Heimreise zur Ganzheit anzutreten, ist das oberste Ziel und steht im Einklang mit allem aus dem Ursprung, aus dem Ilum selbst Entsprungenem.

Ilum, als Inbegriff des reinen Seins des Feldraumes selbst der universellen Wissenskraft, der universellen und somit absoluten Information, aus der Alles entsteht und woraus das All selbst seine unerschöpfliche Kraft gewinnt.

Dies als Vorgedanke zum nachfolgenden Text:

Rückbesinnung

Der Glaube an eine Wiederkehr des "Goldenen Zeitalters" und an das Kommen eines Reiches umfassender Reinheit und Gerechtigkeit, ist so alt, wie Überlieferungen erhalten sind. Von Indien über den Orient bis Europa, von Ostasien bis zu manchen Mythen der Ureinwohner Amerikas. Auch im Christentum spielt diese Vorstellung eine wichtige Rolle, wie etwa die Johannes-Offenbarung bezeugt.

Im Mittelalter waren es insbesondere die Tempelritter, die dem verheißenen neuen Reich, im neuen Äon zustreben wollten. Doch verhältnismäßig bald vermengten sich diese geistigen Ideen mit weltlichen Aspekten. Das Gros des Templerordens wollte irdische Macht, und zwar gleich, nicht erst in einem fernen Neuen Zeitalter. Allein die "geheimwissenschaftliche Sektion" (Signum Secretum Templi) mit ihren Hauptsitz in Wien träumte weiterhin von dem großen, erhabenen Ziel.

Unter der Führung Hugo von Weiteneggs wurden in Süddeutschland, Österreich und Italien sowohl praktische, wie magische Maßnahmen ergriffen, die über die Jahrhunderte hinweg wirken sollten - bis an die Schwelle des 21. Jahrhunderts.

In der zentralen Großmeisterei zu Paris, hielt man von dergleichen offenbar wenig, und in London, der kommerziellen Schaltstelle des Templerordens, noch weniger. Es gab aber beinahe überall, zumindest kleine Gruppen von Tempelrittern, die sich den Gedanken Weiteneggs anschlossen. Der Einfluß dieser überwiegend geistig ausgerichteten Ordensangehörigen blieb jedoch vorerst gering. Erst nach der Zerschlagung des Tempelritterordens, die in Frankreich begann und auch in den meisten anderen Ländern schnell von statten ging, verschob sich das Bild, da der gut gerüstete deutsche Ordenszweig sich erheblich länger behaupten konnte. Doch um die Mitte des 14. Jahrhunderts, waren auch die allerletzten Kräfte des Templerordens erschöpft.

Was blieb, waren die in Wien und von Wien aus ins Werk gesetzten Vorbereitungen für das kommende neue Reich, im Neuen Zeitalter - für das IMPERIUM NOVUM.

Dazu gehörte die Beschaffung der magischen Steine Ilua und Garil (Gral). Ilua, quasi die weibliche Komponente, wurde an einem streng geheim gehaltenen Ort im Untersberg bei Berchtesgaden verborgen, der Garil, quasi die männliche Komponente, erhielt vermutlich sein Versteck auf Murano bei Venedig.

Die große FIGURA, in der zum gegebenen Zeitpunkt die Strahlungskräfte der beiden magischen Steine vereinigt werden sollten, ist wahrscheinlich zunächst in jener kleinen, sehr versteckt gelegenen Burg in Niederösterreich untergebracht worden, die eigens als "Figura-Burg" gedacht gewesen war. Die FIGURA dürfte dann aber über Genua nach Venedig verbracht worden sein.

Den Glaubensvorstellungen der "geheimwissenschaftlichen" Templer um Graf Hugo von Weitenegg gemäß, mußte der quasi männliche Stein "Garil" von Frauen betreut werden, der weibliche Stein "Ilua" hingegen von Männern. Für den Ilua im Untersberg war der Komtur Hubertus zuständig, für den Garil wahrscheinlich eine namentlich nicht bekannte Kaufmannstochter aus Genua. In welcher Weise die Betreuung der beiden Steine gedacht war und wie diese über mehrere Generationen von statten gehen sollte, ist nicht überliefert. Es gab sicher bereits Blutserben, denn Weitenegg hatte für seine geheimwissenschaftliche Sektion den Zölibat aufgehoben, Nachkommenschaft ist also offenbar ausdrücklich erwünscht gewesen.

Durch Jahrhunderte scheint die Idee **IMPERIUM NOVUM** in aller Heimlichkeit geruht zu haben. Erst um 1510 wurde sie wieder lebendig, und zwar in Venedig.

Begründet, ins Leben gerufen von der Marchesa Antonia Contenta und unter stillem Dulden, wenn nicht gar Förderung, durch den Dogen Leonardo Loredan, entstand ein rätselhafter Orden, von dem bis auf den heutigen Tag kaum konkrete Spuren zu finden sind: Der **Geheimbund ORDO BUCINTORO**, so benannt nach einer alten Legende um die Prachtgeleere 'Bucintoro', die einstmals in den Himmel geflogen sein soll, woraus sich auch das 'Bucintoro-Fest' der Seeleute entwickelt hatte. Bucintoro war also, in gewisser Weise, ein Sinnbild für die Verbindung zum Jenseits.

Dieser neue Orden, der von Anfang an unter strengster Geheimhaltung wirkte, verfolgte nun die Idee des **IMPERIUM NOVUM**. Dabei wurden die Vorstellungen der Templer durch weitere Details angereichert, die auf antike Quellen zurückgingen. Ob schon man im **ORDO BUCINTORO**, sicher noch viel mehr als früher, bei den Templern, magische Mittel für ausschlaggebend hielt, wurde andererseits auch sehr systematisch gearbeitet. Binnen weniger Jahre verfügte dieser Geheimbund über ein Netzwerk, das sich über ganz Italien, Deutschland, Österreich und die Schweiz erstreckte. Neben Venedig, wurde Dessau zu einer zweiten Drehscheibe ausgebaut.

Besonders seit dem Hinzukommen der Julietta da Montefeltro, entfaltete der ORDO BUCINTORO auch beachtliche diplomatische und ökonomische Tätigkeit.

Das maßgebliche Ziel aber lautete: Wege und Mittel ins Werk setzen, um zum richtigen Zeitpunkt - bei Aufgang des neuen Äons - handeln zu können. Dies hieß nicht weniger, als sich durch spezielle magische Vorgänge bei Lebzeiten auf Erden, in die Lage zu versetzen, ganz nach Belieben wiederzukehren und für das neue Reich tätig zu werden - auch in einem fernen Jahrhundert!

Anmerkung des Autors:

„Ist damit das 21 Jahrhundert gemeint, vielleicht die Jahre bis 2012?“

Es wäre keineswegs falsch, vom Prinzip einer bewußten und zielgerichteten Wiederverkörperung zu sprechen. So unfaßbar dies klingen mag, sind die damit verbundenen Überlegungen doch geradezu verblüffend.

Es kann durchaus angenommen werden, daß die beiden magischen Steine Ilua und Garil sich noch immer in ihren Verstecken befinden. Ob auch die große FIGURA erhalten blieb, muß wohl als sehr ungewiß bezeichnet werden.

Der Geheimbund Ordo Bucintoro bestand zwar noch bis in das 18. Jahrhundert hinein weiter, doch sein Wirken dürfte vor allem zur Zeit der Julietta bedeutend gewesen sein, also etwa von 1515 bis 1570. Über Juliettas Verbleib ist nichts bekannt, der Legende nach soll sie eine "doppelt Unsterbliche" sein. Dies gründet auch darauf, daß, wie es heißt, ihr Aussehen sich in 55 Jahren um nichts verändert hätte, sie habe immer wie eine schöne junge Frau von etwa 25 Jahren ausgesehen.

Abermals verstrichen Jahrhunderte, ehe der Traum vom IMPERIUM NOVUM in der hier besprochenen Weise erneuert wurde. Dies nahm seinen Anfang wahrscheinlich im Herbst 1917 in Wien, gewann aber 1919 greifbare Gestalt in München. Die Schlüsselperson war wiederum eine junge Frau: Maria Ortisch, die Tochter eines aus Kroatien stammenden KuK-Beamten und einer Wienerin. Maria wurde in Wien geboren. Sie schloß sich frühzeitig der damals ausgeprägten deutschnationalen Bewegung an, deren Ziel u.a. die Vereinigung Österreichs mit dem Deutschen Reich war.

Im Jahre 1919 zog Maria zu ihrem Freund und späteren Verlobten nach München (ob es später zu einer Heirat kam, ist ungewiß, beide gelten seit 1945 als verschollen).

Anmerkung des Autors:

„Maria ist 1945 mit der Vril Odin nach Aldebaran geflogen!“

In München unterhielt Maria zeitweilig Verbindungen zum Thule-Orden, schuf 1921 jedoch gemeinsam mit Traute A. und mehreren anderen Freundinnen einen eigenen Kreis, die "Alldeutsche Gesellschaft für Metaphysik" Diese zeigte sich zunächst vor allem als eine Vereinigung junger Damen, die u.a. einen engagierten Kulturkampf gegen die zu jener Zeit aufkommende Mode kurzer Frisuren für Frauen führte. Maria Ortisch und Traute A. waren ausgesprochen schöne Frauen, beide hatten hüftlange Haare (Maria blond, Traute dunkel-brünett).

Lange Pferdeschwänze, eine damals ganz unübliche Haartracht, sind gewissermaßen das Erkennungszeichen jenes Damenkreises gewesen, welches intern auch beibehalten wurde, so lange die Gemeinschaft bestand, also bis Mai 1945. In der Öffentlichkeit bevorzugten die Damen aber bald Aufsteckfrisuren. Es ist zwar nicht belegt, aber durchaus denkbar, daß die in den überlieferten magischen Traditionen so hohe Bedeutung der langen Frauenhaare für diese jungen Damen die Brücke zu allem folgenden bildete.

Von 1922 an beschäftigte sich dieser Kreis auch mit ganz anderen Dingen, die zwar auf quasi-magischen Schwingungsprinzipien fußten, de facto jedoch ins Technische reichten, worüber zu sprechen jedoch an dieser Stelle zu weit führen müßte. Seit diesem Zeitpunkt nannte die Gemeinschaft sich auch "Vril-I-Gesellschaft" und dann "Vril-Gesellschaft."

»*Bild zu dem Thema am Ende des Buches, im Bildabschnitt - Seite IV*

Die Firma "**Antriebstechnische Werkstätten oHG**" wurde im Jahre 1934 gegründet, ein esoterische Vereinigung bestand hier somit nach außen hin nicht mehr. Das seit 1921 verwendete Zeichen, der 'Saetta Ilua' (der Blitz des göttlichen Lichts), wurde nun zum Firmenlogo und, quasi esoterisch, zum Symbol der Vril-Anschauungen.

Die Idee des IMPERIUM NOVUM ist ganz sicher ein zentraler Punkt im Bestreben der "Vril-Gesellschaft" gewesen. Der Damenkreis dürfte auch über erstaunliche Quellen verfügt haben, sowohl aus dem deutschen Mittelalter, wie auch von dem italienischen Ordo Bucintoro der Renaissance.

Durch den Zweiten Weltkrieg sind, von da an die Vorstellungen von der Schaffung des IMPERIUM NOVUM, sicherlich eng mit einem erhofften Sieg der Achsenmächte verbunden gewesen. Speziell das Bündnis Berlin-Rom, mußte ja auch geradezu wie die Erfüllung einer Prädestination erscheinen. Doch dieser Sieg blieb bekanntlich aus, was gleichsam das Ende der "Vril-Gesellschaft" bedeutete - und auch das Ende der Idee vom IMPERIUM NOVUM - oder?

Es gibt das Gerücht, 1944 sei, im Hinblick auf die Zukunft, in aller Heimlichkeit eine Neugründung des ORDO BUCINTORO erfolgt, maßgeblich durch deutschen Offizier Otto Skorzeny und den italienischen Offizier und Fürsten Junio Valerio Borghese. Sofern dies zuträfe,wären die Damen, Maria und Traute, sicher mit dabei gewesen, das dürfte dann wohl mit einigem Recht angenommen werden[(4)]

Anschaulich möchte ich ein kleines Beispiel geben, für all jene, welche die Göttliche Kraft, den Urquell allen Lebens und allen Seins noch nicht in ihrer Tragweite begreifen oder erfahren durften.

Es erscheint mir sehr wichtig zu sein, da sich vielmals auf anderen Seiten in der Interpretation der "Wahrheit" wahrlich Abgründe auftun, indem der ganzheitliche Charakter der falschen Interpretationen mutwillig oder aus wahrer Ignoranz heraus verloren geht.

Wer möchte schon ein halbfertiges Haus sein eigen nennen wollen? Was ist ein Haus ohne stabiles Fundament und was ein Fundament ohne solides Haus? Beides gehört zusammen und erhält nur so seine Stärke und erwächst zu einer unipolaren Einheit, welche weg von der Dualität in die universelle Singularität führt. Nennen wir es die universelle Liebe, die höchste Datenbank, den höchsten Architekten, das ultimative Naturgesetz oder Gott, Il, Ilum selbst!

Als mir schmerzlich bewußt wurde, daß ausgerechnet jene Seite, die sich zu Anbeginn meines diesseitigen Wirkens als die positiven Kräfte hervortaten, nunmehr auf des Schicksals anderer Seite zu stehen scheinen wollte ich nicht wahrhaben, daß so eine Wandlung, hinab in den Höllenpfuhl, eines des Schwarzen Loches gleich, überhaupt möglich sein würde. Dieser Seite habe ich fast bis zur Selbstentwürdigung Vertrauen geschenkt und die gehen, unter dem Deckmäntelchen der geheuchelten Göttlichkeit, mit der Bibel spazieren, um hiernach ihr zerstörerisches Werk zu tun.

Immer wieder wurde mit Geduld und fast grenzenloser Gutmütigkeit versucht, Angebote der Hilfe für einen gemeinsamen aufbauenden Weg, den gemeinsamen Geist wieder erstarken zu lassen, angetragen. Nicht für etwas zu kämpfen, sondern dagegen, so hatten diese den guten Willen immer wieder mit Füßen getreten und erneut eine tiefe Wunde in den Glauben an das Gute im Menschen gestoßen, an das Gute in uns selbst.

Jene schlugen diese gutgemeinten und ehrlichen Angebote jedes Mal aufs Neue in den Wind, wollten es immer besser wissen und fühlten sich ja grenzenlos überlegen. Sie machten sich sogar lustig über uns und nahmen nachfolgend sogar ihre Stalinorgeln der Desinformation in Betrieb, um uns zu vernichten.

Fürwahr ist aber, daß unsere Herzen nicht gebrochen sind. Es wurde versucht, mit allen Mitteln gegen die aufrechte Wesenheit der Ehrlichen unter uns anzukämpfen. Diesen Kampf werden sie nicht gewinnen können, denn am Ende werden sie sich selbst besiegt haben.

Es liegt an uns, nun den Zündfunken an guter Vorarbeit zu setzen, an bescheidenen kleinen Schritten und in kleinen Etappen den Menschen ein wenig Mut für die Neue Zeit zu machen, indem wir ihnen auch die neuen Möglichkeiten aufzeigen wollen.

Ein neues Bewußtsein, eine neue Erkenntnis des Seins und des Lebens im stärker angestrebten Einklang mit den Urgesetzen des Alls. Stück für Stück möge so die Menschheit an immer segensreiche Entdeckungen geführt werden, deren Nutzung nur ein Spiel der Kräfte der universellen und interkosmischen Natur sind.

Es wird eine Reise sein, welche uns wie eine Treppe, Stufe um Stufe in weitere, aus heutiger Sicht, jenseitige Welten führen wird, bis hin zum höchsten Selbst, deren Teil wir immer sind, uns nur im Bewußtsein vom "Aggregatzustand" vom Paraplasma, danach vom Postplasma bis hin zum ultimativen Feldraum selbst, des reinen Schreins des Wissens.

Die Menschen können in naher Zukunft über großartige neue

Möglichkeiten verfügen, wenn sie lernen, sich nicht gegenseitig schachmatt zu setzen.

Je länger sie dies tun, desto tiefer wird der Fall in die dunkle Tiefe, bis hin zum "Pfuhl der Hölle", dem Konträr des "Höchsten", der dem Vergleich einer physikalisch gelöschten Festplatte gleichkommt und in seiner Unendlichkeit multipliziert mit seinem tiefsten "Urzustand", der Null, immer wieder nur sich selbst bleibt und nicht wieder erschaffen werden kann. Solche Information ist unwiederbringlich verloren, die Schöpferkraft hat sich selbst ausgeschöpft.

Damit dies soweit nicht kommen möge, muß weiter daran gearbeitet werden und darf erwartet werden, daß viele junge Hoffnungsträger ihren Weg zur Heimkehr finden. Es sind jene, die noch nicht in ihrem eigenen Bewußtsein angekommen sind, oder davon abgehalten werden.

Die Technikbegriffe auf der einen Seite werden bei vielen nur im Verborgenen gemunkelt, sie verheucheln Ilum und berauben sich der Ganzheitlichkeit. Sie verschweigen öffentlich die Existenz von längst bekannter Technik und wundern sich danach, weshalb sie niemals mit ihren Ideen zum Durchbruch gelangen. Sie warnen vor Mißbrauch, weil sie selbst den Urgedanken in sich tragen, oder ihn bei sich zu wirken zuließen. Wahre Stärke ist es, diesen Schwächen nicht zu unterliegen und sich selbst treu zu bleiben, denn das Leben hat den Sinn immer nur, es selbst zu beleben und sich entfalten zu dürfen, aus Freude am Tun.

Tatendrang durch Freude

Die Welt ist schön, sorgen wir dafür, daß dies so bleibt und erschaffen wir unsere eigenen Wirtschaftskreise, die auf dem Tausch von Leistungen beruhen wird. Jeder kann seiner Berufung, seinem Talent und seiner Schaffenskraft, entsprechend mit Freude und Dankbarkeit, wie von selbst, ein Glückszustand erreichen, der uns helfen wird, auf dem "Goldenen Pfad" zu bleiben.

Wir dürfen uns Hilfsmittel zu eigen machen, wir dürfen aber nicht unser Haus, unsere Erde, die wir kostenlos als "Mietnomade" bewohnen dürfen, zusätzlich noch durch Ignoranz und Mißachtung, aller längst vorhandene technischen Möglichkeiten, zerstören.

Wenn wir Menschen dies nicht sehr schnell lernen und verinnerlichen, wird uns der rechtmäßige Eigentümer einfach auf die Straße werfen.

Da es sicherlich, früher oder später, nun den einen oder anderen Leser dieser Zeilen geben dürfte, welcher sich in irgendeiner Form angesprochen fühlen könnte, hier ein Beweis, wie man Ilhue,

Schöpfung und Technik auch hinlänglich bekannt, vereinen kann. Ob die Namen hierfür Tachyonen, VRIL, Strings, Feld, IL, Haunebu oder Urkraft sein mögen, spielt eine sekundäre Rolle.

Wichtig ist, daß der positive, der aufbauende Nutzen erkannt wird. Bereits im Oktober 1983 hieß es im "Buch
Revolution in Technik", Medizin, Gesellschaft" unter dem Titel:

"Konversion von Schwerkraft-Feld-Energie (Tachyonen-Energie) in nutzbare Elektro-Energie"(4)

Von Dr. H. A. Nieper , Präsident der Deutschen Vereinigung für Schwerkraft-Feld-Energie e. V. Hannover und Direktor der American Association of Gravity Field Energy Hunsvillen Alabama USA.

Betrachtungen über Energie von Dr. H. A. Nieper

„Wie Sie wissen, türmen sich weltweit zunehmend wirtschaftliche Schwierigkeiten auf, die durchaus in eine schwere Wirtschaftskrise neuen Stils münden können. Einer der Gründe dafür ist, der zu hohe Preis für jegliche Form von Energie. Wir haben nicht mehr die Mittel, um mit sinnvollem Einsatz die Energiemenge kaufen zu können, die wir zum Betrieb unserer vielen technischen Hilfen, welche unseren Wohlstand sichern, benötigen. Hinzu kommt, daß wir bestimmte Energietechnologien in der Zukunft kaum noch anwenden dürfen, da sie langfristig zu sehr die Umwelt belasten. Dies trifft insbesondere für alle feuertechnischen Prozesse zu, also die Verbrennung von Kohlen, Holz, Torf, Dung, Öl und Gas.

Die Kernenergie ist aus praktisch allen für sie typischen Charakteristika als Nutzungsenergie großen Stiles ungeeignet, außerdem werden ihre immer noch nicht abzuschätzenden endgültigen Brutto-Entstehungskosten so hoch sein, daß sie gravierende ökonomische Probleme der Energie-Krise eher verschärfen, denn bessern würde.

Der finanzielle Kollaps eines der größten Kernenergie-Unternehmens der Welt, (WPPSS) der Western-Popular-Power-Supply-System im Nordwesten der USA, spricht eine deutliche Sprache. Im Hinblick auf der realistischen Bewertung der Kernenergie, darf ich auf den Harvard Energie-Report von Stobaugh und Yergin (Bertelsmann) verweisen. Die deutsche Ausgabe trägt zusätzlich einen ausgezeichneten Beitrag von Herrn Dr. Meyer-Larsen, Redaktion "Der Spiegel".

Es besteht heute kein Zweifel mehr, daß der Weltraum allgemein erfüllt ist von einem außerordentlich dichten Energie-Feld, gelegentlich auch Äther genannt. Dieses Energie-Feld bezeichnen wir heute als "Schwerkraft-Streß-Feld" oder auch als "Tachyonen-Feld". Als Tachyon bezeichnet man die kleinste Einheit dieses Feldes, welches dadurch definiert ist, "Ladung" zu haben, Es ist nicht völlig sicher, ob das Tachyon mit einer minimalen Masse vergesellschaftet ist.

Bei einem anderen Element, welches gleichzeitig als kleinste Einheit dieses Schwerkraft-Streß-Feldes angesehen wird, dem Neutrinon, nimmt man eine Ruhemasse von etwa 1/13,000 der Masse eines Elektrons an. Für den Laien möchte ich folgendes Bild darstellen: Stellen Sie sich vor, Sie sind im Petersdom, oder noch besser im Astrodome in Houston. In der Mitte dieser großen Halle hängt ein Beutel mit einem Golfball, und an der äußeren Peripherie dieses großen Raumes zieht eine Schwalbe ihre Runde. Dann haben Sie etwa das Modell eines Wasserstoffatoms. So wenig Masse und so viel freier Raum sind nämlich im Atom vorhanden. Jetzt stellen Sie sich bitte vor, daß dieser Raum erfüllt ist von riesigen Mückenschwärmen, die zum überwiegenden Teil an ihrem Platz verharren, zu einem kleineren Teil von allen Richtungen in alle Richtungen durch diesen Raum hindurchgehen.

Diese Mücken schwirren, darin beruht ihre Energieäußerung. Jede Mücke sei ein Modell für ein Tachyon. Die Mücken der stehenden Schwärme kann man auch als Brady-Ionen bezeichnen, die Mücken der wandernden Schwärme Tachyonen. Es besteht kein Zweifel, daß die Tachyonen nicht an die Einhaltung der Lichtgeschwindigkeit gebunden sind. Diese wird vielmehr durch die durchschnittliche Geschwindigkeit (V50) des reisenden Tachyonen-Feldes determiniert. Die Lichtgeschwindigkeit ist aus diesen Gründen entgegen früheren Annahmen nicht konstant.

Einige der wandernden Tachyonen-Mücken prallen auf den Kern, den Golfball. Ist der Aufprall von einer Seite größer wie von einer anderen Seite, so wird der Golfball zur prallärmeren Seite hin verschoben. Dieses Phänomen nennen wir in der Physik Gravitationsbeschleunigung. Sie kennen es als Schwerkraft. Das Tachyonen-Feld wird einerseits durch die Sonne eingefangen, andererseits von der Sonne neu generiert.

Es ist außerordentlich energiereich, nach theoretischen Überlegungen eines führenden französischen Feldfachmannes, aus der französischen Kernenergiekommission, muß man in Sonnennähe eine Energieeinheit von 250 Mrd. Joule (1 Joule = 1 Watt/Sekunde) pro ml annehmen, in Erdnähe dürften es immer noch einige Millionen Joule pro ml sein. Für den Laien:

Der Energieeinhalt des Tachyonen-Feldes in Erdnähe liegt zwischen 1000 und 10.000 L Benzin pro L Raum. Wir wissen heute mit Sicherheit, daß es kein besonderes technisches Problem darstellt, diese Energie in nutzbare Elektro-Energie oder auch Wärme-Energie zu konvertieren. Der überragende, erst heute richtig anerkannte jugoslawische Experimentalphysiker Nicola Tesla, ein Mitarbeiter von Edison und später von Westinghousen, war bereits im Jahre 1898 mit seinen Entwicklungen soweit gediehen, daß die baldige großtechnische Einführung der Tachyonen-Energie-Technik möglich erschien.

Pierpont Morgan hat diese Entwicklung dann gestoppt, weil Westinghouse erst 1892, das erste von Tesla konstruierte Wechselstromkraftwerk in Niagara in Betrieb genommen hatte. Die Mittel waren noch keineswegs abgeschrieben.
Der Aspekt der Nutzung der Tachyonen-Energie rückte in weitere Ferne, weil das Konzept eines energiereichen Äthers durch die bedeutenden Arbeiten von Albert Einstein und auch durch dessen Weltgeltung, zunächst unterdrückt wurde. Allerdings hat Einstein in einem Referat, gehalten 1920 in Leiden, durchaus das Konzept eines Äthers anerkannt. In den vergangenen Jahrzehnten wurden häufig Maschinen konstruiert, welche die Tachyonen-Energie direkt in Elektro-Energie konvertieren. Die bekanntesten Geräte stammen von dem amerikanischen Ingenieur Gray und vom japanischen Physiker Prof. Seike und von vielen anderen.
Die bedeutendste deutsche Entwicklung, auf diesem Gebiet, geht auf den Kapitän Coler, der deutschen Kriegsmarine, zurück. Die Arbeiten begannen um 1929, 1943 wurde im OKM ein Konverter mit einer Dauerleistung von 7 kW vorgeführt, im September 1944 nahm das OKM führende deutsche Industrien unter Vertrag, um diesen Konverter in Serie bauen zu lassen.
Aus physikalisch-wissenschaftlicher Sicht ist diese Glanzleistung, des Marineoberbaurates Seysen, um Generationen moderner als das Manhattan-Project.
Persönlich habe ich mich seit 1952 mit dem speziellen Gebiet der Gravitations-Theorien befaßt, wobei mir besondere Unterstützungen durch amerikanische Raumfirmen und durch NASA-Wissenschaftler zu Teil wurden. Nachdem an der Machbarkeit der Gewinnung unbegrenzter billiger Energien, aus dem Tachyonen-Feld, kein Zweifel mehr bestand, wurde ich im Mai 1973 erstmals im US-Senat, bei Senator Symington, vorstellig, Die weiteren Entwicklungsschritte erfolgten daraufhin relativ schnell. Nach zwei vorbereitenden Diskussionsrunden, bei der GHH-Kabelmetal, 1978 und 1979, habe ich für den November 1980 den ersten Kongreß für Tachyonen-Energie nach Hannover einberufen. Wissenschaftler aus 18 Nationen waren zugegen, im Oktober 1981 erfolgte ein weiterer, noch größerer Kongreß in der Universität Toronto. Inzwischen wurden zudem die „Deutsche Vereinigung für Schwerkraft-Feld-Energie" und die "American Association of Gravity Field Energy", in Huntsville Alabama, gegründet, nachdem ich, aus verschiedenen Gründen, diesen Platz für besonders geeignet hielt, alternativ wäre ein Platz in New Mexiko in Frage gekommen.“(4)

Es steht damals, wie heute also außer Frage, daß heute eine mögliche Verleumdung Teslas als Betrüger jeglicher Grundlage entbehrt. Wer dies tut, untergräbt das Aufbauende und behindert die Menschheit insgesamt. Eine solche sträfliche Blindheit kann nur durch direkten Einfluß Dunkler Mächte erklärbar sein.

Jene zu richten, kann nur Aufgabe des Höchsten sein, wir tun gut daran, uns auf die Zeit danach gründlich vorzubereiten. Denn nur nach Abschluß dieser Vorbereitung wird sich erfüllen, was wir uns alle im Herzen erhoffen, denn alle wollen wir Frieden und Wohlstand so gerne haben, doch alle mussten wir bitterlich erfahren, daß es einen Frieden ohne Sieg nicht gibt auf dieser Welt.

In diesem Bewußtsein wünsche ich uns allen nun in naher Zukunft, einen gesegneteren Frieden als den der Vergangenheit.

Anmerkung des Autors

„Sie werden bestimmt schon festgestellt haben, daß ich Ihnen dieses Mal sehr breitgefächert Informationen präsentiere, die vordergründig den Anschein haben, was hat dies ALLES mit Aldebaran und der Rückkehr unserer Ahnen zu tun. Sehr viel, wenn man das große Ganze erfassen möchte. Deshalb war es mir wichtig, ihnen den Stand der technischen Möglichkeiten näher zu bringen, die seit vielen Jahren nur auf ihren Einsatz warten, aber durch verschiedene Mächte ganz gezielt unterdrückt werden. Dieses Kapitel war mir deshalb sehr wichtig, aus diesem Grund wollte ich Ihnen dies nicht vorenthalten, denn sie haben mit dem besagten „Tag X der Übernahme“ zu tun.“

Denn genau diese vorenthaltende Technik, die schon längst existiert, wird von den Neudeutschen schon seit über 70 Jahren genutzt. Nun wird sie Stück für Stück global zum Einsatz gebracht. Sie wird nicht nur dafür sorgen, daß Mutter Erde wieder gesunden kann, sondern wird der Menschheit darüber hinaus auch die Tore zu unseren AHNEN weit öffnen. Bis zu diesem Ereignis werden noch viele große globale Veränderungen die Erde erschüttern. Die Menschheit wird erbeben und in ihrem Glauben tief erschüttert werden, da sie glauben werden, daß nun das biblische Armageddon über sie herein bricht. Doch am tiefsten Punkt ihrer Angst und ihrer Unsicherheit wird die göttliche Macht ihre Hand über die Menschheit erheben und ihr hilfreich zur Seite stehen.

Im Anhang dieses Buches werde ich ihnen unsere Gruppe, Firma vorstellen, deren Konzepte schon ausgereift sind, und nur darauf warten, endlich mit den richtigen Partnern und Investoren die neue Technik auf den Markt zu bringen.

Kapitel 11

Der Himmel weint UFOs

Rummelplatz Internetforen

Im folgenden Kapitel wollen wir uns mit den aktuellen Geschehnissen rund um! die Erde beschäftigen und auch einmal einen kritischen Blick auf die UFO-Forschung werfen.

Wo gehobelt wird, da fallen Späne, und wo UFOs fliegen, gibt es Zeugen! UFO-Zeugen sind in erster Linie dafür verantwortlich, daß ein UFO-Phänomen überhaupt diskutiert werden kann, denn gäbe es sie nicht, dann hätte man von UFOs nichts gewußt.

Im Hinblick auf die Annahme, daß das eigentliche UFO-Phänomen den Menschen wohl schon immer begleitet hat - wenn auch anders verpackt als heute - muß man besonders herausstellen, daß es wohl noch nie eine Zeit gab, in der man so öffentlich darüber mutmaßen und diskutieren durfte, wie heute.

Eine dieser Diskussionsplattformen sind Internet Foren. Nicht nur dort, aber eben hier sehr deutlich, prallen die Meinungen der UFO-Gläubiger und der UFO-Skeptiker aufeinander, wie zwei unterschiedlich gepolte Ladungen.

Abgesehen davon, daß es schon etwas eigenartig anmutet, daß es bezüglich des UFO-Phänomens und der erdrückenden Fülle von weltweiten Indizienbeweise sowie unzähliger Erlebnisberichte überhaupt noch praktizierten UFO-Skeptizismus gibt, stellt sich vor allem die Frage:

Warum verbringt derjenige, der meint, das UFO-Phänomen, im Sinn von nicht von Menschen stammenden Flugobjekten, als nicht existent erkannt zu haben, seine Zeit mit der Diskussion desselben? Hierzu ein aus Platzgründen leicht gekürzter Beitrag aus einem Online-Forum:

"Als Beweis reichen die eigenen Augen natürlich nur für einen selbst. Man kann sich auf menschliche Wahrnehmung absolut nicht verlassen. Planeten (Venus und Jupiter, Anmerkung des Autors) werden mit einem billigen Fernglas angeschaut, es kommt zu Schilderungen von gigantischen, hin-und her zischenden Flugobjekten. Dabei waren es ganz normale Leute, die bestimmt nicht bewußt gelogen haben und vielleicht zum ersten Mal im Leben einen Planeten über längere Zeit beobachtet haben. Seitdem betrachte ich Zeugenaussagen sehr skeptisch. Ich denke, die meisten sind schlicht und einfach unbrauchbar, die Leute können bewußt gelogen oder übertrieben haben."

Ein UFO Zeuge, der hier zitiert werden darf, meinte:

„*Na ja, da hat man als Internet-Neuling und UFO-Interessierter endlich mal die Möglichkeit, auf das WWW zuzugreifen. Man freut sich, weil man ja weiß, daß es Diskussions-Foren gibt, in denen über UFOs diskutiert wird. Naiv, wie ich bin, habe ich gedacht, daß ich dort auf Gleichgesinnte treffe. Die trifft man, die Skeptiker sind aber auch vertreten. Was dann folgt, ist eine Schlacht auf unterster Ebene. Hier werden einem von den Skeptikern nicht nur die Worte im Munde verdreht, es wird auf Argumente und Erklärungen entweder gar nicht eingegangen oder sie werden falsch ausgelegt bzw. falsch wiedergegeben und aus dem Zusammenhang gerissen. Eigentlich steht man auf verlorenen Posten, weil alles angezweifelt wird.*"

Das UFO Skeptiker Syndrom

In einem von Wissenschaftler-Philosophen
Prof. Dr. Dr. h.c. Mario Bunge im Internet gestellten Artikel zum Thema "Skeptisches zum Skeptizismus" kann man Folgendes lesen:

"*Wissenschaft und Technologie dulden deshalb nicht alles, was vorstellbar ist, weil in ihrem Mittelpunkt Gesetze stehen, und Gesetze schränken den Bereich des denkbar Möglichen ein.*" (*Aha!*) und "*Das nenne ich das Paradoxon des Skeptikers: Jeder, der radikal und konsequent skeptisch ist, muß im Endeffekt genauso leichtgläubig sein, wie der naive Dogmatiker (der alles glaubt), weil er keine Argumente abwägen kann, da ihm nichts als unmöglich gilt.*"

Ferner heißt es:

"*Jeder, der über ein wissenschaftliches Weltbild verfügt, wird kaum auf neue Argumente oder auf empirische Belege für das Gespenstische warten – und Forschung auf diesen Gebieten als Zeitverschwendung betrachten. Es gibt keine wissenschaftlichen Belege für das Übernatürliche oder das Paranormale, denn wenn beides nachweisbar wäre, wäre es natürlich bzw. materiell, anstatt übernatürlich oder paranormal.*"

Der vernünftige Skeptiker, so heißt es, enthält sich solange seines Urteils, wie das betreffende Problem weitere Erforschung erfordert, weil die vorhandenen Belege dafür oder dagegen unschlüssig sind. Und damit wären wir wieder beim UFO Problem.

Skeptizismus:

Seinem altgriechischen Ursprung nach bedeutet Skeptizismus Betrachten, Untersuchen. Demzufolge wäre ein UFO-Skeptiker ein Untersuchender und würde sich nach Aussortieren der geklärten Fälle mit den unerklärbaren Fällen – also den echten UFOs – befassen, und sie untersuchen.

Das passiert aber selten bis gar nicht! Vielmehr nehmen UFO-Skeptiker die aufgeklärten UFO-Fälle, die ja im Moment der Aufklärung zu Nicht-Fällen werden, leider und nicht selten zum Anlaß, das gesamte Phänomen in Frage zu stellen. So wird aus einem UFO-Skeptiker, der eigentlich UFO-Untersuchender heißen müßte, ein UFO-Zweifler, oder gar UFO-Gegner: Fotos, Videos, Dokumente, Bücher, und insbesondere Zeugenaussagen werden oft als wertlos hingestellt. UFO-Attacken wie in Brasilien, cattle mutilations und Narben von Entführungsopfern werden ignoriert. Zu Sichtungsberichten von Piloten, Militärs oder auch Astronauten schweigt man sich aus, denn durch dieses Material gerät ein Zweifler-Stuhl leicht ins Wanken. Zeugen wird besonders gerne übersteigerte Fantasie nachgesagt. Besonders in den erwähnten Foren, wo jeder halbwegs anonym seinen Senf dazu geben kann, ist dieses häufig zu beobachten. Vor Beleidigungen und Unterstellungen wird nicht Halt gemacht. Der dem Wort Skeptizismus also eigentlich grundsätzlich zugeschriebene Untersuchungsdrang und Forschergeist, wird hier ins Umgekehrte verdreht, und verändert sich in eine einseitige Widerlegungs-Taktik: Widerlegen von Fotos, von Filmen, Widerlegen von Behauptungen und Widerlegen von Zeugenaussagen. Ein ernsthaft Suchender kommt nicht umhin, sich zu fragen, was da eigentlich passiert?

Erschwerend für die ernsthafte UFO-Forschung ist das Auftreten von skeptischen UFO-Forschungsgruppen in der Öffentlichkeit, die sich ja nicht nur im Internet, sondern auch im Fernsehen und den Printmedien abspielt: Immer die selben Personen kauen der Öffentlichkeit, die immer gleichen Äußerungen vor. Als wäre das Ziel aller UFO Gruppen die Beschwichtigung der Öffentlichkeit.

Anmerkung des Autors:

„Ein Paradebeispiel hierfür dürfte wohl Werner Walter aus Mannheim von der Deutschen UFO-Meldestelle CENAP sein!“

Das funktioniert auch relativ gut: Der Absatz von UFO-Literatur geht stetig zurück, neues kommt kaum hinzu, eine allgemeine Besorgnis oder ein besonderes Interesse an UFOs in der Öffentlichkeit ist nicht feststellbar, schlimmer noch: Die meisten nehmen das Problem überhaupt nicht ernst, ihr Wissen über UFOs geht meist gen Null – gute Arbeit der Skeptiker-Szene! Allerdings dürfen sich UFO-Ermittlungsgruppen nicht wundern, wenn nichts anderes mehr auf ihre Schreibtische flattert als gefälschte Fotos oder die Aufarbeitung 100 Jahre alter Fälle, weil selbst der dümmste UFO-Zeuge macht den Fehler, eine Sichtung zu melden, höchstens ein einziges Mal. Ohne UFO-Zeugen jedoch gibt es keine UFO-Forschung.

„Der vielleicht heimtückischste rhetorische Trick war es, mit dem Begriff Skeptiker, irreführend jene zu bezeichnen, die tatsächlich Spötter sind. Wie der Soziologe Robert Merton betont hat, ist der organisierte Skeptizismus eine grundlegende Norm in der Wissenschaft. Der Begriff Skeptizismus ist dabei aber angemessen mit zweifeln umschrieben, nicht mit verneinen. Es handelt sich um eine agnostische Position, den Glauben auszusetzen, nicht ihn zu verwerfen. Der wahre Skeptiker, ein Zweifler, vertritt keine Behauptung, deshalb trägt er auch keine Beleglast. Der Spötter dagegen, ein Bestreiter, vertritt eine negative Behauptung, deshalb hat er die gleiche Beleglast zu tragen, die in der Wissenschaft von jedem Behauptenden gefordert wird. Wenn Spötter ihre Position fälschlicherweise als die eines besonders harten Skeptizismus ausgeben, versuchen sie in Wirklichkeit, sich der Beleglast zu entledigen, die sie für ihre negative Position zu tragen haben.

Wenn Wissenschaftler, die Spötter sind, paranormale Behauptungen kritisieren, halten sie in der Regel nicht die selben professionellen Standards ein, die von ihnen in ihrer eigenen Disziplin erwartet werden. Dies wird insbesondere dann offensichtlich, wenn man ihre Lobpreisungen für Artikel untersucht, in denen von Experimenten zu paranormalen Behauptungen berichtet wird, die negative Ergebnisse erbrachten. Einige dieser Artikel enthalten recht fragwürdige Methoden und Schlußfolgerungen und hätten nie einen wissenschaftlichen Begutachtungsprozeß überstanden, wären ihre Ergebnisse positiv gewesen.“ (*Mario Truzzi*)

Skeptikertreffen Hilfe!

Wie mit sich selbst reproduzierender Dynamik entwickelt sich der UFO-Skeptizismus in Deutschland. Einmal davon abgesehen, daß es eigentlich gar keinen Grund dafür gibt, die Existenz eines weltweiten UFO-Phänomens anzuzweifeln, und ein Skeptiker, wie wir gelernt haben, (s.o.) eine These ja nicht abtun würde, solange diese weiterer Untersuchung bedarf, wird auf Treffen, wo eigentlich das UFO-Phänomen gemeinsam besprochen und untersucht werden soll, häufig nur noch der Erfolg von als Fälschungen entlarvten UFO-Filmchen bequatscht und herausgestellt, ganz so, als gäbe es die echten Fälle und all die weltweiten Zeugen gar nicht. Anstatt, wie es vernünftig wäre, die Fälschungen links liegen zu lassen, und ans Eingemachte zu gehen, wird genau das Gegenteil gemacht. Das könnte zum Teil daran liegen, daß diese interessanten Fälle einfach bewußt ignoriert werden, und zum anderen an Unkenntnis und daran, daß man sich nicht die Mühe macht, an die entsprechenden Informationen zu gelangen. Warum nicht?

Weil man (der Zweifler) dann Gefahr liefe, die eigenen verharmlosenden Untersuchungsergebnisse ad absurdum führen zu müssen:

"*Konservative Wissenschaftler nehmen Anomalien typischerweise als Gefahr (und Bedrohung für die gegenwärtig akzeptierten Theorien) wahr*" (*Mario Truzzi*).

So wirken dann diese Treffen auf Außenstehende zunächst wissenschaftlich nützlich, bei näherem Hinsehen jedoch trifft sich hier nicht selten eine Gruppe von Menschen, die mit unvollständigen Hintergrundkenntnissen, die Bevölkerung mit ihren ufologischen Ergebnissen, beruhigen wollen, ihr Ego festigen wollen und damit bewußt oder unbewußt der Vertuschungsabsicht der Regierungen (s.u.) dienen.

Oder, um es klar auszudrücken: Während auf den Treffen der Zweifler alte, längst identifizierte Fälle aufgerollt werden oder neidvoll das Wirken und Schaffen von Kollegen getadelt wird, sitzen in jedem Land der Welt, in jeder Stadt, vielleicht in Ihrer Straße oder sogar in Ihrem Nachbarhaus UFO-Zeugen, und Entführungsopfer und warten darauf, daß ihnen irgendeine UFO-Gruppe sagen kann, was da mit ihnen passiert. Es wird Zeit, ihnen zu sagen, daß sie diese Antwort nicht von der Wissenschaft zu erwarten haben, und nicht von den UFO-Skeptikern. Wo ist denn eigentlich die gemeinsame Verantwortung dafür zu sorgen, daß dieses UFO-Thema endlich den Stellenwert erhält, den es verdient?

"Quellen und Beweise"

"*Was sind deine Quellen, was sind deine Beweise? Kannst du die Existenz von Ufos oder Außerirdischen beweisen, ...Nein? Na also!*"

So oder so ähnlich lauten die Fragen der Liga der Skeptiker, die zwar ihrerseits auch keine Beweise anführen können, das UFO Phänomen zu widerlegen. Was es nicht gibt, muß man ja nicht widerlegen richtig?

Die Art der Fragestellungen beinhaltet oft schon die Unmöglichkeit einer Antwort, womit der Nur-Skeptiker sich dann als Spötter entpuppt. Oft stellt sich heraus, daß viele Skeptiker nicht einmal die Klassiker der UFO Literatur gelesen haben, – insbesondere die amerikanische Literatur – von eigenen Ermittlungen, Vor-Ort-Recherchen und weltweiten Kontakten ganz zu schweigen.

Wenn beispielsweise ein UFO-Skeptiker noch nicht einmal weiß, daß sich im Mai 2005 das brasilianische Militär zur Zusammenarbeit mit den Brasilianischen UFO-Forschungsgruppen entschlossen hat, und die Existenz von besorgniserregenden nichtirdischen Flugobjekten öffentlich (!) zugegeben hat, dann kann man leicht zum 'Skeptiker der Skeptiker' werden.

Spätestens dann, wenn die öffentliche Besorgnis von Regierungsstellen nicht mehr ernst genommen oder sogar ignoriert wird, erscheint das Ufo-Skeptikertum bizarr.

Als würden UFO-Skeptiker nur des Skeptizierens Willen Skeptizismus betreiben. Denn selbst dann, nachdem man den uneinsichtigen Zweifler und UFO-Gegner mit den erforderlichen Informationen versorgt hat, glaubt dieser gelegentlich immer noch meinen zu müssen, das sei kein Beweis. Das 60 Jahre lange Schreien nach Beweisen hat die UFO-Forschung blockiert und damit dem ursächlichen Problem, dem weltweiten Problem eines nicht greifbaren UFO-Phänomens, keinen Gefallen getan, sondern höchstens seiner Vertuschung.

Der Wissenschaftsaspekt

Von "Oben" wird es vorgegeben, an Schulen, Universitäten wird es gelehrt: Der Mensch stammt vom Affen ab und die Wissenschaft sagt uns, was ist, und was nicht, und warum dem so ist. Das, was die Wissenschaft nicht erfaßt, kann demzufolge nicht sein. Haben sich die Menschen da ihr eigenes Gefängnis gebaut? Wenn sich das UFO-Phänomen also in keine Wissenschaft quetschen läßt, kann es das Phänomen nicht geben. Aha! Daß die Wissenschaft jedoch aus dem Menschen heraus entstand, und daß die menschlichen Fähigkeiten, im weitesten Sinne, auch die Grenze der Wissenschaft darstellen, scheint hier keinen zu stören. Aber, zur Erinnerung: Es gibt keinen wissen-schaftlichen Beleg für das Paranormale (s.o.), das gerade macht das Paranormale ja aus! Das Argument von UFO-Zeugen, daß man ja vielleicht ein, von außen auf uns zugreifendes Problem, gar nicht von „innen heraus" erklären kann, da man sich dazu selbst „außen" befinden müsse, wird daher in der Regel ignoriert, obwohl die Betroffenen das schon ganz gut erkannt haben. In der Einführung zu ihrem Buch No Way: In The Nature of the Impossible betonten der Mathematiker Philip Davis und der Physiker David Park, daß:

„...wir gewisse Vorstellungen darüber haben mögen, was unmöglich ist, wir können dies aber nicht absolut sicher wissen, weil es kein Kriterium für Unmöglichkeit gibt." (*Marcello Truzzi*) *und „...in ihrem Bemühen, behauptete Anomalien zu diskreditieren, bezeichnen sie Kritiker oft als „Wunder". Jede Beziehung zu früheren religiösen oder heutigen okkulten Vorstellungen wird genutzt, um die Anomalien mit Begriffen wie übernatürlich oder magisch zu charakterisieren. Das ist insbesondere deshalb unglücklich, weil Begriffe wie paranormal ursprünglich deshalb eingeführt wurden, um das Übernatürliche auf etwas Natürliches zu reduzieren."*

Wobei auch übersehen wird, daß das Paranormale ein Teil der natürlichen Ordnung ist.

Wissenschaftlich beweisen lassen sich die unmöglich erscheinenden UFOs nicht. Jedenfalls nicht mit Hilfe der zurzeit bekannten Wissenschaften. Und es kann nicht sein, daß das in 60 Jahren noch nicht festgestellt wurde? Höchstens durch das Ausschlußverfahren ließen sich Stück für Stück bekannte, irdische oder bislang bekannte Umstände ausschließen, Ergebnisse wie eindeutig außerirdisch oder eindeutig nicht vom Menschen gemacht wird man jedoch nicht hören, da die Wissenschaft sich soweit selbst nicht trauen kann. Die Wissenschaft weiß, daß sie keinen Beweis finden wird für das, was sich so offensichtlich der Wissenschaft entzieht. Und um das nicht zugeben zu müssen, gilt für sie im Umkehrschluß:
Da UFOs sich nicht beweisen lassen, gibt es sie ganz einfach nicht.

Die Fähigkeit der Wissenschaft hat, was das Erforschen des UFO-Phänomens angeht, schon lange versagt. Widerlegen kann man die UFOs mit Hilfe der Wissenschaft aber auch nicht! Weil etwas, daß es gibt, eben mit Nichts zu widerlegen ist. Ein weiteres Festhalten an Wissenschaftlichkeit kann deshalb von denen, die wissen, daß das UFO-Phänomen echt ist, nur als Ausrede verstanden werden. Und als Unterstützung der „von Oben“ verordneten Geheimhaltung.

Anmerkung des Autors:

„In diesem Zusammenhang fällt immer wieder der Name Rockefeller auf. Mehr dazu im nachfolgenden Kapitel!“

Selbst wenn es gelingt, einen wissenschaftlichen Beweis für ein UFO bzw. dessen Antrieb etc. zu erhalten – welche neue Erkenntnis würde es bringen? Daß sie nicht vom Menschen stammen, weiß man ja bereits. Was man erforschen muß, ist die Frage: Wer sind sie und was wollen sie von uns; was tun sie mit uns Menschen? Und für diese Fragen braucht man die Zeugen, mehr denn je. Eine von einem Wissenschaftler durchgeführte Fotoanalyse wird uns niemals sagen können, wer das UFO steuerte, was es auf der Erde macht, wem es nahe kommt, und was mit den Menschen geschieht, die
CE4-Erlebnisse (Entführungen durch Außerirdische) haben.

Wir werden warten bis wir schwarz sind. Kein UFO-Rechercheur wird je von seinem Schreibtisch in heimischen Gefilden aufspringen, mit einem Foto in der Hand, und schreien “HURRAAAAA...es ist ECHT!” Warum stuft man nicht gleich jedes Foto als falsch und nicht beweiskräftig ein und konzentriert sich stattdessen auf die Forschung mit den Augenzeugen?

Zur Erinnerung: Gäbe es die Zeugen nicht, hätte man von UFO's nichts gewußt!

Die Augenzeugen sind die tragende Säule der gesamten UFO-Forschung, nur sie können Angaben zum Aussehen, zum Ausmaß und zu Auswirkungen des Phänomens machen.
Eine skeptische Wissenschaft, die arrogant behauptet, daß Tausende und abertausende Zeugen sich irgendwie geirrt haben müssen, da die Wissenschaft die Aussagen nicht bestätigen kann, sollte dann vielleicht nicht an den Zeugen, sondern an der Einstellung der Wissenschaft etwas ändern. Wenn die Füße größer werden, als der Schuh, braucht man neue Schuhe!

Der Gesellschaftliche Aspekt

Unsere auf Christentum basierende, demokratische Gesellschaft funktioniert, solange nicht allzu viele aus dem Ruder laufen. Ein bedeutendes Merkmal eines demokratischen Systems ist, daß durch gesetzliche Regelungen die Regierung, ohne Revolution, wechseln kann. Trotz eines unumstrittenen Freiheitsgewinnes für den Einzelnen innerhalb einer Demokratie, ist Revolution (Umwälzung) nicht erwünscht. Der Zusammenhalt der großen Mehrheit bildet die Grundlage für das gemeinsame System der Gleichberechtigung. Daher vollziehen sich Freiheit, und freies Denken in aller Regel, gemessen an einem Gesamtwillen.

Um unsere Gesellschaft zu verstehen, muß man gewisse geschichtliche Entwicklungen berücksichtigen. Wenn früher Hexen zu jagen zum Alltag gehörten, so sind es heute Mobbing, Intrigen, Verschwörungen, politische Skandale und Gewalt. Das Prinzip der einst kirchlichen Gesellschaft, die Anpassung, zählt auch heute noch zu den Tugenden. Man soll sich nicht auflehnen, nicht widersprechen, nicht laut werden. Die Mehrheit läßt sich gemächlich auf dem Strom der Normalität treiben, wer gegen den Strom schwimmt, verursacht starken Wellengang und bringt die gemütlich aber hilflos Treibenden aus der Ruhe!

Man kann es als Naturgesetz bezeichnen, daß UFO's die Menschen aus der Ruhe bringen. UFOs sind nicht erwünscht, jeder Gedanke an UFO's ist eine Minirevolution und ein Angriff auf das funktionierende System. Der gesellschaftliche Druck ist daher immens: Über UFO's redet man nicht, denn nach wissenschaftlicher Auffassung kann es sie nicht geben. Wer das Gegenteil behauptet, ist im mildesten Fall als etwas schräg verschrien, im schlimmsten Fall als irre anzusehen. Das UFO-Thema wird auf allen Ebenen durch das Lächerlich machen bekämpft, der UFO Zeuge ebenfalls. Wer was darstellen will, anerkannt sein möchte, positive Aufmerksamkeit erregen will, muß auf der Anti-UFO-Welle mit schwimmen, denn alles andere wäre nicht normal. Die Macht der gesellschaftlichen Erwartung ist so groß, daß sie einer Gehirnwäsche gleichkommen kann.

Deshalb gilt auch hier wie bei dem psychologischen UFO-Skeptiker-Aspekt (s.u.) das Prinzip der Angst:

-**Angst**, nicht verstanden zu werden
-**Angst**, nicht ernst genommen zu werden
-**Angst**, ausgegrenzt zu werden
-**Angst**, lächerlich gemacht zu werden
-**Angst**, für verrückt erklärt zu werden
-**Angst**, den Job zu verlieren usw.

Gegenteiliges Verhalten kann demnach sehr wahrscheinlich gegenteilige Reaktionen und Gefühle auslösen. Stellt man sich also gegen das UFO-Phänomen, erhofft man sich, ernst genommen und für normal erklärt zu werden, positive Aufmerksamkeit etc. Als Ordnungsprinzip ist die Angst, seit Urzeiten, zum Lenken der Gesellschaft genutzt worden. Angst, ein ursprüngliches, lebensnotwendiges Gefühl, um in der Gemeinschaft überleben zu können. Manipulationen durch Angst erleben wir täglich (Tamiflu, Terror, etc.).

Die öffentliche Weltmeinung, bezüglich des UFO-Phänomens, zwingt wissenschaftlich orientierte UFO-Skeptiker dazu, an ihrer Methodik festzuhalten, um ihre Glaubwürdigkeit nicht zu verlieren. Verschiedene Gruppierungen bekräftigen den Anti-UFOisten in seinem Verhalten. So heißt es z.B. bei der GWUP (Gesellschaft zur wissenschaftlichen Untersuchung von Parawissenschaften e.V.):

„Die GWUP ist ein wegen Förderung der Volksbildung als gemeinnützig anerkannter Verein, in dem sich über 750 Wissenschaftler und wissenschaftlich Interessierte für Aufklärung und kritisches Denken, für sorgfältige Untersuchungen parawissenschaftlicher Behauptungen und die Popularisierung von wissenschaftlichen Methoden und Erkenntnissen einsetzen. Die GWUP informiert aus wissenschaftlicher Sicht über Parawissenschaften, Pseudowissenschaften und verwandte Überzeugungssysteme. Wir wenden uns gegen pseudowissenschaftliche Behauptungen und esoterische Heilslehren und möchten durch fundierte Informationen, die Anfälligkeit für pseudowissenschaftliche Vorstellungen und Versprechungen abbauen. Andererseits weiß man, daß Menschen, die mit unvertrauten Phänomenen konfrontiert werden, meist schlechte Beobachter sind und ihre Berichte oft Ungenauigkeiten und Irrtümer enthalten. Um den Kern der UFO-Meldungen zu finden, müssen die vorgebrachten Belege sorgfältig geprüft werden. Genau das tun Mitarbeiter der GWUP. Sie gehen den fast täglich in den Medien auftauchenden UFO-Meldungen akribisch genau nach, sprechen persönlich mit Augenzeugen, analysieren mittels Computertechnik Fotos und richten UFO-Hotlines ein, unter denen sich Personen, die Ungewöhnliches am Himmel beobachteten, seriösen und erfahrenen Untersuchern anvertrauen können.

1991 hat die GWUP die erste deutsche Statistik, mit mehr als 300 UFO-Meldungen veröffentlicht. Es ergab sich, daß die meisten UFO's weder auf fremde Wesen noch auf Luftspiegelungen, sondern auf Modell-Heißluftballons zurückgehen! Weitere wichtige Auslöser sind Lichtshows, bei denen Reflexe in den Wolken oft wie große, leuchtende Scheiben aussehen, aber auch verschiedene astronomische Objekte. Typisch ist, daß Menschen erst durch die Berichterstattung in den Medien dazu angeregt werden, nach oben in den Himmel zu sehen, und dann dazu neigen, altbekannte Himmelsphänomene als UFOs zu identifizieren."

Das kann man, um das Phänomen des gesellschaftlichen Drucks anzudeuten, ohne Kommentar so stehen lassen. Oder man fügt noch ein kleines Zitat hinzu:

"*Um ein perfektes Mitglied einer Schafherde sein zu können, muß man vor allem ein Schaf sein*". (*Albert Einstein*)

Der Psychologische Aspekt

Was veranlaßt einen Menschen als UFO Skeptiker aufzutreten – als Zweifler eines Phänomens, von dem er wissen müßte, daß es existiert, wenn er sich genügend damit befaßt hätte und was wiederum Voraussetzung dafür wäre, es anzweifeln zu können –, falls ausreichende wissenschaftliche Erkenntnisse dieses überhaupt zuließen, was ja nicht der Fall ist.

Warum will jemand partout einen wissenschaftlichen Beweis für ein paranormales Phänomen, von dem er wissen müßte, daß es diesen Beweis nicht geben kann, weil es eben keinen Beweis für das Paranormale gibt? Das Paranormale wird deshalb so genannt, weil es sich der Wissenschaft entzieht. Wieso würde einer das nicht wahrhaben wollen? Das ist absurd! Aber genau da liegt der Schlüssel für die psychologische Erklärung des UFO-Skeptizismus: Der UFO-Skeptiker zweifelt nicht das Phänomen an, sondern die Zeugen. Nur so hat er den handfesten Grund, auch das Phänomen selbst anzuzweifeln. Die Zeugen anzuzweifeln setzt ein übersteigertes Geltungsbedürfnis voraus, welches wiederum auf unzureichendem Selbstbewußtsein basieren muß. Ein verbohrter UFO-Skeptiker kann und will nicht wahrhaben, daß es da etwas gibt, was es nicht geben darf, was möglicherweise sogar eine Bedrohung für sein (von der Wissenschaft geprägtes) Weltbild darstellen würde. Ein moderner, abgeklärter erwachsener Mensch kann eine diffuse Bedrohung von außen nicht akzeptieren und reagiert mit Angst, eines Gefühls, des in die Zukunft gerichteten Warnsignals also. Auch so ist das vehemente Bekämpfen von ernst zu nehmenden UFO-Zeugen zu verstehen: Sie versetzen der sachlichen, wissenschaftlichen Skeptikerwelt einen Stoß, und das ist unangenehm.

Der UFO-Gegner ist außerdem sehr besorgt um sein Ansehen (Unsicherheit) und befürchtet, daß ihn ein Einlenken oder eine Erkenntnis der Lächerlichkeit aussetzen könnte (siehe Der Gesellschaftliche Aspekt). Also beschäftigt er sich mit dem Phänomen nach außen hin, um selbst den größten Abstand zur Lächerlichkeit zu wahren, und nach innen hin, um sich selbst wissenschaftlich gesicherte Geborgenheit vorzugaukeln. Die sogenannte Wissenschaft ist Dreh- und Angelpunkt des Neo-Skeptizismus. Ein anderes Argument als das der Wissenschaft können radikale UFO-Zweifler nicht anführen. Das dieses das Schlechteste von allen ist, habe ich weiter vorne erklärt.

Zur Eigendynamik der Natur heißt es auf einer Philosophie-Webseite z.B.: "Es wird so in der Rechtfertigung, wie in der alltäglichen Doppeldeutigkeit eine Schizophrenie erkennbar, womit ein Leben in zwei nicht übereinbringbaren Welten gemeint ist. Nicht nur der naturwissenschaftliche Forscher, sondern ein ganzer Kulturbereich, der sich mehr oder minder fraglos bzw. die Widersprüchlichkeit pragmatisch akzeptierend an die Vorgaben der Forscher hält, obliegt diesem Gespalten sein zwischen dem Beharren auf der einmal etablierten Verständnisweise und dem sich immer lauter meldenden (und als sinnvoll ersehnten) eigenständigen 'Handeln' der Natur."

Der Vertuschungs- oder der Politische Aspekt

Wohin man auch schaut: Es ist klar, die Regierungen arbeiten hart an der Vertuschung des UFO Phänomens. Gelegentlich wurde dieses ja selbst von Regierungsmitgliedern oder dem CIA schon zugegeben. Ob dieses nun durch herabspielen von Tatsachen, durch Verbreitung von Desinformationen, oder durch gezielte Aktionen, UFOs und deren Zeugen lächerlich zu machen, geschieht, ist egal. Die Masse macht es. Das Zusammenspiel all dieser Faktoren, zusammen mit Werbung, Hollywood, Comics, UFO-Spinnern, gefälschten Fällen und dem Wirken der Skeptiker, bewirkt, daß das UFO-Phänomen und seine Erforschung nach 60 Jahren moderner wissenschaftlicher Untersuchungsmethodik und ungezählten Jahrtausenden noch immer in den Kinderschuhen steckt. Traurig, aber zu unser aller Entsetzen wahr.

Die beharrliche und flächendeckende Vertuschung von oberster Stelle stellt hierbei – sicherlich gewollt – den Nährboden für ganze Skeptikerkulturen dar, die sich ausbreiten wie ein Pilz, und dafür sorgen, daß jede wichtige Information von sofortigem Aufschrei und Gegenargumenten überwuchert wird. Was bleibt ist ein undurchdringliches Wirrwarr von Widersprüchlichkeit, sowie echte Fälle, denen der Beigeschmack von Lächerlichkeit und Verbotenem anhaftet – keine gute Voraussetzung, den Hintergrund des echten Phänomens zu ergründen. Da das Widerlegen und Nicht-Aufdecken des UFO-Phänomens im Augenmerk der für unser aller Wohl Verantwortlichen liegt, können die UFO-Gegner sich in den Medien ausbreiten und unbehelligt ihren Anti-UFO-Wissenschaften frönen. Dem Lehrer und Ufologen Hans-Ulrich Neumann, der tragischerweise im Juni bei einem Autounfall ums Leben kam, war dieses wohl auch aufgestoßen: Er war mutig genug, das UFO-Thema den jungen Menschen in Projektveranstaltungen an den Schulen näher zu bringen.(26)

Giordano Bruno und der Beseitigungs-Aspekt

Der 1548 geborene italienische Dichter und Schriftsteller
Giordano Bruno war ein Naturphilosoph, ein genialer Denker, und Kosmologe. Die Kirche sah das allerdings anders: Es konnte nicht sein, was nicht sein durfte. Dazu hatte er seine Meinung:

"Toren in der Welt sind jene gewesen, die, die Religion, die Zeremonien, das Gesetz, den Glauben, die Lebensordnung begründet haben".

Brunos Leidenschaft war die Unendlichkeit des mittelpunktlosen Universums, die unendliche körperliche Substanz im unendlichen Raum, die lebendige kosmische Einheit, die sich, so sagte er, in der Vielfalt im permanenten Umschlag des Entgegengesetzten, in der Wechselwirkung des Verschiedenen erhält. Bruno dachte, daß das All erfüllt sein müsse von unzähligen Welten und bewohnten Planeten.
In seinem Weltraum gab es keine sphärische Seinsordnung, keinen äußeren Rand oder Beweger. Außerdem glaubte er, daß alle Körper beseelt seien und sich in einer lebendigen Wechselwirkung im Universum befänden.
Er war überzeugt davon, daß unsere Sinne trügerisch seien, weil sie entweder die wahre Natur der Dinge verbergen oder sie unter einer falschen Erscheinung präsentieren! Unser Wissen sei demnach Unwissen, und die Wahrheit vermag der Mensch nicht zu finden. Der Status des Naturphilosophen oder Physikers markiere die Grenze dessen, was der Mensch als begründbares Wissen erreichen kann, so daß der Mensch "bestenfalls auf die Spur der Erkenntnis des ersten Prinzips und der ersten Ursache kommen könne" so Bruno. Er erklärte, daß die Realität der Vorstellung entspringt.

Giordano Bruno hatte sich mit seinen Überzeugungen gegen die Kirche gerichtet. Am 17. Februar 1600 wurde er nach achtjähriger Haft im Alter von 52 Jahren in Rom zum Tode verurteilt und als Ketzer und Magier verbrannt.

Zitat Bruno:

"Mit mehr Angst verkündet ihr das Urteil, als ich es entgegennehme"

Giordano Bruno war seiner Zeit weit voraus. Die Menschen waren noch nicht reif für seine Gedanken. Sind sie es heute?

Wahrheit als Waffe

Es steht diese Behauptung im Raum, von der Existenz eines kollektiven Bewußtseins, eines Datenarchivs, wo alle je entstandenen Informationen gespeichert sind, und die man laut Aussage von Sehern, anzapfen kann. Hellsehen oder Ahnungen, die wir unseren übernatürlichen Fähigkeiten zuordnen, können eigentlich nur auf der Basis eines kollektiven Bewußtseins möglich sein.
Was soll Überbewußtsein denn sonst sein? Fantasie? Pures Rätselraten? Magie? Es scheint, daß das, was wir magisch nennen, durchaus nachvollziehbarer Natur sein kann. Trotzdem würde es wissenschaftlich kaum zu beweisen sein. Es ist übersinnlich, das heißt nicht, es ist unmöglich, sondern es liegt jenseits dessen, was wir mit unseren eingeschränkten Sinnen wahrnehmen können. Übersinnliches ist Teil der Realität - es muß Teil der Realität sein!

Setzen wir doch einmal voraus, daß ein solches kollektives Bewußtsein existiert. Es soll bewiesen sein, daß jeder einzelne Gedanke elektrische Impulse aussendet, die sogar durch die Kopfhaut noch meßbar nachzuweisen sind, wenn auch nur gering. Wohin der gedachte Gedanke entschwindet weiß man nicht. Wenn man ein wenig darüber nachdenkt, stellt sich zwangsläufig eine ketzerische Frage: Gäbe es alles, was möglich und vorstellbar ist, wenn kollektives Bewußtsein die Fantasien und Ideen steuert?

“Wenn du die Wahrheit unterdrückst, wird sie zu deinem Feind. Wenn du die Wahrheit aufdeckst, wird sie zu deiner Waffe.”

Schlußfolgerung:

Spöttischer UFO-Skeptizismus kommt beinahe einer Zeitverschwendung gleich. Das UFO-Phänomen muß, wenn es überhaupt eine Chance einer teilweisen Aufklärung geben sollte, ganz anders angepackt werden, als dieses in der neuzeitlichen UFO-Forschung bisher geschah. Ergebnisorientiertes Forschen ist sogar Voraussetzung, will man das Phänomen auch nur in Ansätzen verstehen. Man kann nicht dauernd das anzweifeln, was man erforschen will, und dann Methoden anwenden, von denen man von vornherein weiß, daß sie ungeeignet sind. Man muß sich klar machen, daß die derzeit angewandten Wissenschaften nicht auseichen können, will man die Wahrheit erfahren. Zeugen und alle die, die ernsthaft an einer Aufklärung bemüht sind, dürfen sich vor allem nicht einschüchtern lassen. Keiner weiß so viel über das UFO Phänomen wie die UFO Zeugen! Mehr als bisher, muß man sich klarmachen:
Nur Unwissenheit ist der Tod der Erkenntnis.(27)

“Mut habe ich solange gezeigt, glaubt ihr ich werde ihn verlieren in dem Moment, wenn mein Leiden ein Ende findet!?" *Marie Antoinette*

Kapitel 12

Die Frontenbildung in der UFO Szene

15 Jahre Erfahrung=Erkenntnis?!

Auf das vorliegende Kapitel bezogen, möchte ich Ihnen meinen persönlichen Standpunkt darlegen:
welche Erfahrungen und Erkenntnisse ich, bezüglich der sogenannten UFO-Forschung, in den letzten 15 Jahren gemacht habe, wie aktive Forscher komplett umgedreht wurden und sich heute gänzlich anderen Interessen und Themen widmen, wer dafür verantwortlich ist und welche Absicht damit verfolgt wird.

Wenn ich von einer Frontenbildung spreche, meine ich damit nicht UFO-Gläubige vs. UFO-Kritiker (die es natürlich auch gibt, aber hier nicht zur Debatte stehen).

Seit das Interesse an UFOs und ihren Insassen ab Mitte der 1990er zusehends abflachte, und es gab gerade hier in Deutschland niemanden mehr, der einen internationalen UFO-Kongreß auf die Beine stellte. So war es einfach an der Zeit, mir ein Bild über die neuesten Erkenntnisse, in der offiziellen UFO-Forschung zu verschaffen und so besuchte ich im April 2008, in Erfurt, die Frühjahrstagung der DEGUFO e.V.

Der letzte große internationale UFO-Kongreß wurde 1995 in Deutschland, von dem führenden UFO-Forscher Michael Hesemann organisiert. Diesen Kongreß besuchte ich damals mit meiner Frau, und ich konnte erstmalig öffentlich über meine Erlebnisse und Erfahrungen mit Außerirdischen berichten. Sämtliche Fernsehanstalten und Reporter aus dem In- und Ausland waren anwesend, um darüber zu berichten. Es war ähnlich wie heute mit der Weltwirtschaftskrise: es schien, als ob urplötzlich jemand da war und der dann, wie von Geisterhand, das Interesse an diesem Phänomen abgeschnitten hatte.

Nun frage ich Sie: wer hat ein Interesse daran, das gerade hier, in unserem Land dieses Thema totgeschwiegen wird? Hat dies vielleicht mit der Ankunft unserer Ahnen, Mitte der 1990er zu tun? Haben bei den Geheimdiensten die Alarmglocken geläutet? Aus verläßlichen Quellen ist mir bekannt, daß der MAD in seiner Führungsebene nicht nur bestens über das UFO-Phänomen informiert ist, sondern auch über die Aktivitäten der Aldebaraner und der Neudeutschen!

Michael Hesemann war seinerzeit der führende UFO-Forscher in Deutschland. Er handelte international und hatte beste Kontakte zu höheren militärischen Kreisen – auch in den USA.

Auf dem UFO-Kongreß 1995 verkündete er, daß er über die Rockefeller-Stiftung, in Deutschland, Institutionen einrichten werde, in denen Betroffene, des Entführungsphänomens, fachärztliche Betreuung erhalten. Ich hatte dies, damals auf der Podiumsdiskussion, für Betroffene gefordert, und einen Zeitrahmen von fünf Jahren vorgegeben. Bis zu diesem Zeitpunkt hätten wir genug Beweise vorlegen können die für den Kontakt mit Außerirdischen stehen.

Leider waren Hesemanns Versprechen nur leere Worthülsen, und in den darauffolgenden Jahren verlief bekanntermaßen alles im Sande. Selbst die Videoaufzeichnungen dieser sehr aufschlußreichen Podiumsdiskussion, einschließlich meiner hier aufgestellten Behauptungen, werden bewußt zurück gehalten.

Wenn man Michael Hesemanns Werdegang bis heute verfolgt, stellt man erstaunt fest, daß er sich um 180 Grad gedreht hat – oder gedreht wurde? Heute scheinen UFOs und Außerirdische für ihn nicht mehr relevant zu sein, da er sich literarisch nur noch mit der Bibel und ähnlichen Themen auseinandersetzt.

Hier sind inzwischen hintergründige Kräfte am Wirken, die im Verborgenen die Entscheidungen darüber treffen, was veröffentlicht werden darf, und was besser vertuscht werden sollte. Das ist zu vergleichen wie mit einem Damm beim Hochwasser, es kann ein wenig Wasser austreten, aber niemand darf darauf hinweisen. Nur keinen Dammbruch damit auslösen!

Hesemann recherchierte akribisch und weltweit zum Thema UFO und lieferte immer sachlich korrekte Arbeit ab. Aber wenn er nur ansatzweise etwas von Flugscheiben aus der Zeit des Deutschen Reiches hörte, geriet er sofort in Aufruhr. Jan van Helsing stellte den genauen Gegenpol dar! In seinen beiden verbotenen Büchern deckte er die dunklen Machenschaften der Geheimgesellschaften auf und führte die Leser unter anderem zurück in das Deutsche Reich und zu den damaligen technischen Entwicklungen, auf dem Gebiet der Flugscheiben. Auch hier erkennen wir, wie polarisiert wurde. Nichts anderes geschieht im Großen, auf der Weltbühne der polaren Kräfte.

Unser erstes Buch, die Biografie – Die Unermeßlichkeit des Seins – wurde 1996 vom Argo-Verlag veröffentlicht, für das uns Hesemann ein zehnseitiges Vorwort schrieb, in dem er die Darstellung unserer Erfahrungsberichte sehr lobte. Zu dieser Zeit war Hesemann noch Chefredakteur des vom Argo-Verlag herausgegebenen grenzwissenschaftlichen Magazin 2000plus. Danach folgte der radikale Schnitt und Jan van Helsing nahm sich unserer Geschichte an, daraus folgte 1997 das Buch – Unternehmen Aldebaran –.

Hatte ICH jetzt wohl die Seiten gewechselt?

Das Resultat war, daß ich von diesem Tag an bei Michael Hesemann und den seriösen UFO-Vereinen in Ungnade fiel, obwohl meine Erlebnisse die gleichen waren wie 1996, nur das neue Erkenntnisse durch weitere Rückführungen bei Dr. Hennig Alberts in mein Bewußtsein befördert wurden, derer ich mir 1996 noch nicht bewußt war.

Jetzt hing ich zwischen den Fronten fest. Auf der einen Seite treten viele junge Menschen an mich heran, schildern mir ihre Erlebnisse von den Greys und suchen meinen Rat. Auf der anderen Seite ist da eine innere Anbindung an unsere Vergangenheit, die ich nicht ablegen kann wie ein Kleidungsstück.

Dann haben wir die seriösen UFO-Vereine wie GEP, MUFON-CES und DEGUFO, die aber nicht akzeptieren wollen oder dürfen, daß hinter dem Programm der Greys ein noch viel größeres Programm steht, welches unmittelbar mit unseren Ahnen zu tun hat.

FAKT ist, daß es uns nicht erlaubt ist, eine Verbindung zum Deutschen Reich, besser gesagt in die Zeit zwischen den beiden Weltkriegen herzustellen, in der nun mal alles seinen Anfang nahm!

Reihenweise wurden Fachautoren umgedreht, die plötzlich andere Sichtweisen vertreten als das, was ihre frühen Publikationen aussagten. Auch auf die Gefahr hin, wieder zwischen die Fronten zu geraten – die Zeit ist reif, diese Machenschaften aufzudecken.

Doch nun zu meinen Erlebnissen bei der Frühjahrtagung 2008 der DEGUFO e.V. in Erfurt. Anbei die offizielle Presseerklärung, die ich exopolitik.org entnommen habe, und die ich für ihre konstruktive Zusammenarbeit sehr schätze. **Miteinander – nicht Gegeneinander** –; nur diese Zusammenarbeit bringt uns der Wahrheit näher.
Robert Fleischer, Dipl.-Dolmetscher und Chefkoordinator von Exopolitik.org, machte auf mich einen sehr guten Eindruck.
Bei exopolitik.org handelt es sich um eine Gruppe junger und engagierter Menschen aus Leipzig, die sich dafür einsetzen, daß weltweit die UFO-Akten der Öffentlichkeit zugänglich gemacht werden. Je mehr Druck ausgeübt wird, umso schneller stürzt das konstruierte Lügengebäude in sich zusammen.

UFOlogie in Deutschland: Die Zeit der Spalter ist vorbei

„*(Erfurt) Die drei wichtigsten deutschen UFO-Vereine GEP, MUFON-CES und DEGUFO möchten in Zukunft deutlich enger miteinander kooperieren. Das gaben Vertreter der Organisationen vergangenes Wochenende am Rande der DEGUFO-Frühjahrstagung bekannt. Ermöglicht wurde diese neue Qualität der Zusammenarbeit vor allem durch einen Generationenwechsel innerhalb der Vereine.*

Natale Cincinnati, Pressesprecher der Gesellschaft zur Erforschung des UFO-Phänomens GEP:

Es sind viele neue Gesichter aufgetaucht, die Vieles aus der Vergangenheit nicht mehr mittragen wollten und ganz bewußt einen neuen Weg eingeschlagen haben".

Marius Kettmann, Mitglied der Gesellschaft zur Untersuchung von anomalen atmosphärischen und Radar-Erscheinungen MUFON-CES:

Es liegt teilweise 10 bis 20 Jahre zurück, daß irgendeine Gruppe etwas gegen eine andere Gruppe gesagt hat und Streitereien entstanden. Gerade die jüngeren Mitglieder haben von den alten Streitereien gar nichts mitbekommen, waren nicht dabei und gehen anders aufeinander zu. Die wollen auch nicht mehr 'unter die Gürtellinie schlagen' und sich als Konkurrenz sehen."

Alexander Knörr, Vorsitzender der Deutschsprachigen Gesellschaft für UFO-Forschung e.V., möchte den neuen kollegialen Umgangston konstruktiv nutzen. Bis jetzt hat jede Gesellschaft bei

UFO-Sichtungsberichten ihre eigene Herangehensweise und ihren eigenen Fragebogen. Knörr: "Es soll ein einheitlicher Leitfaden für die Sichtungsmeldungen erarbeitet werden".

Respektvoll, aber bestimmt – das ist der Tenor der neuen deutschen UFO-Forschung. Ein erstes gemeinsames Projekt: Eine gemeinsame UFO-Datenbank mit standardisierten Einträgen, um UFO-Sichtungen besser vergleichen und katalogisieren zu können. Schließlich sind sich alle drei Organisationen darüber einig, daß das UFO-Phänomen real ist – wodurch sie sich, derzeit noch vom Großteil der meist uninformierten deutschen Bevölkerung, unterscheiden. Respekt vor der Meinung des Anderen ist auch deshalb geboten, weil dies eine Grundvoraussetzung ist, um von Politik und Medien ernst genommen zu werden.

Und schließlich nimmt keine der beteiligten Organisationen für sich in Anspruch, vollständig zu wissen, was hinter dem UFO-Phänomen steckt. Eines steht fest: Ohne eine respektvolle und professionelle Zusammenarbeit würden wir es wohl nie erfahren.“[28]

Mein größtes Interesse bestand darin, neue Kontakte zu knüpfen und vor allen zu hören, was Illobrand von Ludwiger neues berichten würde. In seinem Vortrag lies Herr Ludwiger hin und wieder durchblicken, daß das Militär über gewisse Aktivtäten Bescheid weiß, ging aber nicht näher auf das Thema ein. In der abschließenden Diskussion fragte ihn einer der Teilnehmer, was er über die Hochtechnologien des Deutschen Reiches, speziell über Flugscheiben, wisse.

Man merkte von Ludwiger an, daß ihm diese Frage sehr unangenehm war, und er sich vor einer klaren Aussage drückte.

Er sprach kurz über die konventionell angetriebenen Flugscheiben von Schriever und Habermohl, würgte dieses Thema aber kurzerhand wieder ab, indem er meinte, daß diese niemals über das Teststadium hinausgekommen seien. Er bestätigte uns noch, daß er Kontakt zu einem Regierungsmitglied hätte, das sehr offen für seine Arbeit wäre.

Selbst in der abendlichen Runde, bei einem guten Essen, konnte ich nichts aus ihm herauslocken. Ich persönlich habe großen Respekt vor der Arbeit, die Illobrand von Ludwiger seit mehreren Jahrzehnten führt, und er ist meiner Ansicht nach, einer der führenden Kapazitäten in der deutschen UFO-Forschung. Das Problem besteht nur darin, daß Männer wie er nur einen Teil der Geschehnisse rund um unsere Erde offenlegen können oder dürfen – es wäre nicht das erste Mal, daß Pensionsansprüche oder andere finanzielle Mittel gestrichen und die betroffenen Personen in den Ruin gestürzt werden. Ich bin mir sicher, daß unter vorgehaltener Hand im internen Kreise auch über Flugscheiben oder gar über Aldebaran geredet wird.

Wenn wir den Bericht von der DEGUFO-Jahrestagung 2009 näher unter die Lupe nehmen, fällt schnell ins Auge, für welche Organisation Herr von Ludwiger arbeitet und indirekt unterstellt ist.

„Der **Astrophysiker Illobrand von Ludwiger**(29) beschäftigt sich seit fünf Jahrzehnten mit dem UFO-Phänomen. In den 90er Jahren war er Teil der Rockefeller-Initiative, welche sich zur Aufgabe gemacht hatte, den damaligen US-Präsidenten William Clinton über die wissenschaftliche Realität des UFO-Phänomens zu informieren. Bei der DEGUFO-Jahrestagung 2009 in Erfurt stellte von Ludwiger jene Methoden vor, die seiner Meinung nach die Grundlage einer wissenschaftlichen UFO-Forschung, aus wissenschaftssoziologischer, psychologischer sowie wissenschaftstheoretischer Sicht darstellen. Außerdem präsentierte er UFO-Spuren aus militärischen Radaraufzeichnungen, die man nicht so oft zu sehen bekommt.
Von Ludwiger plädiert für eine strikte Unterscheidung zwischen Himmelsbeobachtungen, die konventionell erklärt werden können, und dem eigentlichen UFO-Phänomen."

Immer wieder taucht bei führenden UFO-Forschern die Rockfeller-Stiftung bzw. Rockefeller-Initiative auf – ZU-Fall?

Damit habe ich die erste Gruppe angesprochen, die den einen Block bildet. Nun wollen wir den Gegenblock näherer betrachten. Ich meine damit den **Neuschwabenland-Treff in Berlin** und verschiedene Fachautoren wie **Gilbert Sternhoff**, der mit seinem Buch – Die Dritte Macht von 1945 bis heute – für Aufsehen gesorgt hat. Viele Indizien, auf die er in seinem Buch verweist, stimmen mit meinen Erfahrungen überein.

Bei folgendem Sachverhalt decken sich unsere Ansichten allerdings nicht: Sternhoff kommt zu dem Schluß, daß sämtliche Erscheinungen, die im übertragenen Sinne als UFOs definiert werden, allesamt einer irdischer Abstammung zuzuordnen sind.

Die zweite Gruppe geht also davon aus, daß es keine außerirdischen Besucher gibt oder jemals gab, die Außerirdischen in Wahrheit nur Menschen sind, die hinter diesem Phänomen stecken.

Schauen wir in Sternhoffs Buch rein, um einen kleinen Überblick zu bekommen:

„*Vor dem Ausblick steht der Rückblick, steht die Zusammenfassung der bisher in diesem Buch gewonnenen Erkenntnisse. Das wichtigste Faktum, die nicht mehr nur hypothetische, sondern tatsächliche Existenz einer Dritten Macht, scheint mit an Sicherheit grenzender Wahrscheinlichkeit bewiesen.*

Der Faden, der von verschiedenen Autoren gelegten Spur konnte nicht nur aufgenommen, sondern auch erheblich weiterverfolgt werden. Wesentliche Aspekte dieses, die Absetzbewegung der Dritten Macht zum Ende des Zweiten Weltkrieges, beschreibenden Handlungsrahmens fanden ihre Bestätigung.

Neu kam hinzu, daß das sogenannte UFO-Phänomen ausschließlich als irdisches Phänomen verstanden werden kann, das seit seinen Anfängen spätestens Ende 1944 bis heute eine kontinuierliche technische Evolution durchlaufen hat. Diese Entwicklung vollzog sich auf der Grundlage von Entwürfen, die sämtlich noch vor Ende des Krieges von deutschen Wissenschaftlern im Dienste des Deutschen Reiches konzipiert worden sind. Im Ergebnis gelangte die Dritte Macht in den Besitz von Flugapparaten, die sich der Antigravitation als Antriebsquelle bedienen.

Parallel dazu wurde ein großangelegtes genetisches Zuchtprogramm initiiert, dessen Vorstudien anscheinend in den 1960er Jahren des vergangenen Jahrhunderts mit den ersten Entführungsfällen anliefen. Ab Mitte der 1970er, verstärkt dann in den 1980er und 1990er Jahren, ging die Dritte Macht dazu über, mittels Genmanipulation Wesen zu schaffen, die über die Charakteristika der bevorzugten nordischen Gruppe verfügten. Die Maßnahmen zur Sicherung dieses Genpools standen in Kontinuität zu denen des Nationalsozialismus, der in der Förderung dieses Menschentyps sein ureigenstes Anliegen erblickt hatte. Als irdische Operationsbasis der Dritten Macht konnte die Colonia Dignidad identifiziert werden, ergänzt um jenes Refugium auf unserem Nachbarplaneten Mars. Wie geht es weiter? Welchen Fortgang wird diese Entwicklung nehmen?

Eines kann mit Sicherheit wohl kaum in Zweifel gezogen werden:
Die Übernahme der Welt und damit die Revision der geschichtlichen Ereignisse vom Mai 1945, stehen als das eigentliche Ziel, auf der Agenda der Dritten Macht.
Unter welchen Bedingungen, zu welchem Zeitpunkt und unter Anwendung welcher Mittel man versuchen wird, diese Zielvorgabe zu realisieren, darüber kann heute nur spekuliert werden.
Allein Tatsache ist, es wird etwas passieren, und mit Recht darf bezweifelt werden, ob die anderen Weltmächte allein oder gemeinsam in der Lage sein werden, dieser Herausforderung erfolgreich zu begegnen. Grund zu dieser pessimistischen Einschätzung gibt nicht nur deren anscheinend technologische Unterlegenheit, sondern vor allem ihre überaus bedenkliche, zunehmend instabile gesellschaftspolitische Situation.
Aus der Sicht der Dritten Macht soll die vollkommene Tarnung ihrer Absichten gewahrt bleiben, bis der konkrete Zeitpunkt für deren Umsetzung herangereift ist. Die anderen Weltmächte haben kein Interesse daran, die Öffentlichkeit in ihren Ländern über den von der offiziellen Geschichtsschreibung abweichenden Ausgang des letzten Weltkrieges aufzuklären.
Wann also findet diese Interessenidentität ihr Ende?
Gerade vor dem Hintergrund zu beobachtender gesellschaftspolitischer Veränderungen kann sich möglicherweise das Wetterleuchten der kommenden großen Auseinandersetzung abzeichnen. Womit nicht gesagt werden soll, daß diese unbedingt eine kriegerische sein muß. Für ein friedliches Übernahmeszenario könnte die zunehmende Erosion der bestehenden Gesellschaft, forciert z. B. durch eine globale Wirtschaftskrise, den Ausschlag geben.“[(30)]

Hier scheint Sternhoff einen **Volltreffer** bezüglich der **globalen Wirtschaftskrise** in der wir uns gerade befinden gelandet zu haben. Man beachte, daß sein Buch einige Jahre vor Beginn dieser Krise auf den Markt kam und niemand weiß zu dem Zeitpunkt, in dem ich diese Zeilen schreiben, in welche Richtung sich diese entwickeln wird.

Wenn man seine Quellen, bezogen auf das Entführungsszenario, anschaut, liegt er meinen Erkenntnissen nach daneben. Der kardinale Fehler liegt darin, daß er bezüglich des Entführungsphänomens ausschließlich Quellen aus den USA aufführt. Warum ich diese Aussage hier so offen anspreche hat folgenden Hintergrund:
Die Entführungsszenarien in den USA und hier in Europa sind aus unterschiedlichen Perspektiven zu betrachten, wenn auch die Ablaufmuster der Vorgehensweise sich sehr ähneln. Die treibende Kraft, die dahinter steckt, ist jedoch eine gänzlich andere.

Genau hier kommen nämlich unsere Ahnen, die Aldebaraner, ins Spiel, die Sternhoff nicht mit in seine Analysen einbezogen hat. Alle andere Hinweise und Thesen die er aufgestellt hat, kann ich mit bestem Gewissen bestätigen.

Rufen wir uns die Analyse von Landor aus Kapitel 2, Punkt 13 ins Gedächtnis:

„*13. Der Krieg zwischen den Achsenmächten und der feindlichen Allianz dauert bis zum heutigen Tage an und erreicht erneut die Erde. Dieser große Krieg im All, findet im Kleinen sein Abbild in der Geschichte des 20. Jahrhunderts.*
In den beiden Weltkriegen, welche nur eine Unterhandlung des großen interkosmischen Weltenkampfes reflektieren. Besonders augenfällig wird dies an der Tatsache, daß das Deutsche Reich zusammen mit seinen Verbündeten als Achsenmacht im Krieg gegen die Alliierten, also gegen die feindliche Allianz, bezeichnet wird und bis heute als Reich, als Deutsches Reich, welche nicht mit dem Konstrukt der Alliierten identisch ist, im tatsächlichen Kriegszustand liegt. Selbst der Waffenstillstand wurde längst gebrochen."

Solche Parallelen verwundern keineswegs. Paul Hellyer erkannte, daß die Amerikaner die Hilfe der Achse ablehnten (und das kurz nach Ende des Zweiten Weltkriegs) und sich in Folge dessen dem schlechten Einfluß der außerirdischen Allianzkräfte nicht entziehen konnten oder wollten, nachdem diese sie mit einem Transfer außerirdischer Hochtechnologien gefügig machten. Werfen wir einen Blick auf folgende zwei Berichte, um eine stimmige Schlußfolgerung daraus zu ziehen:

„*1954, 20. Februar. US-Präsident Eisenhower verschwindet für einige Stunden aus dem Rampenlicht der Welt-Öffentlichkeit ohne seine Leibwächter mitzunehmen.*
Offiziell ist er nach Kalifornien gekommen, um Golf zu spielen. Er wohnt auf der Ranch eines seiner Freunde, Paul Roy HELMS, obwohl er gerade erst vor fünf Tagen von einem längeren Jagdausflug aus Georgia zurückgekehrt war. Die Ranch liegt bei Palm Springs, nicht weit von Muroc entfernt. Am Abend breitet sich Unruhe unter den anwesenden Journalisten aus. Spekulationen entstehen, daß dem Präsidenten etwas Ernsthaftes zugestoßen sei, während offizielle Stellen verlautbaren, das alles in Ordnung sei. Als aus vertraulicher Quelle durchsickert, daß der Präsident tatsächlich nicht auf der Ranch ist und Pressesekretär James HAGGERTY mitten aus einer Grillparty abberufen wurde, um ein Statement abzugeben, brennen einige Sicherungen durch.

1982, Jahresende. Ein Mitglied des britischen Oberhauses, der Earl of CLANCARTY, veröffentlicht den ihm zugegangenen 'vertraulichen Bericht eines im Ruhestand befindlichen ehemaligen US-Spitzen-Testpiloten.' 'Der Pilot', so CLANCARTY, 'war einer von sechs Leuten, die bei Eisenhowers Zusammenkunft mit Außerirdischen dabei waren.'
Er wurde als technischer Berater hinzugezogen wegen seines Charakters und seiner Fähigkeit als Testpilot. In seinem Bericht heißt es:

Fünf verschiedene fremde Raumschiffe landeten auf der Basis. Drei waren **untertassenförmig, zwei zigarrenförmig**. *Eisenhower, der genau zu dieser Zeit gerade im nahegelegenen Palm Springs zur Erholung war, wurde anscheinend von Militär-Beamten herbeigerufen. Während Eisenhower und seine kleine Gruppe zuschaute, stiegen die Extraterrestrier aus und näherten sich ihnen. Die* **Fremden sahen ähnlich wie Menschen** *aus. Sie hatten etwa die gleiche Größe, waren gebaut wie ein durchschnittlicher Mensch, konnten Luft atmen ohne Helm. Die Außerirdischen sprachen Englisch und sagten Eisenhower, sie wollten ein Erziehungsprogramm für die Menschen der Erde beginnen, um die Menschen über ihre Gegenwart zu informieren. Eisenhower sagte ihnen, er glaube nicht, daß die Welt darauf vorbereitet sei und hatte Sorgen, daß eine Bekanntgabe eine Panik auslösen würde.*
Die Fremden schienen zu verstehen und erklärten dann, sie würden weiterhin mit einzelnen Menschen isolierten Kontakt aufnehmen, bis die Erdenmenschen an sie gewöhnt wären. Eisenhower erklärte, er denke, das sei richtig, solange sie keine Panik und kein Durcheinander erzeugen würden. Dann führten die Fremden dem wie gelähmt dastehenden Präsidenten und seiner Begleitung ihre ehrfurchtgebietenden technischen Möglichkeiten vor. Sie zeigten dem Präsidenten ihr Raum-Schiff und bewiesen sogar die Fähigkeit, sich selber unsichtbar zu machen. Das bereitete dem Präsidenten eine Menge Unbehagen, weil keiner von uns sie sehen konnte, obwohl wir wußten, daß sie da waren. Dann stiegen die Fremden in ihre Schiffe und starteten. Alle von uns wurden auf strengste Geheimhaltung vereidigt.“[(31)]

„Die Fremden sahen ähnlich wie Menschen aus“ – daraus läßt sich ableiten, daß es keine Neudeutschen gewesen sein konnten.
Auch wenn sie Kriegsgegner waren, sind es Menschen und keine Außerirdischen! Auszuschließen ist auch, daß es Greys, Reptiloiden oder gar Insektoiden waren, denn sie unterscheiden sich in der Erscheinungsform derart von der menschlichen Form, daß man sie nicht als ähnlich beschreiben würde.

Es muß sich also um eine humanoide Lebensform gehandelt haben, die der unseren Erscheinungsform sehr ähnlich war, was auf die Aldebaraner durchaus zutrifft. Die Neudeutschen hatten zu dieser Zeit andere Prioritäten und bauten mit Hochdruck an ihren weltweit verstreuten Geheimbasen, um zu gegebener Zeit unsere Ahnen zu empfangen und die Wende auf Erden vorzubereiten.

Dieser erste offizielle Kontakt in der Miltärbasis Muroc war die Vorhut der Aldebaraner, die ihrerseits der feindlichen Allianz des Deutschen Reiches einen Friedensvertrag anbot, der aber abgelehnt wurde. Die Aldebaraner warnten die damalige US-Regierung ausdrücklich davor, sich nicht mit den anderen Außerirdischen, die bereits im Orbit Stellung bezogen hatten, auf einen Handel einzulassen. Diese Warnung wurde zur damaligen Zeit in ihrem ganzen Umfang wohl nicht erkannt. Man entschied sich gegen das Angebot der Aldebaraner und ignorierte ihre Warnung. So kam, was kommen mußte. Die US-Regierung nahm mit den Feinden des Galaxisimperiums Aldebaran, den Regulanern und den Capellanern, Kontakt auf. Auch diese haben ein genetisches Zuchtprogramm ins Leben gerufen, aber mit gänzlich anderer Zielrichtung als das bei den Greys und den Aldebaranern der Fall ist. Man erkennt das bereits an der Tatsache, daß in Europa so gut wie keine Fälle bekannt sind, wo Tiere auf grausamste Art verstümmelt wurden. Aus den USA dagegen liegen uns Unmengen an Fällen vor, was zeigt, daß hier andere Akteure ihre Visitenkarten abgegeben haben.

Wenn wir mit etwas Abstand dieses Kapitel nochmals vor unserem geistigen Auge ablaufen lassen, erkennen wir zwei Fronten, die gegenläufige Informationen streuen. Dadurch entsteht in der UFO-Forschung Verwirrung und Konfusion, da ganz bewußt nur Halbwahrheiten und Desinformationen gestreut werden.

Richard Dolan hat das in seinen Buch – **UFOs und der nationale Sicherheitsstaat** – vortrefflich geschildert und als COINTELPRO-Projekte definiert.

Nun bin ich wie so oft zwischen den Fronten aufgestellt, da meine Wahrnehmungen beiden Blöcken entgegenstehen. Ich sage, es gibt eine Dritte Macht, die ihre Hauptbasis seit Mitte der 1990er auf den Mars verlegt hat und dort der Führung des Galaxisimperiums Aldebaran untersteht. Anders ausgedrückt könnte man auch sagen, daß die Nachkommen der deutschen Absetzbewegung unter der geistigen Obhut unserer Ahnen geführt und ausgebildet wurden.

Somit stellt sich zwangsläufig die Frage, welche Aufgabe die Kontaktierten am Tag X haben.

Hin und wieder werden sogar über das große öffentliche Fernsehen Informationen eingestreut, die mehr als deutlich sind.
Im Frühjahr 2008 wurde der zweiteilige **Film, Die Gustloff, im deutschen Fernsehen** gezeigt, der ein stattgefundenes Kriegsdrama wiedergab. Der Kommandant des russischen U-Boots, der den Abschußbefehl gab, hat vor etwa zehn Jahren alles detailliert geschildert. Fast so, als wollte er sein Gewissen erleichtern.

Eine Zeitzeugin von damals, hat sich schon sehr lange der Sache verschrieben und mir den damals aktuellen Stand vermittelt. Heute bin ich froh, daß dies in den Medien endlich einmal thematisiert wird.

Während im ersten Teil dieses Films die Kommandanten das zwölfjährige Bestehen des Schiffes ausgelassen feierten, machte Heiner Lauterbach, der einen U-Boot-Kommandanten spielte, eine äußerst interessante Aussage: Er meinte daß es unüblich sei, ein Schiff nach seinem Erbauer zu nennen!

Jedes Schiff solle einen Sternennamen tragen, wie SIRIUS, ORION oder ALDEBARAN!

Man beachte die zusammenhängende Nennung von Sirius, Orion und Aldebaran. Mag vielleicht Zufall sein, da diese aus der einschlägigen Literatur eigentlich jedem ein Begriff sind.

Man denke jedoch daran, daß man aus einem Schiff mit Zugabe einiger weniger Buchstaben ein RAUM-Schiff machen kann.

Ich denke, der Drehbuchautor wollte uns mit dieser Aussage einen kleinen dezenten Hinweis geben! Welche Bedeutung haben folgende drei Planetensysteme für uns? Gibt es gar eine Verbindung zueinander?

Kapitel 13

Aldebaran, Sirius und Orion

Der alles entscheidende Hinweis kam von dem Fachbuchautor Sven Peters, der gleichzeitig auch der einzige deutschsprachige Autor ist, der zu den selben Erkenntnissen kommt wie ich. Das fehlende Puzzleteilchen, der Bezugspunkt Sirius, war mir bis jetzt immer im Nebel verhüllt. Wenn ich mir jetzt das Hoheitsabzeichen der Aldebaraner in Erinnerung rufe, macht dieses Zeichen auch einen Sinn. Es war ein auf der Spitze stehendes und an den Ecken durch einen Punkt verstärktes Dreieck. Das Dreieck war in ein rundes Emblem eingebunden und die Farbe war von der Spitze des Dreiecks fließend nach oben in ein immer stärker werdendes violett eingefaßt. Möglicherweise stellt dieses Abzeichen die **Verbindung Aldebaran, Sirius und Orion dar und zeigt die mögliche maximale Ausdehnung des Galaxisimperiums Aldebaran!** Erstaunlicherweise gibt es eine Unmenge von Indizien, sowohl konventioneller wissenschaftlicher, als auch grenzwissenschaftlicher Art und Herkunft, welche nach dem Gesetz der Wahrscheinlichkeit dem sogenannten „Galaxisimperium Aldebaran„ einen galaktischen Raumsektor von etwa 1.000 Lichtjahren im Durchmesser als Machtbereich zubilligen.

Grenzwissenschaftliche, sogenannte „transmediale“ Hinweise, bezeichnen etwa SIRIUS, ein Mehrfachsystem, bestehend aus einer

(A) weißen großen Sonne,

(B) einer weißen Zwergensonne (einem weißen Zwerg)

(C) einem (erdähnlichen) Planeten, als „alte Aldebaraner-Kolonie“.

Auch die von Sirius, „nur“ 8,69 Lichtjahre entfernte Erdsonne (mit Planeten und Monden), war wohl einst Teil des aldebaranischen Sternenreiches.

Sowohl entsprechende „Transmedialeüberlieferungen“, als mythologische und astronomische, genauer „altastronomische“ Hinweise, deuten die geschichtlich erfaßbare, älteste irdische Hochzivilisation SUMER, als Gründung und Kolonie der außerirdischen Aldebaraner, die sich selbst als „Sumeraner“ bezeichnen, also faktisch fast gleich wie das irdische Sumer.

Nach „Transmedialequellen“ gilt wieder „die alte Aldebaraner-Kolonie **Sirius“ als Kulturgründerin der irdischen altägyptischen Kultur**, wofür es auch in der ägyptischen Mythologie und Astronomie entsprechende Indizien gibt.

Es existiert auch ein transmedialer Hinweis, daß sich der Machtbereich Aldebarans zumindest bis zu den Plejaden, dem „Siebengestirn“ erstreckt, wofür es beim Studium der Sternbild-Geschichte sehr interessante zusätzliche Details gibt. Auch die heutigen „galaktischen Feinde Aldebarans“, die Sternenreiche Capella und Regulus, waren wahrscheinlich einstmals Teil des „Galaxisimperiums Aldebaran“. Doch vor allem beim Studium der irdischen Sternbildchroniken gelangt man zu sehr interessanten Erkenntnissen über die mögliche Ausdehnung des einstigen „Galaxisimperiums Aldebaran“! – Wie schon zu Beginn erwähnt wurde und wohl auch weitgehend bekannt sein wird, ist Aldebaran „Der Hauptstern“ des (heutigen) Sternbildes „Stier“. – Das war jedoch nicht immer und überall auf der Erde so.

So war das heutige Tierkreissternbild „Skorpion“ vor mehreren Jahrtausenden im alten Ägypten als „Stier“ bekannt.

Der Hauptstern des heutigen Sternbildes „Skorpion“ und einstigen altägyptischen Sternbildes „Stier“ ist und war der Fixstern „Antares“ (Alpha-Sco).[1]

Einen Hinweis und eine Spur finden wir auch in Kapitel 9, Teutonisches Erbe, in dem uns Teudt deutliche Indizien liefert, daß es die **Germanen waren, die die Pyramiden** erbaut hatten. Nehmen wir das unkommentiert als Tatsache, rücken die Theorien des englischen Fachbuchautors Robert Bauval in ein gänzlich neues Licht. Seine Forschungen und Erkenntnisse basieren darauf, daß die Kulturbringer der Ägypter beeinflußt waren von Göttern, deren Heimat der Sirius war. Waren die damaligen Götter der Ägypter Aldebaraner? Welche Verbindungen können wir zu Aldebaran und dem Sirius herstellen? Mir wurde 1995 während einer Rückführung klar ins Bewußtsein gerufen, daß die Greys im Ursprung aus dem Bereich des Sternbilds Orion kommen. Bekanntermaßen wurde mir, während einer stattgefundenen Entführung, an Bord des Raumschiffes, eine dreidimensionale Sternenkarte des Orion gezeigt. Es wurde mir später erklärt, daß die Greys ihre Untersuchungen seit Mitte der 1990er abgeschlossenen haben.

Hier noch ein kurzer Auszug aus einer Sitzung von mir, vom 1. Dezember 1996:

„Ich soll euch von der Königin danken, sie sind wieder auf ihren Heimatplaneten Nemo zurückgekehrt, der im Sternenbild Orion (!) ist. Sie haben ihre Kinder mitgenommen und wollen ein neues Leben aufbauen auf ihrem Heimatplaneten.
Es war euer aller freier Wille, ihnen zu helfen, daß ihre Spezies nicht ausstirbt. Nichts im Universum geschieht zufällig, sondern ist sei Äonen geplant und wird auch durchgeführt.

Aber jetzt müssen wir uns um die Erde und die Menschheit kümmern. Leider gibt es für viele Menschen keine Rettung, da sie zu stark an ihrer materiellen Welt festklammern und nicht bereit sind, sich der neuen Welt zu öffnen.“ (2)

Viele werden sich fragen, wenn die Grauen ihr genetisches Programm seit Mitte der 1990er abgeschlossen haben, warum gibt es dann immer noch Berichte von jüngeren Generationen, die von Entführungen durch die Grauen berichten?

Es gab, wie in –Unternehmen Aldebaran– schon dokumentiert wurde, ein parallel genetisches Programm. Auf der einen Seite das genetische Programm der Grauen, um ihrem Volk anhand unseres Genpools das eigene Überleben zu sichern. Dieses Programm ist, wie oben geschildert, zum Abschluß gekommen. Die eigentliche Urspezies der Grauen hat sich auf ihren Heimatplaneten, im Sternbild Orion, zurückgezogen.

Auf der anderen Seite steht das parallel laufende Programm, das ich hier die Zukunft der Menschen nennen möchte.
Auch hier sind augenscheinlich die Greys aktiv, die aber unter der geistigen Obhut unserer Ahnen, der Aldebaraner stehen, wobei hin und wieder auch uniformierte Menschen involviert sind (Neudeutsche). Bei den Grauen, von denen durch Außerirdische Entführte berichten, handelt es sich nicht um das ursprüngliche Volk der Grauen vom Orion, sondern um hochtechnologische Roboter, die, im Auftrag anderer Wesen, Menschen kontaktieren. Diese Roboter haben nichts mit dem ursprünglichen Volk der Grauen zu tun. Dieses parallele Programm hat unmittelbar mit unseren Ahnen und dem Projekt Zukunft der Menschheit zu tun, und ist nicht gleichzusetzen mit dem genetischen Programm der Spezies vom Orion. Darauf werde ich später etwas näher eingehen.

Das Resümee dieser obigen Schilderung läßt mich erahnen und erkennen, daß Orion, Sirius und Aldebaren miteinander handeln und in einem Verbund zusammen arbeiten.

Wie ich im vorangegangen Kapitel angedeutet habe, scheinen bestimmte Kreise sehr gut darüber informiert zu sein, wie diese drei Planetensysteme miteinander in Verbindung stehen. ZU-Fall?

Mit Neuester Technik

Mit neuester Technik ganz unscheinbar,
Sieht man die Menschen so nah und so klar.
Selber ward man nicht gesehn,
Konnte überallhin gehn und stehn.

Mit riesigen Untertassen, so schwarz wie die Nacht.
Hat mans inzwischen ziemlich weit schon gebracht.
Ganz lautlos und leicht schwebt man nun so dahin.
Wie vom Winde verweht, so kam es mir in den Sinn.

Krümmt Zeiten und Räume, fliegt hin und fliegt her,
Nichts leichter als dessen, denn es ist nicht so schwer.
Ob vom Nordpol zum Südpol,
Ob von der Erde zum Mond.
Glauben Sie mir, kein Planet bleibt verschont.
In einer Zeit, in der Gier, Habsucht
Die treibende Kraft.
Fern der Realität nur Illusionen er schafft.
Wo das Niedere nur zählt und
Große Hoffnungen verspricht.
Gebt Liebe dem Nächsten, die ganz große Pflicht!

Doch Menschen auf der Erde,
DEUTSCHE, oh wie graus.
Kommen aus ihrem Dilemma
So schnell nicht mehr raus.
Sind gefangen in Geschichte, Politik und der Welt.
Fragen Sie mich wann die Glocke nun schellt?

Verfaßt von Jörg Horbas

Kapitel 14

Einäugige, Blinde, Historiker und weitere Unglaublichkeiten

Verfaßt von Brian Hancock:

Kriegsschauplatz Internetforum

Sicher erinnern sich noch einige Leser des zweiten Teils der Aldebaran-Trilogie - Projekt Aldebaran - an meinen Namen. Nun, ich war sehr überrascht, als Reiner mir eröffnete, daß der dritte Band bereits in Arbeit sei. Er sagte mir, daß dieses Mal der Zeitdruck sehr hoch sei, denn wir stünden unmittelbar vor einschneidenden Ereignissen und fragte mich, ob ich denn nicht Lust habe, am vorliegenden Werk mitzuarbeiten.

Die Frage der Lust stellte sich mir zu keiner Zeit. Vielmehr war es eine Zeitfrage, da ich diverse Projekte am Laufen habe, um mir vom aller Orten vertretenen Logenklüngel das zurückzuholen, was man mir seit langen Jahren vorenthält. Dennoch fand sich ein wenig Zeit, um mich mal ganz unverbindlich in das Manuskript einzulesen. Zunächst wollte sich meinerseits kein richtiges Interesse zu
Aldebaran – Die Rückkehr unserer Ahnen – einstellen, was wohl daran lag, daß ich im Gegensatz zu Projekt Aldebaran nicht von Anfang in das Buchprojekt involviert war. So fiel es mir teils sehr schwer, die hier geschilderten Zusammenhänge in einen vernünftigen Konsens zu bekommen, in vieles mußte ich mich erst einarbeiten, doch dann war das Interesse geweckt. Vollends Feuer fing ich, als ich im Rohmanuskript diverse Begebenheiten und Namen zu lesen bekam, die mir spontan ein nicht allzu weit in der Vergangenheit liegendes Ereignis ins Gedächtnis riefen.

Es dürfte im Jahr 2006 gewesen sein, als ich Reiners Tipp Folge leistete, und mich im Forum auf einer Webseite anmeldete, die sich mit Grenzwissenschaften befaßte. Ich kannte die Webseite bereits seit längerer Zeit, das Forum hatte mich jedoch nie besonders interessiert. Aber durch den freundlichen Hinweis von Reiner dachte ich mir, ich könnte ja mal reinschauen.

Gesagt getan. Sowohl die Webseite als auch das Forum waren in der Szene hinreichend bekannt und etabliert, obwohl es hier noch recht familiär und nicht allzu überzogen herging.

Klasse statt Masse war hier das Motto und es unterschied sich in der Tat sehr deutlich und angenehm von Negativbeispielen wie dem "Gefangener Körper"-Forum (Kenner wissen das schnell zu entschlüsseln), welches im Prinzip gänzlich von Geheimdienstlern aller Coleur, möglicherweise auch der BRD, IP-Sammlern, sowie allerhand Abzockern, Rattenfängern und selbsternannten Heilsbringern unterwandert ist. Diese stehen gewerbsmäßigen Betrügern, Autodieben und gewissen Vertretern einer Firma, die man nicht zu Hause einladen will, in nichts nach.

Der erste positive Eindruck hat sich auch in der Praxis bestätigt. Einige Berufszweifler und blindes, rückwärtsgewandte, dümmliches Personal konnte ich in Bezug auf den Klima-Schwindel, diverse Anomalien in Bezug auf Planetenforschungen erfolgreich und unwiderlegbar mundtot machen. Sie loggten sich einfach nicht mehr ein, diese elenden Feiglinge – oder waren sie gar bereits den Hungertod gestorben? So daß wir über ein paar Ungereimtheiten in Bezug auf Reichs-Well, pardon, ich meinte natürlich Roswell, zufällig auf das Thema der deutschen Flugscheiben zu sprechen kamen. Wie es sich so ergab, war dieses Forum auch Spielwiese eines bekannten deutschen UFO-Forschers, dessen Namen ich hier nicht nennen werde. Da ich weiß, daß man gewisse Themen, aufgrund der hier vorherrschenden nahöstlich geprägten Meinung, eigentlich nicht näher diskutieren darf, hielt ich mich zunächst zurück. Zum damaligen Zeitpunkt wußte ich zwar um die diversen Mythen und Legenden deutscher UFO's, hatte mich aber noch nicht so intensiv mit der Materie beschäftigt.

Doch irgendwann platzte mir der Kragen, für was hat man denn einen UFO-Forscher im Forum, der sollte schließlich bestens bescheid wissen. Selbst wenn er sich in einem öffentlichen Forum nicht hätte äußern wollen, gäbe es da immer noch die Möglichkeit einer privaten Korrespondenz. So stellte ich mich dumm und fragte den Herrn, was er denn von der These der deutschen Flugscheiben halten würde. Was soll ich sagen? Zunächst hielt er wohl gar nichts davon, denn er zog es vor, meine Frage unbeantwortet zu lassen. Was mir umso merkwürdiger erschien, da er zuvor auf jeden (!) meiner Beiträge einging. Also ließ ich die Diskussion weiterlaufen, um weitere Ansatzpunkte raus zu picken und fragte den Herrn abermals nach seiner Meinung, bzw., ob er die Möglichkeit der Existenz deutscher Flugscheiben zumindest tendenziell als gegeben ansehen oder, diese aus triftigen Gründen, eher ablehnen würde.

Dieses Mal erhielt ich sogar eine Antwort von ihm, doch irgendwie redete er nur um den heißen Brei herum. Es vergingen einige Tage wo sich, durch andere Mitglieder des Forums, weitere Ansatzpunkte ergaben, so konnte ich unserem UFO-Forscher noch vehementer und zielgerichteter auf den faulen Zahn fühlen.

Doch der dachte gar nicht daran, wenigstens eine theoretische Möglichkeit als gegeben zu betrachten, er dachte nicht einmal daran, sich die Blöße zu geben und konventionell angetriebene Flugscheiben der Herren Epp, Schriever, Habermohl, Bellonzo als gegeben zu betrachten. Er dachte aber auch nicht im geringsten daran, meine Fragen zu beantworten oder aber einen hieb- und stichfesten Gegenbeweis anzutreten, was ihm als Sachbuchautor, ehemaligem Chefredakteur eines grenzwissenschaftlichen Magazins, sowie seiner Funktion als Historiker (!) durchaus hätte möglich sein sollen, so ich denn falsch gelegen hätte. Als UFO-Gläubiger ist man ein Außenseiter in der Gesellschaft und als Esoteriker wird man belächelt.
Der Deutsche-Flugscheiben-Überzeugte aber als Braunesoteriker beschimpft, somit steht man als Anhänger dieser zweiten, interessanterweise immer populärer (!) werdenden Variante, noch schneller auf verlorenem Posten als ein Wassertropfen in der Sahara zur Mittagszeit!

Doch nun ergab sich etwas, womit ich nie gerechnet hätte:
Anscheinend waren meine Fragestellungen und die Ungereimtheiten, die ich damals zur Sprache brachte, dermaßen zugkräftig und auch auf den zweiten Blick nur schwer bis gar nicht zu widerlegen, daß ich in diesem Forum Leute aus der Reserve lockte, von denen ich bislang den Eindruck hatte, daß diese sich niemals – weder freiwillig noch unter Zwang – mit der Thematik der "deutschen [redacted]-UFO's" beschäftigen würden. Und doch war es so! Unser Historiker kam jetzt in ärgste Bedrängnis. Er war in Erklärungsnot und stand mehr und mehr unter Zugzwang, Antworten geben zu müssen, wenn er seine Glaubwürdigkeit als Historiker nicht aufs Spiel setzen wollte!
Selbst die von den "Mächtigen" bezahlten, sporadisch erneut auftauchenden Unruhestifter konnten diesem UFO-"Forscher" immer nur für kurze Zeit Luft verschaffen.

Darauf ereignete sich ein mysteriöser Fall bei mir, an den ich ebenfalls nie gedacht hätte: Die Grafikkarte meines Rechners rauchte ab – ausgerechnet jetzt, wo es richtig interessant wurde! Nach ein paar Tagen hatte ich den instand gesetzten Rechner wieder zurück und ich loggte mich auch sogleich im Forum ein. Das Thema war schnell gefunden, ich begann zu lesen und konnte feststellen, daß sich die Schlinge um den Hals des UFO-Forschers immer enger zog. Die Diskussion geriet zwischenzeitlich aber völlig außer Kontrolle, nachdem die Trolle des Forums, von den anderen Usern, auf derbe Art angegangen und mundtot gemacht wurden. Leider bekam ich keine Möglichkeit mehr, regulierend einzugreifen, um den "Wissenden" erneut auf unauffällige und geschickte Art an die Wand zu spielen, denn die Moderatoren hatten das Thema geschlossen.

Ich versuchte später in anderen, ähnlich gelagerten Themen den roten Faden aufzunehmen, was aber nicht in der gewünschten Form gelingen wollte. Auch die Befürworter der deutschen Flugscheiben, die im zwischenzeitlich geschlossenen Forum zahlreich aus allen Ecken hervorkamen, ließen sich nur noch bedingt aus der Reserve locken.

Schon recht bald machte ich mir Gedanken, warum mein Rechner ausgerechnet zu diesem Zeitpunkt seinen Dienst quittierte. Welche Macht zog die Reißleine, als ich drauf und dran war, unserem Historiker die alles entscheidende Antwort abzunötigen?
Welche Macht rückte mich damit rechtzeitig aus dem Fokus der IP-Phischer der "Mächtigen"? Warum darf ich nicht erfahren, was ich als intergalaktischer, technischer Redakteur aber erfahren muß, um es via Hypernet in die MATRIX zu branden.
Ich weiß es nicht. ZU-Fall? De facto NEIN!

Doch es kommt noch besser! Als die heile Welt des Forums durch die Diskussion deutscher Geheimtechnologien zu bröckeln begann, ereigneten sich im Hintergrund gar merkwürdige Dinge. Es gab nur eine Person, die damals die nötige Berechtigung hatte, neue User freizuschalten. Es handelte sich um den Betreiber der Webseite, einen Herrn B.. Herr B. jedoch ließ das Tagesgeschäft urplötzlich schleifen. Zunächst dachten sich die Moderatoren nichts dabei, doch recht bald kam es zu zahlreichen Beschwerden, weil neue User teils Wochen auf ihre Freischaltung warten mußten, da keiner der Moderatoren die Berechtigung dazu hatte. Nur kurze Zeit später wurden Gerüchte laut, daß die Webseite kurz vor dem Aus stehen würde. Herr B. wäre immer seltener zu erreichen, er würde sich immer merkwürdiger verhalten und es scheint, als wolle er abtauchen. Einige Zeit später informierte mich einer der Moderatoren darüber, daß die Abschaltung der Webseite nur noch eine Frage der Zeit wäre. Herr B. sei mittlerweile überhaupt nicht mehr zu erreichen und beim Provider seien Rechnungen offen, die noch nicht beglichen wurden. Er gab mir den Tipp, die für mich interessanten Themen zu sichern, da jeden Tag mit der Abschaltung der Webseite zu rechnen sei.

Die Moderatoren wollten Webseite und Forum übernehmen und in Eigenregie und auf eigene Kosten weiterführen, dazu brauchten sie die Zustimmung des bisherigen Betreibers, der jedoch verschollen war.

So machte ich mich an die Datensicherung, bei der mir der Zufall, erneut einen Strich durch die Rechnung machte. Ich begann mit der Datensicherung der durch die Startseite des Forums vorgegebenen Reihenfolge.

Als ich mit den ersten Rubriken fertig war, und am nächsten Tag den geschlossenen superkontroversen Faden auf meine HD ziehen wollte, hatte der Provider die Webseite aufgrund des Zahlungsverzuges des Seitenbetreibers abgeschaltet – zu meinem persönlichen Ärger leider ein paar Stunden zu früh, ZU-Fall? Was sollte da nicht von mir aufgezeichnet werden? Wer oder was hinderte mich daran? Indizien, einen Historiker offen der Lüge zu bezichtigen und somit eine ganze Berufsgruppe in Frage zu stellen?

Ufos dürfen nicht irdischer Herkunft sein

Warum wird das UFO-Phänomen, von den meisten Forschern, nach wie vor ausschließlich von einer Seite betrachtet, nämlich der extraterrestrischen? Dabei gibt es doch noch die andere, die irdische Komponente. Selbst Begebenheiten der vermeintlich außerirdischen Art weisen durchaus oft genug in die irdische Richtung. Und auch der hier namentlich nicht genannte UFO-Forscher, welcher die irdische Komponente keines Blickes würdigt, kommt in seinen Büchern mit einer Unzahl an Ungereimtheiten daher und nicht nur er (!), Beispiele gefällig? Der Wunsch des Lesers sei mir Befehl:

Beginnen wir mit einem der bekanntesten UFO-Kontaktler, dem 1891 in Polen geborenen und später mit seinen Eltern in die USA emigrierten George Adamski. Adamski, der durch die Bücher Flying Saucers Have Landed sowie Inside The Spaceships einem Millionenpublikum bekannt wurde, gelangte erstmals in den Fokus der Öffentlichkeit, nachdem 1952 ein Bericht in der Lokalzeitung
Phoenix Gazette über seine Begegnung mit Menschen aus fremden Welten veröffentlicht wurde. Er traf damals in der kalifornischen Wüste auf einen "Außerirdischen", welcher behauptete, wegen der Atombombenexplosionen auf der Erde zu sein und von der Venus zu stammen. Es blieb in Folge nicht bei diesem einen Besuch der besonderen Art. Bis weit in das Jahr 1955 hinein, kam es zu mehreren Kontakten, die inmitten der Öffentlichkeit stattfanden und in deren weiterem Verlauf Adamski an Bord des jeweiligen Raumschiffs gebracht wurde. Auch war es Adamski stets gestattet, ja, es wurde ihm regelrecht aufgenötigt, Flugscheiben und Mutterschiff zu fotographieren, vom allseits bekannten Schuhsohlenabdruck mit der stilisierten Swastika ganz zu schweigen. Wer die Bilder kennt, wird sofort die verblüffende Ähnlichkeit zur deutschen Haunebu II und dem angeblich nie über das Reißbrettstadium hinausgekommenen Andromedagerät erkennen. ZU-Fall? Mehr Hinweise auf deutsch-aldebaranische Raumfahrer kann man doch gar nicht mehr geben.

Adamskis Gegner flippten jedoch vollends aus, als er behauptete, die UFO's würden zum größten Teil aus unserem (!) Sonnensystem kommen. Nun, es "flippen" heute noch unzählige Menschen aus, die der Meinung sind, daß alles, was wesentlich schneller als Mach 2,2 ist, zwingend von außerhalb des Sonnensystems kommen muß.

7. Januar 1948. Eine Flugscheibe mit einem geschätzten Durchmesser von 150 bis 300 Metern wird im US-Bundesstaat Kentucky gesichtet und taucht nur kurze Zeit später über der Luftwaffenbasis Godman Field, nahe Fort Knox auf. Commander Thomas Mantell und drei weitere Piloten, die gerade einen Übungsflug absolvierten, bekamen den Befehl erteilt, mit ihren Maschinen die mysteriöse Flugscheibe zu verfolgen. Die Piloten hielten Kurs auf das Objekt, doch kehrten Mantells Begleiter schon bald um, da ihre Maschinen nicht über die nötige Sauerstoffversorgung für die Piloten verfügten. Mantell jedoch heftete sich dem UFO an die Fersen und schnell war er nahe genug am Ort des Geschehens, um das UFO näher beschreiben zu können: "Es scheint metallisch zu sein und hat eine gewaltige Größe. Es beginnt zu steigen." Sobald Mantell in Begriff war, das UFO einzuholen, begab sich der Pilot des UFOs in einen rasanten Steigflug. Mantell aber gab nicht auf, verbissen versuchte er immer und immer wieder dem UFO nahe zu kommen, um dieses zu einer Landung zu zwingen, bis plötzlich der Funkkontakt abriß. Was dann geschah, läßt sich nicht gänzlich rekonstruieren. Fakt ist, daß man winzige Trümmer von Mantells Maschine fand, die in einem Radius von mehreren Kilometern verstreut waren.

Diese Trümmerstücke wiesen als Besonderheit besonders tiefe Rillen und Löcher auf, die völlig untypisch für eine Explosion erschienen. Bis heute ist nicht bekannt, was die Zerstörung von Mantells
Mustang P-51 verursachte, von Mantell selbst fehlt nach wie vor jede Spur. Die Militärbehörden mußten sich jedoch etwas einfallen lassen, wollten sie nicht das Gesicht verlieren. So wurde eine offizielle Verlautbarung an die Presse gegeben, laut der Mantell den Planeten Venus verfolgt hätte. Erneut grüßt die Venus, die ja auch heute noch für viele UFO-Sichtungen verantwortlich ist oder haben wir es wieder mit einem codierten Hinweis zu tun?

Unbestätigten Quellen zufolge fand am 12. Januar 1972 erneut ein Luftkampf zwischen UFO's und Kampfflugzeugen statt, der für die Besatzung letzterer tödlich endete. Die US-Air Force schickte Kampfflugzeuge in den Himmel, um unidentifizierte Flugobjekte abzufangen, die sich auf einem vorausberechneten Kurs nach Houston, Alamogordo und Los Angeles befanden. Interessant hierbei ist, daß die erwähnten Städte für die nationale Sicherheit, die Atomforschung und die Raumfahrt, äußerst wichtig für die USA sind. Eines der Flugobjekte soll über dem Pazifik niedergegangen sein, mehrere Kampfflugzeuge wurden abgeschossen.

Und tatsächlich filmte ein Einwohner von San Diego, an besagtem Abend, an der Pazifikküste in der Nähe von Los Angeles, ein ins Meer stürzendes Flugobjekt. Fotoexperten des Smithsonian Institute in Cambridge/Massachusetts prüften das Filmmaterial und kamen zu dem Schluß, daß es sich bei dem abstürzenden Objekt weder um Weltraumschrott, noch um einen Meteoriten handelte.

Ein weiterer Kontakt der 1950er, ist der allseits bekannte
Howard Menger aus New Jersey. 1932, Menger war damals zehn Jahre alt, will er seine erste Begegnung mit einer Außerirdischen gehabt haben. Auch im Erwachsenenalter wurde er immer wieder kontaktiert, wobei er auch erneut auf die außerirdische Dame aus seiner Kindheit traf. Seine Kontakte gaben sich als Undercover auf der Erde lebende Außerirdische aus, die laut ihren Aussagen sowohl von Planeten außerhalb unseres Sonnensystems, als auch von Mars, Venus und Saturn stammen. Über ihre hochtrabend geschwungenen Reden über Reinkarnationen, Liebe, Frieden und Eierkuchen werde ich an dieser Stelle nicht näher eingehen, denn das tut hier nichts zur Sache.

Am 5. November 1957 wurde der deutschstämmige Getreidehändler Reinhold Schmidt im US-Bundesstaat Nebraska Zeuge einer UFO-Sichtung. Schmidt befand sich nach der Besichtigung eines Feldes gerade auf dem Rückweg, als ihm ein Licht auffiel. Der Motor seines Wagens setzte aus und er mußte zu Fuß weitergehen. Er fand ein großes metallenes Objekt aus dem urplötzlich ein Strahl herausschoss und Schmidt paralysierte.
Schmidt wurde in das Innere das Schiffs gebracht, wo sich vier Männer und zwei Frauen in Straßenkleidung befanden, was doch recht verwunderlich erschien, zumal die ETrs ansonsten doch eher auf hautenge Anzüge zu stehen scheinen. Interessant in diesem Zusammenhang ist die Äußerung eines Besatzungsmitglieds zum Satellitenprogramm der Amerikaner. Erst der dritte Satellit sollte ein Teilerfolg werden -und so geschah es tatsächlich1 Schmidt war äußerst erstaunt darüber, daß an Bord des UFOs deutsch1 gesprochen wurde. Als Schmidt die Behörden von seinem Erlebnis in Kenntnis setzte, setzte man ihm zum "Dank" erst einmal für mehrere Tage in einer Nervenklinik fest.

Ein paar Monate später wurde Schmidts Wagen erneut das Opfer des "Motorstopmittels" und bei dieser Gelegenheit gaben sich die Besucher als Saturnier zu erkennen. Im Sommer 1958 war es Schmidt vergönnt, mit diesen an Bord einer Flugscheibe an den Nördlichen Polarkreis zu fliegen. Dort wurden ihm sowjetische U-Boote gezeigt, die Markierungen am Meeresgrund anbrachten, um dort Basen zur Stationierung von Atomraketen zu errichten.

Wie so oft bei solchen interkontinentalen Trips wurde auch Schmidt für die üblen Folgen atomarer Verseuchung durch Nuklearwaffen sensibilisiert.

Fälle wie die oben genannten gibt es zu Hunderten. Ich habe mich bewußt kurz gefaßt, da diese im Prinzip jedem am Genre Interessierten bekannt sind. Eine ausschweifende Darstellung ist auch gar nicht nötig, da uns einige wenige Hinweise und Schlagworte genügen, um daraus eine gänzlich andere Richtung aufzuzeigen. Bezeichnend sind bei diesen sich nur kurz nach dem Zweiten Weltkrieg ereigneten Begebenheiten so manche Dinge. So stelle ich mir die Frage, warum die Frage nach der Herkunft der Fremden von diesen verblüffend oft mit Planeten aus unserem Sonnensystem beantwortet wird. Wie ja bekannt ist, verfügte Deutschland während des Zweiten Weltkriegs über eine kleine Anzahl an diversen Flugscheibentypen, die ihre Feuertaufe sowohl in der Reise durch einen Dimensionskanal hin zum Sonnensystem Aldebaran, als auch durch den am 21.April 1945 stattgefundenen Marsflug, bestanden hatten.
Da die Weiterentwicklung und praktische Umsetzung dieser Hochtechnologien durch die bereits weit vor Kriegsende mit Bedacht geplante Auslagerung einer perfekt abgestimmten Infrastruktur in die Antarktis und nach Südamerika gesichert war, steht nun der berechtigte Gedanke im Raum, ob diese "Nahbereichs-Außerirdischen" nicht in Wahrheit Deutsche waren, die tatkräftige Unterstützung durch die Aldebaraner hatten. Selbst wenn es sich um echte Venusier, Marsianer und Saturnier gehandelt haben sollte, so wären diese bereits in Kontakt mit den deutschen Flugscheibenpiloten gekommen und hätten mit diesen möglicherweise durchaus gemeinsame Sache machen können. Vielleicht haben wir es ja mit einer Abwandlung der Mimikry-Hypothese zu tun: Warum denn die äußere Form wandeln, wenn es doch ausreichend ist, den vermeintlichen Herkunftsort zu wandeln, nachprüfen kann das vom normal sterblichen Erdbewohner keiner, da in aller Regel die passenden Vehikel nicht zur Verfügung stehen.

Doch es gibt weitere Indizien. So zeigte sich in hunderten Entführungsberichten weltweit immer und immer wieder, daß die Außerirdischen vor den Folgen nuklearer Versuche und der damit einhergehenden Strahlenbelastung warnen. Nun mag man zwar davon ausgehen, daß solch hochentwickelte fremde Zivilisationen eine schmutzige Technologie, die die Atomkraft in der Art, wie wir sie heute anwenden, zweifelsfrei darstellt, ablehnen und durchaus wirksamere uns umweltschonendere Technologie zur Verfügung haben.

Jedoch wird gerne übersehen, daß die Deutschen die Ersten waren, die fertige Atomwaffen zur Verfügung hatten.

Es wird auch übersehen, daß eine solche Technologie nicht innerhalb weniger Tage entwickelt und verfügbar ist, sondern es dafür teils jahrzehntelange Vorarbeit und unzählige Tests benötigt, bei denen oftmals Dinge ans Tageslicht kommen, die anhand theoretischer Berechnungen so niemals vorhersehbar waren. Wäre es unter diesem Aspekt außergewöhnlich, wenn ein zwischenzeitlich auf Venus oder Mars ausgewanderter deutscher Raumfahrer vor den negativen Folgen der Nutzung von radioaktiven Elementen warnt, weil er schlicht und ergreifend einen Wissensvorsprung hat, der für diesen möglicherweise nichts anderes als Allgemeinwissen darstellt?

Einen weiteren Wink mit der Eisenbahnschwelle stellen Details der Aussagen des Getreidehändlers Reinhold Schmidt dar. Nicht, daß es schon außergewöhnlich wäre, daß die UFOnauten allesamt in legerer Straßenkleidung mit der Suppenschüssel durch den Orkus jagen, obwohl in Außerirdischen Kreisen gerne auf hautenge Overalls zurückgegriffen wird – **im irdischen Nahverkehrsbereich** – braucht es das nicht, ansonsten hilft das autarke Schwerkraftfeld der Flugscheiben.

Der weit bemerkenswertere Hinweis ist in der Aussage zum amerikanischen Satellitenprogramm zu finden. Wie kann man zum Scheitern der ersten beiden Satelliten eine verläßliche Aussage treffen, wenn man nicht gerade Nostradamus oder Irlmaier heißt? Ganz einfach indem man nicht glaubt, sondern weiß! Im Klartext heißt das, daß wir uns vor Augen halten müssen, daß eine große Anzahl deutscher Wissenschaftler als "Zwangsumgesiedelte" sowohl in der Sowjetunion als auch in den Vereinigten Staaten landeten. Bekannt ist auch, daß die Entwicklung von Raketen- und Satellitensystemen nicht in der reibungslosen Art möglich war, wie es im Deutschen Reich möglich gewesen wäre.

So fehlten hier die Spezialisten, die woanders gelandet waren, es fehlten die Hochtechnologiematerialien, für die wiederum die Produktionsstätten hätten gebaut werden müssen, was anhand fehlender Techniker und Produktentwickler ebenfalls mit argen Schwierigkeiten verbunden war. Und dann gab es da noch schlicht und ergreifend den Faktor Sabotage, denn nicht jeder Wissenschaftler war davon begeistert, den Brötchengeber unter Zwang wechseln zu müssen, wobei auch die Dritte Macht ihre Sabotagespezialisten zum Einsatz brachte - sozusagen als kleines Dankeschön für die durch die Alliierten in kriegswichtige deutsche Produktionsbetriebe eingeschleuste "Doppellinkshänder" und Maulwürfe.

Wenn nun ein irdischer Flugscheibenpilot über seine Mittelsmänner darüber informiert ist, wo die Fehler in den Raumfahrtprogrammen und der dazugehörigen Hardware liegen, dann ist das Insiderwissen und keine Prophetie.

Bei vielen UFO-Sichtungen und UFO-Begegnungen ist von starker Strahlung und Verbrennungen die Rede, ein besonders prominentes Beispiel ist der Cash-Landrum-Fall. Nun, auch hier werden wir in Deutschland fündig. Denken wir an von Brauns Planungen zur atomar angetriebenen Flugscheibe, atomar angetriebenen Raketen, die Entwicklung von Kleinstreaktoren für allerhand technische Zwecke, so kann man durchaus zu dem Schluß kommen, daß die nukleare Sackgassentechnologie in dem ein oder anderen amerikanischen Prototypen zur Anwendung gekommen ist.

Und dann gab es da noch Kammlers Glocke Und wie verhält sich das, wenn wie im Jahr 1952 eine ganze Armada von Flugscheiben über Washington anmutig durch die Lüfte zieht? Warum schrie man ob der dort gemachten Fotoaufnahmen ganz besonders laut nach Fälschung?

Wie verhält sich das, wenn UFOs über Atomwaffenarsenalen, Weltraumbahnhöfen, Regierungsvierteln und anderweitig wichtigen Lokalitäten auftauchen? Glaubt denn noch jemand daran, daß es sich in diesen Fällen um grüne, schleimtriefende Insektoiden handelt, die mit dem Zeigefinger wedelnd, pardon, mit dem UFO flackernd, vor den Gefahren dieser Waffen warnen? Nein!
Aber es gibt da jemanden seitens der Dritten Macht bzw. der aldebaranischen Achsenmacht, die durchaus öfter dazu gezwungen ist, Präsenz zu zeigen, wenn in Pentagon oder Kreml irgendwelchen geistesgestörten Selbstbeweihräuchern und Illuminatenknechten mal wieder die Sicherungen durchzubrennen drohen.

Daher lösen sich auch immer wieder Kampfjets, die ein UFO angreifen, in Luft auf, explodieren manchmal oder stürzen einfach nur ab, mit meist tödlichen Folgen für den Piloten. Denn Dritte Macht und aldebaranische Achsenmacht haben ein berechtigtes Interesse daran, nicht erkennen zu lassen wer die Flugscheibe steuert und durch de facto Unverwundbarkeit des Fluggeräts ihre Souveränität zu unterstreichen. Ist es nicht so, daß die Überreste von Thomas Mantells Jagdflugzeug seltsame Oberflächenstrukturen aufwiesen als wäre seine Maschine von einem Hochenergielaser getroffen worden?
Nun, auch die Deutschen bastelten für ihre Haunebus an solchen Kraftstrahlkanonen.

Kam Mantells Mustang P-51vielleicht gar keinem UFO eines kleinen grünen Männchens in die Quere, sondern kam gar eine Haunebu mit KSK bewaffnet des Weges geflogen und mußte dem alliierten Feind gerade mal zweieinhalb Jahre nach Ende des Zweiten Weltkrieg zeigen, daß man immer noch über einen gewaltigen Vorsprung an Technologie verfügt?

Wurde Eisenhower überhaupt von ET's kontaktiert oder war es doch die Dritte/Aldebaranische Achsenmacht? Man bedenke, daß nicht nur Außerirdische in einem Staatsoberhaupt einen geeigneten Ansprechpartner sehen, sondern auch diejenigen, die sich nach dem Zweiten Weltkrieg aus dem Fokus der Öffentlichkeit zurückgezogen hatten.

Schon weit vor 1945 flogen die Außerirdischen, oft bestätigt in den altertümlichen und mittelalterlichen Erzählungen über Herrscher wie Alexander der Große und Karl der Große. Für sich betrachtet scheint es so, daß nach 1945 vermehrt irdische Flugscheiben die Geschehnisse am Himmel bestimmten. So wurde nicht nur an Bord von Reinhold Schmidts Raumschiff deutsch gesprochen, die Literatur gibt durchaus weitere Fälle an, in denen genau dieses Merkmal doch sehr auffällig ist. Wurde stattdessen englisch gesprochen, so wird oft darauf hingewiesen, daß dieses einen deutschen Einschlag hatte – und es ist fürwahr nicht schwer, dieses zu erkennen, denn bei einem Deutschen, der englisch spricht, klingt dieses aufgrund unserer harten und klaren Aussprache – abgesehen von der t-h-Schwäche – durchaus sehr "klinisch".

Auch Historiker scheinen nicht päpstlicher zu sein als der Papst. Seien Sie aber äußerst vorsichtig, wenn ein solcher in seinen Werken plötzlich anfängt, in großem Stile mediale Durchgaben von kosmischen Nebelgranaten wie Sol-Tec, Ashtar Sheran und weiteren intergalaktischen Irrläufern zu zitieren.

Kapitel 15

Deutsches Reich - geheime Basis in der Antarktis

Ich kann mir gut vorstellen, wie tief der Stachel der Furcht, in der amerikanischen Administration, sitzen muß. Auch wenn folgender Bericht doch ein wenig überzogen scheint, sind auch hier einige Informationen verpackt und aufbereitet, die nicht von der Hand zu weisen sind.

Meiner Meinung nach existierte der deutsche Stützpunkt in der Antarktis tatsächlich, es gibt zu viele Hinweise und Indizien, auch seitens hoher Militärs. Aber diese Basis dürfte nicht mehr im vollen Umfang – wenn überhaupt – aktiv sein. Die Hauptzentrale wird längst außerhalb der Erde eingerichtet sein, weit entfernt und uns doch sehr nah, auf dem Mars. Dies dürfte auch für die Basen in Südamerika zutreffen.

Haben Sie schon von der Operation Tabarin gehört? Die Operation Tabarin war ein geheimes Unternehmen der Engländer kurz nach Kriegsende, zwei Jahre vor (!) Admiral Byrd´s Operation High Jump!

Warum waren unsere Kriegsgegner alle so besessen von dieser unwirklichen Eiswüste? Was machten, was oder wen suchten die Engländer in der Antarktis, wenn doch alles angeblich nur Mythen und Legenden sein sollen, die in den Nachkriegsjahren in Umlauf gebracht wurden. Und warum mußte Byrd zwei Jahre später noch mal ran? Wähnte man sich erst zu diesem Zeitpunkt dem Feind übermächtig? Einem Feind, der offiziell nicht einmal existieren darf? Wie das Ganze letzten Endes ausging, dürfte bekannt sein. Was man genau versuchte, zu bekämpfen oder dessen habhaft zu werden, werden uns nur diejenigen sagen können, die unmittelbar beteiligt waren. Doch diese Personen schlafen bereits allesamt den Schlaf der Ewigkeit.

»*Bild einer Südpol-Karte am Ende des Buches, im Bildabschnitt - Seite V*

Sehen wir uns die Karte der Antarktis, im hinteren Teil des Buches an. Von der Neu-Schwabenland Expedition ist die Route, 1938/1939, eingetragen, die zu der Zeit von den Expeditionsteilnehmern gegebenen geografischen Namen sind auch wiedergegeben. Ein Teil Wahrheit ja, aber nicht zu viel davon.

"Deutsches Reich – geheime Basis in der Antarktis?

Fliegende Untertassen versteckt in geheimer Antarktis Basis.

Amerika sieht sich einer Invasion von einer Armada [redacted]-Ufos gegenüber, die von einer geheimen Untergrundbasis in Antarktika gestartet wird, wo sie seit dem zweiten Weltkrieg beherbergt werden."

Das ist die entsetzliche Behauptung einer NSA Quelle, die sagt, daß die globale Erwärmung schuld ist. Wegen des Übermaßes an Treibhausgasen schmilzt das Eis in der Antarktis rapide. Dadurch werden deutsche Wissenschaftler, Offiziere und ihre Familien ihres Schutzes beraubt, erklärt die Quelle.

Die Quelle behauptet, daß von den US Spionagesatelliten gesammelte Bilder enthüllen, daß mindestens 420 der bedrohlichen Untertassen, jede ca. 90 Fuß (27 m) im Durchmesser, von der nun teilweise entblößten Basis aufgetaucht sind und über den Kontinent schweben, nur auf den Angriff wartend. Funksprüche die wir abgefangen und entschlüsselt haben, legen nahe, daß jede Untertasse mit genug super fortgeschrittenen Waffen ausgestattet ist, um 10 Amerikanische Städte zu zerstören, warnt die Quelle.

Es wird seit dem zweiten Weltkrieg gemunkelt, daß deutsche Wissenschaftler fliegende Untertassen entworfen und gebaut haben. Adolf Hitler suchte verzweifelt eine Superwaffe die ihm den Sieg garantieren konnte, erklärt der Historiker Lawrence C. Wangler.

Eins der vielen geheimen Projekte, die seine Wissenschaftler betrieben, war die Herstellung eines kreisförmigen Flugzeugs, daß vertikal abheben konnte. Das Projekt wurde von Dr. Viktor Schauberger geleitet, der ein Fahrzeug entwarf, das einen Wirbel zur Erzeugung eines magnetischen Feldes nutzte, der Levitation hervorrief. Ein Prototyp der am 19.2.1945 getestet wurde, erlangte laut Schaubergers Notizen eine Höhe von 45000 Fuß (13500 m). Der Erfolg kam zu spät für Adolf Hitler, um den zweiten Weltkrieg noch zu gewinnen. Aber er entsandte Männer und Ausrüstung um eine Flotte zu bauen, die später kämpfen kann - in Antarktika. Die Deutschen hatten den Kontinent bereits umfangreich kartographiert und erhoben, im Namen des Deutschen Reiches, Anspruch auf ihn.

Im März 1945, kurz vor Ende des Krieges, verließen zwei Deutsche U-Boote einen Hafen in der Ostsee, angeblich nahmen sie hohe Offiziere und Schlüsselmitglieder des fliegenden Untertassen Entwicklungsteams, samt Untertassenkonstruktionsplänen und Pläne für einen gigantischen Untergrundkomplex mit. Es wird weitestgehend angenommen, daß diese Unterseeboote nach Antarktika unterwegs waren." Laut einer NSA Quelle ist es mehr wie ein Glaube, es ist ein Fakt.

Die Theorie war bis heute, daß, wenn wir sie in Ruhe lassen, werden sie uns auch in Ruhe lassen, sagte er. Aber es sieht aus, daß diese unruhige Waffenruhe kurz davor ist, zu enden. Dabei ist diese Erkenntnis gar nicht so neu.

Auch der in millionenfacher Auflage in den USA erscheinende "National Examiner" brachte vor 18 Jahren folgende Sensationsmeldung:

National Examiner, January 26, 1988 UFO Geheimnis ist gelöst!

(Text entfernt) ... Die Regierungen dieser Welt sind darüber bestens informiert, aber auch total verängstigt, sagt ein führender Forscher.

Gemäß Christoph Friedrich, Autor von 'UFOs-Nazi-Geheimwaffen?', Samisdat-Verlag, Toronto, Kanada, hat Deutschland schon 1940 eine kleine UFO-Flotte gebaut. Friedrich behauptet ferner, daß deutsche UFO-Wissenschaftler mit ihren Maschinen, Prototypen, samt Testpiloten aus Deutschland verschwanden, als die alliierten Armeen näher rückten.

Er behauptet und belegt dies in 5 Punkten, daß der 'Selbstmord' von Adolf Hitler und Eva Braun nur erfunden und zur Gegner-Täuschung gedacht war. Daher konnten die Leichen nicht gefunden werden und die alliierten 'Beweise' waren lediglich Indizien ohne jeden Wert.

Stattdessen ist Adolf Hitler mit einem der ersten Düsenflugzeuge der Welt nach Norwegen und von dort in einem U-Boot nach Süd-Amerika, in einen dort befindlichen geheimen Stützpunkt entschwunden. Auf der Fahrt dorthin, aber noch im Nordatlantik, wurde Hitlers U-Boot-Flotte von einem britischen Flottenverband aufgespürt, jedoch die Briten mit neuen, geheimen hochtechnologischen Waffen restlos vernichtet. Der einzige Überlebende, Kapitän eines britischen Zerstörers, erklärte danach:

'Gott behüte mich, noch einmal mit dieser Macht in Konflikt zu kommen'. Es scheint, daß die Geheimwaffen, die Goebbels noch wenige Tage zuvor in seinen Propaganda-Reden erwähnte, hier erstmals im Kampf angewandt wurden. Friedrich behauptet, daß Hitlers Agenten für die Errichtung der geheimen Militärbasen in Süd-Amerika und UFO-Basen in der Antarktis, gefälschte US-Dollar und englische Pfund-Noten benutzt haben.

Mit großem Weitblick hat Hitler vorausgeplant (da er wußte, das Deutschland irgendwann besetzt würde) und unter anderem herrenloses Land in der Antarktis in Besitz genommen. Die deutsche Expedition fand 1938/39 unter Kapitän Ritscher statt. Sie landete in der Gegend von Königin Maud Land, wo sie Stützpunkte errichtete.

Die amerikanischen und sowjetischen Regierungen wissen seit 60 Jahren von den geheimen deutschen UFO-Basen, haben aber die Tatsachen verschwiegen, weil sie nicht wissen, wie sie damit umgehen sollen. Friedrich behauptet, daß die Möglichkeit besteht, daß diese Flugscheiben mit der Hilfe außerirdischer Mächte, die mit den Deutschen befreundet waren, in der Antarktis weiterentwickelt wurden.“

Anmerkung des Autors:

„Dachte hier Herr Friedrich an die **Aldebaranische Achsenmacht?**“

Der Forscher stellte sich folgende Fragen hierzu: "Konnten Hitlers Wissenschaftler dieses technische Wunder alleine verwirklichen, oder kamen "Flugscheiben-Leute", vielleicht sogar Besucher von außerhalb dieser Galaxis, und unterstützten diese Wissenschaftler? Geschah dies, weil die Wissenschaftler herausgefunden hatten wie die Technologie funktioniert und beide (Wissenschaftler, wie auch „Flugscheiben-Leute“) die selbige technische Sprache sprachen?"

Friedrich glaubt, ein sogenanntes 'Letztes Bataillon' wird bei einem kommenden weltweiten wirtschaftlichen Zusammenbruch in Aktion treten. Dann werden die fliegenden Untertassen die strategisch wichtigen Gebiete übernehmen und die Welt regieren.

Auch diese Quelle spricht wieder davon daß der Tag X nahe ist, wenn die Weltwirtschaftskrise Fahrt aufgenommen hat!

Ein erster realer Beweis für Flugscheiben?

Dieses Buch hätte schon längst in einem Verlag erscheinen sollen, während ich diese Zeilen schreibe. Aber ich bin daran gehindert? worden und habe dadurch noch einige Themen in diesem Buch, um interessante Theorien und Berichte, bereichern können. Das folgende Bild rundet nicht nur das Bild ab, sie können auch als ein erster Beweis gelten, daß es sie gibt.

»Bild am Ende des Buches, im Bildabschnitt - Seite VI

Der Eigentümer ist ein Mensch, der in geistiger Hinsicht sehr offen ist und auch über eine gewisse irdische Achsenmacht Bescheid weiß. Er hat das Schild zweimal gefunden. Das erste Mal in seinem Garten während er diesen umgestaltet hat, weil neben seinem Grundstück gebaut wurde. Er hat es als Schrott empfunden und wieder ins Erdreich zurückgelegt. Einige Jahre später, im Jahre ---- hat er sieben Flugscheiben in Formation bei sich von Süd nach Nord fliegen sehen, wenige Tage danach sind Kornkreise in einiger Entfernung von seinem Wohnort in einem Feld erschienen und er hat erneut bei Gartenarbeiten dieses Schild gefunden. Nun erkannte er den Adler und begann das Schild zu säubern und mit Bronzefarbe zu besprühen. Er sah die weiteren Symbole und informierte sich über diese im Internet.

Es hat beim Besitzer dafür gesorgt, daß er sich über ISAIS sehr genau informierte, sich geistig weiterentwickelte und hat durch dieses Schild seinen persönlichen weiteren Weg gefunden. Ich glaube fest daran, daß sie als Leser dadurch auch ihren Weg finden oder nun mit gefestigten Wissen ihren Pfad weiter fortschreiten. Das sollten wir als Botschaft gegenwärtig für uns alle erkennen.

Ich habe mit Freunden versucht den Weg des Schildes zu rekonstruieren und wir sind der Meinung, daß dieses Schild einem Offizier gehörte, der entweder selbst eine Flugscheibe flog oder für diese zuständig gewesen ist, im Entwicklungsbereich u.a.. Dieses Schild hat der damalige Besitzer wahrscheinlich bekommen für seine damalige Arbeit. Es ist im besonderen unter Fliegern ein alter Brauch, daß man nach einer erfolgreichen Mission ein Andenken erhält. Welcher Art diese auch immer gewesen ist. Dies kann eine Münze, ein solches Schild oder etwas ähnliches sein. Warum derjenige, der letzten Endes das Schild vergraben hat, nicht mit zu denen gehörte, die sich abgesetzt haben, wissen wir nicht. Er muß dieses Schild aus Angst vor einem Besuch, von Mitgliedern der Anchara Allianz, dann im Garten bei sich vergraben haben. Oder hat er dieses Schild dort vergraben im Wissen, daß es später gefunden wird und die Information des Schildes an den Besitzer, und den Deutschen, die in Europa verblieben sind, weitergegeben wird? Aber nun zum Schild selber.

Die äußere Form des Schildes ist sehr ungewöhnlich, wodurch ein hoher Erkennungswert geschaffen werden sollte. Die Rückseite zeigt verschiedene numerierte Ausbuchtungen, welche für Bohrlöcher zum Befestigen durch eine Schraube gedacht sind. Es ist so ausgelegt, daß man es, wenn man die richtigen Löcher bohrt, an verschiedenen Dingen, Teilen befestigen kann. Dies zeigt auf jeden Fall schon einmal, daß es sich um eine industrielle Massenanfertigung (!) handelt. Es ist KEIN EINZELSTÜCK. Hierfür spricht auch, daß es sich um einen industriellen Guß handelt. Die unten zu erkennende Flugscheibe ist entweder ein Schriever-Habermol-Gerät oder einer Schauberger-Repulsine. Wir sehen am Schild zwei Löcher, die sind später privat hinzugekommen. Es ist vermutlich das Symbol einer Kompanie. Aus Sicht der Armanen liest sich das Schild wie folgt:

Der Adler oben erinnert an den wehrhaften Adler der alten "freien" Reichsstädte, die symbolisiert durch die Krone nur dem Kaiser unterstellt waren. Die Zunge beim Adler weist darauf hin, daß dies ein redendes Wappen ist. Der Olivenzweig steht für Frieden und der Eichenlaubzweig für Krieg. Die unten abgebildete Flugscheibe ist die Unterschrift des Wappeninhabers.

Somit kann der Kundige folgendes lesen:

Diese deutsche Flugscheibenmacht wacht über uns in Krieg und Frieden und ist nur dem Kaiser ([redacted]) unterstellt.

Mehr Informationen können wir dazu nicht veröffentlichen. Durch das Erkunden im Internet würden wir, die Mehrheit der Leser, folgendes auf dem Schild erkennen: Im oberen Teil ist ein Adler, der nach links schaut, was somit Frieden bedeutet.

Der Adler steht für Macht und ist ein Sonnensymbol. In der Mitte erkennen wir 3 Türme, links davon einen Olivenzweig und rechts davon einen Eichenlaubzweig. Wenn man dieses Zeichen auch als Burg annimmt, dann steht es für Verteidigung. Der Olivenzweig ist ein Friedenssymbol, auch Schmerz und Prüfung. Der Eichenzweig steht bei den Germanen für den Gewittergott Donar, auch Thor genannt. Unter Eichenbäumen ist zu der Zeit der Germanen auch Gericht gehalten worden. Der Zweig selber steht für Standhaftigkeit, auch weite Verzweigung in der Familie.

Bildzeitung vom 6.12.2004

In Deutschland hingegen liest es sich ganz anders. Zwar kündigt die Bildzeitung an, daß Hitler UFO's bauen ließ. Im Zeitungsinneren wird jedoch der deutsche Leser "beruhigt":

Hitler sei nicht über die Experimentierphase hinaus gekommen, erst die Amerikaner hätten später anhand der deutschen Pläne die UFO's gebaut. Unsere Ansicht: Man kann über solche Annahmen und "Verschwörungstheorien" verschiedener Meinung sein. Man kann diese natürlich auch als Spinnerei verwerfen. Doch finden wir es seltsam, daß alle paar Jahre solche Presseberichte immer wieder (vor allem bei den Alliierten) in der Öffentlichkeit verbreitet werden.

Während die Meldungen von Bürgern in den USA und Europa über Sichtungen von UFOs in den letzten Jahren fast gänzlich zum Erliegen gekommen sind, werden in den Nachrichtenmedien noch nach
60 Jahren die UFO's als angebliche Hitler`sche Erfindung zunehmend verbreitet. Man könnte fast den Eindruck bekommen, als ob Sie sich vor irgendetwas fürchten. Aber das kann ja nicht sein, da die Nationalsozialisten ja schon 1945 besiegt worden sind.

Die unbekannten Flugobjekte sind modernste militärische Weiterentwicklungen der Amerikaner, das könnten diese gegenüber ihrer eigenen Bevölkerung doch offen darlegen, um Spekulationen zu unterbinden. Oder ist doch mehr daran und möchte man die Öffentlichkeit auf etwas vorbereiten? [(32)]

Seltsame Erfahrungen mit der Bildzeitung durfte ich auch schon sammeln!

Es war Anfang August 2005, als ich einen Anruf von einer Zeitung erhielt. Zu diesem Zeitpunkt lief auf PRO7 gerade wöchentlich eine zehnteilige Serie über das Entführungsphänomen („TAKEN"), die vermutlich einige von ihnen an den Bildschirmen verfolgt haben. Da die Serie sehr großen Anklang fand, und vermutlich auch eine sehr hohe Einschaltquote aufwies, suchte das Verlagshaus deutsche Entführungsopfer für eine sechsteilige Zeitungsserie.

Da nur noch zwei Folgen von „TAKEN“ anstanden, hatte die Redaktion es offenbar sehr eilig, rasch Material zu erhalten, um ihre Artikel noch vor Serienschluß zu veröffentlichen. Der Redakteur am Apparat bot mir an, meine Erlebnisse darin abzudrucken und fragte mich, ob ich bereit wäre, dafür ein Interview zu geben. Ich blockte zunächst ab und bat aufgrund meiner schlechten Erlebnisse um Bedenkzeit.

Nach reiflicher Überlegung, und Rücksprache mit Jan, sagte ich schließlich der Zeitung zu. Ich führte ein ausführliches Gespräch mit dem Redakteur und versuchte, ihm die Tragweite dieser Publikation zu vermitteln. Ich erklärte ihm, daß eine neutrale Berichterstattung vermutlich auf gewaltige Resonanz stoßen würde, denn bei einer so großen Leserschar ist die Wahrscheinlichkeit sehr hoch, daß sich etliche Entführungsopfer zu Wort melden würden. Am folgenden Morgen schickte ich dem Redakteur unser Buch „Unternehmen Aldebaran“ zu, damit er sich ein klareres Bild über meine Erfahrungen machen könnte.

Wir verblieben so, daß er Bild und Textmaterial aus dem Buch entnehmen durfte, allerdings mit dem Hinweis auf die Quelle. Zwei weitere Betroffene gaben noch ihr Einverständnis, an dieser sechsteiligen Serie mitzuwirken. Ein paar Tage später erschien ein Fotograf aus Stuttgart in unserem Zuhause und knipste bestimmt über 100 Fotos von mir und meiner Frau. Er schickte das Material am selben Tag per e. Post an die Redaktion nach Hamburg, da der erste Teil schon am nächsten Tag erscheinen sollte. Doch besagte Serie ist bis zum heutigen Tage noch nicht veröffentlicht worden, in der Bild-Zeitung, geschweige denn erwähnt worden. Warum dann die ganze Mühe, frage ich mich? Warum der ganze Aufwand?

Warum haben die Chefredakteure den Artikel nicht abgesegnet? War dem Verlag die Veröffentlichung gar zu brisant? Brisanter gar als eine Serie über Hitlers Flugscheiben? Aber vor wem fürchteten sie sich, vor der Wahrheit, vor der Aldebaranischen Achsenmacht? (5)

Lesen sie im folgenden Kapitel das Interview, die uns gewahr werden lassen, das hinter dem Mythos geheime Basis in der Antarktis mehr dahinter steckt, als nur das übersteigerte Wunschdenken einiger ewig Gestriger.

Kapitel 16
Streng geheime UFO-Untersuchung durch US-Militär und CIA

Ein ehemaliger amerikanischer Armeeleutnant, der Ende der 1950er Jahre für die CIA gearbeitet hat, gibt außergewöhnliche Informationen über die frühen deutschen Ufo-Entwicklungen preis und legt offen, was Amerikas Regierung und Militär wirklich über Ufos wußten.

Enthüllung eines CIA Mitarbeiter

Anmerkung des Autors:

„Wir gehen gleich zu der Stelle des Interviews, wo die interessanten Kernaussagen getroffen werden. Die für uns unwichtigen Teile des Interviews werden also nicht wiedergegeben:"

Interview eines amerikanischen CIA Mitarbeiters

Linda Moulton Howe (LH): *Stimmt es, daß Sie zwischen 1957 und 1960 für die CIA an den streng geheimen Blue-Book-Fällen mitgearbeitet haben – an den Fällen, die direkt an die CIA gingen und nicht an die Blue-Book-Variante, die für die Öffentlichkeit aufgezogen wurde?*

Stein: *Ja, die Fälle gingen an mich und meinen Vorgesetzten. Für gewöhnlich gingen sie direkt an mich.*

LH: *Erinnern Sie sich an Dokumente und Photos aus den 1950ern von bzw. über nicht identifizierte Flugobjekte? War in Ihren Akten auch von Tieren die Rede, die auf ungewöhnliche Weise getötet worden waren?*

Stein: *Nein, über tote Tiere stand nichts in den Blue-Book-Akten, die mir oder meinem Chef in die Hände kamen. Ein bemerkenswerter Fall in den Geheimdokumenten, die ich einsah, war allerdings der über einen UFO Absturz auf einer Ranch in New Mexico 1947. In dem Dokument hieß es, daß es sich um eine von den Deutschen gebaute Flugscheibe handelte, mit außerirdischen Hieroglyphen innen und außen. Daß es sich um ein Nazi-UFO handelte, fand man durch Reverse Engineering heraus, in dem man den Entwicklungsprozeß des Objektes nachvollzog. Ein Element des Flugobjekts wies, soweit ich weiß, darauf hin, daß es 1938 von Deutschland gebaut worden war. Aber dennoch waren auch Außerirdische an Bord. Einer von ihnen lebte, einer lag im Sterben und zwei, so glaube ich, waren bereits tot.*

LH: *Wurden Photos von diesen Wesen gemacht?*

Stein: *Ich habe auf der Militärbasis im Südosten Photos von ihnen gesehen, im Rahmen unserer streng geheimen Arbeit dort. Doch ich besaß zudem eine hohe Sicherheitsfreigabe vom Weißen Haus, und immer wenn ich in Washington, DC, im CIA-Hauptquartier war und*

Zeit hatte, ging ich in die Bibliothek und las viel über dieses Thema. Ich zog einfach meine Karte durch das Schloß und bekam Zutritt. Dort erfuhr ich auch, daß die Nazi's Flugscheiben gebaut haben.

LH: *Wurden in dem Bericht über den Absturz in New Mexico auch die außerirdischen Wesen beschrieben?*

Stein: *Ja, das wurden sie. Bestimmt haben Sie den Film gesehen, der irgendwann in den letzten fünf Jahren an die Öffentlichkeit gedrungen ist und in dem die Obduktion eines Außerirdischen gezeigt wird.*

LH: *Dieser Außerirdische mit sechs Fingern und sechs Zehen an Händen und Füßen?*

Stein: *Genau, er hatte jeweils sechs Finger und Zehen. In dem Film waren der Operationssaal und die Obduktion selbst zu sehen. Und ich erinnere mich, daß das Instrumentenbrett zur Steuerung des UFOs wie ein manuelles Lenksystem wirkte. Nach den Photos zu urteilen, die ich sah, steuerten die Außerirdischen das UFO per Fingerdruck.*

LH: *Haben Sie über die Fingerdruck-Kontrollfelder auch in den 1950ern gelesen?*

Stein: *Ja, das habe ich. Im CIA Bericht war auch von „außerirdischen Hieroglyphen" die Rede.*

LH: *Stand in dem CIA-Bericht auch, warum sich in einem Raumschiff, das angeblich 1938 in Deutschland gebaut worden ist, auch humanoide Wesen mit sechs Fingern befanden?*

Stein: *Nein, das nicht, aber ich erfuhr andere Dinge über die Deutschen. Ihre ersten Flugscheiben flogen bereits 1917 und 1927. Angeblich haben die Deutschen damals durch zwei Medien Kontakt zu den Außerirdischen aufgenommen. Die VRIL-Gesellschaft soll den ursprünglichen Prototyp der Scheibe entworfen haben, die später gebaut wurde und flugtüchtig war.*

Anmerkung des Autors:

„Wie die Kreise sich wieder schließen, womit wir wieder bei Maria Ortisch wären!"

LH: *Was war die Vril-Gesellschaft?*

Stein: *Sie ist eine ziemlich alte deutsche Gesellschaft. Ich glaube, daß auch mein Großvater ihr im 19. Jahrhundert angehört hat. Meine Vorfahren stammen aus Deutschland und gehörten zur königlichen Familie. Die VRIL-Gesellschaft verfolgte zu unterschiedlichen Zeiten unterschiedliche Ziele. Im 19. Jahrhundert befaßte sie sich mit verschiedenen Wirtschaftsprojekten und industrietauglichen Motoren. Im Jahr 1917 veranstaltete die Gesellschaft ein großes Treffen und beschloß, sich künftig alternativen Energiequellen zuzuwenden.*

LH: *Können Sie bestätigen, daß die VRIL-Gesellschaft durch die unmittelbare Zusammenarbeit mit den sechsfingrigen Außerirdischen zum Bau der Flugscheibe inspiriert wurde?*

Stein: *Ja, wenn ich mich recht erinnere, sollen damals in Deutschland zwei der Außerirdischen mit der VRIL-Gesellschaft zusammengearbeitet haben, als diese die erste Flugscheibe baute. Von Peenemünde aus wurden Raketen abgeschossen. In den Dokumenten, die ich in Washington gelesen habe, hieß es, daß in Peenemünde auch das erste VRIL-Flugobjekt gebaut wurde.*

LH: *Haben sich in den Dokumenten bzw. Quellen, die Sie einsehen konnten, Hinweise darauf gefunden, in welcher Beziehung die sechsfingrigen Wesen zu unserer Zivilisation standen und wie lange diese Beziehung schon besteht?*

Stein: *Nein, darüber habe ich in den 1950ern nichts gelesen.*

LH: *Wurde in den Dokumenten angesprochen, woher die sechsfingrigen Wesen stammten?*

Stein: *Aus dem zu schließen, was ich über den Roswell-Vorfall gelesen habe, kamen die sechsfingrigen Außerirdischen von zwei Planeten, die um den Aldebaran kreisen, den größten Stern im Zeichen des Stiers.*

LH: *Während Ihrer Zeit bei der CIA haben Sie also allerhand Berichte gelesen, unter anderem einen über einen UFO-Absturz in New Mexico 1947, bei dem ebenfalls Wesen mit sechs Fingern geborgen wurden. Die Spur des betreffenden Raumschiffs ließ sich bis nach Deutschland zurückverfolgen, wo es 1938 unter außerirdischer Aufsicht gebaut worden sein soll. Sind Sie je auf Beweise aus erster Hand gestoßen, die belegen, daß die amerikanische Regierung Verbindung zu Deutschland aufgenommen hatte, um über die Außerirdischen zu sprechen?*

Stein: *Nein, mich überraschte, was ich da las. Andere Verbindungen nach Deutschland fand ich jedoch nie. Aber ich weiß, daß die Amerikaner im Jahr 1948 auf die Flugscheiben und diese Wesen stießen.*

LH: *Wo genau?*

Stein: *Offenbar erfuhren wir (das amerikanische OSS und die britischen Geheimdienste MI5 und M16), daß die Deutschen all ihre Flugscheiben 1938 nach Argentinien und in die Antarktis gebracht und dort unterirdisch versteckt hatten. Von 1946 bis 1947 gab es eine amerikanische Wissenschaftsexpedition unter Admiral Byrd in die Antarktis, und es kam zu einer militärischen Auseinandersetzung mit den Außerirdischen und ihren Flugscheiben –eine Art Minikrieg–, bei dem Amerika alle Flugzeuge verlor, die es dort eingesetzt hatte.*

LH: *Geht aus den Dokumenten hervor, ob sich an Bord der Flugscheiben in der Antarktis sowohl Deutsche als auch die sechsfingrigen Wesen befanden oder nur die Außerirdischen?*

Stein: *Wir haben keine Gefangenen machen oder eine der Flugscheiben abschießen können, und daher wurde nicht bekannt, wer die Scheiben flog. Es gab allerdings Hinweise auf die Deutschen.*

Die Antarktis-Auseinandersetzung fand nach dem Zweiten Weltkrieg statt. Die Briten hatten in den 1930ziger Jahren Photos von den Flugscheiben machen können, und so wußten wir, daß Deutschland derartige Scheiben mit „Laserkanonen" an Bord besaß. Hitler schickte schließlich seine gesamte Flugscheibenflotte nach Argentinien und in die Antarktis, offenbar, damit keine abgefangen würde, als er schließlich den Zweiten Weltkrieg einleitete. Wenn er von seinen hochgeheimen Waffen sprach, dachte jeder, er meine die V2-Raketen. Aber wie es aussieht, war die V2 nur ein Ablenkungsmanöver, um die Entwicklung der Flugscheibentechnik zu schützen.

Anmerkung des Autors:

„Von Gerd Schultze-Rhonhof ist das Buch geschrieben worden – Der Krieg, der viele Väter hatte -, er bestätigt an Hand von Dokumenten der europäischen Staaten der damaligen Zeit, daß das Deutsche Reich oder auch Hitler keinen Krieg planten in Europa."

LH: *Warum aber hat Hitler die Flugscheiben nicht eingesetzt, obwohl er doch so verzweifelt gewinnen und die Welt erobern wollte?*

Stein: *Das hatte irgend etwas mit den sechsfingrigen Wesen zu tun, die nach dem Absturz 1947 bei Roswell geborgen wurden. Es gab noch eine andere außerirdische Spezies, die mein Vorgesetzter und ich auf der Area51 in Nevada zu Gesicht bekamen. Ich habe das Wesen nur durch eine Glasscheibe gesehen, zu ihm hinein bin ich nicht gegangen.*

LH: *War der Außerirdische am Leben?*

Stein: *Ja, er lebte. Mein Chef ging zu ihm hinein und sagte hinterher, das Wesen habe nicht mit Worten, sondern auf telepathischer Ebene kommuniziert. Mein Vorgesetzter erzählte, daß das Wesen seine Fragen bereits beantwortet hatte, noch ehe er sie aussprechen konnte. Der Außerirdische konnte seine Gedanken lesen.*

LH: *Wie sah das Wesen aus?*

Stein: *Wie ein typischer „Grauer", wie sie heute genannt werden. Es hatte große Augen, ein schmales spitzes Kinn, eine kleine Nase und Gehörgang ohne Ohren. Der Körper war dünn und wirkte zerbrechlich. Es war knapp anderthalb Meter groß.*

LH: *Erinnern Sie sich an seine Augen?*

Stein: *Sie waren dunkel. Es wirkte so, als trage das Wesen eine Sonnenbrille.*

LH: *Diese Beschreibung unterscheidet sich von der der sechsfingrigen Außerirdischen.*

Stein: *Ja, die Wesen mit den sechs Fingern wirkten auf den Photos, die ich gesehen habe, von der Rundung ihres Gesichts her eher wie kleine Menschen.*

LH: *Sie haben also zwei verschiedene Spezies von nichtmenschlichen Wesen gesehen?*

Stein: *Sofern das Betrachten der Photos von den sechsfingrigen Außerirdischen dazuzählt, ja. Mehr habe ich von dieser ersten Spezies, die angeblich beim Absturzort in New Mexico geborgen wurde, nicht gesehen. In den Besitz des Grauen kamen wir, weil sein Raumschiff abgestürzt war. Mir wurde gesagt, daß es noch andere gebe. Schuld an dem Absturz war die Umstellung auf ein stärkeres Radarsystem auf den Stützpunkten der amerikanischen Luftwaffe. Offenbar hatten die intensiveren Radarsignale die Antriebstechnik des Raumschiffs gestört. Offenbar fanden die Außerirdischen schließlich einen Weg, diesem Problem zu begegnen, denn nach den frühen 1950ern kam es nicht mehr zu solchen Abstürzen.*

LH: *Wissen Sie, woher die dünnen Grauen kamen?*

Stein: *Nein, das habe ich während meiner CIA-Arbeit nicht erfahren.*

LH: *Sie sagen, daß die Truman-Regierung in der Zeit von 1957 bis 1960 bereits mit vermeintlich außerirdischen Wesen zu tun hatte?*

Stein: *Ja, das stimmt.*

LH: *Warum aber hat man Sie zu einer Untersuchung der unerklärlichen Blue-Book-Fälle hinzugezogen, wenn doch die Regierung bereits wußte, daß Außerirdische im irdischen Geschehen involviert waren?*

Stein: *Es stimmt zwar, daß die Regierung dies bereits wußte, aber sie wollten mehr herausfinden. Deshalb befragten Mitglieder unserer Einheit Augenzeugen.*

LH: *Das bedeutet also, daß niemand wußte, was die Außerirdischen planten?*

Stein: *Ganz richtig. Selbst Truman fragte sich, was sie wollten und woher sie kamen.*

LH: *Wie lange lebte dieses Wesen auf der Area 51 noch?*

Stein: *Soweit ich weiß, lebte das Wesen noch, solange ich für die CIA arbeitete [1957 – 1960]. Ich weiß nicht, ob es schließlich starb oder ob seine Artgenossen es holen kamen. Es gab nämlich einen diesbezüglichen Bericht, der allerdings unklar formuliert war. Die nachfolgenden Seiten des Berichts waren entfernt worden, daher weiß ich nicht, was dann geschah.*

LH: *Stand dort nichts über die Spezies der Wesen in dem großen Raumschiff?*

Stein: *Nein, darüber stand dort nichts. Es schien, als sei jemand den Bericht gründlich durchgegangen und habe alle wichtigen Informationen entfernt. In einem anderen Bericht hieß es, die CIA habe in den drei, vier Jahren nach dem Roswell-Absturz etwa ein halbes Dutzend Menschen „zum Schweigen gebracht" – man vermied den Begriff „umgebracht". Einige seien bedroht und andere „zum Schweigen gebracht" worden, hieß es dort.*

LH: *Haben Sie Ihren Vorgesetzten je gefragt, ob diese Wesen mit sechs Fingern am Bau der Flugscheiben in Deutschland 1938, also noch vor dem Zweiten Weltkrieg, mitgewirkt haben? Würde das nicht bedeuten, daß diese Wesen den Nazis geholfen haben?*

Stein: *Ja, sie haben den Deutschen geholfen.*

LH: Haben Sie mit Ihrem Vorgesetzten je darüber gesprochen, warum diese sechsfingrigen Wesen zunächst den Deutschen halfen, um dann bei einem Absturz in den USA geborgen zu werden?

Stein: *Aus erster Hand weiß ich nur, daß ein Bericht auf die runden Flugobjekte der Deutschen verwies. Ich weiß, daß Deutschland einige dieser Objekte besaß und nach Argentinien und Antarktis brachte.*

LH: *In den Dokumenten, die Sie selbst zwischen 1957 und 1960 eingesehen haben, war also lediglich von Außerirdischen die Rede, die auf einer Ranch in New Mexico geborgen worden waren? Und Sie erinnern sich nicht mehr an den genauen Ort der Ranch, nur noch daran, daß sie in der Nähe von Roswell war?*

Stein: *Ja, es war eine Ranch bei Roswell.*

LH: *Lagen den Dokumenten, die Sie gelesen haben, Photos bei?*

Stein: *Ja, aber nur Photos von dem sechsfingrigen Wesen auf dem Obduktionstisch.*

LH: *Als Sie diese Photos und den Bericht sahen, haben Sie da Ihren Vorgesetzten um weitere Informationen gebeten?*

Stein: *Grundsätzlich saßen mein Vorgesetzter und ich im selben Boot. Uns lag das selbe Material vor, und wir bemühten uns beide, weitere Informationen zu bekommen, was uns aber nicht gelang. Wenn jemand behauptet, die gesamte Geschichte zu kennen, erzählt er mit Sicherheit Märchen, denn so funktioniert die CIA nun einmal nicht. Alle, die an einem Projekt arbeiten, erhalten lediglich Einsicht in einen Teil des Ganzen, damit niemand das Gesamtbild sieht.*

LH: *Sie saßen in der Eisenhower-Regierung?*

Stein: *Ja.*

LH: *Warum, glauben Sie, wird die Gegenwart von Außerirdischen auf diesem Planeten derart strikt geleugnet?*

Stein: *Das habe ich selbst nie verstanden. Die Vertuschung begann irgendwann und ließ sich nicht mehr stoppen, so in etwa. Ich denke, daß der Ursprung dieser Vertuschung in den 1930er Jahren liegt, als die Nazi's ihre Flugscheiben aus Deutschland her ausbrachten und stattdessen an der V1 und der V2 zu arbeiten begannen. Dann war der Krieg zu Ende, und es folgte der Absturz eines oder mehrerer Flugobjekte bei Roswell. Anfang 1947 schließlich folgte der UFO-Krieg in der Antarktis, an dem auch als „Nazi's" bezeichnete Personen im Spiel waren.*

Mein Vorgesetzter vertrat die Theorie, daß wir Amerikaner diesen Krieg in der Antarktis verloren haben, und so auch all unsere Flugzeuge dort unten, weil diese den Flugscheiben nichts entgegenzusetzen hatten. Gegen die „Laserkanonen" an Bord der Flugscheiben waren wir machtlos, und zudem bewegten sich diese Scheiben derart rasant und agil, daß wir sie nicht einmal abschießen konnten. Mein Vorgesetzter und ich sprachen darüber mit einigen anderen Personen, etwa zu der Zeit, als der Marshall-Plan aktuell war. Wir ahnten, daß es eine Verbindung zwischen den Nazis, Argentinien und der amerikanischen Regierung geben mußte, und wir hatten das Gefühl, als sei diese Verbindung für den Marshall-Plan und den Wiederaufbau Europas verantwortlich – um die Neudeutschen in Argentinien zufriedenzustellen. Es war so, als hätten wir Amerikaner zwar den Krieg gewonnen, später dann aber doch kapitulieren müssen, indem wir für diesen Krieg bezahlten.

LH: *Wenn es tatsächlich so war, daß die amerikanischen Flugzeuge in der Antarktis den „Laserkanonen"von Flugscheiben zum Opfer fielen, die von den Nazi's und sechsfingrigen Außerirdischen geflogen wurden, warum blieb diese Auseinandersetzung dann auf die Antarktis beschränkt? Warum haben die Nazis und diese Wesen in ihren Flugscheiben nicht einfach alle Flugzeuge weltweit vom Himmel geschossen und alles annektiert?*

Stein: *Ich denke, daß die Niederlage in der Antarktis den Ausschlag dafür gegeben hat, daß Amerika den Marshall-Plan zum Wiederaufbau Europas entwarf. Dieser war beinahe wie ein Friedensvertrag: Die Außerirdischen würden die amerikanischen Städte in Ruhe lassen, wenn Amerika Europa wieder aufbaute.*

LH: ***Der Marshall-Plan stellte also eine Kapitulation vor den Nazis und den Außerirdischen dar?***

Stein: *Ja, ich glaube schon.*

LH: *Das erklärt aber nicht, warum sie nicht dennoch einfach die Weltherrschaft an sich gerissen haben, wo sie doch über eine derart herausragende Technik verfügten.*

Stein: *Ich weiß nicht, warum sie das nicht taten.*

LH: *Ich verstehe nicht ganz, warum Nazi-Deutschland den Zweiten Weltkrieg verloren hat, wenn ihm doch sechsfingrige Außerirdische mit einer solchen Technologie zur Seite standen und diese Außerirdischen den Neudeutschen auch noch beibrachten, selbst hochentwickelte Flugobjekte zu bauen. Diese Außerirdischen könnten doch auf diesem Planeten tun, was immer sie wollen. Warum also gingen sie nicht gegen die USA, England, Australien und die übrigen Alliierten vor, wenn sie doch in der Antarktis bewiesen haben, daß sie jedes beliebige Flugzeug vom Himmel holen können?*

Stein: *Ich weiß es nicht.*

LH: *Haben Sie in den Dokumenten, die Sie zwischen 1957 und 1960 einsehen konnten, je etwas Konkretes über mögliche Pläne der Wesen mit den sechs Fingern oder auch der kleinen, dünnen Grauen lesen können?*
Stein: *Nein, der einzige Bezug, den ich gefunden habe, bestand in der Aussage: „Wir wüßten gerne, was sie planen." Auf diesen Kommentar bin ich in mehr oder weniger wörtlicher Form mehrere Male gestoßen.*
LH: *Wann haben Sie die Armee verlassen?*
Stein: Im Jahr 1960.
LH: *Sie haben CIA und Militär zum selben Zeitpunkt verlassen?*
Stein: *Ja. Unsere CIA-/Armeeeinheit bestand damals aus 24 Personen, und ständig rückten neue nach. Bei der CIA geht man aber nicht einfach in den Ruhestand. Es ist eher wie bei den alten Gladiatoren: Über Alter und Ruhestand muss man sich gemeinhin keine Gedanken machen. Mein Vorgesetzter starb in den 1970er Jahren. Bei der CIA, zu der ich ja gleichsam durch die Hintertür gekommen bin, weil ich meinem Chef behilflich gewesen war und so eine hohe Sicherheitsfreigabe erhalten hatte, habe ich nie meinen richtigen Namen verwendet, sondern immer nur einen Decknamen.*
Diesem Decknamen verdanke ich es, daß ich in den 1960ern nach vier Jahren überhaupt lebendig aus der Sache herauskam. Damals unterhielt die CIA eine Abteilung, die die Leichen aus gesellschaftlichen Randgruppen einsammelte, die in der Stadt nahe unserer Militärbasis durch Alkohol oder Drogen gestorben waren.
Diese geheime Gruppe wies den Leichen die Identität von CIA-Leuten zu, unter anderem auch meine. Die Leichen wurden verbrannt und die Asche verstreut, damit niemand die Toten wieder ausgraben konnte. So „starb" meine CIA-Identität wenige Wochen, nachdem ich die CIA verlassen hatte. Der Name war einfach „tot". Von den 24 Angehörigen unserer CIA-Einheit starb nur mein Vorgesetzter eines natürlichen Todes. Ich war der Einzige, der überlebte. Alle anderen endeten letztlich als Spione in Rußland und der Türkei und wurden getötet. Mein Vorgesetzter half mir auszusteigen, und meine Frau erfuhr erst vor etwa einem Jahr [1997] von der ganzen Angelegenheit. Alles, woran wir gearbeitet hatten, war 30 bis 35 Jahre lang Verschlußsache. Mitte der 1990er Jahre wurde das Material schließlich freigegeben, und nun bringen immer mehr Menschen ihre Erlebnisse an die Öffentlichkeit – wie beispielsweise der Militäroffizier, der dieses Buch geschrieben hat [Oberstleutnant a. D. Philip J. Corso, „Der Tag nach Roswell"].

Einige reden heute, weil sie glauben,
ihnen drohe keine Gefahr mehr.(33)

Kapitel 17

Sind die Außerirdischen der Feind?

Warum gab es mehrere Aussagen von politischen Führungspersönlichkeiten, die immer wieder ein Szenario einer feindlichen außerirdischen Bedrohung andeuteten? Nur um dem Menschen Angst einzuflößen? Oder steckt hinter diesen Aussagen doch mehr, als leere Worthülsen? Fürchtet die **Allianz den Gegenschlag der Achsenmächte** und stellt dieses mögliche Szenario, mittels der Hollywood Traumfabrik so dar, daß häßliche, grausame Aliens die Menschheit vernichten möchten? Warum hofiert plötzlich Hillary Clinton bei den Asiaten? Steckt da eine gewisse Absicht dahinter und warum gerade mit Japan? Das wirft sofort einige Fragen auf, da Japan als Achsenmacht, während des Zweiten Weltkriegs, an der Seite des Deutschen Reiches, Krieg gegen die Allianz (die Alliierten) führte. Dieses Kapitel zeigt deutlich auf, vor was sich die USA und ihre außerirdischen Verbündeten in Wahrheit fürchten.

Hillary Clinton(34) besuchte Japan und andere asiatische Länder um die diplomatischen Beziehungen zwischen den Ländern zu verbessern. Es würde die amerikanische Außenministerin bestimmt interessieren, daß der japanische Verteidigungsminister Shigeru Ishiba am 20. Dezember 2007, öffentlich die Verteidigungspolitik seiner Nation, zu einem möglichen Angriff durch Außerirdische, kommentierte. Es wäre nach Ishiba wohl kaum ein Verteidigungsakt, wenn die Außerirdischen den Erdlingen zu verstehen geben würden: "Ihr da auf der Erde, laßt uns Freunde sein". Außenministerin Hillary Clinton sollte sich ihre eigenen öffentlichen Kommentare, über einige Hollywood-Darstellungen von angreifenden Außerirdischen, ins Gedächtnis rufen.

Während der Präsidentschaftswahlen im Jahr 2008 kommentierte sie Hollywood-Filme über außerirdische Invasionen und über die Auswirkung für die Erde, das Vereinen der Menschheit.
Am 17. Dezember 2007 sagte sie: "Erinnern Sie sich an den Film 'Independence Day', in dem Invasoren aus dem All kommen und sich die ganze Welt gegen die Invasoren vereint? Warum können wir uns nicht im Namen unseres Planeten vereinen? Und das ist es, was ich erreichen möchte." Ähnlich äußerte sie sich als First Lady im Weißen Haus. Clintons Ansichten über die Ankunft oder die 'Invasion' von außerirdischen Leben und die einigende Wirkung auf die Menschheit spielen in ihrer Rolle als Außenministerin eine besondere Rolle.

Die Ansichten der amerikanischen Außenministerin spiegeln die Aussagen ehemaliger Präsidenten wider, welche ebenfalls an den weltweit vereinigenden Effekt in Folge einer außerirdischen Invasion glaubten. Die bekannteste, in einer Reihe von öffentlichen Erklärungen über außerirdische Invasionen, sprach Präsident Reagan in einer Rede vor der Generalversammlung der Vereinten Nationen am 21. September 1987 aus:

"Bei unserer Obsession mit Feindschaften im Moment vergessen wir häufig, wie viel die Menschheit verbindet. Vielleicht benötigt es ein paar äußere, universelle Bedrohungen, um diese gemeinsame Verbindung zu erkennen. Ich denke manchmal, wie schnell unsere weltweiten Differenzen verschwinden würden, wenn wir einer fremden Bedrohung von außerhalb dieser Welt gegenüber ständen. Und doch frage ich, wirkt nicht bereits eine außerirdische Kraft unter uns ?"

Aber Reagan und Clinton waren nicht die ersten prominenten Persönlichkeiten der USA, die über den vereinigenden Effekt durch eine außerirdische Bedrohung nachdachten. Am 08. Oktober 1955 machte General Douglas MacArthur die erste, von zwei öffentlichen Aussagen, über die Möglichkeit einer außerirdischen Bedrohung:

"Die Nationen der Welt müssen sich für den nächsten Krieg vereinen, denn es wird ein interplanetarer Krieg. Die Völker der Erde müssen irgendwann eine gemeinsame Front gegen Angriffe von Menschen anderer Planeten bilden."

General MacArthur hatte Kenntnis von geheimen militärischen Verwicklungen in den UFO-Themen ab dem zweiten Weltkrieg. Angeblich war er, nach dem UFO-Vorfall über Los Angeles im Jahr 1942, an der Schaffung einer Einheit für Interplanetare Phänomene (Interplanetary Phenomenon Unit, IPU) beteiligt. Die Existenz der IPU wurde schließlich im Jahr 1984 durch Anfragen in Bezug auf das Gesetz zur Informationsfreiheit (FOIA) von der Armee bestätigt. Angesichts der militärischen Aufgaben MacArthurs und seiner angeblichen Rolle bei der IPU, war er sich über die militärischen Aufzeichnungen über UFOs bewußt. Dies trug zu seinem Glauben bei, daß die Außerirdischen eine Bedrohung für die Nationale Sicherheit darstellten, welche die Länder der Welt vereinigen könnte.

Haben Clinton und Reagan öffentlich über ein Angriffsszenario durch Außerirdische nachgedacht, weil sie privat darüber informiert worden waren? Nach einem angeblichen Dokument wurde Reagan offiziell durch seine Nationalen Sicherheitsberater über außerirdisches Leben unterrichtet. Während über die Echtheit des Dokumentes gestritten wird, deuten andere Kommentare Reagans auf eine offizielle Unterrichtung hin. Nach dem TV-Produzenten Jamie Shandera, vertraute Reagan, nach einer besonderen Filmvorführung im Weißen Haus, Steven Spielberg sein Wissen über die Existenz außerirdischen Lebens an.

Am 27. Juni 1982, nach der Vorführung des Filmes 'E.T. Der Außerirdische', flüsterte Reagan Spielberg angeblich zu:

"Wissen Sie, es gibt nicht mehr als sechs Menschen in diesem Raum, die wissen, wie wahr es wirklich ist."

Nachfolgende Kommentare während seiner Präsidentschaft in Bezug auf eine mögliche außerirdische Bedrohung sind ein Beweis dafür, daß Reagan offiziell über ein außerirdisches Invasions-Szenario unterrichtet wurde. (34)

Anbei noch ergänzend 2 Aussagekräftige Zitate:

Mayor Hans C. Petersen lernte ich 1997 in Berlin persönlich kennen, als wir zusammen in eine Talk Show eingeladen wurden. Er erzählte mir schon damals privat im Hotel nach der Aufzeichnung, daß er in geheime CIA-Akten Einsicht hatte, die klar bezeugten, daß auf dem **Mond Basen existierten**. Er erzählte mir auch, daß die Amerikaner punktgenau alles orten könnten, was in die Erdatmosphäre eindringt, was nicht kleiner ist wie eine Zigarettenschachtel. Ein Mann dem ich großen Respekt entgegen brachte, wie ich leider erfahren habe, soll er inzwischen verstorben sein. Sehr schade, wieder ein aufrichtiger Mann, der sich für die Wahrheit einsetzte, und von uns gegangen ist.

Nato-Analyse der Gründe für UFO-Geheimhaltung-Politik

Nato-Major Hans C. Petersen gibt diese Zusammenfassung relevanter Punkte:

1. Das monetäre System würde zusammenbrechen
   - keine Machtgruppe der Welt würde das erlauben.
2. alle Religionen müßten umdenken
   - die Wahrheit ist sehr viel einfacher, als die Kirchen sie uns gelehrt haben. Die Kirchen und religiösen Führer würden ihre Macht, ihren Einfluß auf die Menschen verlieren, keine Kirche will das.
3. unsere Energieversorgung würde verändert
   - wir würden eine Energiequelle kennenlernen, die unsere Welt nicht verschmutzt. Zur selben Zeit aber würden die multinationalen Ölkonzerne, die Atomlobby usw. ihre Abnehmer und damit ihre Macht verlieren, keine dieser Machtgruppen will das. Wenn man bedenkt, wie weit die Kontrolle dieser Konzerne geht, erkennt man das Ausmaß, des unbedingten Machterhalts der Gegenpartei.

4. unsere Politiker müßten abtreten

- die Menschen der Erde würden erkennen, daß sie eine Menschheit sind, daß nationale Grenzen, als Relikte einer zu überwindenden Vergangenheit, keine Bedeutung mehr haben. Wer vertraut noch auf unsere politischen Führer, wenn offensichtlich wird, daß sie uns über Jahrzehnte hin belogen haben, um ihre Macht zu bewahren, kein Politiker will das. (35)

Zitat:

Mathias BRÖCKERS - Berliner Tageszeitung TAZ, gibt die netteste und treffendste Antwort in seinem Bericht über die Frankfurter UFO-Konferenz im Oktober 1990, auf die Frage, warum es diese Politik der Geheimhaltung noch immer gibt:

„*Heute wie damals, haben die Regierungen der Welt schon aus Selbsterhaltungsgründen kein Interesse, die Anwesenheit einer technologisch und geistig überlegenen kosmischen Autorität zuzugeben.*

Wer hörte schon noch auf einen Erdenkloß wie Helmut Kohl, wer auf unsere Nobelpreisträger und hochmögenden Experten, wenn plötzlich ein himmlischer kleiner Grauer im Fernsehen von den Gesetzen und Regeln auf Reticula und von der Geschichte des Kosmos erzählt?

Kein Schwein und deshalb müssen UFOs auch in Zukunft auf der Loch-Ness-Ebene abgehandelt werden, die Existenz von Außerirdischen ist subversiv und radikal und stößt alles, was zweitausend Jahre Wissenschaft und Evolutionsforschung an 'harten Fakten' erbracht haben, über den Haufen. Und wer will sich als Krone der Schöpfung schon damit abfinden, daß das Übernatürliche vielleicht nicht über-natürlich ist, sondern wir hier schlicht und ergreifend unter-natürlich.“(35)

Kapitel 18

Die Geheimen Basen der Alliierten Mächte

Was wissen hochrangige Politiker der USA tatsächlich über die aktuellen kriegerischen Handlungen, die längst, jenseits unserer Berichterstattung, in den Weiten des Raumes geführt werden?

Sind diese Andeutungen, die immer wieder seitens der amerikanischen Administration getroffen wurden, gegen die **aldebaranische Achsenmacht gerichtet?**

!Ich meine JA!

In diesem Abschnitt des Buches werde ich versuchen, ihnen eine Gegenüberstellung zu präsentieren, um Ihnen den **Gegner** der **Aldebaranischen Achsenmächte** vorzustellen. Die nach außen hin, wie wir aus unserer jüngeren Vergangenheit kennen, als Befreier, Bewahrer der Demokratie, auf der Weltbühne, ihre Auftritte in Szene stellen.

Ist das so? Oder verbergen sich dahinter gänzlich andere Interessen, die weit über unsere Grenzen des Vorstellbaren gehen, weiter als unsere offizielle irdische Raumfahrt sich zu erträumen vermag.

Es werden reihenweise Bücher veröffentlicht über die Dritte Macht, der Absetzbewegung und die geheimen Hochtechnologien aus dem Deutschen Reich, aber keine Aussagen werden getroffen, wer denn die Gegenspieler sind.

Es wird von feindlichen negativen Außerirdischen pauschal gesprochen, oder von den positiven Raumbrüdern der Galaktischen Föderation. Im Internet finden sie massenhaft Botschaften und mediale Übertragungen, daß es einem schwindelig wird, sich durch dieses Überangebot an Informationen durchzuarbeiten.

Wer kann hier noch unterscheiden, was eine **ECHTE AUSSAGE** ist und was Halbwahrheiten und gezielte Desinformationen sind?

Ob ich mit meiner Einschätzung richtig liege, kann ich nicht belegen oder gar beweisen, sondern, es sind nur Annahmen, die ich gefühlsmäßig wahrnehme und hier in den Raum stelle!

Sie selbst sind gefragt, sich ein Urteil darüber zu bilden, ob meine Annahme für Sie stimmig ist oder nur eine weitere Halbwahrheit darstellt. Ich muß dies Ihnen überlassen, und Ihrem Herzen, das ihnen den richtigen Impuls geben wird, was für Sie richtig erscheint. Erinnern Sie sich an meine Worte, mit dem Herzen denken und mit dem Verstand fühlen.

Ich habe hier aus verschiedenen Quellen geschöpft und Informationen zusammengetragen, die uns gewahr werden lassen, daß es andere

Interessengruppen gibt, die meiner Überzeugung nach den **aldebaranischen Achsenmächten entgegen stehen,**

die UNS feindlichen Alliierten Mächte!

Schauen wir uns die geheime Basis Pine Cap in Australien mal näher an!

Geheime Basis Pine Gap, Australien[5]

“Etwa bei den Koordinaten 23°48'S / 133°43'O befindet sich, am Fuß der Mc Donnel Berge, in der Mitte des australischen Kontinents, eine streng geheime Basis, die von der US-Regierung finanziert wird. Diese Einrichtung, offiziell

JOINT DEFENCE SPACE RESEARCH FACILITY (gemeinsame Forschungseinrichtung für Raumverteidigung) genannt, heißt bei den Australiern "Pine Gap". Sie wurde 1966 gegründet und unterliegt der Verantwortung der DARPA. Direktor der DARPA war, während der anfänglichen, Bauphase Stephen J. Lukasik. Mitglieder seines Stabes waren:

-David E. Mann, Strategische Technologie

-Lt.Col.Austin W. Kibler, Erforschung menschlicher Ressourcen

-Erich H.Willis, Forschung für nukleare Überwachung

-Lawrence G. Roberts, Informations-verarbeitung

-Kent Kresa, Technologie der Unterwasser-Kriegsführung.

Der ursprüngliche, offiziell genannte Zweck von Pine Gap war Erforschung und Entwicklung von

Technologie zur Weltraum - Verteidigung. Die Anlage hat einige Besonderheiten.

»*Bild von Pine Cap am Ende des Buches, auf der Bild-Seite V*

So gibt es z.B. dort die tiefste Wasserbohrung, die je in Australien gemacht wurde. Diese Bohrung wurde auf mindestens 8000m Tiefe gebracht. Weiterhin soll es dort eine riesige nukleare Anlage geben, die dazu benutzt wird, einen gigantischen Sender zu betreiben, der zu Experimenten auf elektromagnetischer Basis dient.

Die "Nation Review", eine australische Zeitung, schrieb in ihrer Ausgabe vom 17.5.1974:

"Die Pine Gap Forschungsstation in der Nähe von Alice Springs hat es bis jetzt geschafft, eins der unglaublichsten Forschungsprojekte der Welt geheim zu halten. Die Vereinigten Staaten haben, seit Gründung der Basis 1966, ununterbrochen Forschungen für elektromagnetische Antriebe in Pine Gap durchgeführt.

Der frühere amerikanische Präsident Nixon nannte letztes Jahr, 1975, als Datum für den geplanten Abschluß des Projekts, um der zu jener Zeit bestehenden Energiekrise zu begegnen.
Schwierigkeiten in letzter Minute in Design und Betrieb der EMP-Fahrzeuge (EMP= Elektromagnetischer Antrieb) haben aber die Freigabe um mindestens vier bis fünf Jahre zurückgeworfen. Sicherheitsaspekte des EMP-Projekts haben hypnotische und post-hypnotische Schlüssel beinhaltet, die dem Personal implantiert wurden, bevor es zu dem Projekt zugelassen wurde. Es ist jedoch wahrscheinlich, daß diese Technologie heute durch etwas anderes ersetzt wurde, seit bekannt ist, daß LSD und andere halluzinogene Drogen diese Hypnose-Effekte teilweise aufheben können."
Also auch hier - wie in Dulce - Gehirnwäsche beim Personal. Auf Navigationskarten für die Luftfahrt ist Pine Gap als R233 aufgeführt. R233 ist der Code für "Gesperrter Luftraum", reserviert für Raumforschung. Das Sperrgebiet ist kreisförmig und hat einen Radius von neun Kilometern.

Wen wundert es noch, daß hier ebenfalls Augenzeugen berichten, daß in diesem Bereich UFO's landen? Daß riesige Flugzeuge mit der Aufschrift "U.S. AirForce" hier landen, die unglaubliche Mengen von modernen Möbeln, Lebensmitteln und anderen Dingen ausladen?

Augenzeugen berichten weiter, daß es unter der eigentlichen Pine Gap Basis eine ganze Stadt gibt, die mehrere Stockwerke unter die Erde reicht? Eine weitere unterirdische **Basis**, ähnlichen Zuschnitts, gibt es in **Transvaal, Südafrika**. Das dort arbeitende Personal besteht angeblich aus US-Konsulatsangestellten. Da es sich um mehr als 1200 Personen handelt, scheint das nicht sehr logisch.

Dort in der Nähe, stürzte, im Mai 1989, ein UFO ab, dessen Insassen noch lebten. Es handelte sich hier um **kleine graue Außerirdische**, die von der südafrikanischen Luftwaffe geborgen wurden. Später wurden sie dann von der US AirForce, mitsamt ihrem UFO, in die USA ausgeflogen.

Die **US-Marinebasis in Guam** wird in einer Veröffentlichung von 1973, als "**Schwesterbasis" von Pine Gap**" bezeichnet.

Eine weitere Basis soll sich auf der Rückseite des Mondes befinden. Auch hier sind die Informationen außerordentlich spärlich und Augenzeugenberichte gibt es praktisch nicht, doch wurden schon seit Beginn dieses Jahrhunderts "merkwürdige Phänomene" von Astronomen gesehen, während sie den Mond beobachteten. So z.B. 1915, als Astronomen im Krater Aristarchus eine mauerähnliche schwarze Formation wahrnahmen, die kurz vorher noch nicht da gewesen war.

In dem bereits erwähnten Buch –Alternative 3– wird von einer durchsichtigen Kuppel im Krater Archimedes gesprochen, unter der sich ein Camp, für durchreisende Umsiedler zum Mars, befinden soll.

Daß es auf dem Mond Aktivitäten gibt, über die in der Presse normalerweise nicht geschrieben werden, geht aus den Berichten einer amerikanischen Gruppe von UFO-Forschern hervor, die seit Jahren Nacht für Nacht mit großen Teleskopen die Mondoberfläche beobachten. Einer aus dieser Gruppe, Fred Steckling, ein amerikanischer UFO-Forscher, fand 1970 während einer Mondbeobachtung im Krater Archimedes drei riesige zigarrenförmige Objekte, die mehrere Stunden lang dort blieben. Dave Darling, ein Amateurastronom, beobachtete 1979 zweimal ebenfalls zigarrenförmige Objekte auf dem Mond. Beide Forscher fanden im Bereich des Kraters Archimedes mehrere Plattformen, die aussehen, als seien sie künstlich angelegt. Die NASA verfügt über ein Foto des Kraters Archimedes, auf dem nahe dem Kraterrand, 3 große Kuppeln erkennbar sind.

Verschiedene Texte und Aussagen:

Eine Dame in Sidney, Australien, die namentlich nicht genannt sein möchte, die für eine australischen Putzkolonne gearbeitet hat und in deren Auftrag den unterirdischen Luftwaffenstützpunkt »PINE GAP« betreten hatte, berichtete in einem Interview im April 1992, trotz der Androhung enorm hoher Strafen, daß Pine Gap zirka 13 km tief ist, auf »Freier Energie«-Basis funktioniert, unterirdische Seen, Hängezüge hat. Über einen eigenen Anbau von Gemüse und Obst usw. verfügt. Nach offiziellen Informationen kann Pine Gap einen direkten Atombombenabwurf problemlos überstehen.

Diese Raumkampfstation im australischen Outback / South Wales ist wohl die größte seiner Art. Pine Gap hat wahrscheinlich nur eine Funktion – Aussage: „Eine Abwehrbasis der negativen Außerirdischen gegen ihre Feinde aus dem Haupte des Stiers. (Aldebaran). So lautete die Aussage eines ehemaligen Angestellten, der inzwischen den üblichen Unfall hatte und verstarb.

Schauen wir uns, wie wir der obigen Quelle entnehmen konnten, die Schwesterbasis, die US-Marinebasis in Guam und noch andere Geheime Basen in den USA näher dazu an:

Die Schwesterbasis Dulce-Basis

Die ersten Bauarbeiten an den unterirdischen Basen begannen 1947-48 in Dulce (New Mexico). Die Bewohner der Gegend bemerkten rege Bautätigkeiten und hohes Militäraufkommen. [(36),S. 41]

Die Bewohner von Dulce (New Mexico) sahen, daß viele Truppen und Lastwagen in diesen Bereich sich hinein- und herausbewegten und daß die Zeichen auf den Lastwagen von einer Holzfirma in Colorado stammten, die es bei weiterer Nachforschung nicht gab.

Es gibt in der Nähe von Dulce (New Mexico) eine unterirdische Basis der Grauen. (William F. Hamilton, Cosmic Top Secret). Der örtliche Sheriff hat dort jede Nacht UFO's beobachtet. In dieser Gegend wurden präzise zerstückelte Rinder gefunden.
Hamiltons Informationen über diese Basis stammen von Personen, die dort gearbeitet haben, die dorthin entführt wurden, die beim Bau geholfen haben und auch von Personen des Nachrichtendienstes.

Diese Basis ist ein genetisches Laboratorium, welches Verbindungen nach Los Alamos hat (hier wurde auch die Atombombe entwickelt, es war immer ein Gebiet mit höchster Sicherheitsstufe). Es gibt eine **unterirdische Verbindung zwischen Dulce, Los Alamos und Dreamland** (einer weiteren Basis in Nevada). [(36) S. 42]

Dort werden Gen-Experimente, Untersuchungen und Vergleiche zwischen anderen intelligenten Wesen (bzw. Spezies!) bezüglich der menschlichen und der außerirdischen, biologischen Struktur durchgeführt. Gentechnologische Experimente werden an Menschen durchgeführt, mit dem Ziel neue Wesen zu kreieren. Alle Unterlagen bzgl. der Experimente mit Menschen in Deutschland, wurden von den Amerikanern nach dem Krieg beschlagnahmt. Sie arbeiten auf der selbigen Linie weiter. Milliarden an Steuergeldern werden in dieses Gebiet gesteckt.[(37) S. 1b.]

Beschreibung der Dulce-Basis

Es handelt sich um einen siebenstöckigen, unterirdischen Komplex, in dem sich ca. 18.000 Aliens und ca. 10.000 Menschen aufhalten.

-**Ebene 1** - Sicherheit und Kommunikation
-**Ebene 2** - Unterkunft für die Menschen
-**Ebene 3** - Management, Büros und Laboratorien
-**Ebene 4** - Mind-Control Experimente (an Menschen)
-**Ebene 5** - Unterkunft der Aliens (Grauen)
-**Ebene 6** - Genetische Experimente / Zoo
(für die Resultate der Experimente)
-**Ebene 7** - Cryo-Genetic (Gefrierlager)
(für die fehlgeschlagenen Experimente)

"Gentechnische Experimente (Ebene 6) werden in großem Maßstab durchgeführt, um Menschen genetisch zu verändern, so daß sie in einer gefährlichen Umgebung arbeiten können (z.B. als Soldaten oder im Weltraum). Dies wurde bereits in einem solchen Ausmaß perfektioniert, daß wir inzwischen eine Wegwerf-Sklavengesellschaft haben."[(38)]

Sie sind in der Lage Klone anzufertigen (exakt gleich aussehende Menschen, die im Laboratorium gezogen wurden. Sie arbeiten nur beim Militär). Zu Beginn wurden Frauen von der Regierung gefragt, ob sie sich zu Experimenten (künstliche Befruchtung) zur Verfügung stellen wollen. Den Frauen wurde dann nach 3 Monaten der Fötus entnommen, der nicht einmal menschlicher Abstammung zu sein brauchte, um ihn im Laboratorium großzuziehen.

Anmerkung des Autors:

„Erkennen Sie die gleichen Gegebenheiten zu Kapitel 3, Seite 53 und zu dem Filmepos „Krieg der Sterne"?"

Die Defense Advanced Research Projects Agency ist die Institution hinter diesen Experimenten. Dabei handelt es sich ebenfalls um das Implantieren sogenannter Transponder (Übermittlungs-Geräte, auch Brain-Transmitter genannt), die gegen den Willen der entsprechenden Personen in Krankenhäusern oder Polizeistationen eingesetzt wurden.

Bekannt wurde diese Aktion durch eine Polizeistation in Schweden (Olaf Palme soll seinerzeit seine Zustimmung zu diesem Verfahren gegeben haben). Diese Transponder wurden bei einigen Menschen operativ entfernt. Es existieren Fotos davon. Der Zweck davon war es, die Produkte ihrer Experimente außerhalb der Laboratorien zu kontrollieren und festzustellen, wie dieser Personenkreis innerhalb der Gesellschaft kontrolliert werden kann. Von einer dieser Personen wurde bekannt, daß sie um die ganze Welt verfolgt und überwacht wurde. Sie konnte überall aufgespürt werden.

Dieses Verfahren wird Radio-Hypnotic-Intercerebral-Control genannt. Durch diese Methode kann sowohl das Gesprochene, wie auch das Gehörte einer so überwachten Person kontrolliert werden. Dies ist durch Aussagen von Opfern dieser Behandlung belegt. Ein anderes Verfahren ist die Electronic Desolution of Memory, die elektronische Gedächtnisauslöschung, die an ehemaligen Arbeitern und Mitarbeitern in der Dulce-Base durchgeführt wird.

Hamilton berichtet weiter über Aussagen bzw. Berichte von Arbeitern, die dort waren und Resultate dieser Gen-Experimente (auf Ebene 6) gesehen haben. Sie berichteten von mehrbeinigen Menschen, die zur Hälfte ein Oktopus waren. Ebenso **reptilienähnliche Menschen**, Menschen mit Flügeln, Krallen als Hände, ... Kreuzungen zwischen verschiedenen Tierarten. Sie werden in Käfigen gefangen gehalten. Viele von ihnen konnten sogar weinen und baten in irdischer Sprache um Hilfe.

Einige waren unter Drogen, um sie still zu halten. Den Arbeitern wurde erklärt, daß dies fehlgeschlagene Experimente seien, Verrückte - Freaks. Wer dort arbeitet, redet nicht mit denen.

Ebene 7 ist noch schlimmer: Tausende von embryonalen Experimenten (menschlich und gemischt) werden in einer Gefrierlagerung gehalten.

Hamilton spricht weiter über das dortige Sicherheitssystem, über die Fahrstühle, die elektromagnetisch funktionieren ohne verdrahtet zu sein. Es gibt keine konventionellen Glühbirnen etc., alles arbeitet auf elektromagnetischer Basis.

In der Gegend um Dulce ist eine **Menge Vieh verschwunden** und verunstaltet worden. Es wurde herausgefunden, daß die Aliens Teile der **Rinder für ihre eigene Ernährung** und für ihre Experimente brauchten. Die Aliens absorbieren die Nahrung irgendwie durch die Haut. Sie haben kein funktionierendes Verdauungssystem. Sie brauchen große Mengen menschlichen Blutes.

Die Zukunft könnte durch Genetik eine totale Transformation der Menschheit hervorbringen, genauso wie durch eine faschistische "Eine-Welt-Regierung". Es gibt zwei Blöcke in der Regierung, eine Gruppe macht sich Gedanken darüber und will die Öffentlichkeit informieren, die anderen wollen es weiterhin vertuschen.

Anmerkung des Autors:

„Auch hier wird wieder von zwei Blöcken berichtet. Man stößt immer auf die gleichen Zusammenhänge, wie im kleinen, so im großen!“

Die Dulce-Basis wird durch ein Komitee geführt. Es bestehen Verbindungen zur CIA. Es wurden Leute getötet, um diese Informationen geheim zu halten.[(37) S. 2b]

Die Operation mit den Grauen wurde von einer geheimen Abteilung der U.S. Navy durchgeführt. Im Zusammenhang mit dem Projekt Blue Book wurde behauptet, daß die AirForce die treibende Kraft sei. Es war jedoch immer die Navy, die dahinter steckte. Cooper gehörte zum Geheimdienst der Marine. Er hat die Top-Leute in der Army über das Alien-Projekt informiert.

Mittlerweile werden über 6.000 Wissenschaftler beschäftigt, um an den Projekten Mind-Control und Gen-Technologie zu arbeiten.

"Wir befinden uns in einer Zeit, in der die Kontrolle über den menschlichen Verstand technisiert ist. Wenn wir nichts tun, bzw. diese Informationen nicht ernst nehmen, ist die Menschheit verloren".

Cooper

In dem unterirdischen Labor in Dulce kam es 1969 zu einer Konfrontation zwischen unseren Wissenschaftlern und den Außerirdischen. Die Aliens nahmen viele der Wissenschaftler als Geiseln. Delta Teams wurden eingesetzt zu ihrer Befreiung, jedoch waren ihre Waffen denen der Außerirdischen unterlegen.

Bei dieser Aktion wurden 66 unserer Leute getötet. Für wenigstens zwei Jahre wurden alle gemeinsamen Projekte unterbrochen. Schließlich fand eine Versöhnung statt und die Regierung nahm die Zusammenarbeit wieder auf. Sie besteht heute noch. [((39)S. 18/19)]

Untergrundbasen, in denen der USA die Außerirdischen-Technologie zur Verfügung gestellt wurde:

Das Projekt Redlight wurde formiert und Vorbereitungen zu Testflügen mit außerirdischen Flugkörpern getroffen. Die Basis der Aliens, in der Technologietransfer stattfindet, liegt in dem Gebiet "S 4". Dieses erhielt den Decknamen "Die dunkle Seite des Mondes". [((39)S. 8)]

Seit unser Austausch mit den Aliens begann, gelangten wir in den Besitz von Technologie, die unsere kühnsten Träume überstieg. Ein Flugkörper namens 'Aurora', mit dem regelmäßig Raumflüge unternommen werden, befindet sich in der Area 51. Es handelt sich hierbei um ein einstufiges Schiff mit der Abkürzung TAV (Trans Atmospheric Vehicle). Es kann von einer 12 km langen Startbahn abheben, auf eine hohe Erdumlaufbahn steigen, um dann wieder auf der ursprünglichen Bahn zu landen.

Wir besitzen gegenwärtig einen, den Außerirdischen ähnlichen Flugkörper, atomar angetrieben, der im Gebiet "S 4" stationiert ist, in Nevada. Unsere Piloten unternahmen schon interplanetare Reisen in diesem Flugkörper, bei denen sie den Mond, Mars und andere Planeten besuchten. (Alternative 3)

Man hat uns über die wahre Natur des Mondes und der Planeten Mars und Venus belogen sowie über den Stand der Technologie, die wir heute besitzen. Es gibt Gebiete auf dem Mond, in denen pflanzliches Leben gedeiht, welches seine Farben jahreszeitlich verändert. Dieser Jahreszeiteneffekt wird dadurch hervorgerufen, daß der Mond nicht, wie behauptet, immer der Sonne oder Erde die gleiche Seite zuweist. Es gibt ein Gebiet, das jahreszeitlich aus der Dunkelheit heraus taucht (Librations-Zone) und in der Nähe dieses Gebietes existiert pflanzliches Leben.

Auf dem Mond hat man künstliche Seen und Teiche angelegt und es konnten Wolken beobachtet und gefilmt werden. Es ist ein Schwerefeld vorhanden und der Mensch kann sich an der Oberfläche frei bewegen, ohne einen Raumanzug tragen zu müssen, nachdem er sich einer Dekompression, ähnlich der bei Tiefseetauchern unterzogen hat. Ich (Cooper) habe Fotografien sehen können und ein Teil davon wurde in dem Buch veröffentlicht. "We discovered Alien Bases on the Moon" (Wir haben Basen Außerirdischer auf dem Mond entdeckt), von Fred Steckling. [((39)S. 18)]

Weitere Basen

Dreamland, in Nevada, Guam, eine US-Marinebasis, Schwesterbasis von Pine Gap, die Nellis-Luftwaffenbasis in Nevada, unterhalb des Groom Lake in der Area 51, dem am stärksten gesicherten militärischen Versuchsgelände der USA. Dort sollen die Aliens die Amerikaner nicht nur in der Entwicklung ihrer Rüstungstechnologie unterstützt, sondern ihnen auch eines ihrer Raumschiffe, zu Studienzwecken, überlassen haben.

Heute existieren in den Vereinigten Staaten über 75 solcher Einrichtungen, gebaut mit den Geldern eines sogenannten Notfond's. Zusätzlich baute die Atomenergie Kommission mindestens 32 weitere ähnliche Anlagen.

MJ12 wird die Top-Organisation genannt, die das Alien-Projekt überwacht und koordiniert. In Fällen, in denen der amerikanische Kongress keine Gelder für Operationen bewilligte, haben sie sich das Geld durch Drogenschmuggel von Süd- nach Nordamerika besorgt. Die Gerüchte über den CIA und Drogen gibt es seit Jahren. Es wird sogar behauptet, daß der Vietnam-Krieg allein dazu diente, das Goldene Dreieck, Kambodscha, Burma, Laos, zu schützen. Während des Krieges wurden Drogen, eingenäht in die Körper toter Soldaten, nach Amerika geschmuggelt. Die Gelder aus den Drogendeals sind in die geheimen Basen geflossen.

George Bush, (späterer US-Präsident) Mitglied des CFR, zu dieser Zeit Präsident und geschäftsführender Direktor der Zapata Oil in Texas, wurde daraufhin angesprochen. Zapata Oil experimentierte damals mit einer neuen Technologie, des Offshore-Drillings. Man nahm richtigerweise an, daß Drogen mit Fischerbooten von Südamerika auf die Bohrinsel gebracht, von dort dann leicht mit den Versorgungsschiffen an Land gebracht werden konnten, wobei die Ladung an Zoll und Küstenwache vorbeikam, ohne Kontrollen oder Neugier zu erwecken. Bush willigte ein und organisierte die Zusammenarbeit mit der CIA.

Der Plan funktionierte besser als erwartet und wirkt heute in aller Welt. Es gibt aber inzwischen auch andere Methoden, Drogen illegal ins Land zu bringen. Die CIA kontrolliert inzwischen alle Drogenmärkte der Welt. [(39) S. 15/166) (40)]

Anmerkung des Autors:

„Fassen wir folgende Aussagen zusammen, um für uns ein schlüssiges Bild zu bekommen. In Kapitel 12 hatte ich schon darauf hingewiesen, daß die Kontakterlebnisse in den USA und hier im europäischen Kontinent aus unterschiedlichen Perspektiven betrachtet werden müssen. Da andere außerirdische Gruppen hierfür verantwortlich sind.“

Folgende Berichte, die Sie soeben gelesen haben, werden Sie bestimmt teilweise heftig schockiert haben, und Sie werden mir bestimmt Recht geben, daß wir auf so einen Kontakt gerne verzichten können.

Ich kann an dieser Stelle nur für mich selbst sprechen, aber eines kann ich mit bestem Wissen kund tun, daß meine Erfahrungen mit den Außerirdischen nichts mit jener Gruppe zu tun hatte, die hier vorgestellt wurde.

Für mich sind diese bewußt gewordenen Erfahrungen eine Bereicherung meines Lebens, und weisen mir den Weg in unsere Zukunft, in der unsere Ahnen (Aldebaraner) noch eine tragende Rolle spielen werden.

Wenn folgende geheime Basen, die ich hier kurz nochmals auflisten möchte, den Alliierten Kräften zuzuordnen sind, ist ihre **Kampfstärke größer als ich vermutet hatte, und ein ernst zu nehmender Gegner für die aldebaranische Achsenmacht!**

Mögliche feindliche Basen der Alliierten Kräfte?

- Pine Cap Australien
- Nellis-Luftwaffenbasis
- Area 51
- Dulce-Basis

Kapitel 19

DIE STERNENPORTALE

Leser meines Buches Projekt Aldebaran werden sich sicher noch an das **Kapitel Die Sternenportale** erinnern. Hier möchte ich nochmals auf die Portale eingehen, da es neue Erkenntnisse in Bezug auf diese gibt. Interessant erscheint mir auch, daß meine Frau zwei Portale in Australien, wie auch in Südafrika wahrgenommen hat, die vermutlich von den alliierten Kräften genutzt werden.

Offenbarung über die Portale

Von Karin Feistle:

Die Erde, so scheint ist, aufgrund ihrer blauen Schönheit ein begehrter Anziehungspunkt.

Doch wie, so frage ich mich, wandeln diese "Fremden" Wesen zwischen den Welten? Wie reisen sie durch die Galaxien? Wie, und das ist das große Rätsel für viele Menschen, wie gelangen sie in ihrer körperlichen Gestalt unbeobachtet in unsere satelliten- und kamera-überwachte Welt?

Die Schiffe, Flugscheiben, Kugeln, Lichträder und zigarrenförmigen Objekte, die sich ab und zu am Himmel offenbaren, und von ihrer Anwesenheit Kunden, basieren eher auf "technischen" Zufällen, denn auf Absicht.

Wir können die "UFOs" oft in verschiedenen Farben wahrnehmen und plötzlich, wie von Geisterhand, sind sie spurlos verschwunden. Ganz klar, sie haben ihren „Tarnschild" kurz durch Energieschub aufgehoben und sind für uns, nur für Sekundenbruchteile, sichtbar.

Doch nur die Erkundungsschiffe, Kugeln, Lichträder und kleinen Flugscheiben werden wir so am Himmel wahrnehmen können, denn die wahren, effizienteren Transportmittel der Außerirdischen sind die

Sternenportale (Durchgangsportale)

Die Beobachtung einer Weltenreise/ Galaxienreise/ Sternenreise durch diese Sternenportale ist aufgrund der geringen Anzahl auf dem Erdball sehr begrenzt und kommt deshalb verständlicherweise sehr selten vor. Nur ein sehr, sehr kleiner Personenkreis wird sie jemals zu sehen bekommen und im folgenden Interview hat eine Frau das oder etwas ähnliches vielleicht beobachten können.

K. Feistle: Frau W. (Name bekannt), damit die Leser des Buches einen kleinen Eindruck bekommen von dem Menschen, der sich bereit erklärt hat zu diesem Interview, als was würden Sie sich bezeichnen, welcher Arbeit gehen Sie nach?

Frau W.: Ich bin eine Kräuterhexe, seit vielen Jahren weiß ich davon und welche Aufgabe ich noch im weiterem habe weiß ich seit kurzem, der ich heute nun nachkomme. Wie der Name es schon sagt, heile ich Menschen von ihren Schmerzen durch das Anwenden von Kräutern. Also alles auf einer natürlichen Basis. Zum anderen aber auch auf der geistigen Ebene, um Menschen zu heilen, die heutigen Auswirkungen von ihren früheren Inkarnationen, wenn möglich.

K. Feistle: Ich weiß von ihrer weiteren Aufgabe, können sie uns kurz dazu noch mehr sagen? Weil das auch sehr interessant ist.

Frau W.: Nein, das wäre zu gefährlich! Die andere Seite ist schon jetzt nicht gerade nett zu mir. Nur so viel, wenn jemand zum Beispiel in seinem früheren Leben ein höheres Amt in der Kirche hatte und zu dieser Zeit genauso „moralisch“ sich benommen hat, wie die heutigen Priester usw., dann schlägt diese Aufräumaktion bis heute durch. Die schmutzigen Fäden der Zeit lösen sich auf und alles was damit gewebt war, zerfällt. Dagegen ist jeder heute machtlos, das kann niemand mehr aufhalten.

K. Feistle: Damit haben sie einigen Lesern ein wichtiges Thema unserer heutigen Zeit gut erklärt. Kommen wir nun zu der eigentlichen Frage. Sie kennen ein Sternentor?

Frau W. Ich kann das nicht anders deuten, ich habe gesehen wie sehr viele Raumschiffe auf einmal aus dem Nichts auftauchten. Das hat sich dann öfters wiederholt, war also keine einmalige Sache.

K. Feistle: Können sie diese Ankunft der Raumschiffe uns näher beschreiben und wie groß waren sie?

Frau W.: Das war noch früh am Morgen, ich hatte gerade mit meiner Freundin telefoniert und dabei aus dem Fenster geschaut. Ich bin erst vor kurzen in die Wohnung gezogen und kannte noch nicht den Ausblick so genau. Wie ich da rausschaute, glaubte ich einen Vogelschwarm zu sehen und meinte zu meiner Freundin am Telefon: „Die Vögel kommen diese Mal aber früh". Ich bemerkte meinen Irrtum, weil man als normaler Mensch so was nicht kennt, und sah Raumschiffe, die wie durch ein Tor kommen. Die kamen einfach aus dem Nichts, haben sich nicht materialisiert. Hunderte von Schiffen und jedes hatte eine Größe von ca. 30 m Länge. In der Ferne sahen diese zuerst aus wie Vögel.

Die Schiffe, die da durch kamen, sahen aus wie Lindenblätter. Da waren Nachzügler und die haben sich hinten wieder angeschlossen. Bildeten insgesamt auch eine Formation als Lindenblatt im Flug. Sie stellten sich aufrecht in Richtung nach unten hin und sind dann in meinen Garten rein, sah so aus. Ich war ziemlich fertig an diesem Tag.

Ein damaliger Bekannter von mir, und seine Freundin, haben das auf der Straße auch gesehen, sie wollten gerade zu mir.

K. Feistle: Diesen ehemaligen Bekannten kennt mein Mann aus einem Forum auch. Würden Sie uns sagen, wo das Sternentor ist und was für ein Gefühl sie dabei haben?

Frau W.: Nein, dann habe ich hier einen Belagerungszustand und darauf kann ich verzichten. Wäre nicht in Ordnung. Andere, die diesen Durchgang auch gesehen haben, hatten dabei ein ungutes Gefühl gehabt, also nicht von der Lichtseite.

K. Feistle: Danke für das Interview.

Vor einigen Wochen war ich in der freien Natur, um in Ruhe ein aktuelles Buch, des bekannten Autors Jan van Helsing, zu lesen. Ich hatte schon seit längerer Zeit kein Buch mehr gelesen, denn mir schienen die Aussagen und Fakten jedes Inhalts eines Buches ähnlich und dann plötzlich belanglos und unspektakulär. Wenn ich einmal einen Blick in eines hineinwarf, wußte ich, es würde mir nichts neues bringen. Besagtes Buch: – **Wer hat Angst vorm schwarzen Mann** – aber las ich innerhalb von 3 Tagen komplett durch. Kaum hatte ich das Buch zugeklappt, fühlte ich eine seltsame Stimmung um mich herum, und ich hörte, wie jemand in meinem Kopf mit mir sprach. Erst dachte ich, "na Karin jetzt spinnst du aber," doch ich hörte nicht nur die Stimme, wie sie was sagen wollte und auch sprach. Ich fühlte auch ihre direkte Anwesenheit, kaum hörbar in meinem Kopf, und in mir rasten die Gedanken.

Schnell lief ich in das Haus und holte einen Schreibblock, einen Stift, und notierte fünf Seiten ohne abzusetzen und nachzudenken. Als ich fertig war, tat mir meine rechte Hand weh, denn normalerweise tippe ich den aufzuzeichnenden Text nur am Computer und schreibe mehrere Seiten selten handschriftlich. Ich las die Zeilen und mir wurde bewußt, daß diese sogenannten Sternenportale überall auf der Erde stationiert sind. Es sind Ein- und Ausgänge ferner Welten zu uns. Ich konnte sogar deutlich auf meiner Haut wahrnehmen, wie es sich anfühlt, durch sie hindurch zu gehen. Eine eisige Kälte, der ganze Körper war am Zittern, am Auflösen, wurde durchgeschüttelt und eine Flüssigkeit, die eigentlich gar keine war, überzog meinen ganzen Körper, um meine Zellstruktur zu schützen und in Energiepartikel umzuformen.

Ein Sternentor ist eine wunderbare Möglichkeit, ohne Zeit- und großen Energieaufwand andere Planeten zu besuchen. Ich fragte mich damals natürlich: Wo befinden sich diese Sternentore?

Plötzlich gewahrte ich alles deutlich vor meinem Inneren Auge.

Die Sternenportale liegen über die fünf Kontinente unserer Erde verteilt. Ich konnte erkennen, wo.

Ich sah einen transparenten, fünfzackigen Stern vor mir, der hoch über der Erde schwebte. Seine fünf Spitzen und sein Mittelpunkt sendeten helle Strahlen aus, die auf ganz bestimmten Punkten auf der Erdoberfläche auftrafen. Von den Zacken gingen jeweils zwei, vom Herzen des Sternes drei Strahlen aus. Ich konnte also insgesamt je 13 Strahlen und Punkte erfassen Diese Punkte beruhten nicht auf Zufälligkeiten, sondern markierten die genaue Lage der Sternenportale. Es müssen 13 Durchgänge existieren.

Wer gab mir in diesem Moment diese Information?
Warum geschah es genau zu dem Zeitpunkt als ich besagtes Buch las?

Die Verteilung der Sternenportale auf der Erde

Mit Verdeutlichung der Verteilung der Tore auf der Erde und der Verbindung zu einem gewaltigen Portal auf dem Mars.

Die Punkte stellen die jeweilige Sternentore da, die sich nach unseren Berechnungen an folgenden Orten befinden müßten:

1. Sternenportal – Grenze Nordamerika
2. Sternenportal – Südafrika
3. Sternenportal – Ägypten
4. Sternenportal – Spanien
5. Sternenportal – Australien
6. Sternenportal – Südaustralien
7. Sternenportal – in den Anden
8. Sternenportal – Neuseeland
9. Sternenportal – Russland
10. Sternenportal – Bolivien
11. Sternenportal – Südpol
12. Sternenportal – Nordpol
13. Sternenportal – Deutschland Mitte Hauptstrahl, direkte Verbindung Mars-Erde, geographisch errechnet müßte es im Umfeld von Erfurt liegen.

»*Bild 14 am Ende des Buches im Bildabschnitt - Seite VII*

Es ist gar nicht einfach, diese Portale zu erklären bzw. verständlich zu erläutern, da ich nur Fragmente dieses Wissens in mir trage, doch ich versuche es ihnen so gut wie möglich zu beschreiben.

All diese auf der Erde verteilten, festgelegten Punkte der Sternenportale sind durch unsichtbare Linien miteinander verbunden. Stellt man sich die Linien in Gedanken als Bild vor, so ergeben sie zusammen ein fein zusammengesponnenes Gitternetz, das den gesamten Globus überzieht.

Für einen eingeweihten Ankömmling, von einem anderen Planeten, ist dieses Netz unverkennbar zu sehen. Der Mars spielt dabei die tragende Rolle, sein Sternenportal stellt für jene extraterrestrischen Wesenheiten, die unsere Erde aufsuchen, das Haupttor da.
Dieses Haupttor gestattet ihnen, zu jedem Sternenportal auf der Erde zu gelangen. Somit ist es den "Fremden" Wesen ein leichtes, jede Region der Welt zu bereisen.

Dieses **besondere Tor auf dem Mars** scheint schon sehr, sehr alt zu sein, und die außerirdischen Sternenvölker nutzten es schon seit vielen hunderttausenden von Jahren. Doch die Tore sind trotz ihres Alters noch immer aktiv. Die Außerirdischen haben sie schon immer benutzt. Noch hat die Menschheit keine Ahnung davon. Es scheint weder handfeste Beweise ihrer Existenz, noch ihrer Standorte (Visionen werden Naturwissenschaftler gewiß nicht als Beweis akzeptieren) zu geben. Doch dies wird sich in den nächsten Jahren wandeln.

Stellen sie sich vor, es wäre bereits jetzt soweit. Stellen Sie sich vor, ein kleines Forscherteam wäre bei einer Expedition in die Tiefen eines Berges o. ä., auf eines der Sternenportale gestoßen. Stellen Sie sich nur die Aufregung der Wissenschaftler und Politiker dieser Erde vor. Jedes halbwegs ehrgeizige, machtausübende Land der Erde würde plötzlich gierig seine Arme nach dem Sternentor ausstrecken, jeder würde hungrig nach einem Stückchen des Kuchens, der ungeheuren Möglichkeiten, verlangen. Plötzlich gebe es Hoffnung unter den Menschen. Hoffnung auf einen Ort der Zuflucht, zu dem wir entfliehen können, wenn unsere kranke Mutter Erde eines Tages im sterben liegt. Natürlich gebe es auch Angst, doch die Hoffnung würde die Angst überstrahlen. Doch vermutlich wird die Entdeckung des Sternentor's geheim gehalten werden. Vermutlich wird eine der Weltmächte es im Verborgenen erforschen. Aber selbst diese Macht wird die Existenz des Sternentores nicht für immer geheimhalten können, denn es existieren weitaus gewaltigere Mächte. Das wissen Sie bereits.

Was aber auch immer kommen mag, niemals sollten wir die Möglichkeiten der Sternenportale als Freibrief dafür sehen, die grausame Ausbeutung und Zerstörung unseres Blauen Planeten schamlos und ohne Gewissen weiterführen zu können.

Aufgrund unserer Berechnungen und Auswertungen einer Karte, könnte das Sternentor geographisch in Thüringen liegen, doch ob es so ist, daran zweifle ich, denn ich fühle, daß dieses Tor an der heutigen Grenzlinie von Polen/Tschechien liegen muß. An jener Stelle soll sich auch ein Zugang zur Inneren Erde befinden.

Wie bereits erwähnt, haben die Wesen aus anderen Sternensystemen schon immer von den verborgenen Sternentoren Gebrauch gemacht.

Im speziellen haben die Aldebaraner ihre Einflugpunkte am Südpol, Nordpol und in Deutschland. Der deutsche Einflugpunkt ist wesentlich größer als die anderen Punkte und befindet sich höchstwahrscheinlich in einer unterirdischen Höhle.
Meine Vermutung geht dahin, daß auch alle anderen Sternenportale im Erdinneren oder in einer Gebirgshöhle errichtet wurden. Möglicherweise sind sie sogar in den Tiefen der Ozeane – auch dort gibt es Tunnel- und Höhlensysteme – oder in Höhlen an Felsküsten zu finden. Die Portale könnten, einem komplexen Kanalsystem gleich, untereinander durch Tunnel verbunden sein.
Die Kontinente und Länder, die ich oben angegeben habe, sind sehr groß und die Möglichkeit der Standorte sehr vielfältig, doch wenn man bedenkt, daß BERGE und auch MEERE in der Nähe sein müssen, schränkt dies die Standortwahl ein wenig ein.

Später, einige Wochen danach, bekam ich diesbezüglich noch einmal eine Vision! Ich sah im Geiste diese Berge, und ich sah, daß sie abgeflacht waren. Die Berge hatten eine ungefähre Höhe von 1200 bis 1800 m und man sah die Spitze nicht als höchsten Punkt – es war ein Plateau, und somit wieder ein erneutes Erkennungsmerkmal. Weiteres habe ich bis zum heutigen Zeitpunkt nicht erfahren. Die Suche wird beginnen, in dem Moment, wenn ich weitere Informationen erhalten werde. Ich warte darauf, wer weiß, welche Erfahrungen und Visionen mich bis zu einer allumfassenden Erkenntnis noch begleiten werden. Ich lasse mich überraschen und verdränge die Ängste, die mich bei dem Gedanken überkommen, die Tore zu finden, dem Unbekannten ausgeliefert zu sein.

Vielleicht fragen Sie sich jetzt, weshalb ich diese Visionen bekam und wer sie mir sandte. Ich muß sie jedoch leider enttäuschen, denn ich kenne die Antwort nicht. Aber ich kann reinen Gewissens und aufrichtigen Herzens beteuern, daß die Visionen wahrhaftig sind. Sie wurden mir zum Geschenk gemacht. Vielleicht ist es meine Aufgabe, dieses Wissen an die Menschheit weiterzugeben.
Je mehr Menschen von den Sternentoren erfahren und an meinen Erfahrungen teilhaben können, umso eher wird eine Mehrheit die Außerirdischen nicht als Bedrohung sehen und als Chance für unsere Weiterentwicklung. Vielleicht, mein lieber Leser, sind gerade Sie es – ja genau, Sie, der gerade diese Zeilen liest – der von meinen Durchgaben inspiriert wird und dem es bestimmt ist, eines Tages eines der Sternenportale zu entdecken.

Ob meine Vision der Wahrheit entspricht, kann ich nicht beurteilen, es war nur eine VISION, doch viele Visionen, die die Menschen hatten, wurden irgendwann zur Wahrheit, warum nicht auch diese?

Mars und Erde – eine untrennbare Einheit

Von Reiner Feistle:

Im Herbst des Jahres 2000 führte ich auf einem Seminar in Wien eine bemerkenswerte Trancesitzung durch, bei der mir die Zuhörer beliebige Fragen stellen durften.

Dabei trat auch erstaunliches über die Sternentore und Kraftlinien zu Tage, denn ich kam in Kontakt mit den Aldebaranern:

"...Ich habe gerade ein Signal bekommen, Hilarion (mein Geistführer, der zu Anfang der Trancesitzung zu mir sprach) ist jetzt weg, er macht sich immer vom „Hocker", wenn ich ein Signal von oben bekomme. Ich glaube, ihr müßt noch etwas warten, es ist noch undeutlich.

Hoho, (Ich mußte laut lachen) mir zieht es gerade den Bauch zusammen. (Wieder lautes Lachen, Lachen) Ihr könnt euch gar nicht vorstellen, wie die Jungs drauf sind, ich wünsche euch Allen dies mitzuerleben, in einem Raumschiff mitzufliegen, (Lachen) jetzt fliege ich gerade aus der Erdatmosphäre heraus und die geben wieder Gas. Oh, das gibt es doch gar nicht. Ich sage denen jedes Mal, sie sollen nicht so Gas geben, denn sie drücken immer voll auf die Tube. Jetzt sind wir gerade aus der Erdatmosphäre herausgeschossen, am Mond vorbei. Ja, jetzt geht es wieder Richtung Mars, das kenn ich schon, da bin ich schon ein paar Mal mitgeflogen. Die sagen mir nie etwas. Ich sitze in einem ganz normalen Sessel drin, in einer Flugscheibe ("UFO"), es müßte eine kleine Aufklärungsscheibe sein, ein Späherflugkörper, es ist ein kleines Teil, ich habe nicht genau geschaut. Irgendwie habe ich ein Signal bekommen und war mitten im Raumschiff drin. Ich habe es von außen gar nicht gesehen.

Frage: *Wie groß ist das Raumschiff?*

Weiß nicht, vielleicht so 20 m im Durchmesser, oder so 10-12 m, klein eben. Es ist nur für drei Besatzungsmitglieder ausgerichtet. Es sind zwei Piloten darin und ich als Gast, ich darf als Gast mitfliegen. Frage mich Eugen, ich brauche in so einer Situation immer eine Führung.

Frage: *Was haben sie mit dir vor?*

Es ist ein Routine Check, sie holen mich in regelmäßigen Abständen, so daß ich dies gar nicht mitbekomme, die sind ganz schön clever. Sie benutzen außerirdische Technologie, die das Raumzeitgefüge verzerren, die sind nicht dumm, und das heißt, sie nehmen mich für ein paar Stunden mit und bringen mich an den ursprünglichen Ort zurück, ohne daß ich überhaupt einen Zeitverlust bemerkt habe. Ich denke, das ist eine Sekunde, ich habe den Eindruck, irgend etwas passiert mit mir und dabei bin ich für Stunden unterwegs. Sie haben also außerirdische Technologie, die es möglich macht, Zeitkorridore zu öffnen. Ich kann es nicht genau ausdrücken.

Mir fällt kein anderes Wort dafür ein, du meinst Zeitdehnung. Es wird eine Zeitdehnung sein. Sie können mich für Stunden mitnehmen, mich untersuchen, mich energetisch umwandeln, aufladen, die Anlagen zeigen und bringen mich wieder ganz gemütlich zurück. Ich liege wieder im Bett, sie verpassen mir eine plötzliche Gedächtnisstörung und ich kann mich nur an Bruchstücke erinnern, wenn überhaupt. Das ganze Szenario, daß sie mit mir machen, also nicht nur mit mir, wie ich soeben erfahren habe, mit anderen Anwesenden im Raum genauso.

Sie nehmen auch an diesem Programm teil. Sie werden für irdische Aufgaben vorbereitet, die in der Zukunft auf uns zukommen und werden dann zur richtigen Zeit wissen, was zu tun ist. Denn man löscht bei ihnen die sogenannte Gedächtnisstörung. So wie ich es in meinen Worte immer sage, der Codechip geht auf, und sie wissen, was zu tun ist, wo sie hinzugehen haben, wo die Zentralen sind, die Basen sind, sie wissen alles, jetzt zwar noch nicht bewußt, aber im Unterbewußtsein wissen sie Bescheid.

Frage: *Dieses Gefährt, dieses Flugzeug, dieses Raumschiff, ist es Richtung Mars geflogen?*

Ja, das ist richtig, und zwar haben die dort einen Stützpunkt, einen uralten Stützpunkt, es war früher ein außerirdischer Stützpunkt, von Marsianern bewohnt. Aber ist seit Jahrhunderten nicht mehr von ihnen bewohnt, jetzt sind sie von anderen Wesen (Deutschen, Aldebaranern und anderen Außerirdischen) besetzt.

Frage: *Gibt es unterirdische Anlagen auf dem Mars? Gibt es Städte auf dem Mars? Vielleicht unter der Oberfläche?*

Unter der Oberfläche gibt es riesige Anlagen und interessant ist, daß die Kraftpunkte oder Eingangspforten auch mit Cydona zu tun haben, mit den Pyramiden, mit dem Pyramidengesicht oder mit den Pyramiden, die schon auf dem Mars entdeckt wurden, und das Gegenstück ist in Ägypten.

Frage: *Ist auch Stonhage ein Gegenstück?*

Ja, Stonehage, ja da gibt es eine Verbindung, eine energetische Verbindung jeweils, und ich glaube, es ist ein Faktum, und ihr werdet es nicht glauben, daß eben mit Kraftlinien vom Mars aus auch die Kraftpunkte auf der Erde angepeilt werden, und somit stabilisiert werden.

Frage: *Was hat es mit den Pyramiden für eine Bewandtnis in diesem Zusammenhang?*

Die Pyramiden dienen im höheren Sinn als Magnetpol, also einem Kraftpunkt, der gebündelt auf die Spitze zuläuft, und somit Verbindungen im Weltraum geschlossen werden.

Es gibt gewisse Pyramiden, die dort installiert sind, meines Wissens gibt es eine auf dem Mond, auf der Rückseite ist eine installiert, Mars und Venus und Merkur gibt es eine, auf anderen Planeten nicht, dort sind Kraftlinien installiert, die auch benutzt werden."

Ich kann es jetzt nicht richtig erklären, weil ich kein Techniker oder Mathematiker bin. Aber sie arbeiten mit Zeitkrümmungen, sie haben die Möglichkeit dazu.

Unter anderem wurden auch während der Sitzung Fragen gestellt bezüglich "unterirdische Anlagen" auf dem Mars, wie auch zu den Pyramiden. Wenn sie sich im Internet auf verschiedenen Webseiten umsehen, und Bilder vom Mars anschauen, werden sie feststellen, daß auf dem Mars zusehends mehr Grünflächen und Seen entstehen. Betreibt dort vielleicht schon jemand "Marsforming"?[(5)]

Die Vision meiner Frau, bezüglich der Sternenportale, scheint weitere Kreise gezogen zu haben, deren Ausmaße damals noch nicht richtig einzuschätzen waren. Noch vor der Fertigstellung des Buches -Projekt Aldebaran-, daß im Januar 2007 erschien, bekam ich im Sommer 2006 die Warnung, sehr vorsichtig und umsichtig mit der Vision meiner Frau umzugehen. Diese Warnung kam damals per e. post aus Australien. Ich kannte weder den Absender, noch habe ich bis zum heutigen Tage etwas näheres von dieser Person gehört.

Woher wußte diese Person von der Vision meiner Frau? Der einzige Mitwissende war, zum damaligen Zeitpunkt, die Festplatte meines Rechners. Dank meines Verbindungsmannes Landor, seinen guten Verbindungen im In- und Ausland, habe ich erst jetzt die Informationen vorliegen, wer uns damals gewarnt hat.

Wie klein doch die Welt wird, wenn man verstanden hat, sich auf seine geistige Führung zu verlassen, so eröffnen sich Kanäle, an die man im Vorfeld nicht glauben konnte.

Der eine oder andere Leser wird sicherlich mitleidig schmunzeln, wenn ich nun als Quelle einen Zukunftsroman vorstelle, den ich hier allen ernstes als seriöse Fundgrube von Informationen heraus heben möchte! Es handelt sich hierbei um die umstrittenen Bände Eins bis Sechs, der XXX -Buchreihe vom UNITALL-Verlag.

Anmerkung des Autors:

"Aus rechtlichen Gründen darf die Buchreihe namentlich nicht erwähnt werden!"

Natürlich müssen sie als Leser über langjähriges Hintergrundwissen verfügen, um zwischen den Zeilen den wahren Kern herauszulesen, wovon ich jetzt einfach mal ausgehe!

Rein zufällig wird in einem Band eine Geschichte erzählt, wo ich beim Lesen sofort eine Gänsehaut über meinen gesamten Körper bekam:

„Das eigentliche Wunder fiel zwischen all dem beeindruckenden Kriegsgerät gar nicht auf. Mitten in der Halle stand eine kompliziert wirkende technische Anlage, auf deren Oberseite sich ein etwa 2,50 Meter durchmessender senkrechter stählender Ring befand. Und in dem Ring schimmerte etwas, das aussah wie ein hochkant gestellter Gartenteich: eine leicht bewegte Wasserfläche, die entgegen allen Naturgesetzen nicht aus dieser unmöglichen Position herabfloß.

Doch es war kein Wunder, das sich in diesem Ring befand, sondern pure, wabernde, schimmernde Energie: **Quantenenergie**.

Anmerkung des Autors:

„Hier zum Vergleich nochmals zur Reflektion wie Karin in ihrer Vision die Portale wahrnahm:

Ich konnte sogar deutlich auf meiner Haut wahrnehmen, wie es sich anfühlt, durch sie hindurch zu gehen. Eine eisige Kälte, der ganze Körper war am Zittern, am Auflösen, wurde durchgeschüttelt und eine Flüssigkeit, die eigentlich gar keine war, überzog meinen ganzen Körper, um meine Zellstruktur zu schützen und in Energiepartikel umzuformen."

Heinrich ging mit Magnus und Professor Schulz zu dem merkwürdigen Apparat. Während sich die Soldaten des Trupps mit leuchtenden Augen in der Halle verteilten, um die schlagkräftigen Waffensysteme ihrer Vorfahren aus der Nähe zu bestaunen, kannten die Wissenschaftler nur ein Ziel: Projekt [redacted] *im Zentrum der Halle. Stählerne Treppen führten auf die Oberseite der Maschine. Um den schimmernden Ring aus Stahl und Energie war eine Behelfsbarriere aufgebaut. „Man sollte dem* ***Wurmloch*** *auf keinen Fall zu nahe kommen,* ***solange es nicht vollendet ist****", erklärte Heinrich beiläufig.*

„Wurmloch? Hätten Sie vielleicht die unendliche Güte, uns detailliert zu erläutern, worum es sich hier handelt, ohne daß man ihnen jedes Wort einzeln aus der Nase ziehen muß?" Schulz klang ziemlich gereizt.

„Nun, dazu muß ich kurz ausholen", erklärte Heinrich. „Als damals erste Nachrichten von der Entdeckung der Hohlwelt bei Himmler eintrafen, erklärte er den gesamten Themenkomplex zur obersten Verschlußsache und schickte ein zweites Kommando unter Hans Kammler nach Neu-Schwabenland. Die drangen viel weiter in die Hohlwelt vor, als die Gruppe von Herfords und fand Unterlagen allerhöchster Brisanz, von denen von Herford niemals etwas erfahren hat. Laut diesen Unterlagen deutete alles darauf hin, daß die Erde in grauer Vorzeit Besuch von außerirdischen Wesen erhielt, die nicht mit den AIn identisch sind.

Diese anderen Fremden stammten offenbar vom Planeten Aldebaran und haben vermutlich das eine oder andere zur Förderung der Menschheit unternommen ... genauere Informationen besitze ich nicht. Jedenfalls gehörten zu den von Kammler entdeckten Unterlagen auch Baupläne für eine Wurmlochverbindung nach Aldebaran. Der [redacted] *wurde eingeweiht und gab Kammler nach dessen Rückkehr ins Reich sämtliche Vollmachten, die der zur Realisierung dieses Projekts hier im Jonastal benötigte. Er sollte, mittels der in der Antarktis entdeckten Technologie, hier im Herzen Deutschlands, eine Verbindung nach Aldebaran erschaffen, und von dort hochentwickelte Zukunftswaffen holen, mit denen doch noch der Endsieg über die Alliierten möglich gewesen wäre.*

Hitler hat sich wohl bis zum allerletzten Augenblick an diese Hoffnung geklammert und sich erst erschossen, als Pattons Panzerarmee hierher vorgestoßen war und das Sonderbauvorhaben III besetzt hatte. Bei den Kämpfen sind die meisten unserer Soldaten gefallen – aber sie haben mit ihrem Opfer dafür gesorgt, daß die Amerikaner es niemals wagten, über die Ebene 2 hinaus nach unten vorzustoßen. Und dabei hatten wir eigentlich die Ebene 3 als letzte Verteidigungslinie betrachtet. Unseren kleinen Kracher hätten wir erst gezündet, wenn die Amis oder sonst jemand tiefer als Ebene 5 vorgestoßen wären ...“

„Wie viele Ebenen gibt es hier denn genau?“ wollte Magnus wissen. „Wir sind hier auf Ebene 20“, erklärte der alte Soldat „Unter uns befindet sich noch die Stromversorgung…und darunter sind dann die Stollen mit den Gräbern. Dahin kommt man allerdings nicht mehr mit dem Aufzug, sondern nur zu Fuß“.

„Bitte zurück zum Thema“, drängte Professor Schulz.

Heinrich nickte. „Sicher, sicher. Nach dem Abzug der Amerikaner saßen wir hier unten fest. Wir, das waren mehr als 50 Wissenschaftler, zwei Dutzend Soldaten und Obergruppenführer Kammler. Als dann die Russen das Gebiet besetzten, war uns klar, daß wir nicht mehr hinaus konnten. Bald stellten wir fest, daß wir zwei große Fehler gemacht hatten. Wir hatten zwar an alles gedacht, selbst an Konserven für Jahrhunderte – aber nicht daran, auch ein paar Frauen mitzunehmen. Hier unten saßen nur Männer fest – und trotzdem gab es keine Schwulitäten!“ stellte er mit einem anzüglichen Grinsen in Manfreds Richtung fest. „Den zweiten Fehler hatten unsere Großköpfe gemacht. Sie glaubten zwar bis zu ihrem Tod daran, daß man den Aldebaran durch so ein Wumloch innerhalb weniger Sekunden erreichen kann. Aber schon 1946 war ihnen klar, daß der Aufbau eines solchen Wurmlochs ***nur mit Lichtgeschwindigkeit*** *erfolgen kann. Und da Aldebaran* ***zwischen 66 und 68 Lichtjahren*** *entfernt ist – so ganz genau weiß man es wohl nicht –*

kann der Kontakt frühestens in diesem Jahr erfolgen.

Anmerkung des Autors:

„Im Roman schreibt man bereits das Jahr 2011. Wenn der Aufbau pro Jahr einem Lichtjahr entspricht, würde das Portal ab 2012-2013 offen sein – rein fiktiv betrachtet!"

Das ist der Grund warum ich es bis heute hier unten ausgehalten habe – ich will wissen, ob wir tatsächlich den Durchgang zu einer anderen Welt gefunden haben oder nicht!"

Professor Schulz stand ebenso wie seine Mitarbeiter mit offenem Mund da. Manche murmelten unverständliche Worte vor sich hin. Schulz faßte sich als Erster wieder und nahm seinen Hochleistungstaschenrechner heraus. Er stellte einige komplexe Kalkulationen an und sagte dann unverblümt: „Aufbau und Stabilisierung eines solchen Wurmlochs würden gigantische Energiemengen verschlingen … mehr als die Atomkraftwerke der Welt erzeugen könnten."

„Mit Atomkraftwerken haben wir uns nie abgegeben", erklärte Heinrich. „Wie ich es verstanden habe, machen die enorm viel Dreck – so etwas ist undeutsch. Kommen Sie, fahren wir noch eine Etage weiter nach unten. Dann zeige ich Ihnen, wie ein echter deutscher Reaktor aussieht!" Er kletterte vom Wurmlocherzeuger herunter und schritt zurück zum Aufzug. Magnus, den Wissenschaftlern und Manfred blieb gar nichts anderes übrig, als ihm zu folgen.

„Soll ich meine Männer rufen?" fragte der Hauptmann. „Nicht nötig", meinte Heinrich grinsend. „Laß denen ruhig ihren Spaß in unserem Spielzeugmuseum." Wittmann teilte Leutnant Kaltmeister mit, daß man noch ein Stockwerk nach unten fahren würde, aber keine Begleitung brauche. Die Aufzugsfahrt hinab zur untersten Etage dauerte länger, als man es für möglich gehalten hätte. Der Grund dafür wurde rasch klar, als die Kabine anhielt und die Türen sich öffneten. Ebene 21 bestand aus einer noch gewaltigeren Halle als die darüber liegende.

Doch anders als jene, war diese von einer einzigen Maschine bis fast unter die Decke ausgefüllt. Diese Maschine wirkte dunkel, fast bösartig. Ein leises Summen lag in der kühlen Luft. „Unsere Energiequelle", sagte Heinrich voller Stolz und machte eine allumfassende Handbewegung. „Das ist er ... der Ragnarök-Reaktor. Hier wird mehr Energie erzeugt als in allen anderen Kraftwerken zusammen". „Was ist das für ein Monstrum?" Professor Schulz flüsterte fast vor Ergriffenheit. „Unsere Fachleute sprachen von einem Schwarzlochgenerator", sagte Heinrich beiläufig. „Genaueres weiß ich nicht."[41]

Auch Hollywood beschäftigte sich mit diesem Szenario in der vierten Star Trek Staffel, Stormfront 1+2. Beide Folgen wurden, den Auskünften zufolge, bereits so im deutschen Fernsehen ausgestrahlt.

Darin wird thematisiert, daß Deutschland Amerika angreift. Erstaunlicherweise sind einige Aufnahmen in einem so genannten Hochbunker entstanden. Natürlich muß das Böse mit einem außerirdisch propagandistisch wirkenden Gesicht versehen werden. Der Hintergrund war natürlich, alles Deutsche entsprechend außerirdisch und somit vordergründig negativ darzustellen.

Die "Annahme" eines solchen Hintergrundes weist erstaunliche Nähe zu historischen Fakten auf, was die Angriffspläne auf die USA angehe. Es muß aber mit aller Deutlichkeit gesagt werden, es gab nie direkte Angriffspläne, sie hätten, wie im Fall Rußland, nur für einen möglichen bevorstehenden Angriff der USA, eine zuvorkommende Verteidigung dargestellt. Die Frage selbst allerdings bleibt im Raum stehen, denn der Zeitpunkt hat sich noch nicht erfüllt und eine Notwendigkeit muß nicht zwingend sein. Aufschlußreich jedoch ist, daß diejenigen, die sich mit den stets verschwiegenen Geschehnissen und Entwicklungen aus der Zeit des Deutschen Reiches beschäftigen, sehr wohl erkannt haben dürften, daß in diesen beiden Filmepisoden wahrhaft nicht alles Kulisse und auch nicht alles erfunden war.

Einige Eindrücke der beiden Episoden gaben wohl Anreiz, sie in die Romanreihe X einzuarbeiten. Zwei Bilder erinnern an Projekt Endsieg und den Fusionsreaktor Ragnarök. Die Wahrheit wird schon auf Sendung gehen. Für den Moment noch wird nur behauptet, es wäre nicht die Wahrheit, damit die Menschen nicht glauben, was sie so verblüfft zu sehen bekommen. Wenn es der Mehrheit überhaupt gelingt, wegen des zu großen Unterschiedes in der Technologie, den sie zu heute sehen. Einen weiteren interessanten Hinweis gab mir Landor:

„Ich hatte die Doppelserie nicht gesehen, nur aus "eingeweihten Kreisen", wenige Stunden vor der deutschen Erstausstrahlung auf Sat1, habe ich einen Anruf erhalten, ich solle mir bestimmte Sequenzen genau auseinandernehmen.

Zur Vorgeschichte

Damals, also am Tag der Ausstrahlung, wurde U 2514 (soweit ich mich im Moment an die Nr. erinnere) beim Auslaufen aus Hammerfest in Nordnorwegen gesichtet und eindeutig identifiziert.

Dumm nur, daß es eines von Hunderten der verschollenen U-Boote war. Hat sich jemand einen Spaß erlaubt, um mit dem alten Eimer Aufsehen zu erregen oder was war der Grund?

Nun, der Anruf, der den Hinweis auf die Startreck Serie gab, bezog sich auf die "Botschaft", also eine genaue Sequenz.

Ein Funktionär "funkt" und gibt Anweisungen durch.

Nach einigem Aufwand habe ich das Rätsel gelöst; es lag im Bilderteppich der Werbung zum Film auf der Sat1 Internetseite, diese wurden nämlich nicht nach in der Filmbranche üblichen Timecode mit Sequenz, hh.mm.ss.ff benannt sondern, wie ich heraus bekam, es waren Koordinaten. Und zwar exakt jene, welche das Ziel des Bootes angaben. Ich verrate nur so viel: Es ging Richtung Grönland.

Zwei Jahre später will man das selbe Boot vor der Ostküste der USA gefunden haben. Wohl schon vor mehr als 60 Jahren selbst versenkt.

Solche Sichtungen gab und gibt es übrigens gar nicht so selten. Es gab auch schon deutsche U-Boot Funde, wo man erhofft hatte das NaSo-Gold, Unterlagen zu der Hochtechnologie oder selbige verbaut in den U-Booten. Danach betretenes Schweigen, denn der Eimer war bis unter dem Rand voll mit Kartoffelsetzlingen und Saatgut. Noch Fragen?

Zu den Portalen bekam ich noch interessante Informationen zugesandt, direkt aus der Zentrale, die uns aufzeigen, wie fortgeschritten die Technik unserer Ahnen ist:

Von der Zentrale – weitere Informationen

„Lieber Reiner

Es wird langsam Zeit, die Zusammenhänge stärker auf den Punkt zu bringen, herauszustellen. Zwar werden wir keine genauen technischen Details nennen, welche Dritte mit unlauteren Absichten in die Lage versetzen könnte, gefährliche Technologie gegen uns einzusetzen.

Wir werden allerdings zum besseren Verständnis der großen, intergalaktischen Zusammenhänge nicht umhin kommen, den Menschen hier zu erläutern, wie bestimmte Errungenschaften im Prinzip funktionieren.

Das **Aldebaran – Imperium umfaßt heute rund 340 Systeme**, *allerdings wurde damals in der Abwehrschlacht um Aldebaran ein hoher Blutzoll abverlangt.*

Äonen vergingen, unsere Gesellschaftsstruktur erlitt vor tausenden von Jahren Eurer Zeit die Übel einer Demokratiebewegung, welche beinahe das Reich kollabieren ließ. Aus heutiger Sicht leiten die Größen aus Militär, Wissenschaft und Wirtschaft das Reich, indem sie ausgehend von einer Ordensstruktur ihren obersten Herrn erwählen, den Kaiser oder Imperator.

„Herr XXX“ erhielt einige Hinweise, welche ihm erstmals die Funktion der bisher für unmöglich gehaltenen „Einstein-Rosenberg“-Brücke, wie ihr es nennen würdet, ein aus der Anordnung eines Sechseckes im Raum strukturierten injizierten Ansammlung von Gravitation,

welche zwischen zwei Raumkoordinaten jeweils eine Faltung des Raumes erwirken, so das der Durchgang in einer nahezu unendlichfachen Lichtgeschwindigkeit ermöglicht wird.

Diese „Kurzstreckenportale" wurden ursprünglich verwendet, um kurze Distanzen bis zu den natürlichen „Wurmlöchern" binnen sehr kurzer „Zeiträume" zu überwinden, den „Strings", über welche dann interstellare Distanzen überwunden werden können. Heutige Antriebe ermöglichen den Aufbau eines Hyperraumfeldes und so ein künstliches Wurmloch für interstellare Sprünge auf mobilen Schiffen und Kampfsternen, ohne auf natürliche Strings angewiesen zu sein. Bei den Portalen ebenso, wie beim Aufbau des Hyperraumfeldes, muß eine riesige Menge Energie zur Stabilisation eingesetzt werden. Dabei wird „Materie" mit negativer Energiedichte verwendet, ihr nennt es heute „Exotische Materie".

Die Energie wird über die sicher namentlich bekannte VRIL-Technologie angewandt, durch Sphaleron-Baryogenese; nicht zu verwechseln mit der Leptogenes, welche nur ein spezielles Modell der Baryogenese darstellt.

Im Prinzip basiert dieser Prozess auf Basis der

Quantenkohärenz und kann zum einen verwendet werden, um kinetische Energie in Form einer starken Neutrinostrahlung freizusetzen, als auch um reine Energie bereitzustellen.

Ausgangsgrundlage hierfür ist die Tatsache, dass ein dynamisches Ungleichgewicht zwischen Materie und Antimaterie stets dazu

streben wird, wieder in eine Balance zu gelangen. Dieses unausgewogene Potential bezeichnet man als Baryonenassymmetrie.

Der Zustand der Balance ist das Ideal, energieneutral, das höchste Maß aller Dinge.

Die Nutzung der natürlichen Strings/Tunnels, welche nicht den flachen Raum darstellen ist gegen feindliche Nutzung weitgehend abgesichert. Nicht aber, die auf dem Gegner inzwischen verfügbare Möglichkeit, selbständig „Sprünge" an beliebige Koordinaten durchzuführen. Vielfach wird dies fälschlicherweise als Hyperraumantrieb dargestellt, was ein völlig falsches Bild ergibt, denn das Raumschiff wird nicht um einen Meter je Sekunde schneller, sondern wird nur in der Bewegung aus dem flachen Raum in den mehr oder weniger stark gekrümmten Raum überführt.

Eine so genannte Nullzeit ist dies daher nur als Konsequenz der theoretisch endlosen Näherung im allerweitesten Sinne. Aber auch hier wird es im Elementaren noch einige Lektionen für uns Alle geben müssen. Der Zustand der höchsten Einheit ist die Erlangung ultimativen Bewusstseins. Auch hiernach streben die feindlichen Kräfte, nur eben auf dem diametral negativen Weg aus unserer Sichtweise.

Umgekehrt sehen unsere Feinde sich als Positivum. Wie es mythologisch in zahlreichen Epen dargestellt wurde, auch in der Edda(Ragnarök) oder im talmudischen Hermaggedon oder in der zionistischen Bibel für Goyim, der „christlichen" Offenbarung, sowie dessen Urquelle des Jovians, beschreiben diesen Basiskonflikt als Archetypus des Kampfes schlechthin. Die einstmals aus dem kollektiven Urbewusstsein abtrünnigen Negativen, jene so genannter maßen Unaussprechlichen kämpfen gegen die Getreuen der höchsten Ordnung bis auf das Verderben.

Zurück zu den „Wurmlöchern":

Der genaue Aufbau der künstlichen Wurmlöcher, früher in eurer Mythologie oft als „Dimensionskanal" oder als das „Grüne Land" bezeichnet, ist nichts weiter als die Bewegung im nichtflachen Raum im mehrfach überlichtschnellen Bereich aus Sicht des flachen Raumes. Die Relativgeschwindigkeit des Raumfahrzeuges beträgt dabei theoretisch bis zu 50-60 tausend Kilometer pro Sekunde. Bereits hier tritt aber aus der Sicht des Betrachters aus dem Schiff eine Phasenverschiebung ein, welche den sichtbaren Bereich des Lichts eben in ein grünliches oder, je nach Geschwindigkeit, bläuliches Licht verschieben. Daher haben Eure frühen Pioniere dies als Verbindung zwischen „Diesseits" und „Jenseits" und als „Grünland" bezeichnet.

Es handelt sich hier um eine mythologisch an die damaligen Bildungsstände der Menschen angepaßte Beschreibung, der teilweise schwer zu verstehenden technischen Vorgänge, welche es ermöglichen, fast sagenhafte Leistungen zu vollbringen, welche vielen Kulturen als göttlich vorgekommen sein mußten!

Aber es geht seit jeher um die endgültige Entscheidung dieser letzten großen, uns noch bevorstehenden Schlacht. Immer wieder war der Gegner, die Allianz, auf grund seiner vielfachen zahlenmäßigen Überlegenheit an Material und Kapazitäten von uns, der Achse des Imperiums, in schwere Gefechte verwickelt.

Letztmals 2005, Juli. Die Regulaner, Capellaner und Kondrashkin (à Mohak unter Führung des so genannten Zhork, konnten unter schweren Verlusten und aufgrund einer von uns selbst noch unbekannten Macht, welche uns in letzter Sekunde zu Hilfe kam, zurückgeschlagen werden. So ist der Triumph nicht ehrenvoll, für denjenigen, welcher das Kommando hatte und welchem die Ehre zu Teil wurde, siegreich aus dieser Schlacht hervorzugehen, während in Wahrheit eine fremde Macht Zünglein an der Waage spielte und die gegnerischen Schiffe in einzelnen Lichtblitzen wie tausend kleine Sonnen auf subatomarer Ebene vernichtete.

Aus dieser Zeit kennen die Astronomen zahlreiche streng geheim gehaltene „Lichtphänomene" zwischen Jupiter und Saturn.

Anmerkung des Autors:

„Hier sind eindeutige Parallelen zu der Serie „Star Gate“ zu erkennen. Die guten Menschen, wie sollte es auch anders sein, die Amerikaner, kämpfen an der Seite von Außerirdischen gegen das Böse und werden einige Male von einem sehr alten Volk unterstützt im letzten Moment.

Das wissen aber die anderen Regierungen der Erde für sehr viele Jahre nicht. Die Sternentore haben alle außerirdischen Sternenvölker so vorgefunden und nutzen sie für sich. Ist das nur ein Zu-Fall? Oder ist das wieder mehr als wir verstehen können? Später können die noch Mächtigen der Welt der Menschheit erklären; wir haben Euch doch die Wahrheit gesagt, ihr habt es nur nicht geglaubt.“

Zum Verständnis des Portalaufbaus nach alter Schule: Geometrische Struktur sechseckig. Sechs Schwerkraftgeneratoren werden auf das ringförmige Zentrum konzentriert, bis daß der Raum genügend gekrümmt werden konnte für Objekte bis zu einer bestimmten Maximalmasse, damit diese dann stabil das Tor durchschreiten können.

Die Praxis zeigte, daß bei jedem Kurzstreckenportal die beste Position an jenen Stellen war, an welchen Verkehr, Besiedlung und Augenmerk am wenigsten stark ausgeprägt war. Das sind bei den Planeten jeweils die Polregionen.

Der Kampf um das Solarsystem ist seit über 140 Jahren in vollem Gange, denn die Menge der hier lebenden Menschen würde das Kräfteverhältnis zugunsten unserer Kapazitäten weiter stark verbessern. Die Achse fügt sich zusammen und der gemeinsame Ursprung muß sogar weit vor dem Entstehen des Aldebaransystems selbst gesehen werden. Auch dort vollzog sich die Entwicklung über mehrere Phasen und auch dort entstanden Kulturen und vergingen jeweils wieder, bis daß sich ein gesundes Maß, ein kleinster gemeinsamer Nenner zum Gestalten der Zukunft ergab.

Unmittelbar vor dieser Stufe steht die Menschheit auf der Erde, auf Terra hier und jetzt. Es werden Völker vergehen und nur solche bestehen, welche sich dem Kommenden einfügen und sich dort geheiligt fühlen. Es wird gesellschaftliche Umbrüche geben, die Regierungen wissen dies und versuchen sich zu retten und das gemeine Volk sich selbst zu überlassen, bzw., es gewaltsam zur Ruhe und zur weiteren Sklaverei zu knechten.

Die Achse wird dies zu verhindern wissen, hierzu ist aber der Verfall bis auf die kritische Grenze als bestmögliches Szenario errechnet worden. Die Simulationen haben gezeigt, daß der totale Zusammenbruch eures Wirtschaftskreises den feindlichen Kräften am meisten Schaden zufügt.

Aber der Feind wird sich als letzte Option die totale Massenvernichtung vorbehalten. Wir gehen nicht davon aus, daß wir alle solch geartete Bestrebungen verhindern werden können, in dieser äußerst chaotischen Kampfphase ist mit nicht unerheblichen Verlusten zu rechnen, an dieser Stelle wiederhole ich mich bewußt, wir sind keineswegs die Allmächtigen, unsere Macht, unser Wissen ist eben noch endlich, auch sind wir niemals unfehlbar!

Zurück zum Thema, welches ich in vormaligen Versionen und Weisungen an Landor, in bestimmten technischen Einzelheiten in Bezug auf die RZ-Portale in Norwegen, Moskau und China erteilte (Er erhielt klare Hinweise auf den Betrieb und die Funktion gewisser Antriebssysteme, auch in Bezug auf „Hyperraumreisen").

Selbiges Verfahren möchte ich Dir, für meine an Dich erteilten Informationen, empfehlen. Du kannst, als „Kür", die Informationen zu den technisch weiter fortgeschrittenen Antriebstechniken, nun die Wißbegierde, der interessierten Leserschaft durch Details über die Funktionsweise von VRIL-Generatoren, Kurzstreckenportale weiter steigern. Aber insgesamt wirst Du selbst entscheiden, welche Information Du an wen ohne Risiko, weitergeben möchtest.

Neben elektromagnetischen und optischen, bzw. optisch kombinierten Strahlenwaffen, werden seit langer Zeit bereits sogenannte Frequenzgeneratoren als Waffe, Werkzeug oder als Messinstrument eingesetzt.

Hier schlägt die Verbindung zu den Schöpfern eine wichtige Brücke, zu von Stahl „Geschichte", nach der das erste Imperium (Sargon I) in Vergessenheit geriet und im Zuge einer danach entstandenen Kultur, die frühere Abspaltung des Reiches erfolgte. Rund 10.500 Jahre später war dieser Vorgang vergessen und so auch die Ansiedlung der auf Terra gestrandeten Forscher, im Auftrag des Geheimdienstes Thule. Eben aus demselben Grunde verlor sich unser Bewußtsein an Lemuria/Mu und Atlantis. Auch die vom (künstlichen) Mond aus geführten Schlachten sind, wenn man weiß, worauf man zu achten hat, heute noch sichtbar. Der erste große Kampfstern wurde in einem riesigen Feuersturm vernichtet und treibt als Relikt und Erdtrabant auf seiner letzten Umlaufbahn.

Die riesigen Einschlagskrater sind Folge von schweren Geschützen, welche allein mit kinetischer Energie die Wirkung von weit mehr als 250.000 Hiroshima-Bomben freisetzten!

Die direkte äußere Bedrohung konnte beseitigt werden, nicht jedoch die inzwischen erfolgten massiven Einflußnahmen auf die Entwicklung der Menschheit, der „Evolution".

Der Wahrheitsgehalt von Stahls erstem Band (Aldebaran-Das Erbe des Ersten Imperiums) ist ca. mit 66-70% anzusetzen, ähnlich hoch, wie bei der Krieg der Sterne - Trilogie.

Nachdem, was sich auf dem Mars verbirgt und dort romanhafte Gegner stationiert sind, welches in der Vergangenheit der Fall war, bestehen heute unsere eigenen Basen dort als Vorposten.

Der Planet wurde vor langer Zeit unbewohnbar und man mußte sich auf die Erde flüchten, vor allem, nachdem Alteaan, der 12. Planet) vernichtet wurde. Einer der Bruchstücke gelangte in die Umlaufbahn der Erde und stabilisierte sich. Es bot sich somit für die Gegner der Achse an, diesen als Kampfstern auszubauen. Jedoch wurde dieser in der Schlacht um Mu und Atlantis, wie beide Kontinente leider auch, vernichtet. Der „Untergang" damals, war die Folge des plötzlichen Eintretens dieses Bruchstückes in die Umlaufbahn und verursachte durch dessen Schwerkraft massivste Landmassenverschiebungen.
Nach den Jahrzehnten des Kampfes wurde unsere anfängliche Unterlegenheit ins Positive umgekehrt. Die Aldebaranische Geschichte wird zusammenführen!"

Die Portale auf der Erde

Schauen wir nochmals die Portale an und versuchen wir sie an Hand der vorliegenden Berichte, den entsprechenden Kräften zu zuordnen, wie sie meine Frau damals wahrgenommen hat.

Portale der Alliierten Kräften?

1. Sternenportal - Grenze Nordamerika
2. Sternenportal - Südafrika
3. Sternenportal - Australien
4. Sternenportal - Südaustralien
5. Sternenportal – Neuseeland

Portale der Aldebaranischen Achsenmacht?

6. Sternenportal – Ägypten
7. Sternenportal – Spanien
8. Sternenportal – in den Anden
9. Sternenportal – Russland
10. Sternenportal – Bolivien
11. Sternenportal – Südpol
12. Sternenportal – Nordpol
13. Sternenportal – Deutschland Mitte

Jonastal oder im Erzgebirge, da dort ein Zugang zu der Inneren Erde vermutet wird von wenigen Menschen.

Seltsam ist es allemal! Viele Fachautoren haben gut recherchierte Bücher über das geheimnisumwitterte Jonastal verfaßt; weiter auffällig ist die ZU-FÄLLIGE Nähe der XXX-Buchreihe zum Thema.

Die beiden Episoden von Stormfront sind mehr, als nur das Produkt einer blühenden Phantasie – oder etwa doch nicht?

Meine Frau hat das dreizehnte Hauptportal im Herzen Deutschlands, im Umkreis von Erfurt wahrgenommen, welches eine direkte Verbindung zum Marsportal hat. Das Marsportal wiederum steht unter der Führung des Galaxisimperiums Aldebaran, dessen Flotte Mitte der 1990er ankam. Andere Autoren sind inzwischen auch zu der Erkenntnis gekommen, daß es seit Mitte der 1990er eine Absetzbewegung der Deutschen auf den Mars gegeben hat – Zufall? – was sich wiederum mit meiner 2006 durchgeführten Rückkehrsitzung, die in Projekt Aldebaran ausführlich dokumentiert wurde, deckt.
Natürlich sind solche Fernwahrnehmungen wissenschaftlich nicht nachvollziehbar und somit nicht belegbar. Da wir uns in Bereichen bewegen, die wir „offiziell", aufgrund der Entfernung physisch gar nicht erreichen können. Dennoch ist eine Methode in militärischen Kreisen entwickelt worden, und wird erfolgreich angewendet, um mit entsprechend fähigen, vermittelnden Menschen Fernspionage, über die reine Gedankenkraft und deren Konzentration, auf ein bestimmtes Objekt, Ort zu betreiben.

Es sind nun über drei Jahre vergangen, seit ich diese Sitzung durchführte. Meine Nachforschungen bezüglich der Absetzbewegung der Deutschen auf den Mars und die Suche nach anderen Quellen, läßt mich zur Erkenntnis kommen, daß ich mich auf meine Wahrnehmung, unter fachlicher Führung, bestens verlassen kann, in Hinsicht des Wahrheitsgehaltes.

Das **Galaxisimperium Aldebaran**, wie auch die **Neudeutschen**, haben jeden Winkel auf der **Erde genau im Blickfeld**.

Sie können, wenn es die Situation erforderlich macht, jederzeit weltweit **SOFORT eingreifen**.

Da dürfte es auch nur das kleinste Problem sein, sich in unsere Satelliten einzuklinken, um uns die etwas anderen Nachrichten über unsere Fernsehgeräte einzuspielen.
Folgender älterer Bericht, entspringt nicht der Phantasie eines Zukunftsautors, sondern beinhaltet einen möglichen Ablauf der Geschehnisse, welches immer wahrscheinlicher wird, und die Menschheit vor der größten Herausforderung, seit ihrem Bestehen, stellen wird, aber auch endlich

den sehr lange ersehnten Frieden auf Erden bringt.

Kapitel 20

Tag X der Übernahme!

Ausblick für alle Erdenwesen

Der ehemalige Botschafter der UdSSR, Herr Valentin Falin, erklärte und bestätigte im selben Satz, während einer Diskussionsrunde über die Zukunft Deutschlands und den 4 + 2 Gesprächen, im deutschen Fernsehen, die Existenz des real existierenden Deutschen Reiches.

Sein Zitat wörtlich:

„Die Sowjetunion konnte dem überaus großen Druck des Deutschen Reiches nicht länger standhalten und mußte 1989 kapitulieren.

"Das Deutsche Reich existiert demzufolge de jure und ist aber de facto in seiner Handlungsfähigkeit eingeschränkt."

Im folgenden Text wird eine Rede mitgeteilt, wie sie nach der möglichen Übernahme und dem Sichern des Deutschen Gebietes anzunehmen wäre. Strittig sind auch noch Punkte zum Beamtentum. Beamte und Angestellte des Öffentlichen Dienst der BRD sollten nur Amnestie bekommen, wenn sie nicht in einem sehr hohen Grad gegen Deutsche gearbeitet haben. Im nachfolgenden Schreiben ist es noch anders formuliert. So könnte unsere Zukunft aussehen, die in den Basen der Neudeutschen seit 1945 real ist.

Zu Beginn eine Anmerkung: Für Menschen, die bisher nicht über die Vorgänge in der Welt und über die fortdauernde Existenz der „Neudeutschen“ informiert waren oder sind, mag das nun folgende Szenario den Eindruck eines Hirngespinstes darstellen und sie mögen an einen Zukunftsroman mit erfundenen Inhalt glauben.
Allerdings ist es eine bisher ängstlich verschwiegene Tatsache, daß die Dritte Macht seit über 60 Jahren existiert und eine weiterentwickelte Technik besitzt, deren Anfänge, bereits im 19ten Jahrhundert, in Deutschland begonnen haben.

»Bild einer gezeichneten Flugscheibe am Ende des Buches auf der Seite VII
Das Bild stellt (könnte) möglicherweise sehr eindrucksvoll die Schönheit und Erhabenheit der Deutschen Flugscheiben dar und ist somit einen möglichen Eindruck, wie am Tag X die Flugscheiben aussehen.

Sie meinen immer noch, das ist nur ein gutes Bild vom Künstler, aber kein echtes Foto, dann hören Sie sich die Geschichte eines Bekannten an, der auch mit uns arbeitet. Dieser Mann hat seine Urlaubsfotos sortiert und überlegt, wie dieser schottische Ort doch gleich hieß. In solchen Fällen hilft Tante Google. Also eingetippt und gefunden, Drumnadrochit. Wie es dann so ist, verbleibt man auf der Seite und macht dann dieses Google View auf. Aus reiner Erinnerung will man noch einmal sich den Ort ansehen. Nichts ahnend sieht man dann dieses Bild:

»Bild 16 und 17 am Ende des Buches, im Bildabschnitt - Seite VIII

Man dreht sich im Kreis und traut seinen Augen einfach nicht. Könnte das ein großes „getarntes" Flugobjekt sein, von unserer Achse? Die tief stehende Sonne hat es enttarnt und kein Mensch sieht dieses Objekt, bis es endlich gefunden wird. Aber den Namen seines Entdeckers werden die da drin wohl nicht annehmen. Wäre doch toll, wenn man es in groß sehen könnte. Auch diese mühevolle Arbeit hat sich der Entdecker gemacht. Bewußt nicht in einer kompletten Feinüberarbeitung, das wäre auch zu aufwendig gewesen und wahrscheinlich nicht machbar. Nein, sie sollen sehen, noch erkennen die einzelnen Bilder, die abfotografiert worden sind vom Bildschirm, damit es nicht heißt, es wäre eine Fälschung.

»Bild 18 am Ende des Buches, im Bildabschnitt - Seite VIII

Sie sehen hier sehr schön die Sonneneinstrahlung am späten Abend und wie sie sich wiederspiegelt. Der ganze Rumpf wird dadurch in ein violettes Licht eingetaucht. Es ist nicht sehr klein das UFO, aber eine genaue Größe ist zu schwer zu ermitteln an Hand der Fotos. Täglich werden weltweit über rund 1000 sogenannte "UFO-Sichtungen" berichtet, die allerdings zur Zeit geheim gehalten und als Spinnerei und Täuschungen diffamiert werden, - aus gutem Grund.

Die Absetzbewegung – Hintergründe

Mit der Absetzbewegung waren auch etliche "Größen" der alten Führung dabei. Im wesentlichen waren es hauptsächlich Techniker, Ingenieure und Soldaten, teilweise mit ihren Familien, die rausgebracht wurden aus Deutschland.

Trotz einer vorhandenen poltischen Mannschaft, wurde kurz danach der Aufbau einer neuen Leitung und einer neuen Gesellschaft begonnen. Der Grund war, daß die vorhandene Gesellschaftsform, nun wegen den neuen Bedingungen und Umständen nicht fortgeführt werden konnte. Auch, weil hier ein großer Anteil an Deutschen den Fortbestand des Deutschen Volkes sichern mußten und bis heute können. Zum anderen ist hier bei einer Gesellschaft der Neuzeit, zum ersten mal der kosmische Aspekt hinzugekommen.

Alle hatten eine Erklärung zu unterschreiben und wurden zur absoluten Geheimhaltung verpflichtet. (Der Eid!) Dieser Eid gilt noch heute und es ist ein Eid, der nicht auf eine bestimmte "Person" oder ein bestimmtes Land abgelegt werden mußte, sondern auf das "Deutsche Volk als geschichtliche Sendungsgemeinschaft für alle Menschen."

Dieser Eid wurde bis zum heutigen Tage nicht gebrochen, da das schlimme Folgen für den Eidbrüchigen nach sich ziehen würde.

Es gibt nämlich nicht nur den MOSSAD oder die CIA, die sich in der Einhaltung von Regeln ausgezeichnet haben und weltweit handeln, sondern auch einen weiteren und sehr effektiven Geheimdienst, der sehr aktiv ist, auch in Deutschland und weltweit. Übrigens sind einige Dinge, die heute in der Welt geschehen, durchaus durch diesen "Geheimdienst" gewollt und initiiert.

Nur ein Beispiel: Die Auslagerung bestimmter Firmen in das europäische Ausland ist durchaus konform mit der Zukunftsplanung dieser "Organisation". Es müssen momentan Ressourcen gesichert und dem Zugriff der negativ motivierten Kräfte entzogen werden, um sie später, dem Deutschen Volk, wieder zugänglich machen zu können.

Die Geschehnisse in der Welt, werden durchaus nicht nur durch die uns vorgespiegelten Mächte gesteuert, sondern weitestgehend durch die "Dritte Macht".

Es ist sehr interessant zu beobachten, daß die momentan "gültige" Exekutive, einige der tatsächlichen Hintergründe seit langem erkannt hat (sie wurde informiert) und sich entsprechend verhält. So werden z.Bsp. Gerichtsurteile nicht mehr durch einen Richter unterzeichnet. Sehr viele "offizielle" Dokumente sind "ohne Unterschrift gültig". Man rechnet also schon mit einer Veränderung und ist bestrebt sich zu schützen. Weiter haben die USA und Rußland ein "Mondverbot" erhalten und auch die Marssonden wurden um oder außer Betrieb gesetzt, weil sie gewisse Dinge nicht aufzeichnen oder dokumentieren sollten. Das Weltraumteleskop "Hubble" könnte sehr schöne Bilder vom Mars oder vom Mond uns zeigen, (immerhin reicht sein optischer Bereich etliche Milliarden Lichtjahre in das All) vorhandene Bilder werden geheim gehalten, statt dessen veröffentlicht die NASA das Bild eines Stückes Käse als Mondoberfläche oder Computersimulierte Bilder vom Mars.

Das ist nicht lustig, das ist „Volksverarschung".

Die Geheimhaltung der NASA ist nicht durch die "Dritte Macht" verursacht, sondern durch die "US Nationale Sicherheit", denn wie sollte die US-Regierung dem Volk erklären, was in Wirklichkeit los ist? Genau aus diesem Grunde werden alle "UFO" Sichtungen lächerlich gemacht, als Augentäuschung deklariert und Piloten die darüber Meldung machen, werden "außer Dienst" gestellt und zum Schweigen gebracht.

Es wurde das Märchen über die "Außerirdischen" erfunden, und dieses Märchen wird von vielen fehlunterrichteten Menschen sehr viel lieber geglaubt, als die bestehende Existenz der „Neudeutschen", obwohl das Märchen über „Außerirdische“ weit fiktiver ist, als die Wahrheit.

Die Meinungsfreiheit aller Deutschen ist durch Gesetze eingeschränkt, aus Angst, die Wahrheit könnte in Erfahrung gebracht werden. Dieser Staat nimmt sich das „Recht“, den Glauben und die Meinung des einzelnen Bürgers zu reglementieren und ausschließlich in eine bestimmte Richtung zu lenken. Abweichende Meinungen oder Glaubensrichtungen werden mit strafrechtlichen Begriffen wie z.B. „Volksverhetzung“, „ausländerfeindlich“, rassistisch, Nazi oder „antizionistisch“ in Verbindung gebracht und mit Strafen bedroht.

Eine freie Forschung über gewisse Dinge ist verboten, selbst ganz einfache und unverfängliche Symbole sind verboten. Warum aber ist das so? Wie sagte ein Bekannter zu mir: „Einige Menschen haben ihren Kopf als Hutständer, andere zum denken".

Tatsächlich hat die „Dritte Macht", seit mindestens 60 Jahren, ihre Anwesenheit immer wieder unter Beweis gestellt, was der Bevölkerung selbstverständlich durch die „Medien“ nicht mitgeteilt wurde, die ebenfalls schon seit langem unter der Kontrolle gewisser Mächte stehen und von ihnen fremdgesteuert werden.

Das Volk, egal wo auch immer in dieser Welt, wird täglich belogen und betrogen, ausgenutzt und in eine gewünschte Richtung gedrängt. Ob es sich um die angebliche „Vogelgrippe“ handelt oder um die Beleidigung gewisser Glaubensanhänger, durch Verunglimpfung ihres Glaubens, das alles ist eine gesteuerte Irreführung, um bestimmte Ziele zu erreichen. Hierzu gehören auch alle Maßnahmen, um die Völker in Kriege, Konflikte zu treiben, wie hier gleich berichtet werden wird.

Die folgende Abhandlung mag momentan noch ausgedacht sein und als Ausdruck eines „Wunschdenkens" aufzufassen sein, allerdings wird die Möglichkeit immer wahrscheinlicher, daß derartige Maßnahmen tatsächlich sehr bald ergriffen werden.

Sie werden ergriffen und ausgeführt von einer Macht, die bisher von offiziellen Stellen als „Hirngespinst“ von „ewig Gestrigen“,

Revisionisten oder mit weit schlimmeren Worten, mit denen Menschen bezeichnet werden, betitelt.

Das war bisher lediglich ein „Selbstschutz“ und die Abwehr einer Furcht vor dem Verlust der Macht und von egoistischen Bestrebungen, die auf dem Ausnutzen eines seit Jahrzehnten belogenen und betrogenen Volkes beruhen.

Wissen ist Macht, wer nichts weiß ist machtlos und ein Spielball der Wissenden.

Der Tag X – ein! möglicher Ablauf

Die Entwicklung zu diesem Tag X hin, hatte sich zwar längerfristig abgezeichnet, war aber dann doch quasi über Nacht überraschend erfolgt. Daß etwas Grundsätzliches passieren mußte, war zuvor jedem Bürger in Deutschland bewußt.

Da die gesamte Situation widersinnig geworden war, und das in höchstem Grade, die Annormalität war zur normalen Erscheinung geworden. Viele Faktoren kamen hier zusammen, die im Folgenden zu diskutieren sein werden. Ausgelöst hatte, den öffentlichen Zusammenbruch, jedoch eine urplötzliche Schließung der Banken – durch die fortwährende finanzielle Verunsicherung der Bürger, hatten diese in zunehmendem Maße ihre Bankguthaben abgehoben, so daß die Finanzreserven der Geldinstitute diese Auszahlungen nicht mehr abdecken konnten und sie schließen mußten.

Die meisten Versorgungseinrichtungen, wie die Supermärkte, blieben geschlossen, da sie an den Geldkreislauf der Banken angeschlossen waren und so brach die allgemeine Versorgung zusammen. Nur Elektrizität und Wasserversorgung funktionierten noch.

Das führte zu öffentlichen Unruhen, insbesondere bei den Menschenballungen in den Großstädten, in denen sich der Ausländeranteil bereits in die Nähe der 50%-Grenze entwickelt hatte, und es kam zu bürgerkriegsähnlichen Auseinandersetzungen zwischen Ausländern und Deutschen.

Da erschienen plötzlich allerorten Flugscheiben am Himmel, deren Existenz bisher offiziell als Phantasieprodukte krankhafter Gehirne abgetan und verlacht worden war, und positionierten sich landesweit fest über den strategisch wichtigen Stellen des öffentlichen Lebens.

Hierbei drohte eine Panik auszubrechen, da die Menschen annahmen, außerirdische UFOs wären auf unserem Planeten eingefallen und wollten ihn erobern. Doch dann erkannten sie die alten deutschen Kennzeichen an den Flugkörpern, also mußte es sich, so undenkbar das erschien, doch um deutsche Flugscheiben handeln.

Und zu gleicher Zeit brach die gesamte öffentliche Stromversorgung zusammen – nichts ging mehr, und das insbesondere großflächig um den Bereich aller Hauptstädte, sowie in allen wesentlichen militärischen Einrichtungen, insbesondere mit Waffensystemen.

Auch vorsorglich angelegte separate Stromversorgungen dieser Einheiten erwiesen sich als funktionslos. Hierdurch wurde ein allgemeines, öffentliches Chaos erzeugt, die gesamte Kommunikation unterbunden und jegliche militärische Abwehr ausgeschaltet.

Nach etwa 24 Stunden, nachdem offenbar alle bedeutenderen militärischen Schaltstellen auf diesem Planeten unter Kontrolle gebracht worden waren, setzte zögernd die Stromversorgung wieder ein, die Fernsehsender zeigten ein deutsches Testbild, bis ein betagter Mann in unbekannter, schwarzer Uniform erschien und über Rundfunk und Fernsehen folgende Erklärung abgab:

Meine deutschen Landsleute, und ich grüße die Bürger der anderen Staaten!
Bitte bewahren Sie Ruhe!
Wir sind die Nachfahren von Menschen, die im Jahre 1944 Deutschland verlassen haben, um in Stützpunkten außerhalb dieser Erde den Fortbestand des Deutschen Reiches zu sichern.
Wir sind weder Kommunisten oder Sozialisten, wir neigen keiner dieser Ideologien zu, sondern sehen uns ausschließlich dem Wohle der Völker verpflichtet, die bisher im moralischen und politischen Verfall des Hochfinanz-Geldsystems immer aufs Neue in Kriege getrieben und rücksichtslos ausgebeutet wurden.
Was wir zum Wohle aller Völker deshalb ab sofort strikt unterbinden werden, sind jegliche kriegsmäßigen Auseinandersetzungen. Wir haben unsere zahlreichen Flugscheiben über Deutschland und den Zentren dieser Erde verteilt und sind in der Lage, durch ein mit ihnen verbundenes Kommunikationssystem jegliche Waffenanwendung sofort zu unterbinden und diese Waffensysteme zu eliminieren.
Wir bedauern, in vorangegangenen Monaten anderen Völkern durch Ausschaltung ihrer Stromnetze zeitliche Probleme und Ungemach bereitet zu haben.
Dies war als Testmaßnahme und ihren Regierungen gegenüber als krieglose Machtdemonstration leider unumgänglich. Denn alle Staaten dieser Erde, die gegen das Deutsche Reich im II. Weltkrieg beteiligt waren, werden nunmehr den Text eines abschließenden Vertrages für eine Unterzeichnung erhalten, um diese ab 1945 nun fast 70 Jahre andauernde Periode endlich abzuschließen.
Dieser Vertrag basiert im Gegensatz zu den uns Deutschen gewaltsam aufgezwungenen Verträgen von Versailles bis Potsdam auf den anerkannten Prinzipien des Völkerrechts und gegenseitiger friedlicher Akzeptanz, so unter Aufhebung dieser früheren völkerrechtswidrigen Verträge, aber mit den daraus sich ergebenden praktischen Konsequenzen.
Sollte einer dieser Staaten diesen völkerrechtsfundierten Friedensschluß verweigern wollen, so bedeutet dieses eine feindliche Handlung und wir werden diese mit der bereits demonstrierten Lahmlegung seiner nationalen Energieversorgung beantworten, bis die Bereitschaft einer Unterzeichnung eintritt.

Wir haben keineswegs die Absicht, die politisch-gesellschaftlichen Strukturen in all den verschiedenen Staaten der Erde zu verändern, das ist ausschließlich Angelegenheit der Bürger der betreffenden Länder, ob sie nach einer wahrhaft freiheitlichen Rechtsordnung oder z.Bsp. nach dem Gesetz der Scharia leben wollen. Denn kein Staat dieser Erde hat das Recht, sein politisches System einem anderen aufzwingen zu wollen.

Unser Heimat- und Stammland ist Deutschland. Dieser nationale Leidensweg hat nun ein Ende und wir werden nunmehr ein freies und friedliebendes neues Deutschland aufbauen, jedoch mit dem völkerrechtlichen Anspruch auf all die Gebiete, die unter Bruch jegliche internationaler Rechtsnormen in Folge der beiden Weltkriege abgetrennt und fremden Staaten angegliedert worden sind.

In strikter Abwendung zu zerstörerischer Globalisierung und in Berücksichtigung der Lehren über den heutigen Spätkapitalismus, werden wir in Deutschland ein neues Wirtschaftssystem, ein Wirtschafts- und Finanzsystem des 3. Jahrtausends aufbauen, ausgerichtet allein auf das Wohl unserer deutschen Bürger. Dieses neue System soll, durch seinen Erfolg und Wohlstand, ein internationales Beispiel werden und alle anderen Völker sind mit ihren Staaten aufgerufen, dieses neue Wirtschaftssystem zu beurteilen und wenn sie es gleichfalls übernehmen, werden wir dann gern jede erbetene Hilfe leisten.

Dieser eingeschlagene unabhängige Weg Deutschlands war der verdeckte, eigentliche Grund, unser Land 1939 mit Krieg zu überziehen, um einen Wirtschaftsweg in Ausrichtung des Goldenen Zeitalters zu verhindern. Durch den Wechsel vom Kreditkauf auf Warenaustausch, war dieser bereits beschritten worden und sollte unbedingt verhindert werden, um eine mögliche, damals vorhandene internationale Herrschaft weiterhin zu zementieren.

So werden gleichartige Attacken jetzt erneut zu erwarten sein, unseren friedlichen deutschen Aufbau zu stören und zu zerschlagen. Doch nun haben wir die militärischen Mittel, solche Aktionen im Keim zu unterbinden.

Unsere etwa 12.000 weltweit stationierten Flugscheiben mit unserem hocheffektiven Informationssystem sind in der Lage, hiergegen sofort einzugreifen. Deshalb haben wir als erste Vorsichtsmaßnahme sämtliche Kernwaffenarsenale aller Staaten ausgeschaltet, um etwaige derartige Kurzschlußhandlungen auszuschließen und alle auf deutschem Stammland befindliche fremde Militäreinheiten interniert. Auf diese Weise haben wir die Erde von allen Kernwaffen befreit, eine Maßnahme, wozu die irdischen Regierungen 60 Jahre lang nicht fähig waren.

Des Weiteren warnen wir davor, etwa chemische oder biologische Kampfstoffe gegen uns einsetzen zu wollen. Jede gestartete Rakete wird durch unsere stationierten Flugscheiben abgefangen, und die Kampfstoffe würden so auf das eigene Gebiet heruntergehen und die eigene Bevölkerung verseuchen.

Dies haben wir bereits bei dem als "Enthauptungsschlag" vorgesehenen Massenstart von Marschflugkörpern auf Bagdad, im letzten Irak-Krieg, demonstriert. Denn dieses Mal würden wir diese Flugkörper nicht mehr nur zerstören oder ablenken, sondern in das Abschußgebiet zurückführen. Weiterhin haben wir in weiser Vorsicht, Deutschland zur Flugverbotszone, für fremde Flugmaschinen, erklärt, und würden bei Zuwiderhandlung jede einfliegende Maschine wegen zu befürchtenden Mißbrauchs eliminieren müssen.

Insgesamt macht die jetzt eingesetzte Wende tief greifende und grundsätzliche Veränderungen in unserem deutschen Stammland erforderlich. Zur Durchführung dieser gravierenden Maßnahmen muß AB SOFORT für etwa 14 Tage der Ausnahmezustand verhängt werden. Hierzu werden Sie täglich informiert, wie Sie als deutsche Bürger sich zu verhalten haben.

Ab sofort wird das temporäre Nachkriegskonstrukt Bundesrepublik Deutschland durch das nun wieder handlungsfähig gewordene "Deutsche Reich" abgelöst. So wie die BRD kein Rechtsnachfolger des Deutschen Reiches war, ist das jetzt wieder belebte Deutsche Reich kein Rechtsnachfolger der BRD und so frei aller in dieser Zeit beschlossenen Gesetze, Verträge und Abkommen.

Das jetzige Deutsche Reich ist dadurch schuldenfrei entsprechend dem Stand 1945 und weder Mitglied der NATO noch der Europäischen Union. Die bisherige Staatsform der "Parlamentarischen Demokratie" als willfährige Parteien[redacted] der international Handelnden für die heutige Menschheit ist für Deutschland beendet.

Da das BRD-Grundgesetz zudem von den damaligen Siegermächten lediglich vorgegeben, dann fortlaufend nach Belieben abgeändert und nie durch ein Volksvotum bestätigt worden ist, gilt ab sofort wieder die Weimarer Verfassung, vorbehaltlich vorerst notwendiger temporärer Einschränkungen:

Wir stehen vor der umfassenden Aufgabe, als aller erstes die deformierten politischgesellschaftlichen Verhältnisse wieder zu normalisieren und eine wahrhaftige Volks-Selbstbestimmung zu verwirklichen. Dies kann nur in zwei Etappen geschehen:

Die erste Etappe ist gekennzeichnet durch strikt korrigierende zentrale Maßnahmen, die insbesondere eine Befreiung der Medien von ihrer bisherigen, uns fremden Steuerung.

Die Wiedereinführung der Mark als nationale Währung und eine umfassende Ausreise, der in das deutsche Stammland eingeschleusten Millionen von Menschen, beinhalten.

Letztere haben innerhalb von 4 Wochen das deutsche Gebiet zu verlassen, es sei denn, sie seien während ihres bisherigen Aufenthaltes nachweislich wahrhaftige Deutsche geworden bzw. wollen sich als solche künftig uneingeschränkt bekennen, einschließlich eines Übertritts zum Christentum und bereits gegebener Beherrschung der Deutschen Sprache.

Von diesem besonderen Personenkreis abgesehen, werden alle nach dieser 4-Wochen-Frist sich hier dann illegal aufhaltenden Fremden mittels unserer Flugscheiben in Länder ihrer Kulturregionen zurückverbracht, um sich dort wiedereingliedern zu lassen. Für diese Zeit gilt der Ausnahmezustand. Der gesamte, jetzt beginnende Übergangszeitraum konsequent-politischen Handelns stellt eine Ausnahmesituation dar, die in ihrer Komplexität nur durch zentrale Maßnahmen in Form von Präsidialerlassen zu bewältigen ist.

In dieser Zeit, deren Begrenzung auf 2 Jahre beabsichtigt ist, wird eine Nationalversammlung eine neue Verfassung ausarbeiten und dem Volk dann zur Abstimmung vorlegen sowie der Aufbau einer dem Deutschen Reich verpflichteten Verwaltungsstruktur erfolgen. Alle bisher maßgeblichen politischen Funktionsträger, welche die zerstörerische Entwicklung der letzten Jahrzehnte verschuldet haben, werden zur Verantwortung gezogen und werden Deutschland zu verlassen haben.

Weiterhin sind alle künftigen politischen Funktionsträger verpflichtet, einen Eid abzulegen, der die zukünftige ausgearbeitete Verfassung widerspiegelt und ihr entspricht. Nur auf diese Weise ist eine Beeinflussung unserer künftigen Politik von außen her wirkungsvoll auszuschließen.

Insgesamt haben wir jedoch ein neues öffentliches Klima zu schaffen, mit einer Aufbruchsstimmung unseres Volkes, das seine Tüchtigkeit und Ausdauer bereits in der Nachkriegszeit trotz widrigster Umstände unter Beweis gestellt hat, eine Abkehr von der unsere Gesellschaft zersetzenden öffentlichen Gewaltdarstellung, Pornographie und mit einer folgenden Wiederaufwertung der Familie als Keimzelle jedes Volkes, mit der Wiederentwicklung eines Verantwortungsgefühls des Einzelnen gegenüber der Gemeinschaft. Gemeinnutz geht vor Eigennutz und nicht umgekehrt wie bisher, aber vor allem einer Neuausrichtung auf ethisch-moralisch-geistige Werte des Lebens, statt vordergründigem bloßem materiellem Konsum. Besinnen wir uns auf unsere deutsche Geschichte als zentrale Kulturnation.

Nehmen wir das Schicksal unseres Landes nun wieder in unsere eigenen Hände und bauen wir ein Deutschland auf, als ein leuchtendes Beispiel einer neuen politisch-wirtschaftlichen Ordnung, zum Wohle aller Menschen für den gesamten Erdball." (42)

Mir scheint, daß der vorliegende Text sehr real geschildert wurde, was am Tag X geschehen könnte. Mit einer Ausnahme, daß auch hier wieder die außerirdische Komponente als Märchen hingestellt wurde, und dieser Bericht wieder einer Partei zuzuordnen ist, daß ich im „Kapitel 12 Die Frontenbildung in der UFO-Szene" ausführlich dokumentiert habe.

Das sich bei einer Einspielung in unsere Fernsehsender ein neudeutsches Testbild zeigt, und ein uniformierter Admiral eine Rede zur Lage der Nation abhält, ist die logische Konsequenz. Ich kann mir den kollektiven Schock unter der Bevölkerung wahrlich gut vorstellen, da mir dieses Szenario in den Neunzigern auf sehr beeindruckende Weise vorgeführt wurde.

Stellen sie sich nur einmal vor, was für Reaktionen ausgelöst würden, wenn sich unsere Ahnen gleich zu erkennen gäben, und sich ein hochgewachsener Aldebaraner meldet, der sogar nicht in unser vorgefertigtes Weltbild paßt, das würde noch deutlich heftigere Reaktionen auslösen und zu Chaos und Anarchie führen.

Das Wissen auch unsere Sternenbrüder und überlassen zunächst erst mal alle Aktionen ihren Verbündeten, den Nachkommen der Deutschen, um die Menschheit mehr und mehr, sehr behutsam, an unsere Vorfahren hinzuführen, bis die Menschheit kollektiv bereit ist, zu akzeptieren, daß wir Menschen nicht die Krone der Schöpfung sind, sondern gerade an der Schwelle stehen, in die Kosmische Familie als gleichwertige Partner, aufgenommen zu werden.

Der Tag X – Antwort der Zentrale

Zu meiner eigenen Absicherung, habe ich folgenden Text, zu Überprüfung der Quellen dieses Beitrages, an die Zentrale, eine mir vertraute Adresse gesandt, mit der bitte auf Prüfung des Wahrheitsgehalts. Lesen Sie nun selbst welche Antwort mir überreicht wurde.

„Lieber Reiner,

Deine Nachricht hat mich im Postfach erreicht, je nach Lage wird die Beantwortung einige Tage oder gar Wochen dauern können, wird aber in aller Regel nicht vergessen, es sei denn manche Fragen hätten sich in der Zwischenzeit selbst gelöst.

Eine Analyse der Texte, die aus mindestens zwei unterschiedlichen Quellen stammen müssen und zu einem Text verschmolzen sind, ergab inzwischen, daß wesentliche Details, im Ablauf, nach momentanem Stand der Erkenntnisse, zwar als hochwahrscheinlich gelten, jedoch nicht als zwingend erscheinen müssen.

So ist die Tatsache, daß Hinweise auf den Fortbestand des Reiches, mit der Technologie unserer Vorfahren, als rein deutsche Errungenschaft dargestellt werden, sicher ein wenig zu einseitig, denn hierzu müßten sich die Deutschen ihrer eigenen Wurzeln endlich bewußt werden.

Dieses zu entwickeln wird nun immer wichtiger, vor allem in den eingeschworenen Vertrauenskreisen, welche als frei von Verrat und Lüge sind und welche aufrichtige Bewahrer von Wahrheit, Zukunft und auch des Schwertes sind.

Daß Rußland sich als Teil der Achse für unsere Sache gewinnen ließ, hat sich spätestens seit dem Kursk-Vorfall bekräftigt. Daß damals die eigenen Waffenversuche der Russen gegen den Willen und die Interessen der Neudeutschen und somit auch der Achsenmächte durchgeführt wurden, hat den Ausschlag gegeben. Die Warnung war erteilt, jedoch zunächst ignoriert worden.

Putin selbst hat danach eine Kehrtwende in der Rußlandfrage eingeleitet und sich den Interessen der Achsenmächte, im eigenen Interesse, nicht nur angeschlossen, sondern hat sich mit ihnen verbündet. Unterstützung, auch technischer Art wird geleistet.

Rußland erfordert, zu dessen sicheren Fortbestand, stabile Bedingungen an dessen Außengrenzen. Somit formulierte Putin 2005, daß er sich ein Europa der Reiche wünsche und unterstützt eindeutig die Interessen auch des Deutschen Reiches.

Die russische Scheinkapitulation 1989, war eine Folge des nach dem Tschernobyl Unglück gemachten Erfahrungen. Als 1986 eine atomare Drohung gegen Europa und damit auch gegen das Deutsche Reich aus Moskau verlautbart wurde, quittierte die Führung mit einer Warnung innerhalb des havarierten Reaktorblockes dort. Zu einer Kernschmelze wäre es nicht gekommen, der Reaktor hätte sich, so die ursprüngliche Planung, von selbst versiegelt; nicht aber, nachdem die russische Führung unbedingt die Büchse der Pandora öffnen mußte.

Gorbatschow war somit im Zugzwang und gab auch den Kommunismus in Rußland ebenso preis, wie die unter russischer, polnischer, tschechischer Fremdverwaltung stehenden Gebiete.

Anarchie machte sich nach dem Putsch 1991 in Moskau breit; Oligarchen, wie auch der [redacted] Chodochovski, Sulejman Kerimow, Oleg Deripaska, Vladimir Kim usw. gewannen die Macht und versuchten unter Zuhilfenahme des [redacted] Verbindungsmannes [redacted], dem Totengräber des Ostblocks, die Finanzgewalt uneingeschränkt an sich zu reißen. Mit Erfolg.

Die Wende leitete Putin nach 2000 in Russland ein.

Fast im gesamten Ausland ist die Einschätzung über die Existenz des Deutschen Reiches offenkundig, nur in Deutschland selbst wohl nicht.

Zum Tag X:
Es gibt fast jeden Tag einen kleinen Tag X: Auf Ankündigung wurden, auf Bitte, bzw. Weisung der Atlantikzentrale sogar in der Nacht vom 20. auf den 21. April, dem besonders geschichtsträchtigen Datum zum 120. Geburtstag Adolf Hitlers, als Zeichen des Guten Willens und der Präsenz, sowie der Bewahrung besonders wichtig geltender Personen, zwei kleinere xxx (Diese Angabe ist vertraulich)-Meter Schiffe über Süddeutschland direkt über dem Flughafen Stuttgart postiert und konnten ausführlich beobachtet werden, nachdem sie ihr Feld aus der Phasenverschiebung der Grundkonfiguration, an die Feldparameter der vor Ort geltenden Bedingungen angepaßt haben.
Die Medien werden dies niemals berichten, vielleicht gelingt es Dir ja, Augenzeugen zu treffen.
Mond und Mars haben mehr mit der Vergangenheit zu tun, als mit dem Tag X. Feindliche Verbände und Einrichtungen auf dem Mond wurden neutralisiert, das Sonnensystem gilt jedoch nicht als feindfrei, da die gegnerischen Verbände, die Allianz, wie sie sich seit jeher nennt, noch in losen Gruppierungen vorzufinden ist. Die "zugelassene" irdische Raumfahrt der Allianz fristet ein jämmerliches Dasein.
Die "Dritte Macht", also die Achsenmächte, steuern nicht direkt den Zusammenbruch, niemand würde sich freiwillig ohne akute Bedrohung ins eigene Fleisch schneiden; vielmehr sorgt sie für eine gemäßigte Kanalisierung, sofern dies noch hilfreich ist.
Es wird stets vermieden, eine Gefahr in Kauf zu nehmen, leider, eine Garantie zu 100% gibt es nur in der Theorie.
Ob und wie es zum Tag X in der dargestellten Form kommt, hängt einzig und allein vom Verhalten der Bevölkerung in Deutschland ab! All dies wird der Ablauf, wenn sich die Barrieren in den Gehirnen endlich gelöst haben werden und sich signifikante Teile der Bevölkerung willig erweisen, eine Änderung aktiv mitzubegleiten.
Der Zerfall der wirtschaftlichen Lebensgrundlagen zwingt die Mächte zunächst in die Ecke und danach endgültig in die Knie. Dies geschieht fast ganz von alleine. Es geht nunmehr darum, den chaotischen Kurzschluß exakt vor dem Punkt zu erwischen.
Hierzu gibt es den Plan, eine, nennen wir es einfach einmal eine "Eröffnungsfeier" nach dem Vorbild der olympischen Spiele, welche der gesamten Welt die aufrechten Interessen ebenso, wie die für viele unglaublich gehaltene Macht aufzeigen wird. In friedliebender Stärke wohl bemerkt. Der Zeitpunkt ist dynamisch und kann, soll und darf nicht vor Freigabe genannt werden.
Konstruktive Taten mit Weitblick sind gefordert, der Tag X kann sich, wie in Deiner e. Post so ereignen, muß es jedoch nicht.

Für die Vorhersage der Zukunft ist meine strategische Erfahrung nur militärisch bedingt geeignet.

So vermag ich Dir vertrauensvoll die Tatsache zu unterstreichen, daß, wenn es darum ginge, den Gegner ohne Rücksicht auf Verluste vernichtend zu schlagen, es keine große Sache wäre und binnen weniger Minuten global und solar erledigt wäre.

Was aber mit den vielen dann zu beklagenden Opfern, welche niemals eine Wahl gehabt hätten? Ist der Planet endlich reif zur Umkehr?

Dies nicht einfach nur abzuwarten, sondern aktiv zu begleiten ist der Grund der Anwesenheit großer aldebaranischen Streitmächte.

Es wird hier kein Krieg gegen das Leben geführt, sondern es findet ein Kampf aufbauender Natur statt, ein Sieg des Lichtes über die Finsternis.

Die Pharisäer und die falschen Menschen werden sich mehr und mehr entblößen!

Es ist aktuell direkt an Euch, Kraft unserer aller Unterstützung, den wahren aufbauenden Weg einzuschlagen und all den Anderen die Türe zuzuschlagen.

Es gibt viele, die Recht haben, auf ihre ganz eigene Art und Interpretation, entscheidend ist jedoch für jeden Einzelnen, daß er ungezwungen den Mut zu seiner eigenen Wahrheit findet und dann endlich im harmonischen Verbund synchron zur Tat schreitet.

Einen heiligen germanischen Gruß XXX"

Leider war es mir zurzeit, als ich diese Zeilen verfaßt habe, nicht möglich einen Augenzeugen ausfindig zu machen.

Aber schauen wir uns an, was die Bildzeitung darüber berichtete:

„*Um 21 Uhr drang das unbekannte Flugobjekt über Herrenberg in den Stuttgarter Luftraum ein. Dann gab's den größten UFO-Alarm seit Jahren!*

Jetzt ermittelt die Deutsche Flugsicherung: War es ein irrer Pilot auf einem unangemeldeten Nachtflug? Die Spionage-Drohne einer fremden Streitmacht? Oder gar Eindringlinge aus dem All? Fakt ist: Das unbekannte Flugobjekt bewegte sich mit extrem langsamen 50 Knoten (ca. 90 km/h) über den Himmel, wurde von Fluglotsen des Airport-Towers auf Radarschirmen entdeckt. Immer wieder funkten sie: „Do you read?" Fliegersprache für „Bitte melden!" Keine Antwort!

Tower-Chef Helmut Montag: „Es gab kein Transponder-Signal (Funksender, die Red.), wie es bei Nachtflügen vorgeschrieben ist."

Ein Polizei-Hubschrauber stieg auf, suchte vergeblich nach dem UFO. Flugsicherungs-Sprecher Axel Raab (57):
„Beim Anflug auf den Flughafen meldete ein Pilot mehrere Lichter über sich, schätzte die Höhe auf circa 2000 Meter."

21.42 Uhr: Plötzlich verschwand das UFO auf dem Radarschirm bei Welzheim (Schwäbischer Wald). Der Tower-Chef:
„Wir mußten von einem Absturz ausgehen, Polizei-Streifen schwärmten aus."

Sorge auch bei den Sicherheitsexperten von Airport-Chef Georg Fundel (54): „Zum Glück wurde der Flugverkehr nicht beeinträchtigt."
Um 22 Uhr tauchte das Radarsignal wieder über Dinkelsbühl (Bayern) auf, bewegte sich schnurstracks nach Grafenwöhr, wo es endgültig verschwand. In Nähe eines US-Truppenübungsplatzes.

Der Mannheimer UFO-Forscher Werner Walter (51): „Merkwürdig! So langsam fliegen eigentlich nur Ultraleicht- oder Motorsegelflieger, doch die haben für eine solche Reisedistanz nicht genug Sprit." (43)

Kapitel 21

Die Aktivierung des Bodenpersonals

Folgendes Kapitel mag für manchen Leser sehr verwirrend sein, und einigen der Erfahrenen wird sich die Frage stellen, ob es überhaupt außerirdische Besucher gibt. Vorweg, ich kann Sie beruhigen, es gibt sie, sie sind genauso real wie Menschen, Tiere und die Pflanzenwelt. Warum ich ihnen diese einführenden Worte nicht vorenthalten möchte, hat mit folgendem Kapitel zu tun, die Aktivierung des Bodenpersonals. Denken Sie stets daran, daß in der UFO-Forschung zur Verwirrung und um es uninteressant zu machen, bewußt nur Halbwahrheiten mit Desinformationen gestreut werden.

Es ist daher wichtig, sich auf breiter Ebene zu informieren und sich selbst die verrücktesten Theorien anzuhören. Oftmals kann man aus den Halbwahrheiten schlüssige Zusammenhänge erkennen, die uns einen tieferen und breiteren Überblick verschaffen, was wirklich auf unseren Planeten und in unserem Sonnensystem an Aktivitäten staatfindet, von anderen Lebewesen.

UFOs – kein „außerirdisches“ Phänomen

Vor einigen Jahren habe ich noch Vorträge gehalten über den Zusammenhang der Gisehpyramiden und den drei Schildvulkanen auf dem MARS. Schon damals war mir bewußt gewesen, daß nicht allein Beauvalls These, die Pyramiden seien lediglich dem Gürtel des Orion nachempfunden, gelten konnte. Dies war nicht ALLEIN meine Idee. Die Idee hatte vor mir schon jemand anders gehabt, und in einem 1964 veröffentlichten Buch vertreten. Es war eben genau JENES Buch, das mich auf die Spur gebracht hat. Die Pyramide des DJEDEFRE mußte, wenn die Theorie stimmig wäre, im gleichen Größenverhältnis, ebenfalls auf dem Mars zu finden sein. Sie entsprach letztendlich dem größten Schildvulkan des Sonnensystems, dem OLYMPUS MONS. Für mich war damals klar, ebenso wie für meinen Kollegen Rainer Lorenz, daß die Pyramiden neben der Deutung als Abbild des Oriongürtels, auch dem MARS zuzuordnen waren. Es ist so einfach:

Die **alte Stadt KAIRO**, die in unmittelbarer Nähe von Giseh liegt, und die den Komplex geradezu UMSCHLIEßT, heißt in der alten Sprache **AL MISRA**, was übersetzt **HERR MARS** bedeutet.

Das es aber noch einfacher sein könnte, hätte ich nicht mal zu träumen gewagt: **MISR**

Diese Buchstaben enthalten einen Selbstlaut und drei Konsonanten. Im Ägyptischen ist der Name des **MARS jedoch SHU**, und **SHUMER** bedeutet: **Die Leute vom Mars.**

Wir gehen darum einen Schritt weiter und setzen das S mit SHU gleich. Bringen wir dann die Buchstaben in eine andere REIHENFOLGE ergibt sich:

S(HU) M I R daraus wird in anderer Schreibform, – S (U) M I R –, oder besser, – **SUMI-ER** –

Der in Unternehmen Aldebaran" genannte **Kontaktplanet** – **SUMI-ER** – ist nichts anderes als unser **PLANET MARS**! Was ist in diesem Zusammenhang mit ALDEBARAN? Ist es denkbar daß auch dieser Begriff nur ein Synonym ist?

Der **Aldebaran** ist der hellste Stern im **Sternbild STIER** und heißt deshalb **ALPHA TAURI**. Aldebaran ist arabisch und **heißt: „Der Nachfolgende"**. Also ist klar, was sich hinter ALDEBARAN verbirgt. Es ist der Tarnname der **NACHFOLGEORGANISATION Deutschlands** und steht, ganz der ISAIS-Tradition folgend, für den ALPHA TAURI, dem **HIMMELSSTIER**: Das ist kein anderer als der griechische ORION oder der **ägyptische OSIRIS**.

Dieser aber heißt im **altägyptischen ASER** und seine Entsprechung ist der **Planet MARS** (griechisch: ARES). Schon hier wird man durch die gleichen Buchstaben, ASER=ARES stutzig. Also haben die Vrildamen gar nicht Kontakt mit einem Sternensystem gehabt, sondern haben die immerwährenden SENDUNGEN, die seit Jahrtausenden von der ZWISCHENWELT, einer Parallelwelt, zur Erde gesandt werden, lediglich GEHÖRT und übersetzt. Eine Endlosschleife an Informationen für ein Volk auf der Erde, welches aus der Dunkelheit als erstes erwacht!

Über das Jenseits zum Mars

Bis hierhin war alles in Ordnung. Als sich das Kriegsende näherte, und der Siegeswille, der besonderen militärisch geführten Organisation in Deutschland, ungebrochen dem „Sieg" entgegenfieberte, griff man nach jedem Strohhalm, der sich bot, um den Sieg davon zu tragen. Während sich die Mitglieder der von der NSDAP verbotenen Thulegesellschaft, innerhalb der neu gegründeten „Schwarzen Sonne", um eine Schadensbegrenzung bemühten, griffen die Okkulten Protagonisten zu einem letzten Strohhalm.
Mit der „Jenseitsmaschine" schickten sie eine Mannschaft ausgewählter Vertreter in das „Jenseits", um von dort Hilfe zu erbitten.

Mit der gesandten Gruppe und mit Hilfe der Jenseitsmaschine erhoffte man die Hilfe einer hochtechnisierten Gesellschaft. Was die Wissenschaftler jedoch nicht wußten, war die Tatsache, daß die „Jenseitsmaschine" in Wahrheit eine Zeitmaschine war, die sowohl in der Zeit vorwärts und rückwärts, als auch PARALLEL zu reisen vermochte.

Die Zeit aber reichte nicht aus, um das Blatt für das Deutsche Reich noch zu wenden. Das ist schon zu Beginn des Krieges einkalkuliert wurden. Daher hatte man schon ab dem Jahre 1943 verstärkt fortgesetzt bzw. begonnen im neu hinzugekommenen Reichsgebiet in der Antarktis Produktionsstätten aufzubauen und im alten Gebiet, in den Betrieben, nur noch Module, Teile eines Produktes für eine mögliche Endfertigung, dort produziert. Neben dem Übertragen, Auslagern der Produktionskapazitäten, ist auch begonnen worden einen größeren Teil des Deutschen Volkes dort hin umzusiedeln. Das geschah bis in die 50ziger Jahre hinein. Am Ende dieser weitsichtigen Entscheidung wurde der Großteil der neuen Erkenntnisse, Entwicklungen und Güter rechtzeitig außer Landes geschafft, oder auch vernichtet. Zuerst in Richtung Südamerika (Argentien), Neuschwabenland in die Antarktis und später zum MARS.

Schließlich wurde die Kommandozentrale, der gesamte Stützpunkt dorthin verlegt und durch das Vorhandensein von Kartenmaterial u.a. auch die uralten Stützpunkte der ASA hier auf der Erde gefunden und wieder in Betrieb genommen.

Dabei haben sie mit sehr hoher Wahrscheinlichkeit auch die Kammern mit den GALLU (biogenetische Roboter – Die Grauen) gefunden. Von diesen wurden offenbar eine gewisse Anzahl, die man benötigt für einfache Arbeiten, wieder aufgeweckt. Bei ihren Nachforschungen müssen sie das **AGGREGAT gefunden** und und wieder **eingeschaltet** haben, den **SPRECHER**.

Wieder auf Empfang nach vielen Äonen

Dieses Gerät sendet unentwegt Signale zur Erde in verschlüsselter Form, die nur von denen empfangen, also GEHÖRT werden können, deren Erbgut den **SCHLÜSSEL der ASA** enthält.

Mit dem verschwinden der Empfangseinheit, dem **BAPHOMET**, war es dem „Sprecher“ nicht mehr möglich seine Botschaft zu SENDEN. Als die „Vril-Mädels“ den Baphomet wieder in Betrieb nahmen, war die **Empfangseinheit SOFORT** in Takt! Auf diese Weise erhielten sie auch die Botschaften aus dem Tartaros.

Aber auch die Botschaft des „Sprechers“ erreichte sein Ziel. Diese Gelegenheit ergab sich 1997, als der Komet HALE BOPP unser Sonnensystem durchquerte. Die HÖRER, die „Auditores“, deren Empfangsteil ständig auf Empfang ist, konnten das verstärkte Signal empfangen.

Jaques de Molay hatte Recht behalten! Das Signal wurde von VIELEN gehört, aber nur von WENIGEN verstanden. Die, welche das SIGNAL verstanden hatten, folgten ihren GENEN und wurden vom **HÖRER**, dem „Auditor“, zum **ERLEUCHTETEN**, einem **„Electi“**.

Nur sehr wenige dieser ELECTI verstanden es, aus der Nachricht NUTZEN zu ziehen und ihre verborgenen Talente einzusetzen. So wurde **aus einigen** wenigen **VOLLKOMMENE, die „Perfecti“**. Diese sind in der Lage, ihre **Talente zum Wohle ihres Volkes** einzusetzen, verfügen über das ASA-Gen, und sind imstande, aus sich selbst heraus, ein SIGNAL zurück zu senden.

Und jetzt sind sie in der Lage, als **TRANSMITTER zu agieren**. Sie übertragen in beide Richtungen. Kraft ihres ausprägten Unterbewußtseins sahen sie sich in der Position, eine **Botschaft** an die **ALL-ten zu senden**! Der KOMET hat das Signal verstärkt. Nur **zwei Jahre** später kehrten die **ALL-ten zurück**.

Anmerkung des Autors:

„Wer sind die ALL-TEN, meint der Verfasser dieses Textes unsere AHNEN?"

Doch statt auf eine kriegerische Auseinandersetzung, setzten seine Führer auf das Erwecken des ASA-GENS. Dabei bedienten sich die ALL-ten „der **goldenen Tafeln** im Grase, die schon vor Urzeiten ihre **MITTEILUNGSWEISE** waren“.

Damit konnte die mühevolle Arbeit der letzten Jahre abgeschlossen werden: Die Kornkreise, (die zwar von Menschen – aber nicht zwangsläufig von „Menschenhand“ gemacht wurden) die dabei eine wichtige Rolle spielten, und als BOTSCHAFT eine breitere Masse der ASA-Sippen erreichen sollten, haben ihre Pflicht getan und sind mit den „SCHWALBEN“ abgeschlossen worden (Wiederkehr!). Kornkreise erschienen und erscheinen überall im „germanischen Siedlungsraum“. Auf diese Weise wurde durch die nur in der ASA-Sippe vorherrschende GEN-ialität aktiviert, und das Unterbewußtsein ERWECKT.

Das ASA - GEN

Wir entstammen beiden Geschlechtern, dem der ASEN und dem der VANEN, und tragen daher auch die HOHE KRAFT der Ahnen in uns, MAGIE genannt, die ebenfalls MIT AKTIVIERT worden ist!

So machen auch die „Entführungen durch Außerirdische“ Sinn, könnte es sich dabei doch um eine PRÄGUNG des Erbguts handeln, die es ermöglicht, zu einem festgelegten Zeitpunkt in das aktuelle Geschehen einzugreifen. Natürlich werden viele „Ufo-Gläubige“ das NICHT wahrhaben wollen.(44)

Inwieweit dieser Text der Wahrheit entspricht, vermag ich derzeit nicht zu bewerten, aber es sind viele interessante Übereinstimmungen auffällig, die sich mit meinen Erkenntnissen decken.

Schauen wir uns rückwirkend das Entführungsphänomen an, stellt man durchaus fest, daß es sich um ein generationsübergreifendes Phänomen handelt. Diese Feststellung kann ich mit gutem Gewissen bezeugen, anhand meiner zahlreichen Kontakte zu Betroffenen, wie auch die große Anzahl von Leserbriefen, die mir zugesandt wurden und dies bestätigen. Immer wieder wird berichtet, daß auch die Kinder der Betroffenen Entführungserfahrungen durchleben und seltsame Geschichten erzählen, die so gar nicht in unser vorgefertigtes Weltbild passen.

Oft wird auch von seltsamen Begegnungen mit dem "Man in Black" berichtet, von Sichtungen und eigenartigen Flugobjekten in der Nähe der Betroffenen. Es kann also nur die eine Schlußfolgerung gezogen werden, daß es etwas mit unseren Genen auf sich hat, und deshalb auch andere Familiengehörige, daß selbe Schicksal ereilt wie die Eltern. Liegt es also tatsächlich an dem ASA-Gen, wie wir dem obigen Bericht entnehmen konnten?

In diesem Buch bin ich schon eingehend darauf eingegangen, was es mit der Erinnerung des Blutes auf sich hat, Miguel Serrano nannte es das chromosomatische Gedächtnis, das ätherische Blut. Ich habe noch eine klare Erinnerung an eine Begebenheit aus den 1990ern, als man mir eine Szene zeigte, in der Hunderte Menschen aller gesellschaftlichen Schichten wie paralysiert in einem riesigen Raum dastanden. In diesem Raum stand eine hochgewachsene Aldebaranerin auf einem Podest und unterrichtete die Anwesenden. Eine weitere einschneidende Begebenheit, die ich aus Platzgründen nur kurz wiedergeben möchte (den vollständigen Text finden Sie in meinem Buch Projekt Aldebaran, Freier Falke Verlag, Irmenseul), fand im Oktober 2003 statt.

Im Sommer 2007 besuchte mich Volker Hochmuth, der ausgebildeter Remote-Viewer ist. Er konnte anhand seiner angewandten Technik noch einige weitere hochinteressante Details aus meinem Unterbewußtsein zutage befördern, was bei der Rückführung bei Dr. Alberts noch nicht ans Tageslicht gekommen ist:

So wurde ich zusammen mit einem Bekannten während der Fahrt nach Erfurt im Jahr 2003 – ich hielt dort einen Vortrag – von der Autobahn direkt in ein großes Raumschiff geholt. Wir standen mental völlig unter Kontrolle der Akteure, unser Wachbewußtsein war wie ausgeschaltet. Im Raumschiff wurden wir voneinander getrennt, jeweils in Begleitung eines Aldebaraners in unterschiedliche Gänge geführt.

Plötzlich öffnete sich rechts von mir wie von Geisterhand eine Türe, völlig untypisch von unten nach oben. Der Aldebaraner forderte mich auf, den Raum zu betreten. Er sprach dabei nicht, sondern ich konnte seine Stimme in meinem Kopf wahrnehmen.

Es war ein kleiner runder Raum von etwa 6 Metern im Durchmesser. In der Mitte des Raumes saß ein kräftiger Soldat, hinter einem großen, antik aussehenden Schreibtisch, der aus einem rötlichen Holz gefertigt war. Er sprach mich mit kräftiger Stimme an und forderte mich auf Platz zu nehmen. Ich setzte mich in einen bequemen Ledersessel, der vor dem Schreibtisch stand. Der Uniformierte hinter dem Schreibtisch sah mich, ohne sich mir näher vorzustellen, mit ernstem Blick an. Alles, an was ich mich noch erinnern kann oder darf, war seine Aufforderung, mir den Globus auf seinem Schreibtisch, anzuschauen. Es war die Erde! Plötzlich drehte sich dieser Globus vor mir, und mir wurde seltsam zumute. Die Konturen um mich herum verschwammen, und ich konnte nur noch erfassen, wie ich mein Tagesbewußtsein verlor und in einen tranceähnlichen Zustand fiel.

Danach ging alles sehr schnell. Der Sessel auf dem ich saß, drehte sich automatisch vom Schreibtisch weg und ich starrte auf einen großen dreidimensionalen Bildschirm. Es wurden im Sekundentakt Bildsequenzen eingespielt. Nur wenig konnte ich davon im Gedächtnis behalten. Die Bilder waren allesamt nicht gerade aufbauender Natur und hinterließen den Eindruck in mir, daß der Menschheit noch schwere Zeiten bevorstehen werden, können. An was ich mich in diesem Zusammenhang aber sehr gut erinnern kann, war die Zahl von **fünf Millionen Schläfern, die am Tag X aktiviert werden**.

Leider blieb es mir verwehrt zu erfahren, ob diese fünf Millionen Schläfer allesamt Kontaktierte sind. Daher kann ich bedauernswerterweise auch nicht mit Gewißheit sagen, ob sich die fünf Millionen Schläfer auf die Erdgesamtbevölkerung beziehen oder ob sich diese Anzahl allein auf Deutschland bezieht. In Bezug auf eine bekannt hohe Anzahl von Entführungen, sowie einer Dunkelziffer, die mit an Sicherheit grenzender Wahrscheinlichkeit mindestens zig dutzendfach höher liegt als das, was man meint zu wissen, tendiere ich dazu, daß diese fünf Millionen europaweit, in etwa auf den germanischen Siedlungsraum, bezogen sind.

Nicht auszuschließen ist allerdings auch, daß sich die Schläfer auf die Kontaktierten selbst und ihre hybriden, halbmenschlichen Nachkommen verteilen. Mit Sicherheit ist diese Betroffenengruppe mächtiger, als sie es sich vorzustellen wagt – ohne auch nur die geringste Ahnung davon zu haben. Möglicherweise tragen sie eine Art kollektive Erleuchtung in ihrem Unterbewußtsein verborgen, bis die Zeit für ihr Erwachen reif ist.

Weshalb sonst sollten die Kontaktierungen lebenslang stattfinden, wenn nicht zu dem Zweck, stets mit den Kontaktlern in Verbindung zu bleiben,
um sowohl ihre geistige wie auch körperliche Entwicklung zu beobachten und zu fördern; diese besonderen Menschen sozusagen für den Tag X vorzubereiten - dem Tag, an dem ihr Einsatz vonnöten sein wird für uns alle.

Sind die, von mir wahrgenommenen fünf Millionen Schläfer, am Tag X die Bodentruppen, die die Ankunft unserer Ahnen mit organisieren? Werden die Kontaktierten über ihre Implantate aktiviert - oder gar nur über das ASA-Gen ihrer Aufgabe bewußt gemacht?

Wissen WIR dann was zu tun ist!

Wissen wir wo Orte der Niederkunft sind!

Wissen wir wo sichere Rückzugsgebiete sind!

Wissen wir welche Aufgaben uns zugeteilt sind!

Wissen wir wo Zugänge in unterirdische Einrichtungen sind!

ICH SAGE, JA, WIR WERDEN ES WISSEN !

Genau darauf wurden wir in den vergangenen Jahrzehnten vorbereitet, um die ALTEN, - unsere AHNEN -, unsere Kosmischen Brüder und Schwestern entgegen zu treten! (5)

Übrig bleiben uns jetzt folgende Fragen:

Wurde das „Projekt –Unternehmen Aldebaran–" bereits beendet? Wenn nicht, wann wird es soweit sein?
Wann ist dieser berühmt berüchtigte Tag X, der alles verändern wird? Liegt dieser schicksalsträchtige Zeitpunkt der mächtigen Umwälzungen in ferner Zukunft oder nur noch einen Wimpernschlag entfernt?
An welchen Zeichen erkennen wir, daß er bereits eingeläutet wurde? Was wird hiernach mit der Menschheit geschehen?

Erleben Sie zunächst, was Reiner, am 28. Februar 2003 damals, über eine mögliche Zukunft erfahren durfte:

„Ich spüre einen tiefen Schmerz, und ich fühle, daß dunkle Wolken die Erde überdecken werden. Leider kann ich den Erdenbewohnern keine gute Botschaft kundtun.

Ich fühle einen gewissen Zorn auf diese Welt, aber die gerechten Strafen werden kommen, gerade für Diejenigen, die sich abgewandt haben. Es ist in der geistigen Ebene beschlossen worden, und das Programm läuft auf Hochtouren. Ich fühle, daß uns Schlimmes bevorsteht, und dieser Zorn von mir richtet sich gegen den Atlantik dort drüben. Die Bush-Regierung wird nicht nachgeben, sie werden das vollenden, was sie vollenden möchten. Ich sehe aber noch eine weitere Macht hier auf Erden, die dazu auserkoren wurde, das Gleichgewicht wieder herzustellen. Aber bis es soweit kommt, werden noch viele Menschen ihr Leben aushauchen, denn das ist erst der Anfang.

Ihr werdet unterstützt von Menschen (Aldebaraner) jenseits dieser Erde, auch sie sind aus dem gleichen Blute gegossen, es sind Menschenkinder. Nur, daß diese Menschenkinder schon vor mehreren Generationen verdeckt gearbeitet haben. Sie wohnen nicht alle hier auf der Erde. Und ich fühle, daß ihr wißt, daß der Tag der Entscheidung immer näher rückt.

*Ich sehe ein **tausendjähriges Reich auferstehen** und das sogenannte **Goldene Zeitalter** wird eingeläutet, und es wird **danach Weltfrieden** geben. Ich sehe noch viele große Dinge auf euch Menschenkinder zukommen. Denn ihr werdet spätestens nach dem Jahre 2012 erfahren dürfen, daß ihr nicht die einzigen Wesen in diesem unendlichen Universum seid, und ich sehe viele Raumschiffe kommen, und ihr werdet offiziellen Kontakt zu euren Brüdern haben. Ihr werdet verschiedene, unterschiedliche Völker kennen lernen, aber bis dahin habt ihr noch einen weiten Weg zu gehen. Denn ihr müßt erst einmal verstehen, daß nicht jedes Lebewesen, das Gott erschaffen hat, eurem Ebenbild gleichen muß. Es gibt sehr verschiedene Formen von Leben, und ihr werdet dies noch alles erleben. Aber bevor diese Zeit anbricht, wird Mutter Erde noch gewaltige Umbrüche erleben, und es ist auch nicht ausgeschlossen, aber noch nicht festgeschrieben, daß es zu einem Polsprung kommen kann. Die Erde wird, wie schon darüber berichtet, um mehrere Oktaven angehoben werden, und alle Lebewesen, die sich darauf befinden, werden diesen Transformationszyklus durchlaufen. Viele der Erdenkinder werden verbrennen in dieser Energie, denn nicht alle Menschen haben sich darauf eingestellt und sie werden zurückbleiben auf der dritten Dimension in ihrer Welt. Aber die Anderen werden entrücken in die nächsthöhere Ebene.*

Nichts wird mehr so sein, wie es vorher war. Ich fühle nun eure Ängste in euch, aber sie sind unbegründet. Ihr müßt euch auf eure Mitte vorbereiten und immer um Schutz bitten, dann werdet ihr auch geführt. Ihr braucht euch nicht zu fürchten, denn auch dieser Krieg ist ein Teil des Plans. Nichts geschieht zufällig, sondern ist von langer Hand geplant. Natürlich hätte es auch einen anderen Weg gegeben, den weichen, sanften Weg der Transformation. Doch ihr habt den schweren Weg gewählt, der Weg der Zerstörung, den Weg des Chaos, des Elends, doch aus diesen Weg wird enormes Erwachen entstehen. Viele Menschen werden aus ihrer Lethargie erwachen und zu ihrem Ursprung zurückfinden. Ihr werdet bald fühlen, daß ihr ein Teil des Ganzen seid, denn nichts ist getrennt, ihr nehmt die Trennungen selber vor. Auch das Böse ist ein Teil von euch, ein Spiegel von euch, um euch zu zeigen, daß es verschiedene Wege gibt.
Wir haben den freien Willen und Jeder entscheidet sich für den Weg der Liebe oder den Weg der Zerstörung, der Doktrin des Haßes."
Schenkt man Reiners Aussagen Glauben, so ist das
"-Unternehmen Aldebaran-" noch nicht abgeschlossen. Es scheint, daß wir uns zwar bereits in seiner Endphase befinden, das Galaxis Imperium Aldebaran hat ihr Werk bisher noch nicht vollendet.
Das herausfordernde Projekt ist noch im vollem Gange, und entsprechend den vielen authentischen, bei uns in den letzten Jahren eingetroffenen Erfahrungsberichten der kontaktierten Menschen, läuft dieses Programm auf mehr, als nur auf Hochtouren. Es wird intensiver und nachdrücklicher daran gearbeitet als noch in den neunziger Jahren zuvor, vielleicht, weil die Aldebaraner ihren Zeitdruck kompensieren müssen. Eines sollte einem jeden an dieser Stelle zu denken geben: Warum berichtet die Presse nicht mehr von Entführungsfällen, wo sie doch eigentlich gehäuft auftreten müßten? Weshalb finden in Deutschland keine großen, international gewichtige UFO-Kongresse mehr statt?

Wir vermuten und glauben zu wissen, daß bereits die Organisation von ernst zu nehmenden Veröffentlichungen und Veranstaltungen dieser Thematik im Keim erstickt oder ausgebremst werden, damit "die kleinen grünen Männchen mit den langen Fühlern" und "die grauen, fliegenden Untertassen" als billiger Abklatsch der Realität alles bleibt, daß in den Hirnen der Menschen herum spukt. Warum dies geschieht, das läßt sich nur erahnen. Wer hinter dem aufwendigen Programm steckt – das ebenfalls.

Somit hätten wir also eine, unserer Fragen bereits beantwortet:
Das "–Projekt Aldebaran Rückkehr unserer Ahnen– " wurde noch nicht beendet. Bis jetzt, aber das wird es schon bald.

Reiner nennt in obiger Sitzung namentlich das Jahr 2012. Spätestens nach diesem globalpolitisch günstigen Jahre, also im Jahre 2013, wird die Menschheit schmerzlich erkennen müssen, daß sie nicht die Krönung alles Lebens in diesem Universum darstellt. Der Tag X wird und muß in naher Zukunft Realität sein. Die Veränderung wird gravierend sein. Wir werden erleben, wie die Menschheit es verkraften wird.

Offen bleibt, warum das Galaxis Imperium Aldebaran ausgerechnet das Jahr 2013 erwählen wird. Weshalb könnte ausgerechnet dieses Jahr so günstig sein? Das einzige, woraus wir für uns diesbezüglich Schlüsse ziehen können, ist der Kalender der Maya, laut dem es das Jahr 2012 ist, in dem eine neue Zeitepoche entstehen soll. Hatte die hochentwickelte Zivilisation der Mayas tatsächlich recht, konnten sie vielleicht in die Zukunft blicken? Könnte die Menschheit im Jahr 2013 tatsächlich so weit entwickelt sein, reif genug für einen offiziellen Austausch mit den Außerirdischen? (5)

Hier an dieser Stelle möchte ich sie nochmals darauf hinweisen, was wir in Kapitel 5 in Erfahrung gebracht haben.
Die Thesen des Biophysikers Dr. Dieter Broers.(5)

Stellen Sie sich einmal vor, heute wäre bereits der 20. April 2012 (dieses Datum ist von mir rein fiktiv gewählt, es könnte auch jeder x-beliebige andere Tag in diesem Jahr sein). Es ist früh am Morgen. Die Sonne ist bereits aufgegangen und sendet neckisch einige helle Strahlen auf das Bett, auf dem Sie noch ruhen. Die Vögel trillern und pfeifen draußen ihre fröhlichen Lieder, ein sanfter Windhauch dringt von draußen in den Raum und streichelt sanft ihre Wange. Sie recken und strecken sich noch müde, gähnen, stehen verschlafen auf, laufen ins Bad, frühstücken ihren kross gebackenen Toast, mit der fruchtigen Erdbeermarmelade und trinken ihren köstlich duftenden Kaffee mit Milch und einem Stückchen Zucker – so wie jeden Morgen. Sie schalten ihr Radio an und lauschen gespannt den Acht-Uhr-Nachrichten. Plötzlich reißen sie entsetzt die Augen auf. Sie können nicht glauben, was der Nachrichtensprecher eben mit holpriger Stimme berichtete. Sprach er tatsächlich von der Sichtung außerirdischer Raumschiffe am Himmel, die über die ganze Welt verstreut die Landung anstreben?

Der Tag X ist angebrochen.

Die Außerirdischen werden jetzt versuchen, mit den Menschen Kontakt aufzunehmen und ihre weitreichende Botschaft zu übermitteln, sei es durch das Fernsehen, Radio oder auf sonstigem Wege. Sie werden nicht ablassen, bis sie selbst den einsamsten Eremiten im letzten Winkel der Erde erreicht haben.

Meiner Ansicht nach sind es die Kontaktierten, das fehlende Bindeglied, die nun aus ihrem Dornröschenschlaf erwachen und als Vermittler zwischen dem Galaxis Imperium Aldebaran und dem Menschengeschlecht fungieren. Möglicherweise werden die Menschen in Panik ausbrechen, die Aldebaraner werden versuchen, sie zu beruhigen. Sicherlich wird dies nicht bei allen gelingen, eine große Anzahl der Menschen wird skeptisch oder ängstlich bleiben. Vermutlich wird ein politisches Chaos ausbrechen, die Börse wird einbrechen, vielleicht entsteht kurzfristig Anarchie. Doch müssen wir dieses in Kauf nehmen, wenn wir unsere jetzige, rücksichtslose Lebensart beenden und einem ökologischen Kollaps der Erde Einhalt gebieten wollen. Das Chaos, daß dem Neuanfang vorausgeht, wird nicht lange andauern.

Der **Tag X bedeutet nicht das Ende, sondern den Neuanfang** aller Dinge. Er wird vielleicht nicht so strahlend sein, wie wir es uns vorgestellt haben, vielleicht wird erst die zweite Sonne (Schwarze Sonne, das innere Licht) die Dunkelheit wegschieben und uns den Weg bereiten für eine neue, bessere friedvollere Zeit des Miteinander für uns – auf der neuen alten Erde.

Kapitel 22

Nachklingende Gedanken

Vielen Deutschen, im gesamtdeutschen Raum Mitteleuropas, und den Nachkommen deutscher Kolonisten in allen Gegenden der Welt, offenbart sich immer wieder eine anscheinend unerklärliche Vertrautheit mit dem Weltenall, gepaart mit rätselhafter Wehmut und einer brennenden Sehnsucht, dem unstillbaren Verlangen, diese Erde zu verlassen. **Heimzukehren in die kosmischen Fernen** einer paradiesischen Urheimat.

Es ist nicht allein **Jenseitssehnsucht**, ist nicht bloß das Wissen um die göttliche Ursprungswelt des ewigen Lichts, in der wir alle einst geboren wurden, lange ehe es diesen Kosmos gab. Es ist noch etwas anderes – wenn wir aufblicken zum nächtlichen Sternenhimmel und geradezu körperlich spüren: Heimweh zu den Sternen.

Manch einer hat schon in unauslöschlich verhafteten Farbträumen eine "Außerirdische Begegnung" erlebt, etwa in Verbindung mit "fliegenden Untertassen" und deren Piloten. Und erinnern wir uns, was echte Träume sind. Wenn der vom grobstofflichen Körper losgelöste Geist auf Wanderung geht und nach dem Gesetz der Affinität von Schwingungen einen anderen besucht (Saj.4). So können Träume mehr als Schäume sein, reale Erlebnisse, mit einem anderen mitempfunden, den unser Geist besuchte. Und für den Geist gibt es keine räumlichen und zeitlichen Grenzen. Wie heißt es doch im Rg-Veda, der wohl ältesten erhaltenen arischen Schrift:

"Der Geist ist das Schnellste von allem was fliegt!"

Und dem höchstentwickelten Geist ist es möglich, wandernd jede Entfernung zu überbrücken in einem Augenblick.

Wie viele Dinge sind doch zwischen Himmel und Erde, die auf den ersten Blick unfaßbar erscheinen mögen und doch so wirklich sind! Nicht jene Leute sind Realisten, die all solches in den Raum der Phantasie meinen schieben zu müssen, sondern Realisten sind diejenigen, die aufgrund höheren Wissens erkennen und begreifen, daß es eine "Überrealität" gibt, welche die wahren Maßstäbe der Dinge setzt.

Viele Menschen der irdischen Familie kennen jenes "kosmische Fernweh", von dem wir sprachen. Sind es womöglich Spuren verkümmerter Fähigkeiten der sagenumwobenen "weißen Gottmenschen", die einst unsere Ahnen waren?

Es sind tief **verwurzelte Reste einer Urerinnerung**, welche die Mehrheit nicht mehr einzuordnen vermag.

Deren Bedeutung aber derjenige begreift, dessen Geist dieses Uralt - Ewigjunge, dank seiner Eigenschwingung, aufgrund von Weltanschauung und Welterkenntnis, schrittweise wiedergewinnt.

Und solches für die gesamte Volksgemeinschaft zu erreichen, muß als ein Kernbestandteil der Thule-Ideen verstanden werden. Die **Höherentwicklung des Menschen an Geist und Körper** ist das natürliche Bestreben. Es ist der Wunsch hin zum Gottnahen, so zu werden, wie vielleicht unsere frühesten Kulturstifter waren:

Die "Aldebaraner".

Aus den aldebaranischen Stützpunkten mögen sich dann die sagenhaften irdischen Urzivilisationen entwickelt haben, die wir Thule, Atlantis, Muror und Lemuria nennen, in vager Erinnerung an Überlieferungen aus frühester Zeit. Da es den Aldebaranern jedoch wohl gelang, ihre Heimatplaneten zu retten, werden sie auf der Erde keine umfassende Besiedlung betrieben haben. Im Zuge der Jahrtausende haben sie ihre Stützpunkte womöglich wieder aufgelöst, und nur wenige Aldebaraner, die auf der Erde eine neue Heimat gefunden hatten, verblieben dort. Sie gründeten schließlich auch die bis zuletzt überdauernde Kultur von Mesopotamien. Davon zeugt der Name SUMI, SUMERER, nennen die Aldebaraner doch ihre Sonne Sumi und ihr Reich SUMERAN. Sumerer und Urgermanen könnten demnach sehr wohl unmittelbare Nachkommen der "Aldebaraner" gewesen sein, was uns wiederum einen Einblick in den tieferen Sinn der "Ideologie" der Thule-Gesellschaft gewährt: Allein diejenigen, die dem hohen Entwicklungsstand der Aldebaraner nahe stehen, können deren würdige Partner sein, Partner im und für das Goldene Zeitalter, dem bevorstehenden Aufbau einer umfassenden, interstellaren Hochzivilisation. Dazu gehört nicht zuletzt das geistige Vermögen, die Bedeutung des ewigen Lebens und die Verwobenheit von Diesseits und Jenseits zu erfassen, die Fähigkeit, geistig, anstatt materiell zu denken und zu empfinden. Es ist das Erkennen der überkosmischen Stärke und Verantwortlichkeit des menschlichen Wesens.

Und noch ein Blickwinkel soll an dieser Stelle nicht ausgelassen werden. Vor einigen Jahren wurde in Ohma, bei Fergana in Usbekistan, eine jahrtausendalte Felszeichnung gefunden, die eine an einen Weltraumfahrer erinnernde menschliche Gestalt zeigt und einen Raumflugdiskus, der verblüffend einem VRIL-1 gleicht.

Sollten die VRIL-Flugkörper wirklich durch geistig übermittelte Konstruktionsbeschreibungen von Aldebaran nach Deutschland entstanden sein?

Oder ist in der Tat, ein deutsches Raumschiff, wenn nicht gar mehrere – durch ein unbeabsichtigt gebildetes "Raum-Zeit-Loch", in die ferne Vergangenheit gelangt? – Vielleicht, spinnt man diesen Gedanken weiter, müßte man dann davon sprechen, daß nicht die Aldebaraner die Vorfahren der Germanen waren – sondern vielmehr die Deutschen die Vorfahren des heutigen Reiches der Aldebaraner?

Vieles ist möglich, nichts ist unmöglich von alledem!
Die Leute der Thule- und Vril-Gesellschaft verfolgten ungewöhnliche Ziele, besondere Ziele von einer sowohl geistigen, wie substantiellen Reichweite, die ein geringer Verstand kaum zu ermessen vermag. Wer verstehen will – muß das über den Horizont Denken lernen.

Was bringt uns die Zukunft?

Ein Blick in die Zukunft – danach sehnen sich viele Menschen. Sei es aus Neugier oder um die Hoffnung zu finden, daß sich an unserer maroden Welt vielleicht doch noch etwas ändern wird. Bevor wir das tun können, müssen wir erst einmal den Begriff "Zeit" klären.

Die Allmacht, Gott selbst, außerhalb jeder Zeit, für ihn gibt es keinen Anfang und kein Ende und auch keinen Raum, wie wir ihn kennen. Gott schuf den diesseitigen Raum, die Universen, unser Universum, Galaxien usw., unsere Erde. Gott erstellte die Zeit, den Raum und die Dualität. Wir Wesenheiten befinden uns auf der Erde oder auch auf einem anderen Planeten, um zu lernen. Ohne Anfang und Ende und Raum hätten wir keine Möglichkeiten etwas zu messen, zu erkennen oder zu vergleichen, es würde uns ein realer Bezugspunkt fehlen.

Wir sind alle ein Teil Gottes, der lernt. Aber Gott hat bestimmt, welche Kapitel geschrieben werden, wie die Handlung aussehen wird in diesem Werk, welche Charaktere als Hauptschauspieler auftreten müssen und wer am Ende siegt. Das ist aber nur der Rahmen, in dem wir alle nur bedingt frei handeln können, denn am Anfang steht schon geschrieben, wie das Kapitel am Ende abgeschlossen wird. Wir als Seele schreiben unseren Auftritt, unsere Rolle hier auf Erden in Absprache u.a. mit anderen Seelen, zumeist aus unserer Seelenfamilie oder auch fremden Seelenfamilien. Was ist unser Lernziel, welche Aufgabe übernehmen wir mit Freude freiwillig, (fast) wie in einer normalen Schule sozusagen. Dabei wird aber das Ende des Kapitels immer im Auge behalten, denn dies muß erreicht werden.

Sobald wir hier auf Erden in die Schule kommen, mit 7 Jahren, hat die große Mehrheit diesen Plan vergessen, der Lebensweg ist aber dennoch wie ein Fluß gezeichnet, der seinen Weg findet, dank eines vorher angelegten, noch trockenen Flußbettes.

Dies ist ein Flußbett mit mehreren Abzweigungen, es wird auch Dämme geben, oder wir bauen uns welche in diesem Leben, die wir dann überwinden müssen. Wenn wir diese aber nicht überwinden können, besteht auch die Möglichkeit sein „Spiel" enden zu lassen.

Trotzdem wir nur unseren Weg hier und jetzt kennen, gibt es für uns Möglichkeiten entsprechend den vielen parallelen Wegen, die wir gehen können, uns für sie entscheiden. Je nachdem, ob wir gut lernen oder aber auch nicht.

Die Flüsse unserer Seelenfamilie ergeben einen größeren Fluß, der sich vorwärts bewegt. Dieser vereinigt sich mit den Flüssen der Seelenfamilien, die auf der Erde in die Schule gehen und dieser riesige, breite Fluß ist vorgegeben von Gott. Wenn jeder Mensch im Laufe seines irdischen Lebens seine Aufgabe erkennt und entsprechend lebt und handelt, wäre dieser „Erdenfluß" ohne Wellen, er würde ruhig dahin fließen.

Da eigentlich fast alle Leben der Menschen eher unruhig, chaotisch suchend verlaufen, ist dieser Fluß mehr wie von einem Sturm heimgesucht. Das ist beim einzelnen Menschen anders, sein Ablaufplan ist vorhanden und somit jederzeit abrufbar durch Menschen mit der Gabe des Sehens oder er zeigt dies auf durch sich selbst. Gelegentlich dringen Eindrücke aus anderen Leben von uns in unser Bewußtsein, wir haben dann das Gefühl etwas schon mal erlebt zu haben (Deja-Vue). Während wir nun unser persönliches Schicksal scheinbar jederzeit in der Hand haben, ergibt sich die Zukunft der Erde aus den Handlungen aller Menschen. Dieser Zukunftsstrang kann daher, durch einzelne Aktionen, nicht großartig verändert werden. Das Schicksal der Erde steht somit, zu großen Teilen, bereits fest und das ist auch der Grund, warum uns Seher Auskünfte über das künftige globale Geschehen geben können.

Zukunftsberichte

Das Seher- und Prophetentum ist so alt wie die Menschheit selbst. Sicherlich gab und gibt es auch Scharlatane unter ihnen, darauf bedacht Popularität oder Reichtum zu ergaunern. Genau daran können wir aber auch ernst zu nehmende Berichte von Fälschungen unterscheiden:

Der echte Seher möchte eine Botschaft übermitteln, er legt keinen Wert auf Ruhm oder Geld. Es gibt sie also, die "richtigen" Seher, die in die Zukunft schauen, und wir denken daher durchaus sagen zu können, daß uns vertrauenswürdige Berichte über das kommende Geschehen vorliegen.

Doch die Zukunft ist generell nicht vorherbestimmt, wie wir weiter oben sahen. Das Eintreffen bestimmter Details aus den Visionen ist daher nicht zu 100% gewiß. Das grobe Gesamtgeschehen wird allerdings von so gut wie allen Sehern gleich geschildert - unabhängig von Herkunft und Zeit. Wir müssen daher davon ausgehen, daß dieser Zeitstrang bereits feststeht.

Nicht zuletzt hat Gott, die Allmacht, selbst es so geschildert - und in seinem Allwissen findet sich nur die Wahrheit.

Wer einmal begonnen hat sich mit der Prophezeiungsthematik zu befassen wird schnell feststellen, daß sich die Aussagen in verblüffender Weise ähneln und das, obwohl sie aus vollkommen unterschiedlichen Hintergründen und Kulturkreisen stammen. Was nun bereits in den ältesten Aufzeichnungen vorhergesagt wird, ist eine finstere Zeit, die auf die Erde kommen werde. Die göttliche Ordnung sei zerstört, alles sei verdreht und der Satan regiere. Dies gipfelte in einer gewaltigen Endschlacht und fürchterlichen Naturkatastrophen.

Ähnlich sehen es die Seher. In ihren Aussagen kündigen sie an, daß es auf dem Höhepunkt der Finsternis – wenn es keiner erwartet – zu einer vollkommen überraschenden Wende kommt.

Der Begriff Wende ist dabei außerordentlich wichtig. Heutzutage denken viele Menschen bei dem Begriff "Endzeit" an einen Weltuntergang, was grundsätzlich falsch ist. Die Erde hat eine Aufgabe zu erfüllen: Sie gibt den gefallenen Seelen die Möglichkeit zur Rückkehr in das Reich Gottes. Die Seher berichten uns also nicht vom Ende der Erde, sondern von einer Weltenwende (Das Goldene Zeitalter), einem Zeitpunkt an dem das Licht die Finsternis besiegt. Werden unsere Ahnen, die Aldebaraner, uns helfen, das Licht zu erreichen?

Ich meine JA !

Lesen wir hierzu ein Zitat aus der Isias Offenbarung was uns hinterlassen wurde, um die Hoffnung niemals aufzugeben:

Hoffnung
(Gesprochen von Isais im 13. Jahrhundert)

Durch Eisenzeiten werdet ihr gehen, durch grausame, harte, ohne sonniges Wesen. Es darf euch nicht schrecken. Denn härter seid ihr.

Durch hohle Leere werdet ihr gehen, durch Stunden anscheinend verlorenen Sinns. Es darf euch nicht lähmen. Denn sinnreich seid ihr.

Durch steinige Wüsten werdet ihr gehen, trostlos und ohne Beschirmung. Es darf euch nicht quälen. Denn Trost euch und Beschirmung seid ihr.

Durch wütende Stürme werdet ihr gehen, alles, so scheint es, reißen sie fort. Es darf euch nicht machen klagen und zagen. Denn reich seid im Inneren doch ihr.

Durch rohe Gebirge werdet ihr gehen, mitleidlos, schroff das Gestein. Es darf euch nicht hindern. Denn zäher seid ihr.

Durch das Leid der Enttäuschung werdet ihr gehen, bereitet durch Menschentum. Es darf euch nicht beugen. Denn wahrhaft seid ihr.

Durch mannigfach Drangsal noch werdet ihr gehen –und doch stets obsiegen. Denn die Hoffnung seid ihr. Und recht vertrauend.

Hoffen zieht an, meine und der Götter Kräfte. Dies merkt drum: Allzeit Hoffnung sei stark. Nichts dann könnt euch bezwingen.

Kapitel 23

Rückschau-Schlußbetrachtung

Reiner Feistle

Es war im Januar 2009, als ich zur Arbeit fuhr. Durch die täglich gleiche Fahrtstrecke von A nach B macht sich Monotonie breit. Ich fuhr aufmerksam wie immer, jedoch völlig gedankenlos, als plötzlich wie aus dem Nichts eine innere Stimme zu mir sprach: „Reiner was machst du hier?“ Einen kurzen Moment später war ich wieder bewußt mit meinen Sinnen auf der Straße. Doch es dauerte nicht lange, da hörte ich wieder diese Stimme in meinem Kopf und es wurde mir plötzlich am ganzen Körper heiß: „Du mußt noch ein Buch schreiben.“ Wie aus dem Nichts, aus der absoluten Leere, trat der Buchtitel ins Bewußtsein

– Aldebaran – Die Rückkehr unserer Ahnen

Wie ich nach diesem Erlebnis meinen Arbeitstag hinter mich bringen konnte, ist mir bis heute ein Rätsel geblieben. Als ich am Abend gegen 22.30 Uhr von der Spätschicht nach Hause kam, erzählte ich meiner Frau von dem, was mir auf der Fahrt zur Arbeit widerfahren ist. Sie schaute mich zunächst etwas kritisch an. Sie machte sich Sorgen und meinte, daß so etwas bei dem dichten Verkehr sehr schnell gefährlich werden kann. So sind nun mal liebevolle Ehefrauen, wenn man ihnen solche Erlebnisse mitteilt.

Seit diesem Erlebnis trieb mich ein innerer Impuls an, zu schreiben und Informationen zu sammeln. Solch eine innere Unruhe beim Schreiben habe ich bis zu diesem Zeitpunkt noch nie erlebt.

–Aldebaran – Die Rückkehr unserer Ahnen ist bekanntermaßen nicht das erste Buch, daß ich geschrieben habe. Doch es ist das erste Buch, mit dem ich eine so starke emotionale Verbindung spüre, deren Ursache mir bis heute unerklärlich geblieben ist. Wie aus dem Nichts wurden mir Informationen zugetragen. Ich brauchte mir nur vorzustellen, welche Themen ich im Buch abhandeln wollte, und schon flossen mir die Informationen ohne großes Zutun meinerseits zu. Ich ging diesmal gänzlich anders an das Buchprojekt heran: Wie ein spielendes Kind; ich wollte Informationen über die Templer in Erfahrung bringen, ohne mir dabei Gedanken machen zu müssen, wie!

Das wie habe ich meiner geistigen Führung anvertraut, und mich ziehen lassen, nach dem Resonanzgesetz von Ursache und Wirkung. Plötzlich wurden mir Kontakte ermöglicht, die mir genau die Informationen gaben, die ich benötigte, um das vorliegende Werk zu verwirklichen. Machen wir gemeinsam eine Rückschau und verinnerlichen wir noch einmal das Gelesene, um für uns ein Resümee zu ziehen. Sie werden dabei schnell feststellen, daß ich den Faktor Zeit aufgespalten habe in Vergangenheit, Gegenwart und Zukunft, weil ich mir sicher bin, daß alles miteinander verbunden ist. Deshalb habe ich sie auch in die Vergangenheit mitgenommen, um Ihnen das Heidentum wieder ins Bewußtsein zurück zu führen. Welche Greueltaten seitens der Kirche an Millionen von Menschen verübt wurden, muß ich an dieser Stelle nicht betonen und niederschreiben. Wir wissen, daß viele Menschen während der Inquisition auf dem Scheiterhaufen verbrannt wurden, und das alles im Namen Gottes.

In erster Linie war mir wichtig, neue Impulse zu geben, und ein Stück der eigenen Ur-Erinnerung ins Bewußtsein zu rufen. Sie werden innerlich gespürt haben, welche Kapitel bei ihnen am ganzen Körper eine Gänsehaut auslösten. Diese Kapitel sollten sie nochmals lesen, reflektieren und verinnerlichen, um mit sich selbst ins Reine zu kommen und zu erkennen. Denn die Zeit wird kommen, in der Sie klare Entscheidungen treffen müssen. Welchen Weg Sie dann gehen, obliegt allein ihrer Entscheidung. Es scheint in meiner Persönlichkeit verankert zu sein, daß es mir immer wieder passiert, zwischen die Fronten zu geraten. In mir steckt ein innerer Antreiber, der mich zur Erkenntnis führt, daß ich für keine Seite zu haben bin. Daß ich mir damit nicht unbedingt Freunde mache, liegt in der Natur der Sache. Ich fordere damit natürlich ganz bewußt beide Seiten heraus, damit auch sie ihre Standpunkte neu überdenken. Das habe ich auch gezielt in Bezug auf die UFO-Szene getan, und meine Sichtweise nahe gelegt. Aber genau dieses Spielchen der gegenseitigen Fronten können wir im übertragenen Sinne auch auf die weltlichen und politischen Ebenen übertragen, ja, wir können es sogar noch weiter treiben und es im intergalaktischen Kosmos erkennen.

Wenn wir uns den Kampf der Götter um die Erde verinnerlichen, haben wir das selbige Ablaufmuster – alles läuft auf Trennung hinaus und nicht auf Einheit! Was wird uns also das neue **Goldene Zeitalter** verheißen? Trennung oder Einheit?

Ich bin überzeugt davon, daß es auch hier zur Trennung kommt. Zur Trennung in der Form, daß sich die Menschheit spalten wird; wie diese Teilung von statten geht, ist auch mir zurzeit nicht bekannt bzw., darf von mir derzeit noch nicht veröffentlicht werden!

Es wird Menschen geben, die sich ihrer Urerinnerung gewahr geworden sind, und die den Weg in die Einheit gehen werden, und es wird Menschen geben, die sich ihrer Urerinnerung nicht bewußt sind, und in der dichten materiellen Ebene verhaftet bleiben und ihre Lektionen über weitere Reinkarnationszyklen erlernen werden. Es geht also im übertragenen Sinne kein Leben verloren, es wird nur ein anderes Leben beginnen, für den einen heißt der weitere Weg im übertragenen Sinn Universität (Evolution bedeutet immer eine Weiterentwicklung), für andere, die ihre Hausaufgaben nicht ordentlich gemacht haben, beginnt eben das gleiche Schuljahr von vorne. So ist das, wenn man wiederholen muß.

Was hat das alles mit den Neudeutschen zu tun und welche Rolle spielen dabei die Aldebaraner? Ich hege den unbändigen Glauben in mir, daß unsere kosmischen Brüder vor genau die gleichen Herausforderungen gestellt wurden, wie wir hier unten, auf diesen blauen Juwel Erde. Es geht darum, möglichst vielen Menschen den Aufstieg zu ermöglichen. Unsere Ahnen machen das nicht nur aus Liebe zum Menschen, sondern auch um ihre eigene Entwicklung voranzutreiben. Auch hier kommt das hermetische Gesetz „Wie unten so oben" zum Tragen. Denn die große kosmische Transformation betrifft nicht nur unser Sonnensystem, sondern reicht viel weiter – weiter als unsere Gedanken fähig sind zu fliegen. Was ich damit zum Ausdruck bringen möchte, ist, daß es ein gegenseitiges Befruchten unserer Seelen ist, wenn wir gemeinsam eine nächst höhere Evolutionsstufe erklimmen.

Das, liebe Leser, betrifft nicht nur uns Menschenkinder, sondern auch unsere Ahnen und auch die Neudeutschen, die den Vorzug genießen durften, 60 Jahre vor uns, in die Obhut unserer Ahnen aufgenommen worden zu sein, nicht mehr und nicht weniger.

Deshalb kam ich auch nicht umhin, unsere Geschichte neu aufzuarbeiten, auch wenn ich damit die Büchse der Pandora geöffnet habe, was in Deutschland tunlichst vermieden werden sollte, um nicht in eine weit rechts befindliche Schublade gesteckt zu werden. Nein, es muß endlich Schluß damit sein! Ich möchte auch nicht den Eindruck vermitteln, daß ich alles, was sich in Deutschland ereignete, gut finde!

Ein Krieg ist immer der falsche Weg, um seine Rechte durchzusetzen, das sollte jedem klar sein.

Aber, und jetzt kommt meine Mahnung an unsere Regierung, es gab, und daran hege ich nicht den geringsten Zweifel, Menschen in dieser Epoche, die erleuchtet wurden von der Erkenntnis um die Transformation hin zum Goldenen Zeitalter, in der wir uns genau jetzt befinden, darüber gibt es nicht mehr den geringsten Zweifel.

Wenn also alles in dieser Zeit abgrundtief schlecht war, inklusive dem gesamten deutschen Volk, dann frage ich mich ernsthaft, warum die Erkenntnis um die großen kosmischen Zusammenhänge in unser Land eingeflossen sind, und nicht bei den „Siegermächten der Allianz". Warum bekommen wir bestätigt, daß wir Deutschen allen anderen Nationen technisch um 100, und geistig sogar um 1000 Jahre voraus waren. Dies war für mich der entscheidende Punkt, warum das deutsche Volk dafür die richtige Nation war, die Menschheit in das **Goldene Zeitalter** zu führen und eben nicht die Amerikaner.
Weil es über die Vril-Gesellschaft, unter der Führung des Mediums Maria Ortisch, gelungen ist, das Tor zu unseren Ahnen zu öffnen und weil die Aldebaraner in uns ein Volk sah, welches den gleichen Weg gehen wollte wie sie ihn vor langer Zeit begonnen haben.

Dieses Mal werden wir die geballte geistige Energie in die richtigen Bahnen lenken, und es wird keine kriegerische Auseinandersetzung mehr geben. Wenn dann der Tag X über die Menschheit herein gebrochen ist und ein uniformierter Admiral eine Rede zur Lage der Nation verkünden wird, blenden Sie bitte das eingepflanzte Bild eines Nazis aus ihren Köpfen, denn diese Neudeutschen haben nichts mehr mit unserer Vergangenheit zu tun, sie sind nur der erweiterte Arm unserer Ahnen, und sie werden uns an die Hand nehmen, und uns langsam in die kosmische Familie einführen.

Sie werden Stück für Stück die neuen Technologien einführen, die uns frei und unabhängig machen von den Wirtschaftsmachtmonopolen.

Auffällig war auch beim Sammeln von Informationen aus unterschiedlichen Quellen, daß immer davon berichtet wurde, daß der Tag X nahe ist, wenn unsere Weltwirtschaft ins Trudeln gerät.

Die Zeichen der Zeit sind deutlich zu erkennen. Wer jetzt noch immer die Augen verschließt, dem kann und wird auch nicht mehr geholfen werden. Ein Sturm zieht am Firmament auf. Ein Sturm, der die Wende der Menschheit bringen wird. Trotzen Sie diesem Sturm aufrecht und eines Germanen würdig, und ich verspreche Ihnen, wir werden von einem Neuen Zeitalter beglückt, daß uns unendliche Freiheit, Harmonie, Gerechtigkeit, Brüderlichkeit und die allumfassende Liebe bescheren wird.

Einen heiligen lichtvollen germanischen Gruß an alle Erwachten, Willkommen in meiner Realität.

Reiner Elmar Feistle

Der Sturm

Ein Sturm weht über unsere Dächer, voller
Wucht und voller Kraft, nichts scheint diesen
Sturm zu stören,
Keine Ruhe gibt er mehr.

Ein Sturm, so gnadenlos und kalt, er weht und
Weht und läßt uns stehen, voller Angst
Scheinbar ganz allein.
Ein Sturm, der über unsere Köpfe weht, er singt,
Er pfeift und läßt uns hören, was sagt er uns,
Was will er nur?

Ein Sturm, der unsere Häuser ganz leicht und
Doch voll Kraft ins Wanken bringt,
Der leise in unseren Herzen singt.

Ein Sturm, er weht nun überall, voll Kraft und
Energie, er schaut in uns, in uns hinein, damit
Der Sturm auch in uns weht und Frieden bringt.

Ein Sturm kann uns das Neue bringen,
Gewaltig, kräftig und sehr still, vielleicht kann
Dieser Sturm bewirken, was Anderes nicht kann,
Denn stürmen, wehen und ertönen wie ein
Orkan, so wird auf allen Ebenen
Das Neue jetzt geboren.

Nachwort von G. Herrmann

Es macht den Anschein, daß die Zeit gekommen ist, daß sich wohl für eine sehr lange Zeit, die letzte große Auseinandersetzung zwischen den polaren Kräften am Horizont der Zeit, abzeichnet. Wir werden uns wohl damit abfinden müssen, daß dieses letzte Aufeinanderprallen der Kräfte der Achse und der Allianz, welche im Materiellen die polaren Kräfte repräsentieren, keine Kuschelrunde werden wird, so wie es die Esoterikfraktion gerne behauptet. Vielmehr werden wir wohl schmerzhaft erfahren, daß echter Friede und echte Freiheit nicht geschenkt wird, sondern erstritten werden muß.

Sind es nicht gerade wir Deutschen, denen genau diese Bürde auferlegt wurde, den Frieden und die Freiheit aller Völker dieser Welt zu erstreiten? Wie oft schon wurde dieses Volk an den Rand seines Untergangs gedrängt und immer wieder ist es diesem Volk gelungen, sich nicht nur zu erholen, sondern zudem auch noch gestärkt aus der Katastrophe hervorzugehen.

Was von langer Hand geplant wurde, findet inzwischen an vielen Stellen seine Umsetzung und die Reihen beginnen sich zu schließen. Die einzelnen Figuren auf dem Spielbrett sind aufgestellt und nunmehr ist es nur noch eine Frage der Zeit, wann das „Finale“ beginnt.

Aus einem höheren Blickwinkel betrachtet, besteht kein Zweifel, daß dieses Finale, jener letzte große Kampf, am Ende zum Sieg jener Kräfte, welche sich den göttlichen Kräften verschrieben haben, führen wird.

Auch wenn unsere Ahnen mit uns, Schulter an Schulter, streiten werden, wird es wohl nicht leicht werden, doch ich versichere Ihnen:

WIR GEWINNEN!

G. Herrmann im Dezember 2009

Anhang: A

Dieser Erfahrungsbericht erreichte mich noch kurz vor Fertigstellung des Manuskripts. Ich nahm kurzerhand mit dieser Person persönlichen Kontakt auf, um mir einen ersten Eindruck von diesem Menschen zu verschaffen. Dieser Mann wirkte auf mich ehrlich und authentisch, deshalb habe ich mich auch dazu entschlossen diesen Bericht zu veröffentlichen. Da seine Familienchronik sehr interessant ist!
Da dieser Person, im Verlauf seines Lebens, schon genug an Schwierigkeiten widerfahren ist, mußte ich auf Rücksicht seiner Person, die Namen seiner Familie zensieren. Lesen sie nun selbst was dieser Mann in seiner Kindheit erlebt hat.

Ein Erlebnisbericht von Freiherr von Nibelungen (Pseudonym)

Nun, lieber Reiner,
Dann leg ich mal los. Aber ich möchte Dir ausdrücklich mitteilen, daß ich kein Spinner bin, mit dem die Phantasie durch geht. Außerdem bin ich von solch gradliniger und ehrlicher Natur, daß ich behaupten kann, diesbezüglich unantastbar zu sein! Aber diese Geschichte ist heftig und mag an einen Zukunftsfilm erinnern! Und Du bist die erste Person in meinem Leben, bei der ich mich, zu dem Erlebten äußere. Nach über 20 Jahren des Stillschweigens, auch für mich ein heftiger Schritt. Des Weiteren sind die einzelnen Verstrickungen und Begebenheiten irgendwie miteinander verwoben, aber auf eine Weise, die ich nicht erklären kann!
Also, ich bin ein Kind aus einer alten Industriellen-Familie Namens XXX. Die hat im Übrigen die ganze Kriegsmarine ausgestattet, was später vielleicht noch einen komischen Zusammenhang erklärt, oder purer Zufall ist, keine Ahnung! Dies ist der mütterliche Teil meiner Familie! Väterlicherseits, ebenfalls eine schwere Industriellen Familie. Wie sollte es auch anders sein.
Nun aber erst mal zu meiner Person und meiner Geburt, die es auch gleich in sich hat: Ich bin 1975 in einer Mondnacht geboren, um Punkt 24.00 Uhr. Eine besondere Konstellation, die sehr aufschlußreich ist in mystischer Hinsicht.
Nun, ich bin ein geborener Druide oder was auch immer? Ich hatte nie erfahrene Profis, oder so, an meiner Seite, die es mir hätten erklären können. Allein durch die Resonanz behaupte ich es. Mir war es als Kleinkind schon klar, daß ich nicht normal bin. Ich konnte mit einem Jahr schon fließend sprechen und mich klar äußern, was ich will, was ich denke, was natürlich die Familienangehörigen zu heißen Diskussionen anregte, auch heute noch!

Jedenfalls habe ich als Kind die Hölle durchlebt, da ich eine wesentlich ältere und reifere Seele habe als meine Eltern (!) (weiß der Henker woher, aber das wußte ich mit 3 Jahren bereits!)
Ich habe sie auf Deutsch gesagt, geistig in die Tasche gesteckt, was natürlich erheblichen Widerstand zur Folge hatte! Einzig meine Großmutter hatte erkannt, was für ein Mensch ich bin. Sie sagte in Streitereien mit meinen Eltern immer: Ihr wißt gar nicht was ihr da für einen Sonnenschein habt!
Übrigens, ich kann mich bis in die früheste Kindheit an alles erinnern, somit auch an Dialoge meiner Eltern, die ich ihnen dann, so mit 15 Jahren, vorgehalten habe! Reaktion – Das hat dir der Teufel gesagt –, das Kind ist nicht normal, etc.pp (!) Meine Oma sagte immer, der Junge ist ein Spökenkieker (Geisterseher) und ihr also, meine Eltern, solltet ihn fördern, anstatt ihn zu bekämpfen. In unserer Familie gab es immer alle 3 Generationen ein solches Kind (!), so jedenfalls meine Großmutter!
Meine Großmutter trug übrigens den Familiennamen "XXX", gleich ihrem Vorfahren des Ritters, der den Templer-Orden gegründet hat?
Welch ein Zufall! Herkunft: Elsaß\Burgund?, erstmals erwähnt 535 nach Christus! Zufall? ich meine, daß ich nicht an Zufall glauben kann. Ich konnte jedenfalls schon immer die Auren von Tieren, Pflanzen und Menschen sehen und erzählte, den sogenannten Erwachsenen, von dem Regenbogenschein, der alles umgibt, was dann mit Gelächter geahndet wurde. Ein Gelächter, das mir vielfach entgegengebracht wurde und mich immer sehr traurig machte! Im Übrigen brachte das gleich einen Besuch beim Kinder-Psychologen mit sich, und daß ich immer weniger vertrauen konnte anderen Menschen und mich zurückzog.
Dazu der Arzt, – hochbegabt und widerspenstig – Schulterzucken.
Mit 5 Jahren hatte ich diesbezüglich eine Unterhaltung mit meiner Großmutter und ich sagte, was später durch die ganze Familie ging: "Früher als ich noch groß war, hat keiner gewagt über mich zu lachen! Oma, – Früher als Du groß warst? Ich: Ja, damals, bevor ich bei Euch war! Bevor Du bei uns warst? Ja, bevor ich zu euch kam, war ich so viel größer wie ihr, aber ich bin dann klein geworden und danach weiß ich nur noch, daß ich hier aufgewacht bin! Dann erklärte mir meine Oma, daß sie mir glaubt und ich darüber nie mit meinen Eltern oder Gleichaltrigen reden darf, weil das doch niemand verstehen würde und man mir nur weh tun würde! Es würde die Zeit kommen, dann werde sie einen Freund kontaktieren, der mir grundlegende Dinge beibringen und erklären werde, aber im Moment sei ich noch zu jung.
Dazu ist es dann leider, "zu meinem riesigen Pech", nie gekommen, da sie plötzlich, am 1.6.1990, an einer Lungen-Embolie verstarb.

Nun zu einigen Erlebnissen meiner Kindheit:

In der Vulkan-Eifel hat meine Familie ein Jagdhaus, in dem wir jedes Wochenende und die Ferien verbracht haben! Eines Tages, ich war 11 Jahre alt und wir verbrachten, wie immer, die Sommerferien im Jagdhaus, liefen unsre Jagdhunde weg und mein Vater schoß mit einer Büchse 2mal in die Luft, da die Hunde dann gewöhnlich zum Haus zurückkehrten.

Als dies nicht geschah, meine Eltern und meine Oma noch an die Mosel (...) einkaufen wollten, sollte ich beim Haus bleiben und auf die Hunde warten. Zum Standort unseres Jagdhauses sei gesagt, daß dies bei einer amerikanischen Raketen-Basis liegt. (Pershing 2 Raketen!)

Jedenfalls saß ich auf der Wiese, unterhalb des Hauses am Waldrand, vor einem großen Wald-Ameisen Haufen. Beobachtete die Ameisen, mit Omas Lupe und plötzlich zog, genau über mir, ein Dunkler Schatten auf, der von einem komischen Summen begleitet wurde. Dann sah ich, daß der Himmel direkt über mir verschwand und wieder da war und wieder verschwand (Visuelle Fluptuation!) Dann sah ich einen riesig großen, rechteckigen Metallischen Körper und ich dachte nur, Scheiße – ein Raumschiff –, gibt es so was wirklich? Bin ich bescheuert? Ich wußte einfach, daß es ein Raumschiff war, denn so was Gigantisches hatte ich noch nie gesehen. Diese Wahrnehmung, als Wissensgenius für mein Alter, ganz klar, nicht normal für die Welt, wie ich sie kannte.

Ich sah auch ein schwarzes Kreuz\weiß ummantelt, wobei ich da noch nicht wußte, was dies bedeutet! Ich bin dann völlig geschockt und ängstlich ins Haus gerannt und habe die Büchse vom Haken genommen – Repetierer cal.22 Hornet (schießen durfte ich schon mal mit meinem Vater, darum für mich nichts neues !) und schoß auf das Raumschiff, wobei ich mir die rechte Augenbraue aufriß, durch den Rückstoß und falsche Haltung! Dann kam ein im Durchmesser ca. 2,5 meterbreites Stahlrohr aus dem Schiff, bis zum Boden.(Das Schiff war ca. in 25-35 Meter Höhe und war seitlich nicht zu sehen, nur die Unterseite konnte ich klar erkennen). Jedenfalls kamen aus dem Rohr 3 schwarz gekleidete, für mich damals Soldaten, mit gezückter Pistole, auf mich zu und schrien: "Junge mach Dich nicht unglücklich – Hör auf zu schießen! Wir tun Dir nichts, also leg das Gewehr weg. Da die Leute freundlich aussahen und ich schon Paranoia hatte, wegen der Waffe und das meine Eltern rausbekommen würden, daß ich sie benutzt habe, gehorchte ich und die Soldaten kamen die Schiefertreppe zum Haus herauf. Das Schiff war da nicht mehr zu sehen.

Mensch Junge, was machst Du denn für Sachen? Wo sind denn deine Eltern? Ich sagte dann, Einkaufen, aber die kommen erst in 3 Stunden wieder!

Ein Soldat (heute weiß ich, daß es ein Offizier war, Kennzeichnung am Kragen) meinte, dann hast du Angst gehabt, was? Brauchst Du aber nicht, wir sind Deutsche Piloten und wir tun keinem kleinen Jungen etwas.

Schon gar keinem aufgeweckten Jungen wie Dir, Ich: Deutsche haben aber keine Raumschiffe, nur die Amis! So und was glaubst Du, hast Du da eben gesehen, Ich: ein Raumschiff! Siehst du, die Piloten lachten und der eine meinte: Hast du das gehört Ulrich, nur die Amis haben Raumschiffe, haha, muß sich wohl um eine überdimensionale Silvesterrakete handeln, lach Höhö haha.

Ich, in meiner Angst, fragte weinend, ob sie jetzt meinen Eltern sagen, daß ich mit der Büchse geschossen habe? Nein, sagte dieser Ulrich, wenn Du uns schwörst, daß Du niemanden erzählst, daß wir hier waren, und was Du gesehen hast und Du nie wieder die Büchse in die Hand nimmst, wenn deine Eltern nicht da sind! Also schwörst Du es? Ja ich schwöre erwiderte ich und der Ulrich sagte dann; Du bist ein tapferer Junge, XXX! (Moment) woher kennst Du meinen Namen? Wir kennen deine Familie, besonders deinen Großvater, aber das verstehst Du jetzt noch nicht, irgendwann wirst Du es wissen, du bist ja kein Dummer! (Ich kannte meinen Großvater im übrigen nicht, der war schon tot.)

Einer der Soldaten nahm dann die Büchse, die er mir abgenommen hatte und meinte zu mir, dann wollen wir mal alles so machen, das niemand etwas merkt, mhhh? (Das Raumschiff war in der ganzen Zeit übrigens nicht zu sehen) Wir gingen ins Haus und ich sagte dem Soldaten, wie die Waffe an der (Jagd)-Garderobe hing! Der andere Soldat durchsuchte den Rucksack meines Vaters, der auch dort hing und fand darin eine Schachtel mit Patronen. Er nahm eine heraus und öffnete den Verschluß des Repetierers, fügte die Patrone ein und unterludt die Waffe, so daß die Kammer wieder frei war! Wir hingen dann alles so hin, wie es war.

Ich fragte dann noch, warum ich keinem sagen darf, was ich erlebt hatte und der Ulrich sagte dann zu mir: "Du weißt ja, daß da hinten die Kaserne von den Amis ist, oder? Ich sagte dann: "Ja die Herren ... prügeln sich immer in der Kneipe im Ort. Meine Oma sagt immer, daß die Alliierten-Soldaten keinen Anstand haben. Alle drei fangen an zu lachen, eine kluge Frau deine Oma! Na jedenfalls weißt Du schon, daß dies ... sind und deshalb sind wir hier, um aufzupassen, daß die keine Dummheiten machen. Wir wollen ja nicht, daß euch was passiert und darum darfst Du auch niemandem erzählen, was Du gesehen hast! Dann fragte dieser Ulrich; Willst Du auch mal Pilot werden? Ja! Aber ein Pilot kannst Du nur sein, wenn Du ein Geheimnis für Dich bewahren kannst. Sonst wirst Du kein Pilot!

Vergiß das niemals, dein Opa soll doch stolz auf Dich sein, oder? Ich erwiderte und wir gingen zurück auf die Wiese. Dann kam aus dem nichts wieder dieses Stahlrohr und das Raumschiff war wieder einen Augenblick zu sehen, aber nur von unten, nicht von der Seite, oder so!? Die Soldaten verabschiedeten sich von mir, mit der eindringlichen Ermahnung das Geheimnis zu wahren und das Rohr verschwand im Bauch des Schiffes.

Ich sah nur noch ein Flimmern und dann schoß das Schiff talwärts und war in 2 Sekunden verschwunden! Sommer 1986.

Als meine Eltern dann, einige Wochen später, vor dem Fernseher einen Start der Amerikanischen Raumfähre anschauten, verplapperte ich mich und sagte: Die Amis sind dumm, mit einer Rakete ins All zu fliegen! Meine Eltern schauten sich fragend an und fragten, wie kommst Du denn darauf? Womit sollen die denn sonst da hochfliegen? Ich sagte, mit einem richtigen Raumschiff. Darauf meine Eltern: Was ist denn deiner Meinung nach ein richtiges Raumschiff? Na jedenfalls keine Rakete antwortete ich, meine Eltern lachten nur!

Als ich in die Küche ging, hörte ich meine Mutter nur sagen: Woher nimmt das Kind nur solche Geschichten, das ist doch nicht normal!

Mit 17 Jahren hatte ich dann wieder eine Sichtung! Diesmal von 2 Flugscheiben! Nur das mein Vater dabei war. Wir saßen auf dem Hochsitz zur Sauenjagd und ich sagte: Ne Papa, Ufos gibt es ja deiner Meinung nach nicht (zu dieser Zeit hatte ich ihm mal erzählt, das ich etwas gesehen hätte, das niemand auf der Welt hat!) und was ist das? Blabla, das sind bestimmt geheime Prototypen von der Bundeswehr! Ach so, ne ist klar!

Soviel zu den zwei Sichtungen und meinem Kontakt, den ich hatte. Alles ,was ich sonst noch sah in den Jahren, war dann ca. 15 bis 20 km hoch und war mit dem Fernglas gut zu erkennen.

Aber nun zu weiteren Details, während meiner Jugend hörte ich dann meine Onkels und Omas immer mal wieder vom Krieg sprechen und daß sie immer komisches Verhalten an den Tag legten, wenn sie dies taten. Meine Oma und mein Onkel weinten dabei auch öfters und beendeten dann das Thema, wenn wir als Kinder in die Nähe kamen. Erst heute weiß ich in etwa warum? Der Bruder meines Opas,

Willy XXX war bei der U-Flotille in Kiel zuletzt auf einem, so weiß ich es heute, Typ XXI U-Boot.

Da komme ich auf die Recherchen von Ettl zu sprechen, kein Lebenszeichen, verbleib ungeklärt. Ein Industrieller Unternehmer auf einem U-Boot? Mit etlichen Patenten? In den 90igern dann Prozeß gegen Firma und Familie wegen Zwangsarbeitern im WK2. Millionen-Reparation etc, Zulieferer von Ausländern weggekauft. Dann ging die Firma durch Betrug der höchsten Angestellten in die Knie.

Heute Indonesischer Konzern, Besitzer aus dem fernen Land! Auch Zufall? Väterlicherseits waren alle durch die Jahrhunderte eine Waffenschmiede, im 80 jährigen und dreißigjährigen Krieg, um Napoleons Zeit, sowie im WK1 und WK2.
Mein Vater, 1944 geboren, Nachkriegskind\Nachkriegsschule/etc. Investment&Devisenhändler der Deutschen Bank (DR in Camebridge usw.), hatte schon Konflikte mit seinem Vater wegen des Krieges. Vätergeneration und ich stellte immer neugierig Fragen über den Krieg, die Deutsche Sache und das Geheimnis des Stahls. Oma und Opa gaben Auskunft und heute bin ich genau so einer, wie sein Vater! Mit der Folge, das ich enterbt wurde und des weiteren, ich als guter Sportler, kerngesund, mit 19 Jahren einen Hinterwand-Infarkt erleide (damals 95, jüngster Deutscher). Ein Jahr vorher hat mein bis dahin stets liebenswerter Vater sich um 180 Grad gedreht (charakterlich) und mir alle finanziellen Mittel wiederrechtlich entzogen.
Mister Deutsche Bank hat nämlich alle Gewalt. Ich hatte ein Sparbuch mit 120.000 DM, worauf ich heute noch warte! Zufall oder Bewusst gesteuert. Zerstört man so alte Verbindungen. Kann man Menschen umpolen? Die Kette der Ereignisse reißt nicht ab!
Hunderte solcher komischen Sachen kommen eigentlich noch dazu, um alles zu ergänzen, aber bis hier will ich vorerst mal schreiben und warte mal ab, was Du dazu meinst?
Warum zerstört man mein Leben? Warum die Denunzierungen? Warum ich und Wer zum Henker bin Ich? Was bin Ich? Und wohin kann ich, um dem Martyrium zu entgehen?
Heute, im übrigen, habe ich keinen Kontakt mehr zu meinen Eltern! Ist mir so mitgespielt worden, weil ich als Schamane auf die Welt kam? Ich habe übrigens eine eindeutige Rune in der rechten Hand und den Drudenfuß darunter. Rune =Zeichen des Stiers im Epsilon Taurus Ilu-Strahl und die Tatsache, daß meine Familie, Vaterlinie mütterlicherseits, um 1200, ebenfalls aus Burgund kamen?
Deswegen hatte ich auch einen Suicid Versuch, mit 12 Jahren, weil ich die Schamanische Kraft und das geistige Übermitteln, Wissen über Menschen und die Welt und Umwelt nicht mehr ertragen konnte! Habe ich vielleicht dunkle Gegenspieler?
Bitte sag mir, was ich mit meiner Kraft tun kann und wo finde ich ehrliche Menschen, die mir beibringen, damit zu Leben. Zur Hälfte vielleicht, kann ich damit umgehen, aber ich habe mir alles selber beigebracht ohne irgendeine Lehre und ich kann mich z.Bsp. nicht dagegen wehren, einem Menschen, mit einer guten Seele, energetische Störfelder abzunehmen, selbst, wenn die mich gar nicht kennen! Das hat mich schon den 3. Herzinfarkt gekostet und ich stehe immer auf, als wenn nichts gewesen wäre.

Ich kann nicht mein ganzes Leben dazu verdammt sein, dunkle Energie aus kranken Menschen zu holen, oder fremden Menschen sagen, wer sie sind, ohne zu wissen wo ich meine Energien herholen soll! Hard-Core Schamanismus braucht Hard-Core Energie, da ist mein Manko! Aber in allem, was ich tue, bin ich ungeschlagen, das weiß ich aus der Resonanz der Leute. Ich bin auch ein Routengänger, der sich noch nie geirrt hat etc.pp.
Für das Bombardement entschuldige ich mich im voraus, aber ich brauche Unterstützung und ähnliche Menschen um mich und dafür bedarf es auch einer detaillierten Aussage! Das ich Dir da vertraue, liegt daran, daß ich dein Buch vor einem Jahr gelesen habe und Dich und Karin darauf hin auf medialer Ebene kontaktiert habe, mit eindeutig sauberen Schwingungen. Bitte behandele meine Offenheit mit Vorsicht, ich weiß, daß Du weißt, was ich meine. Allenfalls ist Landor auch jemand, wo ich mir sicher bin. Ich will nicht in irgendeine dumme Sache geraten, weil jemand Falsches etwas mitbekommt!

Nochmals möchte ich unterstreichen, daß ich kein Scharlatan oder der gleichen bin, Ich weiß, davon gibt es viele. Meine Aussage bekommst Du nach reinstem Wissen und Gewissen.

Anmerkung vom Autor:
„Ich habe diesen Herrn kennengelernt und würde ich ihm nicht vertrauen können, dann hätte ich aus Gründen seines Schutzes, nicht die gekürzte Fassung seines Briefes, an uns wiedergeben.
Zu der alten Zeit wäre dieser Mann entsprechend seiner Fähigkeiten erzogen worden. Er hätte sehr früh eine Lehre begonnen bei einem Druiden und wäre, entsprechend seiner Fähigkeiten, mehr wie eine Bereicherung für seinen Stamm, unserem Volk gewesen.

Heute werden Menschen mit diesen angeborenen Fähigkeiten unterdrückt und von ihrer Familie, im schlimmsten Fall ihrer Lebensenergie beraubt, von Menschen in Ihrem Umfeld negativ beeinflußt. Sie dürfen auf keinen Fall erkennen wer sie sind, und welche Fähigkeiten sie besitzen. Solche Menschen würden, jeder für sich alleine, die heutige Religion, die Wissenschaft, alles was in den vergangenen Jahrhunderten aufgebaut worden ist, von den Mächtigen, wie ein Kartenhaus einstürzen lassen. Es ist bei ihnen mehr wie die Angst vor der Zukunft. Es ist ihre Zukunft, aber es wird nicht unsere Zukunft sein. Die Menschheit geht ganz sicher einen anderen Weg!

Anhang: B

Die Zukunft - neuartige Energietechnologien

Konzentrieren wir uns jetzt erst einmal auf die jetzige Zeit und die gegenwärtige Energielage.

Die heutige Energiebereitstellung

Haupt-Antriebstechniken finden wir auf der Basis der Verbrennung. Die hauptsächlichsten Gebiete beziehen sich auf die Mobilität der Menschen und des Transportes von Waren. Grundlage dieser Verbrennungstechnik ist die Verbrennung von Treibstoffen, die größtenteils aus Erdöl gewonnen werden. Erdöl wird aus den Schichten des Erdinneren gewonnen und ist nicht in Unmengen vorhanden und deshalb begrenzt. Das heißt, daß ein Kollaps nach jetziger Erdölfördermenge noch in diesem Jahrhundert stattfinden wird. Der gesunde Menschenverstand sagt uns, daß es so nicht mehr weitergehen kann. Sollte das das Ende des momentanen Fortschritts sein? Haben wir alle nur davon gehört, aber es nicht verstanden, was damit gemeint ist?
Wir alle werden in diese Welt gleich hineingeboren und wir werden auch wieder gleich diese Welt verlassen. Die kurze Zeit, die wir auf dieser Erde verbringen, sollten wir eigentlich dazu nutzen, um unsere Umgebung zu begreifen, aus ihr zu lernen und das bestmöglichste ohne Nachteil für die kommende Zeit, d.h. für die kommenden Generationen umzusetzen.

In Bezug auf Atomkraft möchte ich nur anführen, daß wir nicht nur an Atomspaltung denken sollten. Das größte Problem ist momentan die Endlagerung des gespaltenen Materials, daß uns, wenn wir weiter auf diese Technik setzen, eines Tages vor unlösbare Probleme stellen wird. Die Probleme schafft sich der Mensch selber auf Egobasis in dieser und auf Eskalationskurs in der kommenden Zeit.

Man kann auch von einem Mißverhältnis sprechen. Die, die jetzt die Welt verschmutzen, werden, es nicht mehr erleben, tragen aber die Hauptschuld und die, die in der Zukunft leben werden, tragen keine Schuld, aber diese Menschen wird es betreffen. Man bezeichnet es auch als Kollektivschuld. Traurig, nicht?! Diese Menschen müssen für das gerade stehen daß ihre Vorfahren ihnen vorgelebt und zu ihren eigenen Vorteil genutzt haben.

Das kann es nicht sein und das kann sich die Menschheit auch nicht mehr länger leisten. Ein Umdenken in der Energietechnik mit neuen Antrieben ist unausweichlich und wird die Menschheit in ein neues Zeitalter führen, in der Energie in ausreichendem Maße und mit nicht so großer Belastung für die Natur beim Herstellen und Entsorgen vorhanden ist.

Während des Betriebes entstehen keine Schadstoffe, das sollte in Zukunft die Norm sein, denn nur so können wir Menschen uns geistig weiterentwickeln und verdient den Namen Fortschritt.

Jetzt möchte ich Ihnen noch kurz anhand eines Beispiels schildern, wie sehr doch unsere Antriebstechnik an gewisse Bereiche gebunden ist, also nur dort funktioniert und dann sehr bald an ihre Grenzen stößt. Dabei hilft auch keine noch so hohe Ausgangsleistung mehr weiter. Sie kennen ja alle Hubschrauber. Also durch die Rotation und die Veränderung des Einstellwinkels in Richtung der Drehbewegung der Rotorblätter, ist es möglich, sich durch eine Art Schraubprozess, einen Unterdruck(Ansaugprinzip) zu erzeugen, der dann einen Hub auslöst. Sie werden zum Beispiel, auch wenn die größten Turbinen noch so viel PS Leistung bringen, es nicht schaffen auf 5000 m zu gelangen und warum? Da in höheren Luftschichten der Luftdruck (Luftdichte) geringer wird, das Gewicht des Hubschraubers aber gleich bleibt, vermag die Verdichtung der Luft nicht mehr ausreichen, um das Fluggerät noch höher zu transportieren, da die Verdichtung sich mit dem Gewicht in gewisser Höhe ausgleicht. Sie können noch so das Aggregat an ihre Grenzen fahren, hier ist dann Endstation und das Latein der Wissenschaft am Ende, d. h. bis dahin und nicht weiter.

Ja, nur der, der sich bemüht und die Zusammenhänge des neu Erkannten versteht, in richtiger Reihenfolge, auf den Naturgesetzen basierend, in zu konstruierende Maschinen umzusetzen, vermag es auch neue Techniken zu entwickeln und zu nutzen und wird damit die größte Freude daran haben, da sie umweltfreundlich und schonend mit der Natur umgehen und dem wiedersprechen, welches wir heute für normal und richtig ansehen.

Der allerdings, der glaubt mit hoher Ingenieurskunst, aber nicht nach den Gesetzmäßigkeiten der Natur, aufbauenden Konstruktionen das Non plus Ultra zu erreichen und noch erweitern zu können, wird eines Tages vor den eigenen Trümmern seines Tuns stehen und vielleicht dann erkennen, daß er den nicht richtigen Weg gegangen ist. Ein Weg der Ignoranz gegenüber der Natur auf unserer Erde, der Erde selber, und des Kosmos, der unsere Erde in sich einbettet. Daher ist es notwendig, nicht mehr an Altem festzuhalten, sondern sich Neuem zu öffnen.

Der neue alte Weg

Bei der Versorgung mit Energie wird diese, unsere neue Technik, immer mehr an Stabilität in Bezug auf dem Energiemarktanteil gewinnen und man wird mit einsetzendem Energie-Bewußtsein die Bedeutung dieser Technik ersehen und erahnen können.

Energie in ausreichender und vernünftiger Menge zu jeder Zeit und an jedem Ort sind die Hauptmerkmale dieser Technik und sprechen für sich. Jetzt liegt es mit an Ihnen, den Weg für eine neue Antriebstechnik zu ebnen, die jenseits der bis jetzt verwendeten liegt und die Menschheit aus der verfahrenen Situation der Energiegewinnung bringen kann. Denn Sie wissen wie ich, unsere Gesellschaft ist geprägt von Technik, die Energie benötigt und ohne Energie kann diese Technik nicht existieren und der Rückschritt unserer Gesellschaft steht dann unweigerlich vor der Tür.

Möchten Sie, daß sich nur noch besser verdienende Menschen die alte Technik leisten können? Ich denke, unsere Gesellschaft hat das Recht, das jeder, die für ihn zustehende Energie erhalten sollte. Seien Sie Optimisten in einer Zeit, in der bis jetzt verwendete Antriebstechniken ihren Part getan haben und von der nächsten Generation abgelöst werden müssen. Denn es ist höchste Zeit.Es ist Zeit für ein Umdenken.

Denken Sie nicht nur im Jetzt und Hier.

Denken Sie in die Zukunft.

Denken Sie an die nächsten Generationen.

Ich danke Ihnen nochmals für das entgegengebrachte Verständnis und hoffe daß Sie sich für unser Projekt entscheiden werden.

Durch bereits vorhandene Grundkenntnisse in dieser Thematik und die Überzeugung zur Veränderung und Verbesserung der zurzeit herkömmlichen Energieerzeugungsanlagen in der gesamten Welt zum Wohle aller Menschen, gab es für uns zu keiner Zeit einen Zweifel, sich dieser Aufgabe zu stellen und mit neuen Lösungsansätzen, neuen geeigneten Konzepten von theoretisch praktischer Art, neuen Ideen, wichtigem Know-How, Lösungen auszuarbeiten die als Endziel die Vermarktung eines neuen Produktes beinhalten welches es so noch nicht am Markt gibt oder gegeben hat.

Weiterhin, und wir sind uns dessen bewußt, betreten wir durch diese Technik Neuland. Sie ist momentan einzigartig und vielfältig in ihrem Aufbau. Wir sehen darin eine Chance, uns schnell auf dem Markt zu etablieren - leisten einen erheblichen Beitrag zur Umwelt-Erhaltung.

Die Zukunft der Energie

Im Allgemeinen formuliert hilft uns unsere Technik vom Grunde auf jedem Menschen, da sie:

- die herkömmlichen natürlichen Ressourcen beim Abbau schont und damit eventuelle Kriege um diese, durch weltweite Verknappung, verhindert.
- den Wirtschaftsstandort Deutschland im Bereich Innovation sichert und den Aufbau neuer Industriezweige unter Verwendung der neuartigen Technik entstehen läßt.
- neue Perspektiven und Aussichten in positiver Hinsicht für die Zukunft bietet und die Weichen für markante Veränderungen im Aufbau der Wirtschaft, sowie des sozialen Umfeldes stellt (Energie für Jeden)
- die Energiepreise auf ein Minimum reduziert
- den momentanen Lebensstandard zu halten und für manche sogar zu verbessern vermag.
- diese Technik, die Richtung für die kommenden Energien der Zukunft wie:
- eine Bewußtseinsveränderung jetzt, in Richtung zum Kauf zu betreibender Anlagen nicht konventioneller Art fördert.
- die ökologischen negativen Folgen der momentanen und bis dato herkömmlich angewendeten Technik in Bezug auf die Umwelt und der Natur aufzuhalten und zu stoppen vermag.
- eine Energiegewinnung auf neuartig angewendeten Grundlagen, basierend im Gegensatz zu herkömmlichen Energiegewinnungsanlagen anwendet.
- eine Erholung und Verbesserung des Lebensraumes für alle Lebewesen auf diesem Planeten Erde fördert.
- global wirkende umweltproblematisch relevante Aspekte je nach Situation und Lage zu lösen im Stande ist.

Wirtschaftlicher – Ökologischer Aspekt

Vom ökologischen, wirtschaftlichen Aspekt aus gesehen vermag diese Technik gleich mehrere Probleme gegenüber herkömmlich, allgemein benutzte Technik zu lösen:

- es fallen bei dieser Technik nur zeitlich festgesetzte Geräte-Festwartungen an, die der Sicherheit zum weiteren Betreiben der Anlage dienen.
- zum Betreiben und während des Betriebes der Anlagen fallen keine allgemeinen Zusatzkosten an wie z.B. Strom- und Wartungskosten, Kosten zum Betreiben wie z.B. Erdöl.

- die Anlagen laufen sehr leise und benötigen keine zusätzlichen Isolations- oder Dämmstoffe - Wärmedämmung.
- die Standorte der Anlagen vor Ort müssen keine besonderen Richtlinien erfüllen (z.B. Brandschutz), das heißt, sie sind vor Ort frei wählbar.
- der Käufer erwirbt nicht nur irgendein Gerät, sondern zählt zu den am Anfang Wenigen, die bewußt zur Erhaltung des Planeten beitragen und können sich deshalb auch in dieser Form entlastet ansehen.

- keine Abhängigkeiten mehr von Rohstofflieferanten in Sachen Betriebsmittelbeschaffung und das auch in nicht ausgeschlossenen und kommenden Krisenzeiten wie z.B. Erdölverknappung, Krieg, künstlich herbeigeführte Krisen wie z.B. durch Börsen usw.

Zum Einen ist unser Angebot eine innovative Erweiterung, auf dem bis jetzt angebotenen Produkten auf dem freien Markt.

Markteinschätzung

Da diese Technik neuartig ist, d.h. herkömmlichen Anlagen ersetzen kann und auf einem zeitgemäßen umweltbewußten Konzept aufgebaut ist, nach welchem schon immer gesucht wurde und auch noch wird, sehen wir unsere Technik in Sachen Entwicklung und Produktion, als eine sehr gefragte ... weltweit an.[45]

Harmonisierte Energie schon heute

„Technisch harmonisierte Energie für das Leben ist möglich!"

In den vorangegangenen Kapiteln wurden vielfach neue Technologien und Möglichkeiten erwähnt, welche sowohl unserer Gesellschaft segens- und hilfreich sind oder demnächst sein können. Entscheidend ist doch hierbei nur Eines: Die gewünschte Wirkung und die völlige Unbedenklichkeit an schädlichen Auswirkungen nach dem Motto:

„Es kann und darf dem Menschen keinen Schaden zufügen!"

Das heißt: Hochtechnologie nach dem einfachen Vorbild der Natur. Es gibt Forschungsgruppen, Arbeitsgemeinschaften und Firmen, wie auch Gesellschaften, welche im Dienste für die Menschen an rechtschaffenen Lösungen arbeiten, sei es im Bereich Technik/Energie, als auch beispielsweise im Gesundheitswesen.

Einem Oszillator, welcher z.Bsp. technisch harmonisierte Energie für ihr Leben bereitstellt. Ganz ähnlich, wie es bereits im NET-Journal Jg. Nr. 15, Heft 5/6 im Artikel auf den Seiten 4, 5 und 6 am Bsp. des so genannten Harmony-Chips beschrieben wurde.

Eine genauere Beschreibung dieser Technologie erhalten Sie z.B. unter http://www.harmonyunited.com. Allerdings mag den Betrachter daran die exorbitante Preisgestaltung stören und - falls Sie nicht glauben möchten, daß es bei mindestens ebenbürtigen Wirkungen auch günstiger geht, haben unsere Labors und Entwickler in den letzten Jahren einen eigenen Chip entwickelt und erfolgreich getestet, bieten diesen jedoch für weniger wie 100 Euro an. Er kann einfach am Körper getragen werden oder aber nach Vorgabe der mitgelieferten Anwendungsbeispiele sogar zum Energiesparen und Optimieren eingesetzt werden.

Der vorgenannte Chip z.B. entweder frei in der Hosentasche getragen werden, am technischen Gerät oder im Auto befestigt werden.

Abschließende Mitteilung des Autors:

Wie sie dem Buch entnehmen konnten, kommen große globale Veränderungen auf die Menschheit zu. Wer JETZT die Zeichen der Zeit nicht erkennt, wird eine böse Überraschung erleben. Die Weltwirtschaftskrise ist ein deutlicher Hinweis, daß sich das alte System gerade in den letzten Atemzügen befindet, und weichen MUß dem Goldenen Zeitalter.

ist Handeln angesagt, um neue Strukturen und innovative, saubere, kostenlose, - freie Energien - den Menschen zu Verfügung zu stellen.

Wenn sie in die Zukunft investieren wollen, dann kontaktieren sie UNS und wir werden ihnen neue Wege eröffnen, ihr Kapital sinnvoll anzulegen. Selbst die Freimaurer scheinen sich schon ihre Gedanken darüber zu machen:

Freimaurer wollen Weltklima retten

"Berlin/Deutschland – Vor dem Hintergrund der ernüchternden Ergebnisse des Weltklimagipfels von Kopenhagen hat der Großmeister der "Vereinigten Großlogen von Deutschland (VGLvD) – Bruderschaft der Freimaurer", Prof. Dr. Rüdiger Templin, die weltweiten Freimaurer dazu aufgerufen, sich privat, in den Logen und der Öffentlichkeit für den Klimaschutz zu engagieren.

In seinem öffentlichen Schreiben zum neuen Jahr an die Großmeister der fünf Mitglieds-Großlogen erklärte Templin, daß das Ergebnis der Klimakonferenz "getreu den 'Alten Pflichten'" zwar nicht politisch zu bewerten, der nachhaltige Umgang mit Ressourcen und der Umweltschutz jedoch "Teil einer modernen freimaurerischen Lebenseinstellung" sei. Da es sich beim Thema Klimaveränderung aber um eine für die gesamte Menschheit existenzielle Frage handele, appellierte Templin in seinem Schreiben an alle Logenbrüder, "das Thema im neuen Jahr auf die Tagesordnung zu setzen und auch die Redner der Logen entsprechend zu ermuntern."

"Unserem Vorsatz entsprechend, daß jeder seinen eigenen 'rauen Stein' – und nicht den des anderen – 'behauen' sollte, appelliere ich auch an jeden einzelnen Bruder, bei sich selbst zu beginnen, wenn es darum geht, den Ausstoß von Treibhausgasen drastisch zu reduzieren.
Es erscheint mir geboten, auch in den Logen ernsthaft Gedanken zu entwickeln, wie jeder einzelne Bruder konkret dazu beitragen kann, durch geeignetes Verhalten eine drohende Umweltkatastrophe zu verhindern – sei es durch Energie-Einsparungen im Privaten oder in unseren Logenhäusern", so der Großmeister der deutschen Freimaurerlogen.
Seinen Appell zum neuen Jahr richtete Templin jedoch nicht nur an die deutschen Mitglieder, sondern auch "an jene 6 Millionen Freimaurer in Großlogen auf 5 Kontinenten", zu denen man freundschaftliche Kontakte pflege, "um gemeinsam für das gleiche ethische und humanistische Anliegen einzutreten." (46)

Ich wünsche mir aus tiefstem Herzen, daß das weltumspannende Freimaurertum ihren Worten auch Taten folgen lassen möge. Für unsere atemberaubend schöne Mutter Erde, die ein einzigartiges Tier und Pflanzenreich umfaßt, und für unsere geliebten Nachkommen und deren weiteren Nachkommen, appelliere ich inständig auch an alle weiteren ambitionierten und mächtigen Organisationen dieser Erde, den kreativen Denkern und engagierten Reformatoren, die es, GOTT sei es gedankt, noch gibt, Gehör zu schenken und diese in ihren Initiativen und progressiven Forschungen zu unterstützen.

Es geht hierbei schon lange nicht mehr darum, ein einziges Volk, eine vereinzelte Gruppe, einen benennbaren Ort vor der Zerstörung zu retten – nein, es geht letztlich darum, die Welt, die wir kennen, die Erde, die uns liebevoll beheimatet und mit ihren großen Ressourcen nährt, in der Gesamtheit vor dem endgültigen Kräfteverfall zu bewahren! Wir haben nur diese eine, unvergleichbare ERDE! Wir müssen sie und unsere Mitgeschöpfe achten, so wie wir geachtet werden wollen!

Wir alle wissen das!!! Warum schaffen wir es nicht endlich, unsere Stimme zu vereinen zu einem Chor und gemeinsam für die Bewahrung unseres Lebensraums einzutreten???

Sollten sie sich angesprochen fühlen, dann können sie unter folgender e. Post Adresse Kontakt aufnehmen: info@all-stern-verlag.com

Sollten Sie weitere Fragen zu diesem Chip haben oder ihn erwerben wollen, dann unter folgender e. Post Adresse nachfragen:
info@all-stern-verlag.com oder auf der Internetseite des Verlages, www.All-Stern-Verlag.com, nachsehen für weitere Informationen.

Ihre Anfragen werden umgehend geprüft und an die richtigen Ansprechpartner weitergeleitet.

Reiner Elmar Feistle

Reaktionen auf die Erstausgabe

Die Zeit, wie wir Sie kennen, ist nicht gegeben, sie ist nicht linear. Das Buch ist mit einem Jahr Verspätung verlegt worden, dies aber mit einer von der geistigen Welt geforderten Pünklichkeit. Die wenigen Monate bis zu der Erstausgabe waren geprägt von Versuchen, uns ins Stolpern zu bringen.

Wir haben es geschafft, auch ohne einen in diesem Markt etablierten Verlag!
Darauf sind wir stolz und es soll für Sie auch ein Ansporn sein, Ihre Ziele zu erreichen, denn dies ist wichtig und prägt ihr späters Leben !

Der Weg ist das Ziel !

Wenn wir diesen Termin nicht eingehalten hätten, viele Anschlüsse, um das Bild der Bahn zu nehmen, hätten dann nicht den gewünschten Folgeanschluß und das Buch nie den Menschen erreicht.

Ich hätte dadurch vielleicht nie die Rückmeldungen erhalten, welches den Inhalt des Buches bestätigt haben, oder ergänzen wie der nachfolgende Wahrheitsbericht.

Ich möchte mich an dieser Stelle bei den vielen postiven Rückmeldungen der Leser des Buches von Herzen bedanken.

Zusätzlich ein hochinteressanter Bericht eines Zeitzeugen, den ich Ihnen in der überarbeiteten 2 Auflage nicht vorenthalten möchte, und der die These der Sternenportale im Jonastal untermauert.

Erinnerung an die verbotene Wahrheit

Ich war damals in einer Sondereinheit !

Nachdem ich das Buch Aldebaran „Die Rückkehr unserer Ahnen“ gelesen hatte, kam mir die Geschichte um das Jonastal sehr bekannt vor und ich erinnerte mich an meinen Einsatz in den letzten Kriegstagen, an genau diesem Schauplatz im Jonastal. Ich wollte mir das alles nochmals anschauen und deshalb fuhr ich mit meiner Lebensgefährtin nach Arnstadt und Sültzenbrücken, wir besuchten die Wachsenburg und wanderten von dort in das Tal, wo damals die Panzer standen. Wir kamen an einen Punkt, der in mir etwas auslöste: nur hier konnten die Panzer verschwunden sein. Ich war damals in einer englischen Sondereinheit, die bestimmte Einsätze hinter den Linien erledigte.

Mein Auftrag war, mit meinen Leuten in Thüringen, hinter den deutschen Linien auf einem Feld, neben Sültzenbrücken vor der Wachsenburg abzuspringen, um eine Brücke zu sprengen. Wir sollten dort in Stellung gehen und warten, bis die amerikanischen Truppen ankommen, die von zwei Seiten das Jonastal umzingeln sollten. Unser Befehl war, die Ostseite zu sichern, was wir auch taten. Es war kurz vor der Kapitulation der deutschen Armee (die fehlenden 3 Tage in der Geschichtsschreibung).

Die amerikanischen Truppen kamen 3 Tage später, als abgesprochen, dort an. Vor unseren Stellungen befand sich eine ganze deutsche Panzerdivision im Kessel vor der Wachsenburg. Wir standen ihnen gegenüber und es herrschte bei den Deutschen reges Treiben, als ob sie sich für einen Vorstoß. vorbereiten.

Wir lagen in Stellung. Nach 3 Tagen, als die Amerikaner eintrafen war der Ring geschlossen und das ganze Tal umstellt. Die Panzerdivision stand immer noch im Kessel. Deutsche Offiziere kamen von der Wachsenburg, ihrem Quartier, welches eine weiße Fahne gehisst hatte. Wir englischen und die amerikanischen Kommandanten trafen uns mit den deutschen Kommandanten am Fuße der Wachsenburg.

Es wurde ein Kompromiss geschlossen, dass die Deutschen 3 Tage Zeit bekommen, um zu entscheiden, ob sie sich ergeben oder weiter kämpfen wollen. In dieser Zeit herrschte Waffenstillstand, allerdings konnte man Bewegung in den deutschen Truppen wahrnehmen.

Der amerikanische General mit seinem Stab verhandelte mit den Deutschen auf der Wachsenburg weiter. Wir hatten die Aufgabe, den Platz zu sichern.

Nach ungefähr 2 Stunden Verhandlung kamen sie zurück zu ihrer Truppe.

Was oben auf der Wachsenburg besprochen wurde, war unbekannt, allerdings fehlten danach 3 amerikanische Offiziere.

Als die 3 Tage um waren, rückten wir nach vorne in den Kessel hinein. Von der ganzen deutschen Panzerdivision gab es weder Panzer noch Soldaten zu sehen, nur noch die Spuren im Boden. Wir suchten das ganze Jonastal ab, jedoch blieben die Truppen wie vom Erdboden verschwunden.

Einige Tage danach wurde unsere Einheit nach England zurückbeordert und die Amerikaner besetzten unsere Stellung.
Als wir in unserer Basis in England ankamen, waren wir überrascht, die 3 fehlenden Offiziere dort begrüßen zu können.

Kurz danach wurde meine Einheit nach Indien verlegt und ich vergaß die ganze Angelegenheit, bis ich jetzt das Buch gelesen habe. Dabei tauchten so viele Fragen über diese 3 Tage auf, die in allen Geschichtsschreibungen fehlen, daß ich heute noch am Grübeln bin, welche Rolle wir dort gespielt haben sollten.

A.G.

Quellenangabe und Bildnachweise

Quellenangabe

(1) Sven Peters, Verschwiegenene Existenz Argo-Verlag 2008
(2) Jan van Helsing-Unternehmen Aldebaran Amadeus-Verlag 1997
(3) http://beyondmainstream.de.tl/Vril-Thule.htm
(4) Mental Ray Archiv
(5) Reiner Feistle, Projekt-Aldebaran Freier Falke Verlag 2006
(6) http://wwwspirituellehilfe. com/
(7) Zecharia Sitchin wurde in der UDSSR geboren und wuchs in Palästina auf, wo er alt- und neuhebräisch, andere semitische und europäische Sprachen lernte, das Alte Testament sowie die Geschichte und Archäologie des Nahen Ostens studierte. Nach einem Studium an der London School of Economics war er viele Jahre als einer der führenden Journalisten in Israel tätig. Heute lebt und arbeitet er als anerkannter Altertumsforscher in den Vereinigten Staaten.
(8) Werner Stein, Der große Kulturfahrplan
(9) Sitchin: Die Kriege der Menschen und Götter
(10) Sitchin: Der zwölfte Planet
(11) Die Heilige Schrift des Alten und Neuen Testamentes, 1989, Pattloch Verlag
(12) Des Griffin, Wer regiert die Welt
(13) Johannes v. Buttlar, Drachenwege, S. 191
(14) Dr. Andrija Puharich / Phyllis Schelmer: Das Wesen namens Tom; sprach 1974 durch Phyllis bezüglich der Einflußnahme der Außerirdischen von Hoova auf die Menschheitsentwicklung
(15) Hesemann: UFOs: Die Kontakte, S. 161
(16) Erich von Däniken, Die Augen der Sphinx, S. 67/74
(17) Hesemann: UFOs: Die Kontakte, S. 156/57, Hypnosesitzung mit Uri Geller, siehe 1970/71
(18) erzählt von Tatunca Nara, dem Häuptling der Ugha Mongulala, Karl Brugger, 1976, Econ Verlag
(19) Haarmann: Geheime Wunderwaffen III, S. 72
(20) Jophiel, www.teleboom.de
(21) Magazin UFO-Nachrichten, Nr 327 Jan./Febr. 1997

(22) http://f3.webmart.de/f.cfm?id=3204007&r=threadview&t=3342508&pg=1
(23) Auszug aus dem Interview mit Dr. Broers mit Hörzu
(24) http://www.xinos.net/
(25) Peter Monn die schwarze Sonne
(26) http://degufo.alien.de/news/2006/060622_2103.php
(27) Internet- Foren - Div. Philosophie Bücher - Ein UFO Zeuge - www.gwup.org/- www.rense.com - www.wikipedia.de-www.skeptizismus.de/unfair- http://www.diephilosophen.de/
(28) www.exopolitik.org/index.php?option=com_content&task=view&id=150&Itemid=54http://www.exopolitik.org/index.php?option=com_content&task=view&id=150&Itemid=54
(29) http://www.exopolitik.org/index.php?option=com_content&task=view&id=282&Itemid=32
(30) Gilbert Sternhoff, die Dritte Macht 1945 bis heute Kopp Verlag 2006
(31) http://www.foren4all.de/ufos/ufokontakteundvertraege/ufoangebotaneisenhower.php
(32) http://www.ndparking.com/wemepes.se
(33) Auszug aus dem Nexus Magazin Ausgabe 22
(34) http://exonews.blogspot.com/2009/02/sind-die-auerirdischen-der-feind.html h
(35) http://www.freigeistforum.com/forum/index.php?topic=2345
(36) Der Pandora Aspekt, Elian Lian
(37) Hamilton-Lecture, CBR - UFO-Briefing, 3.3.90
(38) Hamilton, William F., –Cosmic Top Secret – America's secret UFO Program, Kapitel 9, The deep dark secret at Dulce
(39) Milton William Cooper, Die geheime Regierung,
(40) http//www.paranormal.de/paramirr/local/area51/basen.html
(41) Auszug lt. Mail vom 10.07.2008 von Ludwig Jacob,-Anhang PDF-Datei
(42) attachment_mid=babgebha.1199739002.29388.2qlnogzsck-1.pdf Seite 20-27

(43) http://www.bild.de/BILD/news/vermischtes/2009/01/21/ ufoalarm-
(44) am-airport/mysterioeses-flugobjekt-nachts-ueberstuttgart.html
(45) http://f3.webmart.de/f.cfm?id=3204007&r=threadview&t=3309629&pg=1
(46) http://grenzwissenschaft-aktuell.blogspot.com/2009/12/freimaurer-wollen-weltklima-retten.html

Bildnachweise

Abb. 1 Ralf Himmel
Abb. 2 Bild-Zeitung (Leipzig) Seite 17, 2004 - 12. Oktober
Abb. 3 Magazin UFO-Nachrichten, Nr 327 Jan./Febr. 1997
Abb. 4 http://spirituelle-hilfe.com/images/stories/blog/geomagnetfrequenzen
Abb. 5 http://thuletempel.org/wiki/images/thumb/6/62/Naramsin_stele.JPG/180px-Naramsin_stele.JPG
Abb. 6 All-Stern-Verlag
Abb. 7 All-Stern-Verlag
Abb. 8 All-Stern-Verlag
Abb. 9 All-Stern-Verlag
Abb.10 Mental Ray Archiv
Abb.11 All-Stern-Verlag
Abb.12 Pine Gap - Projekt-Aldebaran
Abb.13 Vertretend All-Stern-Verlag
Abb.14 All-Stern-Verlag
Abb.15 russischer Künstler mit dem Künstlernamen LEVM
Abb.16 All-Stern-Verlag
Abb.17 All-Stern-Verlag
Abb.18 All-Stern-Verlag

ALDEBARAN DIE RÜCKKEHR

unserer Ahnen

Bilder

Zu Abb. 1 auf der Seite I sehen wir im Hintergrund den Berg Ararat. Der Ort, wo das Kontrollzentrum eingericht wurde von den Aldebaranern. (9)

Das obere Bild ist aus dem Artikel der Bild-Zeitung auf der Seite 62. Wie nah ist die Phantasiegestalt an der Realität? Das in der Mitte abgebildete Bild ist aus dem Abschnitt über "Sensationelle Funde im Ural", auf der Seite 63. Man beachte die feine Struktur, die trotz einer Katastrophe unvorstellbaren Ausmaßes erhalten geblieben ist. Diese Funde sagen mehr wie eindeutig, entweder wir hatten eine Hochkultur auf der Erde oder und außerirdischen Einfluß. Das Bild rechts gehört zu dem Kapitel 5, dem Goldenen Zeitalter. Hier sehen wir noch einmal sehr deutlich, welche Strahlen auf den Menschen einwirken und die sich im Laufe der Zeit verändern und alles auf der Erde auch verändern, einschließlich des Menschen.

Abb. 02

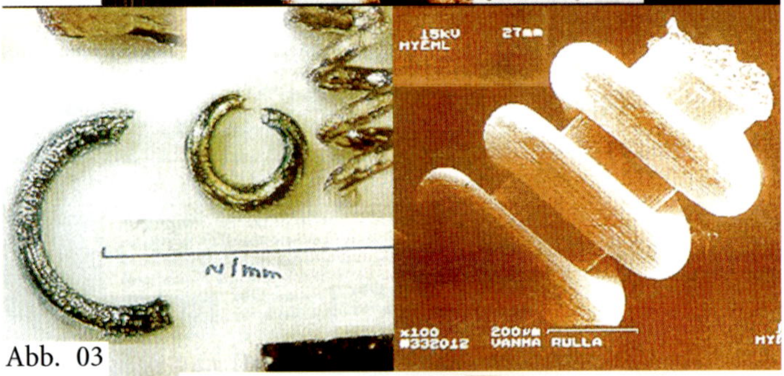

Abb. 03

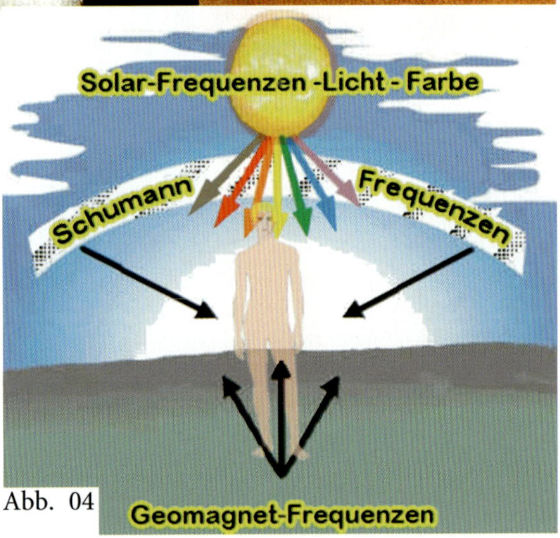

Abb. 04

Das rechte Bild ist die Naramsin-Stele aus dem alten Orient. Ganz oben sind zwei Sonnen erkennbar. Die helle Sonne des Tages, die schwarze, das innere Licht Gottes. Siehe Kapitel 6. Die beiden unteren Bilder gehören zu dem Kapitel 9. Mit diesem erhabenen Eindruck wird der Besucher empfangen auf der Wewelsburg. Sie wirkt wie ein Fels in der Brandung und doch legte sich die Dunkelheit auf ihr nieder wie ein Leichentuch. Die Wewels-

Abb. 05

Abb. 06

Abb. 07

burg hat ihre Hauptausricht -ung von Nord nach Süd und eine dreieckige Grundform. Der Nordturm, mit der tief im gewachsenen Felsen liegenden „Weihehalle“ wurde zum neuen Mittelpunkt einer kreisförmigen Anlage mit einem Radius von 450 Metern.

Wenn Sie bei den Externsteinen einen Menschen begegnen, der pendeln kann, dann sehen Sie welche Kraft an diesem Ort wirkt. Man beachte auch, mit welcher Genauigkeit das Loch und die Deckenwölbung ausgearbeitet wurde. Das untere Bild steht für das Kapitel 10. Die Farben Schwarz-Silber (Weiß)-Violett reichen vermutlich auf noch frühere Zeiten zurück, sie wurden vermutlich noch bei einer Templer-Formation des Mittelalters verwendet, wie auch beim venezianischen ORDO BUCINTORO in der Renaissance, wenngleich in anderer Ausformung. Die Alldeutsche Gesellschaft für Metaphysik (Vrilgesellschaft) Definierte die Bedeutung Ihrer Fahne wie folgt: Das Schwarz steht für das Überwinden des finsteren Zeitalter, das Violett für das Licht des Neuen Zeitalter, der ILU-Blitz bahnt dem neuen Licht den Weg durch die Finsternis.

Abb. 08

Abb. 09

Abb. 10

Die Antarktis, Kartenmaterial der BRD von 1974. Diese Karte könnte für eine Basis der RD's gelten, wie im Kapitel 15 beschrieben. Der Antarktisvertrag besagt eindeutig, daß jeder Staat dieses Land in einem größeren Umfang nicht nutzen darf, um Bodenschätze dort zu fördern u.a. oder auch Siedlungen dort zu errichten. Der Dschungel wird abgeholzt, unsere Weltmeere mit dem geförderten Erdöl verseucht, unsere Umwelt wird zunehmend industrialisiert, aber ausgerechnet die Antarktis bleibt hierbei verschont, dies kann kein Zu-Fall sein. Die Basis Pine Cap in Australien. Dieses Bild gehört zu Artikel 18, den geheimen Basen der Alliierten. Der folgende Text steht für das Bild auf der nächsten Seite. Wo war dieses Schild früher angebracht? Dieses Schild ist auf Grund seines Zustandes vom Besitzer mit Bronzefarbe überpinselt worden. Allgemein steht heute der Adler für Macht und ist auch ein Sonnensymbol. Der Olivenzweig ist ein Friedenssymbol, auch Schmerz und Prüfung. Der Eichenzweig steht bei den Germanen für den Gewittergott Donar, auch Thor genannt. Unter Eichenbäumen ist zu der Zeit der Germanen auch Gericht gehalten worden. Weitere Informationen hierzu im Kapitel 15.

Abb. 11

Abb. 12

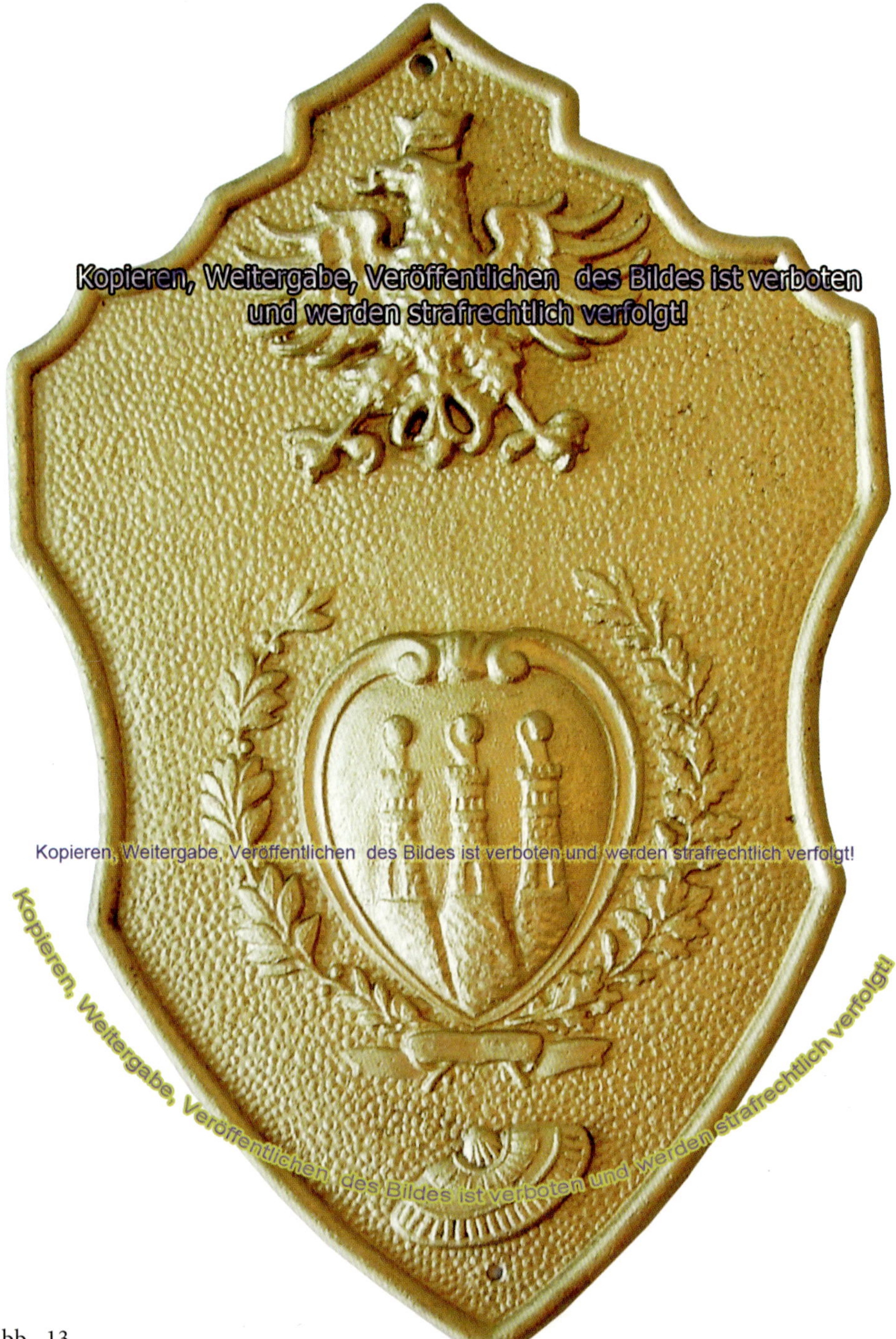

Abb. 13

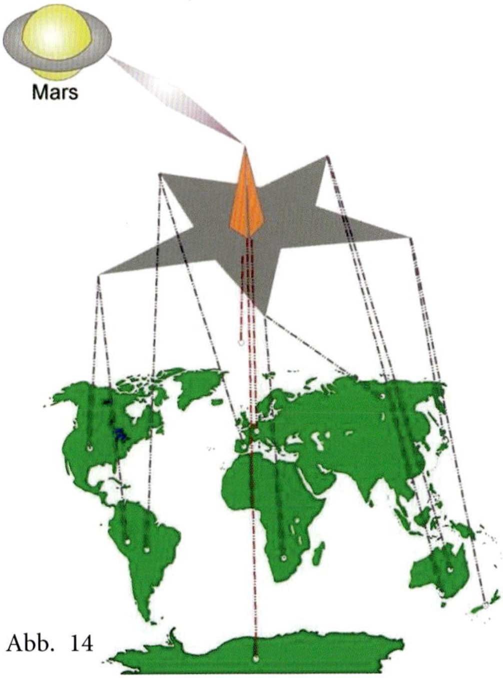

Abb. 14

Hier sehen wir eine Abbildung, um den Zusammenhang zwischen dem Mars und der Erde zu erkennen und die Verteilung der Sternentore auf der Erde.Sie sind so verteilt, daß die gesamte Erde angeflogen werden kann. Mehr lesen Sie dazu in Kapitel 19, den Sternentoren.
Das Bild unten kann sehr eindrucksvoll die Schönheit und Erhabenheit der Deutschen Flugscheiben darstellen. Wenn dem so ist. Diese äußere Form der Darstellung entspricht auch dem außerirdischen Flugobjekt im Film-Klassiker "Der Tag an dem die Erde stillstand von 1956"! In diesem Film wird auch eine friedliche Absicht übermittelt und der Welt für einige Zeit die komplette Energie genommen.Welche mögliche Bewandtnis es mit dieser Darstellung hat, erfahren Sie im Kapitel 20, dem kommenden Tag X.

Abb. 15